U0360248

世纪风范

唐翔千百年诞辰
纪念文集

王生洪 编

上海交通大学出版社
SHANGHAI JIAO TONG UNIVERSITY PRESS

内容提要

本书为著名爱国人士、香港工商界实业家唐翔千的百年诞辰纪念文集。收录了怀念唐翔千的访谈摘录10余篇、纪念文稿30余篇、研究论文10余篇,合计50余篇。旨在缅怀唐翔千先生的创业之路及推动民族工商业发展的丰功伟绩,发掘唐翔千先生实业救国裕民的家国情怀和守正创新、开拓进取、振兴中华的精神品格,弘扬唐翔千先生善济重教的家族传承。

图书在版编目（CIP）数据

世纪风范:唐翔千百年诞辰纪念文集 / 王生洪编
. —上海:上海交通大学出版社,2023.8
ISBN 978-7-313-28991-9

Ⅰ.①世… Ⅱ.①王… Ⅲ.①唐翔千—纪念文集
Ⅳ.①K825.38-53

中国国家版本馆CIP数据核字（2023）第126008号

世纪风范——唐翔千百年诞辰纪念文集

SHIJI FENGFAN —— TANG XIANGQIAN BAINIAN DANCHEN JINIAN WENJI

编　　者：王生洪
出版发行：上海交通大学出版社　　　　　　　地　　址：上海市番禺路951号
邮政编码：200030　　　　　　　　　　　　　电　　话：021-64071208
印　　制：上海盛通时代印刷有限公司　　　　经　　销：全国新华书店
开　　本：710mm×1000mm　1/16　　　　　印　　张：30.25
字　　数：423千字
版　　次：2023年8月第1版　　　　　　　　印　　次：2023年8月第1次印刷
书　　号：ISBN 978-7-313-28991-9
定　　价：98.00元

《世纪风范——唐翔千百年诞辰纪念文集》编委会

唐翔千的祖父唐骧廷先生、
祖母钱保瑾女士

唐翔千的父亲唐君远先生、
母亲王文杏女士

青年时期的唐翔千　　　　中年时期的唐翔千　　　　老年时期的唐翔千

唐翔千美国伊利诺伊大学硕士学位证书　　　　　　　唐翔千与唐尤淑圻结婚照

唐翔千一家

创业之初的唐翔千

香港半岛针织集团和南联实
业有限公司

唐翔千夫妇在毛里求斯
（亚非毛纺织有限公司）

唐翔千在深圳、东莞首创补偿贸易（广东联发毛纺织有限公司）

唐翔千在新疆创办的第一个中外合资企业（新疆天山毛纺织品有限公司）

唐翔千与创业者

唐翔千在上海创办的第一个
沪港合资企业（上海联合毛
纺织有限公司）

唐翔千合资创办广东生益科技股份有限公司，创办东莞生益电子有限公司、清溢精密光电（深圳）有限公司

1998年上海美维电子有限公司开业典礼

1999年美维科技集团有限公司成立

唐翔千获受香港特区政府金紫荆星章　　唐英年向唐翔千授"香港杰出工业家奖"

唐翔千参加香港特区政府筹备委员会

唐翔千与董建华、马万祺等在一起

唐翔千在全国政协会议上发言

唐翔千倡导成立沪港经济发展协会

唐翔千在香港无锡商会成立
典礼上

唐翔千在无锡市唐君远的百
岁诞辰纪念大会上向无锡捐
赠人民币100万元

唐翔千回故乡无锡严家桥

唐翔千在严家桥小学捐赠纪念碑旁留影

唐翔千和夫人在常州荆川公武像前

唐翔千在上海市大同中学唐君远铜像揭幕典礼上

唐翔千与夫人在无锡唐君远纪念室

唐翔千主持基金会第二届理事会第七次会议

唐翔千、唐英年在香港会见修学团带队老师

唐翔千终身名誉理事长在松江寓所与王生洪会长、金同康秘书长商讨工作

我敬重的唐翔千

徐匡迪[①]

2023年是唐翔千诞生100周年，也是他逝世5周年，还是他创业70周年。在这一特殊的年份，上海唐君远教育基金会及唐君远文化研究会准备编辑出版一本纪念文集，请我为该文集作序。我记得2016年，上海唐君远教育基金会曾组织两位专业人士撰写他的传记，我为该传记作过序。我就在该序的基础上进行了一些修改，作为对他百年诞辰的纪念。

我和翔千先生是相知多年的老友，在上海市政府工作期间，曾于沪港两地多有接触往来。给我的印象是，先生慈祥、忠厚，平易谦和。虽年逾古稀但对新事物依旧敏感、活跃，记忆力超强。其间有两件事给我的印象特别深刻：一是在1999年11月，由于他对上海经济建设和社会发展做出的特殊贡献，经市政府常务会议提议，市人大常委会决定，由我作为代表，授予他上海市荣誉市民称号，颁发证书和证章。二是在20世纪末，由他发起成立以他父亲唐君远老先生名字命名的教育基金会，由于当时对境外人士举办此类基金会的法规及审批程序尚不明确，申报材料先送到了我这里。因为基金会是用于支持教育的，

---

① 徐匡迪，第十届全国政协副主席、上海市原市长、中国工程院原院长。

我就毫不犹豫地签发同意，并通过中央统战部转呈中国人民银行，在我亲自给戴相龙行长通电话后才获批准。

翔千先生是香港和祖国内地沧桑巨变的历史见证人，也是一位积极的参与者和开拓者。我相信，翔千先生是以此为荣、以此自豪的。这并非是因为他担任了很多政治性和荣誉性职务，也不是因为他在港沪两地投资的企业都十分成功，而是因为他在实现人生目标及成就事业的过程中，他的人生不仅与香港演变成国际大都市的历史息息相关，而且与祖国内地改革开放的发展过程息息相关。

一系列关乎香港发展前途的历史性事件，比如20世纪50年代香港纺织行业的勃兴、香港经济体的崛起、80年代《香港基本法》①的起草、90年代香港特别行政区的筹建，直至香港回归祖国的盛典——翔千先生不但都深度参与，很多时候还担当了重要的角色。作为香港著名实业家，他曾任香港工业总会主席，荣获"香港杰出工业家"称号。他爱国爱港，一生致力于民族工业的振兴与发展，为香港的经济发展和顺利回归做出积极贡献。

内地改革开放以后，翔千先生亦曾创下了好多个第一，比如参与深圳的第一批补偿贸易，在乌鲁木齐创办新疆第一家合资经营的天山毛纺织厂，在上海办起第一家沪港合资企业上海联合毛纺织有限公司等。

为此，他曾受到邓小平同志、江泽民同志、胡锦涛同志和朱镕基同志等党和国家领导人的接见，担任过全国政协第六届委员，第七届、八届、九届常委。他在香港和内地获得过的职务和荣誉更是多不胜数，这当然是社会对他所做出的贡献的认可和回报。然而，作为一位名人和富商，在获得这些成就和荣誉之后，他不张扬、不骄奢，像普通人那样勤奋做事、低调生活、严谨处世。他在日常生活中的节俭是有口皆碑的，一件夹克衫可以穿上十几年，坐飞机首选经济舱。我也听到过别人对他的评价，说他做生意有如"钢索吊灯笼"般稳

---

① 指《中华人民共和国香港特别行政区基本法》，也称《基本法》，后同。

妥，拿得起、放得下，宽容别人、甘愿吃亏。在我和他实际接触中，我确信这些评价是中肯的，准确的。

读了介绍翔千先生的文字资料并根据我与他的接触，有三点感想愿与大家分享：

第一，我为他强烈的爱国、爱港、爱乡的情怀所感染。翔千先生出生在旧中国，虽然家庭富裕，但仍饱尝帝国主义列强的欺压。他的父亲坐过日本人的牢，全家曾被迫弃厂逃难，流离失所。在沦陷和纷乱的上海，他艰难地度过青少年时代。因而深知"国家弱则民族衰，国家强则民族旺"的道理，因此无论在香港打拼，还是回内地发展，他都有一股强烈的民族责任感。凭着非凡的勇气，他从收购一家小布厂开始，艰难地起步，到六七十年代，在香港的纺织业做得风生水起，不仅产品打入世界各地，还到毛里求斯等地投资办厂。作为工商界知名人士，他在香港回归祖国的过程中发挥了独特的作用。他对上海情有独钟，在沪港经济合作中，创下了许许多多令人称道的第一。1981年，他在当时的外商投资处女地的浦东建起了第一家合资企业——上海联合毛纺织有限公司（以下简称"联毛"），领取了具有历史意义的第00001号上海合资企业营业执照，开创了上海合资企业的先河。产品很快打入香港、欧美和日本市场。在"联毛"成立5周年之际，时任上海市市长的江泽民同志亲临现场祝贺，充分肯定了"联毛"合资的成功。在"联毛"的基础上，他又发展成立了多家企业，成立了第一个中外合资的集团性公司，继而又成为第一家中外合资的股份制上市公司。为进一步推进沪港两地的经济合作，1985年他与香港其他著名企业家一起，组成了香港沪港经济发展协会，并任创会会长。江泽民同志、朱镕基同志以及香港知名人士董建华先生、李嘉诚先生等都先后参加过协会的活动。

第二，我为他具有的远见卓识和创新精神所钦佩。唐先生给人的印象是厚道朴实、踏实稳健，但他同时又是一个思想敏锐，具有超前意识的人。如果说他在香港和内地举办纺织企业的成功，多少还有点家族背景和人脉因素的话，那20世纪80年代中期，他进军高科技的电子行业，则完全进入了一个全新的领域，是一步一个脚印艰难地走过来的。1997年，他风尘仆仆回上海，选址松江，投资4 000万美元，进军电子高新技术行业，成立美维电子有限公司和美维科技集团公司。他对集团确定的目标是"中国最好，世界一流"，经过努力，美维很快成为上市公司，并取得了骄人的业绩。后又与美国大公司合作，生产供苹果、三星等著名品牌电脑、手机用的线路板，为上海和国家的电子产业发展做出了贡献。我还记得这样一件往事，20世纪90年代后期朱镕基同志当总理后，在一次全国"两会"期间见到唐先生时，半开玩笑地问："你怎么60多岁还'变脸'，一转身跳到电子这一行了？"唐先生笑嘻嘻地回应道："你不也是60多岁又跳了一级做总理吗！"这一次，朱镕基同志看到唐先生写给他的信后，将他的生益科技作为特例批准上市。后来，唐先生在电子行业克服了各种困难，从香港的美加伟华，到东莞、苏州、西安的生益科技，再到上海的美维电子，一路艰难地走来，大获成功。生益科技成了国内生产履铜线路板的龙头。公司曾多次获得"中国电子元件百强企业""国家高新技术企业""国家驰名商标""全国模范劳动关系和谐企业""国家标准化4A级企业"等荣誉称号，成就了唐先生从纺织巨头到电子大王的华丽转身。

第三，我为他尊师重教，培育英才，无私捐助教育事业的大爱之心和善举所折服。唐先生的家族原有重教和善济的传统。早在20世纪七八十年代，他向香港中文大学和新亚书院捐款，成为香港中文大学名誉博士和新亚书院董事会主席。上海唐君远教育基金会的成长和发展，更是他热心教育事业，重视人才培养，无私捐资兴学的生动写照。该基金会源于1987年他在母校大同中学设立的奖学奖教金，旨在鼓励教师教书育人，培养优秀学生。后经多次增资以及基金会的良好运作，目前总资产已超过2亿元。至2022年，共奖励师生8万多人，他和唐家的资助经费达到4亿元。除上海30多所中学外，资助范围扩展至他的家乡无锡以及常州、西安、北京。奖励的种类有优秀师生君远奖，优秀贫困学生君远奖，在沪就读的新疆、西藏少数民族优秀学生君远奖等。奖励资助从中学延伸至职教、大学，在复旦大学设立本科生海外交流学生奖，在上海交通大学设立研究生唐尤淑圻奖、讲席教授基金和密西根学院学生奖励基金,在华东师范大学和上海师范大学设立少数民族师范生奖等。尤其值得称道的是,他从国家由制造业大国向制造业强国转变的需要出发,积极参与国家的"卓越工程师教育培养计划"。从2010年起,他与上海大学和江南大学分别签订协议,设立专项基金,各捐资4 000万元,合作创建翔英学院和君远学院。他曾两次写信给时任国务委员的刘延东同志,就有关想法和情况向她报告:"国运兴衰,系于教育,教育振兴,全民有责。我虽年事已高,但是我对人才培养,特别是工程师的培养仍深有感情。"刘延东同志收到信后即批复给教育部认真研究,称赞"唐先生耄耋之年仍倾情关心祖国教育事业,这种精神值得发扬光大"。由于唐先生的义举和对国家教育事业所做出的贡献,2012年,他获得"中华慈善奖"。他还获得两届"上海慈善奖",以及上海、无锡、常州多个教育和慈善的其他奖项。上海唐君远教育基金会也因此获得2009年首届"上海慈善奖"、2012年"上海市先进社会组织",2014年和2019年连续两次被评为中国社会组织评估等级5A级。由于年龄原因,翔千先生多年前就辞去了基金会理事长职务,由他的长子唐英年先生接任理事长。但他生前仍然时时关心基金会的建设,他每次来上海时,总要找会长、秘书长商量工作,同理事会成员,特别是年轻理事见面。在这里我也衷心祝愿基金会越办越好,为国家的教育事业做出更大的贡献。

如今,唐翔千虽然离世多年,但他的精神长存,他的崇高品质将永远为人们所敬仰。

是为序。

2023 年 2 月

写在父亲百年诞辰之际

唐英年[①]

今年是父亲唐翔千百年诞辰。4月4日清明节前夕，我们众子女陪伴母亲来到无锡青龙山公墓，祭拜父亲，缅怀他的音容笑貌。父亲于2018年3月10日走完了他的95个辉煌灿烂的春秋，我因在北京参加全国政协会议，未能见他最后一面，这始终成为我心中一道抹不去的痛楚。在提笔纪念他百年诞辰之前夕，再次勾起我对他深深的敬仰和无尽的怀念。

若说父亲是含着金汤匙出生的，也许是吧。祖父唐君远大学未毕业就开始创业。无锡丽新染织厂投产不久，父亲就在城里诞生了。孩童时期的他不仅是父母的，也是祖父母和氏族其他长辈的掌上明珠。他有机会跟着大人见识各种生产劳动和社交场合，对所见所闻善于独立思考，分析研判，更何况他接受的西学东渐的基础教育在当时是一流的。但含着金汤匙的日子并不长久，到1937年日军侵华，少年唐翔千的好日子戛然而止。唐家宅院和纺织生产基地都被炸毁，设备和纺织产品被抢掠一空。父亲随家人逃离无锡，到上海避难。侵略者造成的惨不忍睹的场面深深刺痛了他。父亲第一次意识到，原来家庭的沉浮与

[①] 唐英年，唐翔千长子，全国政协常委，香港特别行政区财政司、政务司原司长。

国家的兴衰是如此休戚相关，也许正是从那个时候起，爱国报国、创业弘业的种子就在他心里开始萌发。

父亲在人生中超过七成的岁月里投身于实业报国、守正创新的宏伟事业。1950年，他从海外学成归来即到上海金融界就业，因熟悉外汇业务，被派到香港的银行工作。他修学经济，实践金融，了解香港，加上深谙父辈实业报国利民的理想及艰辛创业的经历，他体会到，"创业，不仅要考虑个人经济利益，更要利于社会及民生，办实业才是正道"。从1953年起，他在香港开办纺织企业，从布厂、纱厂、针织公司、成衣公司，做到合资联办的香港南联实业有限公司，那是当年香港最大的纺织集团，后来又开始进军电子产业。他既承袭了纺织之道，又拓展出新的实业天地，绝非枕着前辈的家业发端。我悟出，实业报国利民的情怀和守正创新进取的精神正是他获得成功的根基。这也是我们今天要重点回顾、深入探讨的议题，我想对于进一步弘扬中国现代制造，推动伟大的民族复兴，一定是很有意义的。

父亲是个真正的赤子，忠诚于国家，挚爱香港。可以说，爱国爱港情怀浸透于父亲的一生。他是第六届全国政协委员、第七至九届全国政协常委。每年春天他去北京开会，在内地考察，回来后总是喜形于色、信心十足地向我们描绘国家发展的宏伟蓝图与改革开放的大好局面。第九届全国政协换届之前，香港还处于回归过渡期，父亲多次受到国家领导人的接见，他对香港回归事宜提出不少建议。作为香港特别行政区基本法咨询委员会委员，他为实现"一国两制"出谋划策，参与了《基本法》的起草和特别行政区筹备委员会及推选委员会的工作，为香港顺利回归祖国发挥了积极的作用。他的爱国爱港精神也体现在一系列助推改革的行动中。改革开放号角吹响后，他身体力行，率先在内地投资，创下多个第一，如参与深圳的第一批补偿贸易，开办新疆第一家合资经营的天山毛纺织厂，创办第一家沪港合资企业——上海联合毛纺织有限公司，领取了开创先河的上海合资企业第00001号营业执照。更重要的是，他秉持诚意合作、互信互利的理念，导入现代企业的先进经营模式，促进了内地与香港的经济共赢，在改革开放的进程中留下了他鲜明的印记。我为父亲倍感自豪，他以博大胸怀，见证时代风云，把握进取机遇；他以坦诚之见，参政议政，与祖国休戚与共，这是父亲留给我们最宝贵的精神财富，亦已深深地嵌入我的骨子里，对我做事做人，特别是跻身香港政务与服务国家发展的实践，起到了潜移默化、至关重要的作用。

我们唐氏家族素来有着乐善好施、重教育才的优良传统。祖父唐君远从创业起步阶段就开办职工学校，还捐助家乡义务教育。父亲是继承和发扬唐氏"善济重教，乐育英才"的典范。早在20世纪七八十年代，他捐助香港中文大学，支持新亚书院发展，成为香港中文大学名誉博士和新亚书院董事会主席。1987年，他依随父愿，捐资母校上海大同中学，设立唐君远奖学奖教金，后经多次增资，成立了上海唐君远教育基金会。他还从个人积蓄中捐出 8 000 万元，为江南大学和上海大学分别建立君远学院和翔英学院，培育国家急需的工程人才。上述项目中有的已获得国家级成果奖，父亲泉下有知，一定倍感欣慰。10 年前我很荣幸接任了基金会的理事长，30 多年来，我们累计捐赠人民币近 4 亿元，资助了 100 多个教育项目，惠及师生 8 万多人次，基金会自身也发展成 5A 级中国社会组织。最令我感怀的还是父亲高瞻远瞩的人才观和教育观，他屡屡强调："国家需要面对世界，面对未来，思想与知识非常开阔，积极投身国家技术进步、社会经济发展的年轻人才。"他始终坚信："兴办教育，培育人才，是立国之本，强国之路。教育兴国是一件功在千秋的大事。"他的教育观还包括"学以致用，知行合一""教育为制造业服务，为制造业留住人才"。父亲毕生致力于推进"科教兴国"，他的理想与抱负一定会在后人身上得到继承与发扬。

尽管长期住在香港，父亲还是说着一口道地的无锡话，虽然他出生时祖父已在无锡城里办厂，但家乡羊尖镇严家桥悠久的历史与厚重的文化，总是出现在祖父母的日常话题中。改革开放之后，父亲有机会回乡溯祖，他对家乡的情结愈加深厚。父亲和宗亲们欣喜地发现，当年唐家参与捐资建造的梓良桥、永兴桥、万善桥，还有氏族的发源地唐家码头、唐氏仓厅等都保存完好。从那时起，父亲与家乡的"互动"愈发密切。世纪之交，羊尖小学的孩子们摸到的第一台电脑以及后来新校舍里的报告厅，严家桥小学运动场的塑胶跑道，村里老年活动室的设施都是他捐助的。后来，基金会又为家乡唐苑爱国主义教育基地的建设，继续以资金和文物的形式予以资助，累计超千万元。每每可回想起他与乡亲们以乡音叙旧，欢声笑语不断。在家乡人眼里，父亲是一位仁德慈爱的长辈，当地党政部门也曾多次组织村民，一起到香港看望父亲和唐氏族人，对他们始终心系故里、不忘振兴乡土的情结与善举倍加赞颂。父亲总是说："一点小小的心意，不值一提。"父亲仙逝后，基金会为父亲铸造了铜像。2019年3月，严家桥的父老乡亲举行了隆重而俭朴的仪式，将"他"迎回故里，从此父亲永远扎根在滋养了他、又深得他挚爱的这块土地上，永远与父老乡亲日夜相伴，鼓励着家乡人民为振兴乡村、富裕生活步上新的台阶。

很多人都认为，父亲是唐氏家族精神继承和文化创新的典范，是一位极具江南特质的谦谦君子，宽厚仁慈、立身树范、人格高尚。我还想说：经世致用，躬身践行，力求上进，敢为人先，家庭和睦，交友天下，这样的唐氏家风在父亲的身上得到发扬光大，他是家族中承上启下的核心人物。与父亲相处相依的几十年中，让我感触和领悟的事例不胜枚举，不知从何说起。从小我就有这样的印象：父亲非常的勤奋，他与我们一起休闲度假的日子极少；他非常的谦逊，总说："多受美名，相形之下，难为情咯！"他也非常有骨气，像祖父那样，是非分明，经得起挫折。他曾说："在唐氏子孙的血脉中，永远不缺硬气！"父母双双睿智过人，双双太平绅士，他们在我的眼里，孝敬长辈，恩爱有加，抚育小辈，善待同辈，提携后辈，为我们安排好一切所需。父亲更是以身作则，勤俭节约，自律慎行，引导我们认真踏实地做人做事，诚心诚意地服务社会。写到这里，我思绪万千，是国家的栽培加上家风的训育，让我一生着眼于民族大业，专注于对实体经济的推动，对香港社会的躬行，以及对卓越人才培养的助推。

前缘往事，历历在目。最令我难以忘怀的是，2008年，我以香港政务司司长的身份，向父亲颁发"香港杰出工业家奖"，代表香港特区人民，感谢他为经济发展和香港社会所做出的重大贡献。同时我的心里也很清楚，若非父亲一如既往的关爱、激励与悉心栽培，我哪有机会在台上为他颁奖？父亲是我们子孙后代永远的楷模！我们定将他的懿德与精神发扬光大，造福国计民生，祈佑太平天下！

2023 年 5 月

目录

访谈摘录

相知相随，风雨同行

采访时间：2022年11月14日

采访地址：香港九龙又一村

采访对象：唐尤淑圻（唐翔千夫人，香港太平绅士，苏锡企业有限公司主席）

采 访 人：张伟（上海唐君远教育基金会秘书长）

唐尤淑圻

　　1927年出生，1950年毕业于交通大学财经管理专业，并在2016年获该校名誉博士学位。唐尤淑圻是香港太平绅士，现任香港各界妇女联合协进会名誉副主席，香港九龙妇女福利会会长，香港女童军会副会长，苏锡企业有限公司主席，曾出任香港与内地多个慈善公益机构和组织的相关公职。

张　　伟：唐妈妈，明年是翔千先生100周年诞辰，我们基金会准备在上海举办纪念活动。如果允许的话，一定请您去参加这个有意义的纪念活动。35年来基金会支持了100多个项目，受惠师生8.5万余人，累计捐款近4亿元。我这次专程来香港，主要想采访您。我们正在编辑《上海唐君远教育基金会慈善公益项目成果汇编》，还有纪念文集，筹备计划中还有个《爱国爱港实业家唐翔千》专题片，也想放入采访您的内容。我想问的第一个问题是，您和翔千先生是一对非常好的伉俪，一起生活了近70年，能否请您谈一谈对翔千先生总体的印象？

唐尤淑圻：先讲一讲我跟他怎么见面的好吗？他在美国完成学业后，就到信昌洋行香港代表处工作。我俩的父亲是好朋友，他父亲不在香港时，就拜托我父亲照顾他。他一个人住在洋行宿舍里，礼拜天独自在宿舍好像很孤单，所以我父亲请他到我们家里吃饭，再下下象棋。尽管他很想赢，但能够和棋，就已经很开心了。他年轻时不算是很帅，但很斯文，很有内涵。

张　伟：您当时是不是看这个小伙子很聪明、很睿智，通过他到您的家里吃饭、下棋、聊天，从而相知相恋，走进婚姻的殿堂？

唐尤淑圻：是的，这就是我们的缘分吧。后来我们在香港的酒店——香港大酒店举办了婚礼。

张　伟：您跟翔千先生结婚以后，他是不是一心扑在他的事业上？对家庭、对您的关爱，印象最深刻的事有哪些？

唐尤淑圻：他对家庭、孩子都是爱在心里，没有工夫管。他天天去厂里，所以家里所有的事都是我一个人包办。他一辈子都是把工作放在第一位，老婆放在第二位，他常常对我说，谢谢。

张　伟：20世纪50年代，香港也不是很富裕，你们生活中遇到过什么困难吗？

唐尤淑圻：有啊，因为他父亲跟他说，国家要富强，工业基础一定要好，还有教育要好，你要快点出来办这两件事情，所以他就从银行辞职了。那个时候我们很辛苦，到处去借钱办工厂，先跟他父亲的朋友合资，开办五洲布厂和华侨纱厂，赚了一点钱，马上就自己再创业，借了钱要还的，还要付利息。那个时候很困难，吃饭都没有钱，饭钱差不多都是用我陪嫁的钱。

张　伟：那么您当时还是支持他去办厂？

唐尤淑圻：工业重要，富国强民，工业第一，教育第二。他已经立志做这些事了，我都会支持他。

张　　伟：他在华侨纱厂、五洲布厂以后又办了半岛、南联这样的大企业，整个过程中，有没有遇到什么贵人，对他创业给予帮助？还是主要靠自己的实力？

唐尤淑圻：这两个方面都是有的。他立志要推动企业发展。香港工业能有今天，全靠内地精英来港设厂，启动了香港工业发展。他先开纱厂，后来香港工业也要多元化，他就转型开了电子工厂，做的是线路板。一开始很难，因为他不懂电子科学。

张　　伟：您也是支持他转型的。唐先生的成功一大半有您的功劳，有了您的支持，他才能不断成功。

唐尤淑圻：初时我的弟弟也帮助过他。到后来，就叫在美国工作的小儿子回港，帮助他一同做好电子工业。

张　　伟：这次的采访对象一致给唐先生竖大拇指，说他担任香港工业总会主席期间，为香港的经济发展做出了很重要的贡献。其中有个前瞻性的举措，就是提议创办香港标准及检定中心。因为有了这一机构，可以控制产品质量，促进香港制造的产品得到国际认可，把产品推到国际上。

唐尤淑圻：对，这是一个代表了产品合乎标准的证明指标，对提高香港工业制造水平和扩大国际贸易起到很好的作用。

张　　伟：唐先生的工业发展眼光是很超前的，比如他在20世纪70年代末就去新疆天山创办毛纺织厂。听说您也跑了10多次，当时是很艰苦的，有些事很难忘吧？

唐尤淑圻：新疆有羊毛，去了才知道，乌鲁木齐还不错，我们去了十几次。在新疆办合资毛纺厂，我们是第一家。因为没有先例，双方都没有经验。办事是要盖橡皮图章的，水务局、建工局、铁路局、商务局等，要盖几十个橡皮图章。我们白天跑手续，晚上请喝伊犁大曲。他不喝酒，都是我代他喝。记得我曾经一个人，对付五桌人的敬酒。杯子一举，事情好谈。不过说到办企业嘛，他还是一把手，我是二把手。

张　　伟：唐妈妈，您的上海话很标准，普通话讲得非常好，广东话也很地道。

唐尤淑圻：我是苏州人。年轻的时候，我随父母走南闯北去过很多地方。因为我爸爸是念工程的，他100年前就留学美国，也很不简单。留学回来了就在北京、南京、四川四处造铁路，我们家属就跟着他走，边说边学懂了。唐先生只会讲他的家乡无锡话，广东话、普通话都不行，普通话带无锡口音。

张　　伟：是不是可以这么说，翔千先生之所以成功，是因为你们都没有把钱看得很重？他通过办企业的方式来扩大生产，利国利民。他把大量财富贡献给社会，创办更多企业，解决就业问题，还支持教育，培养人才，但他对自己生活比较苛刻，比较节俭，是这样吗？

唐尤淑圻：改革开放时，他所积累的财富维持自己和家庭的生活是绰绰有余的，但他仍然要去艰苦的地方办厂，他说他的钱都摆在厂里。他绝不是为了自己赚钱，他还是要实现他的理想，实现他工业救国的抱负。但他个人生活很节俭，衬衫不许经常洗，说要洗坏的。什么都不许扔掉，不舍得，报纸堆高了也不许扔掉。也就是喜欢回家乡，探探朋友，吃点家乡风味的东西。

张　　伟：从慈善事业角度来讲，唐家为社会做出了很重要的贡献，当然与您的支持也是分不开的。您在上海交通大学还专门设置了一个"唐尤淑圻研究生奖学金"，好像是从2011年就开始的，还是蛮早的，所以说上海交通大学也是非常感谢您的。我想问一下，唐先生跟您讨论过关于他做慈善事业这方面的考量吗？

唐尤淑圻：1997年，我回内地参加南开中学校友聚会，来到了无锡，在无锡轻工大学①也设立过研究生奖学金。支持教育是一个很重要的事情，因为年轻人将来可以作为国家栋梁，可以在社会上做很多事情，所以教育基础一定要特别好。如果社会底层的家庭，没有足够金钱让子女上好学校，我们就应该帮助。

张　　伟：唐家祖辈在历史上做过许多慈善，在家乡严家桥修路架桥，资助孩子读书，这是唐家的一种优良传统。

唐尤淑圻：我们去过严家桥，全镇的人都出来，夹道欢迎，感情很深。

张　　伟：翔千先生一心扑在事业上、办厂的事情上。他对自己子女的教育有什么决策吗？跟您商量过吗？他在上海创办唐君远教育基金会跟您商量过吗？

唐尤淑圻：子女教育没怎么商量过，都是我做主的。我带着孩子去美国找学校，再带他们过去念书，手续都是我办的。其实办厂也有亏本的时候，我叫他留点钱养老，他说我有儿子、女儿，怕什么。在上海创办基金会的事，他跟我商量过的。只要他想做的事，我都会支持的。

张　　伟：您是上海交通大学著名学长和名誉博士，上海交通大学的"唐君远讲席教授"基金，就是在您和英年先生的牵线和影响下设立的。基金会还在上海交通大学密西根学院设立了"唐君远密西根学院奖学金"，也是奖金额最大的一个奖学金，每个获奖者每年可获得12.5万元资助，鼓励学生去密西根大学深造。1987年，你们夫妇捐了100万港币，在那里设立了"唐照千奖学金"，这笔奖学金培养出很多优秀的学生，有的学生已经当上校长了。

唐尤淑圻：密西根学院的奖学金每人12.5万元，当年很少有这么高的奖学金。美国密西根大学是我大儿子念书的地方。这笔奖学金对于鼓励学生

---

① 今江南大学是在无锡轻工大学基础上合并而成的。

刻苦钻研、志存高远起到了很好的作用。他爸爸在交大读中学，我爸爸也是念交大的，小叔子唐照千是西安交大教授。我们跟交大的渊源很深，要饮水思源。

张　伟：饮水思源，您给我们树立了标杆。您现在96岁高龄还坚持参加妇联活动，真不容易。

唐尤淑圻：都是些慈善活动。

张　伟：您对基金会还有什么要求吗？对明年我们举办唐翔千百年诞辰纪念活动有什么建议吗？我作为一名交大校友，现任基金会秘书长，明年的纪念活动，当然要根据您要求，担当起这份责任，努力认真办好这些事。英年先生现在是我们的理事长，庆年先生是我们的副理事长，我会向他们报告的。方便的时候，也请唐妈妈到上海的基金会去看看，在长乐路和新乐路那个地方，唐家的一个老宅。

唐尤淑圻：是你们跟他们商量，不是报告，是商量。有你办事，我放心。上海的基金会我去过的，我知道，是翔千爷爷留下的祖宅。希望把它用好，让教育捐赠事业发展得更好。

父亲的家国情怀

采访时间：2022年11月9日

采访地点：香港九龙长沙湾青山道538号半岛大厦32楼

采访对象：唐英年（唐翔千长子，全国政协常委、上海唐君远教育基金会理事长）

采 访 人：张伟（上海唐君远教育基金会秘书长）

唐英年

生于香港，祖籍江苏无锡，香港政务司原司长（2007—2011年）和财政司原司长（2003—2007年）。现担任全国政协常委，香港西九文化区管理局董事局主席，香港友好协进会永远荣誉会长，香港江苏社团总会创会会长，上海唐君远教育基金会理事长。

张　伟：唐先生，明年是唐翔千百年诞辰，作为唐翔千的长子，您对父亲最深刻的印象是什么？

唐英年：作为他的长子，有很多历历在目的印象，最深的就是父亲非常忙碌，是个工作狂，平常一个星期7天都会去工作。星期天本该是休息日，但他早上仍然会去工作，如果下午就能收工回家就是很好的了。

即使工作非常忙碌，他仍然会尽力抽出时间陪伴我们四个子女。有一次他带我们在海滩边散步，海滩上有我们的大小脚印，就这样一步一个脚印，我们四个兄弟姐妹玩得好开心，父亲也一直在旁边耐心地陪着我们。

另外一次印象特别深刻的是2008年，那时我正担任香港特区政府的政务司司长，有一次是作为颁奖嘉宾给获奖者颁发香港工业总会的杰出工业家奖，只有一位获奖者，竟然就是父亲。所以在台上，我作为儿子亲手把奖颁给了父亲。这是非常少见和珍贵的场景，后来那个场景被拍下了照片，父亲很喜欢那张握手的合影，一直珍藏在家里的玻璃橱中。我也把这张照片一直珍藏在办公室里，它让我时常记住父亲对我的教导。

张　伟：您说过，父亲是您的偶像，您认为他的哪些品质给了您最为深远的影响？

唐英年：父亲一直是我的楷模。他工作勤奋。在和父亲共事的那几年，我亲眼看见父亲是怎样工作的：他一周只有半天休息，每天工作十五六个小时，对每个生产环节都了如指掌，比工人还清楚。

让我受益最深的是他的爱国情怀。20世纪70年代的时候，他来到内地寻找贸易机会，希望对国家的经济发展做出力所能及的贡献，同时也能够把香港的长处发挥出来。

1987年，他还在上海创立了上海唐君远教育基金会，30多年一直致力于科教兴国，希望为国家的发展做出贡献。很荣幸我能够接任基金会理事长的职务，我会不断创新，把这个教育基金会更好地传承下去。

张　伟：在促进国家改革开放，尤其是沪港合作上，唐先生做了大量的工作。他被推举为《香港基本法》咨询委员会委员、第一届特区政府推委会委员，同时担任了国务院港澳事务办公室和新华社香港分社港澳事务顾问，也支持您从事香港特区政府管理工作。在这些方面，您有哪些印象深刻的事情可以分享？

唐英年：印象最深刻的是2002年，时任行政长官董建华先生邀请我加入行政机关做工商科技局局长，父亲说如果我接任这个职务，能对改革开放和"一国两制"的成功落实，并且能够对香港特区的经济发展有帮助，他是支持我去做的。之后在我政府任职的10年里，父亲主动接手了家族企业的工作。在这些关键的转折点，我充分体会到父亲的利他利民的家国情怀，他对国家走向小康之路、现在走向强国之路的热情，我的印象是非常深刻的。

张　伟：唐翔千是著名的实业家，您觉得唐老先生企业管理思想和实践对您影响最大的是什么？

唐英年：1976年，那时我正在国外读博士研究生，父亲打电话给我说，他准备到内地投资，促进国家的经济发展。因为那个时候弟弟妹妹都还在读书，他希望我能回来帮忙。我跟导师申请，能不能暂缓一段时间修读，保留学分，他们说行，允许我这么做，于是我就回来了，遗憾的是后来没有回去完成我的博士学业。但对于中国的发展，对于国家走向小康、富强，还是有贡献的。

　　作为企业管理人，我们坚持不断地创新。虽然我的家族几代人都是从事纺织业这个传统行业，但从父亲和我这一代起，成功将企业转型为高端电子行业的科技企业，我认为对家族企业的发展，起到了举足轻重的作用。

　　目前我们有两个公司已在上海成功上市，这能让很多企业看到未来的发展道路就是要不断地创新，要敢作敢为，愿意在创新上投放资金，既为了企业的发展，同时也是为了国家的发展。

张　伟：唐老先生在企业管理中，践行"三共享"原则——一是投资人回报，二是国家和地方的税收，三是员工的劳动报酬。唐老先生常说，"最需要关心的是员工利益"。您对此有什么看法？

唐英年：父亲相信"三共享"三个方面都是重要的，首先，投资者必须要有一定的回报，他才能继续投资，进一步发展企业。

第二点是地方政府有一定的税收，企业对当地社会要做出贡献，这一点也是同样的重要。

第三点，一个企业的成功不光是一个人的能力，而是整个团队的努力，这一点我也深信不疑。如果没有团队的力量，即使一个人有三头六臂，工作能力总是有限的，只有团队同心合力，朝共同目标来努力才能做大做强。

所以三方的共享一直以来是企业非常重要的宗旨，任何一方不能享受共富的成果，就会不平衡，未来发展也会面临挑战。

张　伟：唐老先生非常勤俭，却慷慨地把钱捐出来做慈善事业，对此您怎么看？

唐英年：父亲一直非常勤俭，他勤奋地工作，但是对吃穿用没有什么要求。我曾给他提过建议说，我们发展企业，为国家经济做出贡献是好事，但我们的资金链也应该多点空间和缓冲力。父亲说看见国家发展有很多机会，不应该错过每一个契机。

张　伟：从企业发展角度来讲，您认为现代企业家应该具有哪些重要的素质？

唐英年：现代企业家应该不忘初心，也就是"三共享"。要不断提醒自己，必须要三方面都能够共享企业的成果，这是最重要的发展目标。

发展的初期赚钱固然重要，不然企业就会面临困难。但是在发展阶段，就要更好地照顾到政府、地方的共享，要想持续发展，一定要把国家的利益放在首位，紧贴国家战略去投资、去发展。另外就是团队的共享，一个公司和企业如果没有好的团队是不可能成功的，所以三方面的考虑都同样重要。值得高兴的是，年轻企业家这方面的观念是比较强的。

张　伟：刚才您提到国家未来发展要靠创新驱动。那么，对于我们基金会的发展方向您有什么考量？

唐英年：基金会成立了35年，这35年来已经有近4个亿的慈善捐款，受益人数有85 000人左右，为上海，为整个长三角在教育方面做出了贡献。未来的方向是，希望基金会不断地优化创新，勇于改革，勇于打破自己的旧有观念，这样才能够对国家的强大做出贡献。

我相信今天国家的年轻一代，他们不仅是对科技发展有兴趣，而且对生命科学，对环保也非常关心。中国作为一个大国，在应对全球气候变化方面，也应该尽到一个大国的责任。

所以，基金会未来发展的重点，除了创新意识的培养以外，更可能支持的方向是可持续发展、生命科学、医学。这三个方面关键都在人才，必须要有优质的人才。我很有信心，上海有大量的人才，应该更好地让他们有机会按照自己的兴趣去发展，这些都是我们基金会未来工作的重点。

协助父亲向电子产业转型

采访时间：2022年11月14日

采访地址：香港九龙又一村

采访对象：唐庆年（唐翔千幼子）

采 访 人：张伟（上海唐君远教育基金会秘书长）

唐庆年

生于1961年，祖籍江苏无锡。自2005年出任香港线路板协会名誉创会会长。先后担任香港出口商会荣誉会长、香港无锡商会荣誉会长、香港标准及检定中心有限公司和香港安全认证中心有限公司的主席、香港江苏社团总会常务副会长、香港无锡旅港同乡会会长及无锡锡山同乡会会长。

张　伟：庆年先生，明年要举办唐翔千百年诞辰纪念活动，您是翔千先生的小儿子，按中国传统习惯，父母对小儿子最呵护，是这样吗？翔千先生给您留下最深刻的印象是什么？

唐庆年：父亲办企业实在太忙了，我小时候跟他的接触不太多。父亲基本上对我们四个孩子一视同仁，并没有什么特殊，没有什么差别。

张　伟：那么对您的学习，爸爸管吗？

唐庆年：是妈妈管的。爸爸没有直接指导过，他是通过妈妈间接过问的。

张　伟：通过妈妈来关心呵护你们，看来妈妈在爸爸的心目中是非常重要的。

唐庆年：对爸爸来说，妈妈是主管，她是Boss。

张　伟：您从美国学习回来，是爸爸召唤您回来的，还是您自己选择回来的？

唐庆年：那个时候我在美国工作，在IBM公司做半导体研发，1990年的时候爸爸叫我回来，我是1991年回到香港的。

张　伟：爸爸把您召回，他的主要想法是希望您帮助他的企业转型？您帮助他管理哪几个企业？

唐庆年：他把我叫回来，主要是为了发展电子工业。他跟我们说过，一个国家，工业是最重要的，要把工业做大做强。我主要帮助父亲管理电子企业，涉及在香港、上海、东莞的几家电子企业。

张　伟：听说在2005年又整合成美维电子集团是不是？现在还是一个集团吗？

唐庆年：2005年美维控股是香港上市的，拆分的东莞生益科技在上海上市。现在都分开了，生益电子是做芯片的，其他那些跟美国的公司合并了。

张　伟：20世纪80年代中期，唐老先生从纺织业转型到电子业，在这个过程中，应该说，他的眼光还是很敏锐的，看到了未来工业发展的趋势，这一方面您有同感吗？

唐庆年：是的，那个时候光发展纺织这些传统的制造业，盈利不多，加上我们已经进入了科技产业快速发展的时代，所以我们必须转型，转向科技企业。

张　伟：但是，在转型的过程中，唐先生本人对于电子行业并不是很了解，转型过程也可能给他带来很大的风险，这方面您爸爸跟您交流过吗？他当时有什么想法？在创办电子企业的过程中，碰到过哪些困难？

唐庆年：基本上是这样。本来他也不想把我叫回来，这个行业他不懂，他感到很困难，我也不是非常内行，所以真正接手时，困难很多。其实创办电子科技企业最大的问题就是投资很大，回收周期很长。这个跟纺织行业是不一样的，电子工厂的机器设备都是很昂贵的。所以那个时候爸爸经常骂我，说我是赚一块钱，银行借两块钱，投资三块钱，他说你将来怎么归还？先赚钱再说。

张　伟：说明翔千先生是知道这个转型有风险的，不仅把家里钱拿出来投资，还到银行去贷款，翔千先生还是很有魄力的，他敢于担当这个风险。他有没有跟您妈妈商量过？跟你们一起商讨过吗？

唐庆年：我当然是知道的，他是否跟妈妈商量，我就不知道了。投资的结果我心里还是有数的，能赚得回来。那个时候我们企业发展得不错，很快就上轨道了，几年后，我就把这个钱赚回来了。当时电子线路覆铜板的生产规模做到了全球前三位。

张　伟：纺织业，投钱进去回笼比较快，因为只要产品出来了，马上在市场销售掉，钱就回来了。而在电子这个行业，尤其是高新技术企业，投进去的资金，回笼是比较慢的。

唐庆年：慢是慢，不过赚的也是多的。

张　伟：也就是说它回收慢，但一旦回笼，相对来讲可能是成倍的，所以坦率地讲，翔千先生在转型的过程中，他是从企业家的战略眼光出发做决策。具体分析怎么样把这个企业办好，这任务是不是就落到您的身上了？

唐庆年：基本上是这样。

张　伟：所以说，翔千先生把您召回来，也是为企业的发展从长远的战略角度考虑。您在美国已经有了相关的专业知识和工作经历，而且又是自己的亲儿子，在推动电子产业发展中可以共同担当起这个责任。所以说在翔千先生推动企业转型的过程中，您是功不可没。

唐庆年：说到功劳，算是马马虎虎吧。

张　伟：我们知道，您父母终身相守是模范伉俪，您的感觉怎么样？

唐庆年：跟你们的想法是一样的。Boss是妈妈。

张　伟：一个成功人士，背后一定要有这样的搭配。您妈妈不仅仅是"管家"，更多的是成为您爸爸的精神支柱。她与您爸爸有同样的理念，同样的家国情怀，她才愿意全身心支持您爸爸去创业，也为您爸爸担当风险，所以说妈妈的贡献也是很大的。翔千先生能够有这么一个成功的事业，一是靠他自己的努力，二是以您妈妈为代表的家庭，包括你们子女在内对他的全力支持，这也是我们今天来这里采访的收获。在纪念您父亲诞生100周年活动中，您有什么话要说吗？您父亲在您的心目中是一个什么样的形象？

唐庆年：他的想法比较宏观，他说的话是对的，"赚钱养不了多少人，开公司可以多养一些人"。开工厂办企业，可以吸纳很多人就业，养活很多家庭，这个就是他的精神所在，就是他的追求。

张　伟：我们现在回顾翔千先生一生，他确实是一位利国利民的实业家。您大哥和我们的认知是相同的，认为您父亲爱国爱港爱乡，这就是他的价值取向，也是他办实业的动力。您父亲非常唯实勤勉，强调实事求是，干实业，多做事，不说空话，一门心思扑在工作上，勤勤恳恳，兢兢业业。他还是一位守正创新的智者，在继承传统的基础上，与时俱进，随着时代的不断发展变化，不断地去变革，去创新，形成自己独特的企业管理思想。您刚才讲的他从纺织业转到了电子业，就是创新过程，就是眼光长远、理性睿智的表现。他又具有共享普惠的情怀，总结出企业管理"三共享"原则，即投资人共享、社会共享、员工共享，这就是共享普惠价值观。最后一个方面是他对教育鼎力支持，包括他创办基金会。他非常重视人才培养，他常说企业的最大财富是人才。我们就是从这五个方面来总结，来缅怀翔千先生一生的丰功伟绩。您看还有什么补充？

唐庆年：没有什么了，谢谢。

纪念大哥唐翔千[①]

唐新璎[②]

早年印象

大哥小时候的事情我不大清楚，那时候我尚年幼，听说他在无锡读的是唐氏小学。抗日战争开始后的事情我有些印象了。那个时候他已经上初中了，听母亲讲，先是在无锡辅仁中学读的。日本人占领无锡后，我们全家分为两批逃难。一批是跟父亲母亲到上海；一批是跟祖父祖母走的，有大哥翔千、大姐、二姐，还有三哥尧千。他们先是坐轮船逃到武汉，然后又逃到香港，在香港住下来。听祖父祖母讲，当时香港还很落后，烧饭还是用煤炉，生活上很不习惯。在香港住了一段时间后，就到上海了。到了上海后，我大伯把自己住的房子转让给我们住，这样大哥、三哥他们就住过来了。读书也是母亲的一个亲戚介绍的，从香港回来的这些人都送到大同中学读书。大哥高中毕业以后考上大同大学，大同大学毕业后在上海银行工作。后来父亲要他到国外去读书，先是到英国，随后到美国伊利诺伊大学读书。大哥在美国工作了一段时间。

---

① 根据2022年1月16日张伟、金同康、金秋爽采访唐新璎内容整理。
② 唐新璎，唐翔千妹妹，上海唐君远教育基金会副秘书长。

新中国成立后，大哥说一定要回来，一是看看上海的变化，二是可以照顾父母。父亲开始还是想让他去美国，他不肯去，就在上海中国实业银行工作，之后到香港分行做外汇业务。后来大哥与几个朋友一起商量，说要创办工厂，先是办纱厂。当时办厂蛮艰苦的，碰到不少困难，之后一点点克服，一步步发展，再办针织厂，生产羊毛衫。祖父就跟着大哥一起在香港生活。祖父和一群朋友打麻将的时候，老朋友尤寅照说起，家里有个女儿没有结婚，祖父就说那介绍给我孙子翔千好了。订婚是父亲到香港去操办的，大哥和尤淑圻谈了一段时间恋爱后，就在香港结婚。

爱老慈幼

刚刚工作的大哥知道我们弟弟妹妹读书没有零用钱，就在我们小学毕业考入大同中学时，给我们弟弟妹妹每人买了一支钢笔，再给我们每人3元零用钱。后来大哥到香港办厂，安顿下来。改革开放后几个弟妹陆续去香港工作、生活，一开始都是住在大哥家里，大哥给每人安家费，等他们找到工作，安顿好了再搬出去。我父亲当时在上海办厂办得很成功，不大想去香港，祖母和母亲也不愿意去，再加上我们一群孩子还小，就决定不去了，在巨鹿路住下来。后来巨鹿路房子转出去，搬到永康路，住花园洋房，祖父从香港回来后和我们住在一起。大哥结婚的时候父亲母亲都没去香港，在上海请了亲戚朋友们聚餐。

大哥自去香港后很长时间没回来过，一直到1972年，因母亲患病他才第一次回来。"文化大革命"中，红卫兵在我们家里住了一个月，天天晚上来闹，父亲当时年纪大了，快70岁了，不让他睡在床上，只能睡在地上，母亲每天都担惊受怕。后来母亲生病了，请叔叔唐宏源来照顾我们。叔叔看到母亲生病了，蛮着急的，拍电报给大哥，大哥也非常着急，马上到香港华润公司去询问回上海的手续，后来是由华润公司担保，到上海来看望母亲。大哥到广州的时候买了一双解放鞋、两套灰色的人民装，穿上人民装和解放鞋才来上海，住在华侨饭店。大哥的儿子圣年也一起来的。当时天很热，电风扇也没有，条件是很艰苦的。

"文化大革命"中，父亲母亲每人每月只有16元生活费，我们住的房子每月要付36元钱。妹妹还在读书，没有钱；仑千结婚了，要养两个小孩，也没钱。大哥来的时候，我们已经从以前房子搬出来了，住在南昌大楼310号。墙上有洞，母亲叫我们用宣传画糊在墙上，大哥看到后很难过。之前他在香港的时候说叫我们拍张照片给他看看，他看到照片里我们穿的衣服很旧，眼泪一下子就流出来了。大哥当时每天穿解放鞋、人民装，从住的饭店坐24路公交车来南昌大楼。当时母亲已经住进瑞金医院了。他到瑞金医院一看，吓坏了，一个病房里住了12个人。母亲躺在靠近窗口的一张床，我每天去陪护，晚上两张凳子一搭睡在旁边。母亲经诊断是肠癌，一定要动手术。那时大哥已经来了一个星期了，必须要赶回去了。回香港后，大哥一批一批给我们寄油、糖。母亲开刀两个礼拜后就出院了。

1973年，大哥组织了一些香港的企业家到上海来，大概20个人左右，他们想来看看自己的亲戚怎么样了。市里派人请他们吃饭，这时候大哥提出来想让父亲母亲到香港去生活，让母亲在香港养病。上面同意了，但是父亲由于身份原因没去香港。母亲从广州到香港，本来说让我送到广州。大哥说不方便，不用送了，他叫人来接应。在新疆办厂之后大哥经常从香港到上海来看父亲，大概一个月要来两趟或者三趟。他先到北京，再到新疆，然后从新疆回到上海看看我们。大哥在上海的时候住在锦江饭店，离南昌大楼很近，每天早上来陪父亲吃早饭。大哥对我也非常好，很关心我，因为他觉得我陪父亲牺牲了很多，所以每次到上海来看父亲，都带羊毛衫之类的给我穿。

实业报国

1978年召开的党的十一届三中全会上，邓小平提出要发展经济，引进外资。1979年，上海市委统战部跟父亲说，要做做大哥的工作，谈一谈去新疆办纺织厂的事。那年年底父亲带我一起，到香港去探亲，住在大哥家里。香港的朋友劝大哥不要到新疆去，说内地有这么多地方，到新疆去干什么。后来大哥到新疆去看了，他说那里大片土地空着，没有电，交通也不方便，办厂非常困难。父亲说："你可以把这些问题向上面提出来，我们可以改造这个地方。"大哥还在犹豫，父亲又说："你不要考虑这些，你放心去办，办厂蚀了本，就当是孝敬我了。"大哥下决心到新疆去办厂了。他本来想找其他人一起投资，没有成功。大哥自己去新疆的次数记不清楚了。有时从上海走，有时从北京走。大哥先乘飞机到乌鲁木齐，到了乌鲁木齐再坐车去厂里。地方政府对大哥非常支持，答应安排交通工具和水电煤。大哥后来就答应在新疆办厂，到北京去签了协议。新疆第一家合资纺织厂——新疆天山毛纺织品有限公司，就是大哥与当地政府合办的。

20世纪80年代初，大哥来上海办联合毛纺厂。当时他生产的羊毛衫很吃香，是名牌产品。因为在上海开厂，大哥经常到上海来，每次来市委统战部都会接待。后来有领导对我大哥说，你再要办厂的话最好办电子厂。当时大哥已经六十多岁了，他说发展电子业有前途，我来办电子厂，为国家再出一份力。

我们都说大哥和父亲一样：父亲一生节俭，大哥也很节俭；父亲喜欢办厂，大哥也喜欢办厂。大嫂说大哥袋里不能有钱，有钱了他就去办厂。1997年，大哥又在上海办了美维电子，经常要来上海，在巨富大厦买了一套房子，可一直找不到满意的阿姨。早饭是我在南昌大楼做好以后，送到巨富大厦的。他在美维电子吃中饭，下班后会和司机小陈一起在外面吃晚饭。

重教育人

我们唐家历来重视教育，祖父和父亲在办企业的同时创办工人子弟学校，设立教育基金，让困难家庭子弟有机会接受教育。父亲常常对我们说："我有能力把你们都培养成大学生，你们是否努力、学得好坏，则是你们的事。学得好，将来工作生活就会好些；学得差，将来工作和生活就会差些。"父母十一位子女，都是大学毕业。大哥从小接受良好的教育，后来又去英美留学。大哥留学回来后，先在上海中国实业银行工作，后被派往香港的银行从事外汇管理工作。几年后他离开银行，与人合伙办企业，再自己独立办企业。企业越做越大，越做越好。他在办企业的过程中，深知人才的重要，因此，他对教育也很重视。他捐资香港中文大学和新亚书院，成为香港中文大学的董事、新亚书院的董事会主席。

内地改革开放后，大哥带头到广东、新疆和上海办企业，同时也想为内地的教育事业发展出一份力。这样的机会终于来了。我们家有一个传统，每年子女都要聚集在一起为父母过生日。大家买一个蛋糕或送一些小礼品，聚在一起，吃一顿饭。1987年为父亲的祝寿就特别有意思了。大哥从香港来到上海，问父亲过生日需要什么东西。父亲以往从来不会主动提需要什么，这次父亲则提出需要一万元钱。大哥问："您要一万元派什么用场？"父亲说："你把一万元钱打到你过去上过学的大同中学账号，在大同设立一个奖学金。我早就有这个想法了。"大哥听完父亲的话，马上表示赞同，其他子女也一致同意父亲的提议。

以后根据父亲的意见和大哥的想法，设立奖学金的学校不断增多，还在这些学校设立奖教金。做教育慈善事业，需要有人来做具体工作，大哥就把早年在银行工作的方祖荫等四位老同事找来，又把退休后的统战部原处长马韫芳找来当秘书长，负责筹建教育基金会。我当时在卢湾区侨联工作，因为是非公募基金会，马韫芳让我也加入基金会工作队伍。另外，还从社会招聘了几位工作人员。成立基金会，需要增加运作资金，大哥不断调集资金，从5万到10万，再到上百万，直至1999年共筹集到4 000万元，由中国人民银行批准成立唐氏教育基金会。2005年更名为"上海唐君远教育基金会"，在上海市民政局注册登记。

成立基金会，需要有办公地点，我们曾在锦江饭店和附近的大楼租房用作办公地点。大哥认为租房成本太高，不如使用自己的房子。大哥来上海办企业时曾在富民路巨富大厦买过一套房，他来上海时就住在那里。后来，他就把这套房捐给基金会作为办公场所。唐家在长乐路339弄甲支弄也有一幢花园洋房，这是在上海解放前夕以祖父的名义购买的，上下两层，面积在270平方米左右，给小叔唐宏源一家居住。"文化大革命"期间，这幢房被房管所分配给住房困难户居住，只留一间给小叔一家居住。"文化大革命"结束落实政策后，房屋归还小叔。因小叔家陆续移民香港、北美，该房用作唐家在上海办企业之用。后经大哥与小叔商量，决定把这幢房无偿捐给基金会永久用作办公场所。这幢房子的产权变更在2004年办妥，产权归基金会所有。后来这幢房子经过整修，形成现在的格局。基金会搬来办公已有17年了。

大哥对基金会的建设和人才培养一直很重视。他多次强调："基金会要长期办下去，而且要越办越好，越办越强。"每次来上海，他都要找基金会领导商量工作，提出办好基金会和人才培养的设想。在上海，他多次召集中学校长开座谈会，春节期间请校长们吃饭，以示慰问。他还亲自带领部分中学校长去广东深圳、东莞等地考察他办的企业。他提议在家乡无锡成立基金会联络处，负责在无锡地区的教育捐赠和人才培养工作，还与夫人一起召开获奖学生座谈会，鼓励学生奋发学习，将来为国家的建设贡献自己的力量。

尤其值得一提的是，2011年前后，他在香港拿出1亿港币，折合约8 000万人民币，设立专项基金，用以与上海大学联合举办翔英学院，与江南大学联合举办君远学院。联合办学前后，他花了很多时间和精力，与基金会领导商量办学指导思想，修订教学计划，要求增加学生参加实习和社会实践的机会。他每次来上海，都要听取相关学校与学院领导报告办学进展情况，并且提出自己的建议。经过10多年的发展，这两个学院为国家建设培养了一大批有用人才，还获得了国家级和相关省市的教学成果奖。

随着年龄的增长，大哥在2013年决定辞去担任了20多年的基金会理事长职务，推荐他的长子唐英年负责理事会工作。经理事会讨论投票，一致同意唐英年担任理事长职务，大哥成为终身名誉理事长。尽管离开理事长岗位，他仍然一如既往地关心、支持基金会工作。继续为基金会捐款，帮助基金会理财，每年来上海小住，总要与基金会领导和无锡联络处同志及有关学校的领导见面，商谈工作。让我记忆犹新的是，2017年春天他来上海休息时，最后一次接受上海大学电影学院学生的采访，回顾了基金会的成长历程，表达了希望基金会继续办好的强烈意愿。2018年春节，我去香港看望病重的大哥，他还关心基金会的工作，并叮嘱我，要把基金会继续办好。我回上海不久，就得知他不幸逝世的消息，悲痛万分。大哥一生致力于实业，爱国重教，自己艰苦朴素，一心奉献他人。他是我最为尊敬的兄长！

（整理者：金秋爽）

我的堂兄唐翔千[①]

唐鹤千[②]

我与唐翔千是堂兄弟，和他共同参与了在台湾创业、无锡热电厂的建设和家乡无锡的慈善事业。在和翔千的接触中，我深感他是一位用人有方、取舍有谋、助人有道之人。

在台湾创业

唐家人丁兴旺，我们堂兄弟很多，其中五个——翔千、化千、仁千、乘千、鹤千，曾经合作在台湾办过一个毛衣厂。当时翔千在香港经营一家规模最大的纺织集团（南联实业），化千在台湾拥有一家航运公司（新兴航业公司），仁千在台湾的工厂制造车轮链条，乘千在香港一直做与纺织业有关的业务，我在泰国的事业也离不开纺织原料和设备。当时乘千和曹光彪合资在澳门开了一个毛衣厂，叫澳门针织，他管工厂运作，曹光彪管业务。1967年香港暴动，乘千胆小，希望迁地为良。我们五个商量一同去台湾帮他办一个毛衣厂，每人投

---

① 根据2022年7月28日张伟、金同康、金秋爽采访唐鹤千内容整理。
② 唐鹤千，唐翔千堂弟，旅泰企业家。

资20%，厂名协星，毛衣销往美国、欧洲。起初翔千是董事长，后来他开始在国内投资，就把所有跟台湾企业有关的职位都放弃了。这个毛衣厂办到1995年左右，前后约十五六年，乘千决定退休，事情就结束了。

无锡协联热电厂与"两千奖"

我在泰国的一位做生意的朋友陈如竹，了解到当时中国缺电，打算到无锡建设中小型的热电厂，让我给他介绍人才。于是我通过舅舅顾毓琇帮他介绍人才，还和翔千一起入股了他的企业。我和翔千一共持有5%的股权。热电厂后来因为产出的蒸汽不够以及环保原因，要全部由烧煤改换成烧天然气，设备必须更新，于是陈如竹决定撤资。翔千问我退回来的钱准备做什么，我说目前没有什么打算，他说那就把钱留在无锡吧，我说好。留下来的钱不是整数，不到一千万。翔千说："你不用管了，不够的我去补足。"于是我和翔千在无锡设立了专项基金。翔千的一千万基金设立"唐翔千卓越工程师奖"，用于奖励在无锡市技术创新工作中做出突出贡献的生产制造型企业工程师；我的一千万基金设立"唐鹤千卓越青年文化创意人才奖"，用于奖励为推动无锡市文化创意产业发展做出卓越贡献的青年才俊。

翔千的处世之道

与翔千长时间的接触，他的用人理念给我留下了很深刻的印象。一个人如果有七成毛病、三成长处，翔千就能发挥他的长处而容忍他的毛病。

另外，他精于取舍之道。改革开放之初，他不再像以前那样在香港投入大量精力和资金，转而到内地投资，这需要超前的眼光和判断力。选择的时候，衡量两边的得失是很不容易的，而一旦决定，他就一头扎下去，毫不犹豫和动摇。事前慎思、事中果断、事后坚毅，这是唐翔千处世的独到之处。

　　还有一点，当初翔千的兄弟来到香港，请求他帮忙。翔千就让兄弟们开始的时候住在自己家里，一人给一些钱作为起步的资金，让他们自己找工作。此后他的兄弟再有什么需求，翔千一概不回应。只在紧要关头伸出援手，这就是俗话说的"救急不救穷"。

　　进入耄耋之年，我与翔千仍经常来往。每次他从香港来上海，我们都会见上一面。或他到我在衡山路的寓所吃饭聊天，或相约在饭店见面。他临终前几年，我们还共同为家乡常州的荆川小学和无锡锡山区实验学校设立奖教学金，捐赠报告厅和创客室，为家乡的教育事业再尽一点力。

（整理者：蔺菱、金秋爽）

在深首创补偿贸易事业的回忆[①]

唐正千[②]

采访者： 您作为翔千先生的弟弟，从什么时候开始配合哥哥管理企业？

唐正千： 那是40多年前的事了。从1979年初开始，我就配合大哥唐翔千在深圳以补偿贸易的方式，开办了深圳毛纺织厂有限公司，从建厂前的考察，到后面整个工厂的生产管理，我一直都在协助大哥。当时我一年要到深圳七八十次，那时深圳的口岸早上开启，晚上七八点钟就关了，不像现在开到半夜。我一个礼拜要去深圳工厂两三次，我们这个厂是全国第一个做补偿贸易的。

采访者： 改革开放初期，翔千先生出于什么考虑决定在深圳开展补偿贸易？

唐正千： 决定在深圳开展补偿贸易的第一个原因是，深圳的改革开放发展得比较快，走在全国的前列。在1978年底，深圳政府就着手引进外资，提出来要搞补偿贸易，那时还没有中外合资的概念。当时我大哥有几个朋友跟深圳政府有联络，大哥的朋友问他有没有兴趣参与投资。第二个原因，我大哥始终有着实业救国、实业兴国的信念，他一直想为国

---

① 2022年9月采访于南京。

② 唐正千，唐翔千弟弟，江苏创宁实业发展有限公司副董事长、香港汇涛公司董事。

家做点贡献，想着怎么把中国发展起来。你知道在"文化大革命"时期根本就没法谈这些事情，现在机会来了，说深圳有这么个政策，而且投资也不是很大，才几百万，那为什么不去试试呢？第三个原因，做羊毛衫毛纺行业是劳动密集行业，基本都是人手操作，需要大量工人，那个时候香港请工人不容易，而且成本比较高。当时香港一些针织厂已经将部分工序外包了，发给国内的工厂做，完成工序后再送回香港公司，不然没办法找到那么多工人。那个时候香港羊毛衫都是销往美国，美国有配额制，就是允许你一年出口多少，你做大了配额就可以增加，那个配额就是钱。当时工厂都想多争取配额，但是要扩大生产就要增加工人，可香港不容易找到那么多工人，所以我大哥想，既然外包给人家，为什么不自己做呢？

采访者：起步阶段，深圳方面对于补偿贸易有什么优惠政策？

唐正千：当时也没有什么具体的优惠政策，因为是改革开放初期，一切都刚刚开始，一个新的合作模式，也是靠大家一起探索，没有先例可循。当时也没有什么具体的条条框框，反正土地批给你，一切由你自己做主，没人来约束你，不用缩手缩脚，放开手脚干就是，政府希望我们尽快投产。我们也是充满信心，1979年初考察后便决定投资，当年秋天工厂就投产了。我们的对口单位深圳市纺织公司也很配合，不干涉我们的生产和管理，我们在生产上享有很大的自主权。后来工厂规模扩大了，深圳市纺织公司就派来一个经理，这个经理只管联络，具体生产管理他一概不干涉。政府部门对我们也是一路绿灯，机器以及原材料的进出口，报关都很简单，也没人来卡。所以我们只用了半年，就顺利投产了。

采访者：在开展补偿贸易时遇到哪些困难？是如何克服的？

唐正千：那个时候的深圳还属于广东省宝安县，深圳镇只是宝安县的下辖镇。深圳镇很落后。我第一次去深圳是在1979年初，住在深圳口岸边上的一家旅馆，叫华侨饭店，现在回想起来，那饭店简直差得一塌糊涂，睡的床是潮湿的，床上的席梦思是坏的。那个时候的深圳没什么好吃的，只有炒鸡蛋、煎生蚝等。整个深圳就只有一条柏油马路，从进出口岸到镇中心，全镇只有一家饭馆，我去过两次，苍蝇比人多。我们去工地，没有道路，没有公交车，我们就坐在人家的自行车后座，付2角5分钱交通费。深圳当时什么车也没有，深圳的第一辆轿车，以及运送货物的小卡车，就是我大哥带过去的。我们建厂的地方叫黄贝岭，就整个深圳而言，这里的水电设施相对齐全，离文锦渡海关很近，因为所有的货物进出口都通过这个关卡，通往文锦渡的路况相对好些。最大问题是，没有技术员，连一个螺丝帽都要从香港进口，所以深圳的工厂只能从美国进口简易厂房，配装式的。厂房很大，但是没有吊装机械辅助装配，大梁都是靠8个农民工搭上去的。技术含量高点的活，比如打地基、埋地脚螺丝等，都是香港派去的工人干的，当地农民不会。当时羊毛衫都是手摇生产的，厂里100部手摇织机，都是以补偿贸易的方式从香港带进去的。每个礼拜一次，由香港派卡车送生产原料和零部件到深圳。投产后第一步就是生产出织片——前片和后片等。由于工人都是当地农民，他们都不会操作，所以我们就从香港派人过去，培训当地工人。手摇机操作相对比较简单，他们一学就会，很快也能操作了。

采访者：能谈谈企业的管理模式、员工来源、利润多少、分配方案吗？

唐正千：我们当时的管理模式还是比较先进的，我们引进了计件工资制式，就是工人生产了多少件就给多少钱，做得多，赚得多。这也是国内第一次引进计件工资，所以我们的工人工作积极性都相当高。我们的员工来源都是当地农民，他们的工资在当时算是比较高的，所以政府也很满意。我们去深圳建厂目的不是为了赚钱。因为我大哥很有事业心，考虑的就是扩大生产，促进发展，所以当时也没核算赚了多少钱。因为生产的主要是羊毛衫织片，须送到香港缝制起来，再出口到美国去，利润会在香港体现出来。

采访者：那家企业现在怎么样了？

唐正千：我们大概做了15年的补偿贸易，后来将之前的手摇机器都换成了自动化机器，但是当地缺乏技术工人，没办法操作，零配件没地方去买，所以（那家企业）只做了2年。后来，深圳的发展越来越快，那里的年轻人也不愿意做工人了，很多制造企业都转移到东莞了。黄贝岭靠近深圳市中心，我们也不可能在那里继续办厂了，就跟深圳市纺织公司协商，在那里建了住宅楼。

采访者：补偿贸易是否促进了翔千先生在内地的投资？

唐正千：有了深圳办厂经验，1980年，我大哥在新疆开办了新疆天山毛纺织品有限公司，这是全国首批境内外合资企业，接着他在上海也投资开办第一家沪港合资企业——上海联合毛纺织有限公司。

　　我认为大哥对内地的投资，更多的是出于他的实业兴国、实业救国的执念。谢谢你的访谈，让我可以借此深切缅怀大哥近百年人生的功德业绩。

对弟妹关怀备至，引领人生发展

采访时间：2022年10月29日

采访地点：上海市南昌路

采访对象：唐舜千（唐翔千小弟弟，曾任香港瑞创有限公司总经理、上海瑞鹰有限公司董事长）

唐小新（唐翔千小妹妹，曾在香港半岛针织厂任职厂长，后任生产经理及综合事务经理）

采 访 人：张伟（上海唐君远教育基金会秘书长）

金同康（唐君远文化研究会常务副会长）

翔千弟妹

　　唐舜千先生是兄弟中最小的弟弟；唐小新女士则是姐妹中最小的妹妹。他们与大哥的年龄相差二十岁左右，早年共同生活的时间很短，改革开放前后才到香港聚首。唐翔千先生对弟妹们关怀备至，引领其人生发展，做人做事方面为他们树立了很好的榜样。在他们的心目中，大哥是最为亲近、最为崇拜的兄长。

采访者： 请你们谈谈对大哥的印象。

兄　妹： 大哥给人的感觉是和蔼可亲的，家庭观念比较重。他喜欢吃火锅，我们一起住在南昌大楼时，他有时会叫同事来一起吃火锅，吃的时候还会放京剧唱片。大哥从小就会欣赏国粹京剧，他的国学功底蛮好的。大哥很节约，生活简朴，吃得也很简单。早年我们去香港找他，他也没有什么大鱼大肉招待，就是吃便饭。我们无锡人都很节约。大哥是在无锡出生的，听说他小的时候，我们家里安排孩子们洗澡，就一口大铁锅，按辈分顺序，一家人一个接着一个洗。一个人洗完之后，水面漂有肥皂沫，大人就拿勺子舀出来，再加一点水进去。

父亲创业阶段非常艰辛，一开始家里的经济条件并不好。家里人口多，晚餐都是吃稀饭的，父母考虑大家晚上不用做事，就不安排干饭了。小时候，我们穿的棉衣棉裤都是我们母亲亲手缝制的。大哥就是在这样的环境下成长起来的。大哥受父亲的影响很大，父亲平时都是穿棉鞋、布鞋的，只有一双皮鞋，但是他愿意把钱捐出来帮助其他人，而且父亲有一个原则，就是别人借钱办喜事他是不借的，但是借钱办丧事一定会借。其实老一辈创业的人都很节俭，不舍得吃，不舍得穿，因为他们知道赚钱很不容易的。

受父亲的影响，大哥也走上创业之路，他选择脚踏实地发展企业，他做的纺织业和电子工业都很成功。但他从来不做股票交易，也不做房地产生意。大哥和父亲一样，都是非常爱国的实业家。我们为他们感到骄傲。

采访者：作为大哥，翔千先生对你们有哪些帮助和引导？

唐小新：大哥是1950年去的香港，一直到1972年才回来探亲，这期间我们之间的联系不多。三年困难时期，大哥往家里寄过猪油之类的生活必需品。1972年因为母亲生病，他回上海看望母亲，希望母亲随他一起去香港养病。母亲去了香港以后，我们兄弟姐妹也陆续去了香港。我是1980年5月4日去香港的，住在大哥家里。适应了一周以后，大哥就把我安排在半岛针织厂，从下属的工厂车间开始学习、操作。因为我之前学的是自动化专业，有一些专业基础，上手比较快，之后担任生产部门的负责人，管理的是专门做精纺羊毛开司米的工厂。大哥就按照总公司的标准给我薪酬。我会定期向大哥汇报工作情况，进口多少、产量多少之类的事情。有时候也会跟大哥反映说，分配到厂里的钱太少了。大哥会跟我解释，不是每一单都能赚钱的，有时候蚀本也要做下去，因为要维持与客户的关系，客人的订单要接，就得全部接，要不接，就全部不接。就这样我在香港那边工作了几十年，直到2014年才退休。舜千是1978年去的香港，一开始也是住在大哥家里。我们兄弟姐妹去香港，一开始大都住在大哥家，都是大哥给我们安排工作。工作几个月之后，生活稳定了，就去外面找房子，租房子住，大哥要求我们独立生活，不再资助我们了。大哥跟我们说过："我可以保证你们的基本生活，但事业发达就靠你们自己了。"大哥是为我们开启在香港学习、工作、生活的引路人。

采访者：你们有什么话想对大哥说？觉得哪些话最能表达对大哥的感情？

唐小新：我们从心底里感谢他。因为当时到香港去，人生地不熟，语言又不通，一开始就独立生活是很艰难的，如果没有他，我们不可能有今天这样的生活。

唐舜千：大哥比我大了17岁，虽然平时与他的交流并不多，但在我心目中，他是令人尊敬的榜样。

唐翔千的创业和人才培养之道^①

蒋凌械^②

我与唐翔千是亲戚，抗战期间，我有一年在上海读书，我们二人接触较多。后来相隔半个多世纪，到1998年10月才有机会再与翔千先生见面，地点在他当时上海的巨富大厦寓所。他邀请我为他创办的电子企业群在上海建立一所培训研究中心，我因此有机会了解唐先生关于企业和人才培养的理念。

进军电子，格局高远

唐翔千本着"实业兴国裕民"的理想，几十年来从香港到内地，从沿海到西北，从纺织行业到电子行业，成功地创办了几十家企业。他艰苦创业的历程，成就了他"人是企业最宝贵的财富""创办一流企业，培育优秀人才"的创业思想。

20世纪80年代中期，唐翔千从纺织业拓展到电子业，进军电子材料领域。后在上海创办上海美维电子有限公司。唐翔千有两个心愿：一是经过一定时间

---

① 根据2022年7月19日张伟、金同康、金秋爽采访蒋凌械内容整理。
② 蒋凌械，华东理工大学原党委书记，美维科技有限公司原总经理。

努力，使中国电子材料行业能与世界先进企业并驾齐驱；二是为国家培养一批急需人才。由于当时的高等院校没有设置与电子材料制造完全对应的专业，唐翔千决定在学校与企业之间架一座桥梁，在创办电子厂、引进当时最先进设备的同时，再办一所培训研究中心，一手抓研究、开发，一手抓人才培养。

我十分支持唐先生推进中国电子产业发展的大志，他培养人才的想法也和我的理念不谋而合。但是我想，人员接受培训后可能会流向其他公司，对企业自身发展作用有限。对于这一问题，唐翔千告诉我，他很清楚，企业人才是流动的，即使培训后去了其他的公司，也希望能发挥更好的作用。他培训员工，不仅仅考虑本企业的需要，还以国家发展大局为重点，他视野之开阔、胸怀之宽广，令人敬佩。

汇聚贤才，步步推进

唐翔千为我专门组建了一个团队，他介绍王宜珊女士任总经理助理，聘请贾文涛先生任副总经理，负责基本建设和后勤工作，并为我们安排了办公室。我们三人根据唐先生的思路规划中心发展，一是人员培训，我们设想企业每年招聘的人员先送到这里培训几个月，然后再入职，培训规模根据企业大小和需要来决定；二是开发研究，要集中一批技术研发力量，推动企业发展与技术研究相互连通、衔接。除此之外，中心要留出空间，为工人、技术人员提供宿舍及配套的文化体育设施。我们提出的筹建框架被批准了，就将基建的设计方案在公司内部公示，听取大家的意见。随后确定选址，开始按规划施工建设。

我们的培训、研究工作经历了招聘人员、组成班子的过程，我们从大学里聘请了两位教授，张兆奎先生负责培训，施百先先生负责开发研究。唐先生十分关心筹备工作，我们可以随时向他请示，因此中心的工作很快就开展起来了。

在一步步的磨合过程中，在人才培训上，确立了培养"有理论、懂实践、具经验、能创新"的新一代PCB（印制电路板）工程技术人才的总目标。

对于新入职的大学毕业生（硕士生、学士生、高职生），针对学校毕业生与企业需求之间存在的差距来确定培训目标，帮助他们经过短期、有效的培训，较快、较好地认识三个转变（从学校到企业，从行业门外到门内，从学生到工作者）的重要性与必要性，并付诸实践，以便尽快融入产业第一线，成为一名合格的企业工作者，在企业的发展中展现个人价值，成为受企业欢迎的人才。随着集团事业的发展，十年来培训研究中心为集团属下的公司培训了近千名大学毕业生，不少已成为各公司的骨干。除了开展大学毕业生岗前基础培训外，还与华东理工大学材料科学与工程学院合作，进行电子材料方向的工程硕士培养，选拔骨干到国外培训。后来集团所属的上海两个公司的厂长都是工程硕士学位获得者，集团运营总裁助理是被选送到英国诺丁汉大学修完MBA（工商管理硕士），返回企业工作的原1999届大学本科毕业生。

在研究开发方面，除了逐步选拔及积聚一批骨干研究人员从事重点专题研究外，每年还在集团内部评选研究成果奖、创新成果奖、清洁生产奖、QC（质量控制）小组奖等，为广大员工特别是年轻人搭建创业与展示的平台。

在翔千先生的直接领导、关心、支持下，上海美维科技有限公司美维培训研究中心从无到有地建立起来。他经常与我们谈起他几十年来从香港到内地，从沿海到西北，从纺织到电子，从无到有，从小到大，如何一步步创业的艰苦历程以及他的创业理念与实践体会，我听了很受教育与感动。翔千先生虽出身于纺织世家，但不是靠继承财富而是靠爱国敬业之心，靠发扬先辈的创业精神，靠自己亲身的实践积累逐步发展起来的。他和父辈们的"实业救国裕民"的思想及实践经历，充分体现了一代爱国实业家的风范。

联合办学，培育英才

唐翔千一向支持职业教育，除了企业内培训外，他还特别关注职业学校建设。当教育部提出在高校中实施培养卓越工程师计划时，唐先生决定与有关高校合作，采用联合办学的形式共同来实施这个计划。他当时考虑过许多学校，最后选择了江南大学和上海大学。两所高校分别坐落于唐翔千的第一故乡和第二故乡。江南大学位于无锡，是教育部直属高校，当时提出依托无锡机电产业，重点建设机械电子工程学科。上海大学是上海市属重点学校，通信信息学科在上海一向具有发展优势。我们提出围绕新兴学科，探讨联合办学模式，对地方、学校、企业皆有利。这一方案得到大家普遍的赞同，也得到唐先生的支持。

于是，2010年10月21日，唐先生与上海大学签订合作协议，出资4 000万元与上海大学合作成立上海大学翔英学院；2010年12月20日，唐先生同样出资4 000万元，与江南大学签约，合作创办江南大学君远学院。2011年3月和11月，唐先生两次给时任国务委员刘延东写信，表达他的心愿："我一直认为国运兴衰，系于教育，教育振兴，全民有责。中国现在已成为世界的制造业大国。但要从制造业大国成为制造业强国，还需做艰巨的努力，特别是必须培养和造就大量优秀的工程师。我决定再尽自己所能，为'卓越工程师教育培养计划'做点事。"刘延东同志对这两封信先后做出批示，赞扬他支持高等人才培养的义举。

（整理者：蔺菱、金秋爽）

"爱国者治港" 是我们共同的愿望

采访时间：2022年11月15日
采访地点：香港中区立法会道1号立法会综合大楼101室
采访对象：梁君彦（第六届、七届香港立法会主席）
采 访 人：张伟（上海唐君远教育基金会秘书长）

梁君彦

籍贯广东顺德，英国利兹大学荣誉学士。香港工业总会名誉主席、香港纺织业联会名誉会长、全国政协委员。自2004年以来，连续四届当选为立法会议员。2003年起任香港生产力促进局主席、职业训练局主席和立法会内务委员会主席等职。2016年10月12日当选为香港第六届立法会主席，2022年1月4日当选为香港第七届立法会主席

张　伟：2023年是唐翔千100周年诞辰。2005年，他成立了上海唐君远教育基金会，鼎助教育事业发展。我是基金会秘书长，今天专门来拜访您，想了解您和翔千先生的故事。翔千先生从1950年到香港工作，不久后创办纺织厂，取得骄人业绩。他曾担任香港工业总会主席，参与了香港经济发展规划和管理工作。1980年前后，他又到内地投资，推动沪港合作，促进改革开放。您是工业家出身，也做过工业总会主席，想

请您谈谈对翔千先生的总体印象。

梁君彦：我认识翔千先生大概是20世纪80年代，他那时候当了大概四五年的香港工业总会主席，我是工业总会的理事，他比我大30多岁，是老前辈。当时香港工业快速发展，也是国家改革开放的时期，他是一个爱国者，杰出的工业家，一个好先生。他对所有人，不单是朋友，包括对我们这些后辈都很好。那时候工业要面对外部竞争，面对不同国家对纺织业的配额限制，同时香港工业开始多元化，不单是纺织、玩具，也开始搞别的工业。改革开放之初，他第一个到深圳开工厂，记得是在黄贝岭，我坐了大概45分钟的车才到他的工厂。他是第一批在内地投资的人，起先到新疆开办天山毛纺厂，90年代初，我和翔千先生的大公子唐英年一起去过那里。80年代初，他又在上海投资，创办合资毛纺公司。从20世纪50年代到80年代，香港纺织业在整个工业界中占了50%左右，可见，香港纺织业对工业做出了很大的贡献，其中唐先生和一批杰出的纺织界实业家的功劳是不可磨灭的。

之后，翔千先生又创办电子工业，那时他大概六七十岁了，他们的电子公司美维上市的时候，我也当过董事。还记得每次去开会，他坐在那里很耐心听我们讨论公司董事会的事，他对每个人都是很好的，我没见他骂过任何人。他是一个爱国爱港的工业家，帮助国家搞改革开放，第一批去不同地方投资。那时搞投资不一定赚钱，是带着帮助家乡、帮助国家的情怀去投资的。所以他不单是对香港工业，也对国家的长足发展有很重要的贡献。

张　伟：我们知道翔千先生在香港从1953年开始创业，第一个是五洲布厂，以后是华侨纱厂，以及半岛针织公司，因为您也是这个行业起家的人，您认为翔千先生对纺织业的贡献主要在哪几个方面？

梁君彦：很多方面。在我们毛纺业界，他的地位是很高的，他带领我们从香港拓展到不同的地方，就连美国的市场也做得很好。那个时候不同行业的领袖中，唐先生是一个。香港以出口为主，20世纪60年代，英国出台了棉纺的配额制度，之后每年再加别的不同品种，限制我们出口，也鼓动其他西方国家对香港的出口进行限制，所以在70年代初时香港出口是很困难的，尤其是纺织业的整体出口。唐翔千能够带队打通出口渠道，对香港经济是很大的贡献。

张　伟：翔千先生在香港纺织业的发展过程中，最重要的贡献之一就是促进出口。香港产品不仅面向西方国家外销，听说70年代期间，他还到毛里求斯去创办纺织企业，在这方面您有所了解吗？

梁君彦：毛里求斯是英国的殖民地，那里没有配额的限制，可以走出去寻求发展。翔千先生是和其他人合作的，他那边也做得不错。去毛里求斯有很大的困难，那边虽然没有配额限制，但也没有太多的资源，再说工人的效率也没有香港工人这么高。我在80年代也去过毛里求斯。

张　伟：还听说翔千先生很有远见，牵头创办了香港标准及检定中心。现在这个机构对于推动香港整个工业水平的发展还是起到非常重要的作用，您对此有所了解吗？

梁君彦：因为每种工业产品都有测试的要求，这是很重要的环节，那时候给别的公司去做也未必合适。翔千先生有超前的眼光，他在1963年就开始创办香港标准及检定中心（简称STC）。他用自己的基金，盖楼房租给香港工业总会。创办之后，STC的工作促进了香港工业产品质量的提高，事业越做越大，不仅在香港，在内地的好些地方都用上了。香港的STC还受到了国际权威机构的认证，促进了香港工业的国际化进程，翔千先生的贡献大家有口皆碑。

张　伟：您是香港立法会主席，在整个香港回归的过程中，翔千先生是特区基本法咨询委员会的委员，首届香港特区政府推举会的委员，港澳事务顾问等，他也是第六届全国政协委员，第七届、八届、九届全国政协常委，您也拥有上述相关的重要身份，您觉得翔千先生在国家治理方面，在爱国者治港方面，有过哪些贡献？给您留下什么深刻的印象？

梁君彦：香港回归之前，《基本法》怎么定，对香港的前途关系重大。翔千先生以前为香港做的工作都很重要。当年邓小平同志亲自定下"一国两制"方针，是很英明的。翔千先生于1984年率香港工商界代表团访问北京，当场听到邓小平同志对"一国两制"方针的说明和"50年不变"的承诺，他感到很荣幸。回到香港后，他通过媒体向广大市民传达，稳定香港民心，接着推动《基本法》的起草，参与筹备香港回归祖国等系列工作，真是功不可没。他实际上参与了《基本法》的草拟。80年代中期，中联办①姬鹏飞主任曾邀请他到山顶别墅参与讨论。他作为基本法咨询委员会委员，长期协助《基本法》的实施，做出了非常重要的贡献。《基本法》的本质就是"一国两制"，港人治港，爱国者治港。

张　伟：梁先生您是最近两届立法会的主席，去年国家通过了《香港国安法》。《香港国安法》②通过并付诸执行后，您对于香港"一国两制"、爱国者治港以及香港由治到兴的前景有何展望？

梁君彦：2021年，在听取了时任香港特别行政区行政长官林郑月娥的述职报告后，习近平主席在讲话中这么强调："香港由乱及治的重大转折，再次昭示了一个深刻道理，那就是要确保'一国两制'实践行稳致远，必须始终坚持'爱国者治港'。"我在2020至2021年度立法会的年报序言中也表示，完善选举制度确保了"爱国者治港"得以落实，让"一国两制"行稳致远。立法会在本年度恢复了久违的理性与秩序，使得工作效率大大提升。本年度有效处理了2020至2021年度积压多时的大量议程项目，至今已破纪录地通过了40多项政府法案，效率比往年高出一倍以上，获批项目涉及总承担额合计3 000多亿港元。

---

① 指中央人民政府驻香港特别行政区联络办公室。
② 指《中华人民共和国香港特别行政区维护国家安全法》，也称《国安法》，后同。

张　伟：您刚才讲到，这一次香港由乱到治，由治到兴，最关键的是要准确贯彻"一国两制"框架下的《香港基本法》。

梁君彦：所幸中央及时出手，果断采取了制定《香港国安法》、修改完善香港特区选举制度等一系列举措，扭转了局面，标本兼治，给香港带来新气象。立法会结束了反对派搅局、"空转内耗"的格局，行政与立法的关系也迈上了新的台阶，能够更好地服务于香港市民。我想说，在这世界上，没有一个地方的当政者不是爱国者，所以推行"爱国者治港"的基本原则既是理所当然，也是"一国两制"框架下的应有之义。

张　伟：英年先生也是您的好朋友，他是怎么支持香港立法会的？

梁君彦：英年在香港特区政府部门工作长达十余年，对香港回归后的发展做了很多至关重要的工作。他完全继承了父亲的爱国爱港思想与情怀，他说过："父亲每年参加全国两会回来后，都会激情满满，喜形于色地给我们讲改革开放的成果。他灿烂的笑容，发自内心的振奋，让我印象非常深刻。可以感受到，他对国家发展充满喜悦，也信心满满。"情怀和信心非常重要。英年作为全国政协常委、香港友好协进会永远荣誉会长，这个职务也非常重要，2022年，他接受《人民政协报》的记者采访时说："近两年，香港友好协进会就支持《国安法》、支持全国人大常委会决定、支持香港立法会通过完善选举制度修例、谴责美国干预中国内政等议题，先后发表声明24份，举行新闻发布会多场。举办多场《国安法》座谈会、落实'爱国者治港'原则座谈会、'完善香港选举制度'解说会，分别在媒体上为市民答疑、解惑。"英年现在还肩负政务，如担任香港西九文化区管理局（West Kowloon Cultural District Authority，WKCDA）董事局主席，这是特区政府的下属机构，负责香港的文化发展。他所做的许多工作，都是对香港立法会非常重要的支撑。爱国者治港是我和唐家父子以及广大香港民众

　　　　的共同愿望。

张　伟：在采访中，梁主席反复强调"一国两制"是一个前所未有的、伟大的、跨时代的构思，对香港有利，对国家有利。香港立法会要坚持贯彻落实"一国两制"方针，在"由治及兴"的过程中，香港立法会将有效提高特区立法和推动执法的效能，帮助解决香港社会深层次问题，推动香港特区的特色民主新发展，让香港的明天更辉煌。

　　　　非常感谢您，梁主席！

抓住香港发展的两个机遇

采访时间：2022年11月15日
采访地址：香港九龙大有街22号香港长江制衣有限公司
采访对象：陈永棋（全国政协常委，香港长江制衣有限公司执行董事）
采 访 人：张伟（上海唐君远教育基金会秘书长）

陈永棋

　　1947年生于香港，祖籍广东东莞。毕业于美国普度大学。香港、澳门基本法咨询委员会港澳"双重委员"、香港特区政府推选委员会委员、港事顾问、香港友好协进会副主席。第八届、九届全国人大代表。第十届、十一届、十二届全国政协常委。2000年获香港特区政府颁发的金紫荆星章。

张　伟：陈先生，您和唐先生都是纺织业的翘楚，对唐先生在纺织业的发展情况，尤其是他对上海、对香港所做的贡献，您能做个介绍吗？

陈永棋：唐先生是我的长辈，是上海解放后第一批搬到香港办纺织业的上海企业家，我一向对他很尊敬。我认识他时他是香港工业总会主席，我刚进工业总会当理事，是在开会时认识他的。他为人很平和，认识他几十年，我没见他生过气，都是微笑着的。

　　唐先生在香港做了很多事，包括慈善事业，他的公司蛮赚钱的。

他的子女也培养得很好，他的长子唐英年先生把父亲的企业做得更大更强之后，就去政府当了第二把手，当过我们财政司司长和政务司司长，了不得。香港是世界上一个很重要的城市，唐先生家族对香港的贡献很大，当然对祖国也有很大的贡献。

他是香港企业家中第一批回到内地去投资的，而且是到很远的新疆去，这不是容易的事。

江苏无锡是唐先生的老家，山清水秀，出了很多人才，荣家、唐家、丁家三个大家族后来都在香港发展，也是无锡和上海在香港的代表性家族，都是搞工业的。所以唐先生是我的长辈，我的老师，对我们来说是很重要的人物。

张　伟：刚才陈先生介绍说唐先生是您的长辈，您觉得他作为企业家，最大的优点是什么？是创新开拓意识，还是勤奋努力工作，哪一方面给您留下比较深刻的印象？

陈永棋：我们谈到唐翔千，都会谈到他在纺织界的贡献，其实他在电子工业比纺织业有更大的贡献。他创办了我们中国电路板的一个很大的企业，曾位居全世界前三名，不仅在香港上市，还在美国上市，这个可能是他们唐家在工业界最大的成就。每个电子工具、每个行业都要用到电路板，买部德国奔驰车，里面也有电路板，是人们生产生活很重要的一部分。

唐先生很有眼光，他看得远，看到工业发展关键所在。香港的企业家，要搞重工业是有点困难的，（香港）没有土地，没有重工业基础，但是搞电子行业，我们香港是有优势的，是可以办成很好的企业。唐先生抓住了这一点，所以我很敬佩他。

张　伟：唐翔千在办企业方面不仅是一个勤奋耕耘的人，还是一个努力开拓的人。我还想问一个问题，在香港回归的过程中，翔千先生跟您是否都做过香港基本法起草委员会的委员？他和您都是港事顾问，是香港特区第一届政府推举会的委员，您觉得他在相关方面做过哪些工作，或者给您留下什么深刻的印象？

陈永棋：我们不是起草委员会的委员，他和我都是基本法咨询委员会的委员。制定《基本法》的时候，基本上有两类工作，一类是咨询委员，一类是起草委员。本来唐先生应该当起草委员的，因为起草委员中已经有很多上海籍、江苏籍的委员，所以他就当咨询委员，把起草委员让给其他的上海朋友，所以我对他这一点也是很钦佩的。在起草《基本法》的时候，他说的话不多，但是每一次讲话都很关键。那个时候，我们作为咨询委员也提出过很多的意见，唐先生的意见都被起草委员会采纳了。这项重大的立法奠定了香港回归之后，管理好香港的基础，是一件非常重要的事。

唐先生善于培养后辈，特区政府成立前后，都有很多他的后辈在香港特区政府机构做事。唐先生家族对香港的贡献是很大的。

张　伟：唐先生在1984年组团到北京去访问，得到了邓小平同志的接见，这件事情您知道吧？

陈永棋：知道的。那个时候我出道没多久，没有资格跟他一同去。唐先生是作为代表团团长，率香港著名工商界人士去的，可见他很有影响力。

张　伟：您也参与了不少香港社会事务，您觉得25年来，香港在《基本法》指导下成功运行体现在哪些地方？

陈永棋：坚持"一国两制"，港人治港。"一国两制"，"一国"在前面，"两制"在后面，所以香港跟我们的国家其实是一体的，不是分开的，但是因为很多历史的原因，所以就在香港实行"一国两制"。我们国家开始改革开放的时候，我们香港的同胞到内地去投资，对国家改革开放起了重要的作用。当时内地专业人才不足，对外面的世界了解甚少，没有资金，我们就把香港的资金、人才引到内地，唐先生是一个先锋。我们很多人也跟着唐先生的步伐，到内地去发展，也就抓住了香港发展的第二个机会。

香港第一个发展机会就是当内地因某种原因，经济尚未发展起来时，香港抓住了机会，先行发展起来。第二个机会是，当内地开始开放，香港人到内地去投资发展。这两个机遇唐先生都抓住了。唐英年还有他的弟弟，支持父亲，一同参与，这些工作都是标志性的。我们国家现在这么强大，唐家也是有很大贡献的。

张　伟：您刚才讲到这两点，我听了很受启发。香港的发展过程中，唐翔千及下一代的唐英年、唐庆年是先锋，是代表，既支持了内地的发展，同时也促进了香港的进一步发展，他们做出了很大的贡献。我还想知道陈先生您是哪一年到内地投资的？

陈永棋：我第一次是去广交会，应该在1977年或1978年。

张　伟：我所认识的上海一些地方官员跟我讲，应感谢以唐先生为代表的这批香港工商界人士，也包括您在内，在改革开放初期，引进香港的资金、人才和管理经验，这对于上海发展至关重要，同时对香港发展也是一个好契机。您刚才讲的香港发展的两个机遇，会载入史册的。这两个机遇翔千先生都抓住了，对香港和内地发展都做出了重要贡献。

我想再问问您，您刚才讲唐英年对香港的贡献也是很大的，他曾任特区政府工商科技局局长，后又被董特首任命为财务司司长和政务司司长，在参与特区政府管理过程中，英年对于香港特区政府管理也做出比较重要的贡献，对此您有什么印象？可否举两个例子？

陈永棋：英年是我的好朋友，那时他是青年才俊。他做了很多事，但不宣扬自己，比较谦虚。他差一点就当了特首，很可惜。即便没有当上特首，他也很支持梁振英特首的工作。以前是竞争对象，现在支持他履行政务，这是良性竞争。合作办事，协同把香港搞好。

张　伟：这也是一种高尚的境界。

陈永棋：这个很重要。香港兴旺与此关系很大。唐英年很有风度，知道应该怎么做才是对香港好。英年先生是香港一个不可多得的人才。还有我想讲的电路板企业，也是他跟父亲一同把它做大做强的。这很不容易，既能从政，也能管理家族企业，香港有这样的优秀人才聚在一个家庭里，这很难得。

张　伟：唐翔千对于孩子的教育潜移默化，身教胜于言教，翔千先生也是一个很谦虚的人，利他利国，他这种风格传承到英年身上。英年很有能力，而且高风亮节，落选后仍然支持新当选的特首，为他鼓掌，这种情操不也是延续唐翔千的风范吗？

陈永棋：肯定的。

张　伟：翔千先生以自己的所言所行影响后人，后人也同样地为国家建设，为香港的繁荣做出贡献。我想再问一下，球伯（指陈瑞球）是一个很著名的企业家，同时也是慈善家，翔千先生也同样是企业家和慈善家，他们有过交往吗？

陈永棋：陈瑞球先生是我的叔父，他一生都很重视慈善事业。我们的企业不大，但也是有一点点利润的，我们家族赚的钱在陈瑞球先生的时代就已捐出很多。当然在很大的企业面前，我们捐的可能不算多，但是我们尽了本分。我相信唐家也一样，特别是他们对故乡的贡献。所以我们搞企业的，不要忘记我们赚的利润是从社会得来的，我们取自社会，也要用于社会。唐家做到了，我们的家族也做到了。

张　伟：您刚才说长江制衣是小小的企业，赚的钱也是少少的，您这个风格和陈瑞球先生一样。当年我们来拜见陈瑞球先生，他也是这么说的："我们的企业是很小的，我们企业赚的钱也不多的，我们给社会的贡献是小小的。"我觉得您的风格和翔千先生有很多类似之处。他也是很谦逊的人，35年前在上海办基金会，经常对我们的几个前任秘书长说，不要宣传他，认为他做的这点贡献也是小小的。我所知道的长江制衣不是小小的，是大大的，对我们的社会、对香港的发展也很重要。另外，想到一件事情，我前天访问了丁午寿先生，他特别提到唐先生在做香港工业总会主席期间，提议创立香港的工业标准计量局。这个标准计量局反映了翔千先生的睿智和眼界，在这方面您有什么体会？

陈永棋：唐老先生当香港工业总会主席时，一位副主席叫丁鹤寿，是午寿的哥哥，是计量局的，唐家带头，丁家也发挥作用，他们对香港的贡献很大。我是香港厂商会的会长，当了两届。香港厂商会与香港工业总会都是香港重要的企业协会，这对香港工业质量的提高发挥了很大作用。

张　伟：最后能否请您简要表述对唐翔千的总体评价，或您有什么比较深刻的印象？

陈永棋：唐先生对香港、对国家的贡献很大，作为后辈要赶上很不容易。期望我们香港有更多的人学习唐老先生的品行和风范，努力为我们的祖国和香港再多做一点贡献。

资深工商前辈，爱国爱港典范

采访时间：2022年11月17日
采访地址：香港九龙观塘鸿图道56号香江国际大厦2楼
采访对象：杨孙西（第十届、十一届全国政协常委，香港中华厂商联合会永远名誉会长，香江国际集团董事长）
采 访 人：张伟（上海唐君远教育基金会秘书长）

杨孙西

　　1937年12月出生于福建石狮，少年时期随家人移居到香港。而立之年在香港创办了杨氏集团（香江国际集团）的前身——香港国际针织制衣厂，开始在香港纺织业崭露头角。1993年被聘为港事顾问，第八届、九届全国政协委员，第十届、十一届全国政协常委，1999年被香港特区政府授予银紫荆星章，2007年获受金紫荆星章，2014年获得最高荣誉大紫荆勋章。

张　伟：我是上海唐君远教育基金会秘书长，唐翔千是本会的创办人。基金会明年将举办唐翔千百年诞辰纪念活动，以弘扬爱国爱港的精神。我这次专门来香港采访翔千先生的亲朋故友，您是英年先生推荐的香港著名人士，是本次采访的重点对象。

杨孙西：这个活动有意义，得知要采访，我做了些准备。

张　伟：下面想听听您对翔千先生的回忆，他是怎样创业的？他在参与社会服务、推动香港回归方面，发挥了哪些重要作用？

杨孙西：翔千先生比我大十多岁，他是我们工商界的前辈，很受我们敬重。我这几天回忆了一下二三十年前，甚至更远一点时间的事情。有些事情想起来，好像是最近发生的一样。翔千先生给我们工商界朋友留下的印象非常好，他真的做出了很大的贡献，这方面的贡献不是一般人能做到的。他算是爱国世家代际传承的一个典范，是我们后辈学习最好的对象。他有个很好的家庭，包括他的父亲、母亲、兄弟，从小对他有很好的影响，而且他生长的年代刚好是我们中国近现代史一个最重要的、最关键的时刻。

翔千先生一开始做纺织服装，是家族传承。他本身在上海受高等教育，之后还到英国曼彻斯特留学，念的是纺织专业，又到美国修了经济管理硕士学位，所以说他是一位知识全面、真正科班出身的企业家。他受到家族特别是他父亲的熏陶，本身对民族工业就有一种天然的感情和热爱。

20世纪50年代初，他来到了香港。香港是一个东西方文化交流中心，又是东西方国际贸易中心，可以说为他提供了一个大显身手的舞台。他来的时候，香港刚好凝聚了一批从内地，特别是从长三角苏浙沪，还有闽粤沿海，及东北、天津一些地方来的民族企业家和专业人士（特别是在轻工业方面）。唐先生的个人修养，使他能够充分地融合到香港的这批人才之中。他特别有眼光，我们都很佩服他。不管做什么事情、做哪一种生意，他都能够看准时机，而且能够找到最合适的合作对象。

他当时在香港认识的精英中有一位非常好的对象，就是他的太太。他太太的家族和他自己的家族，都对他的事业发展起到很大的作用。但最主要的还是翔千先生本人有这种资质，他能看到当年发展哪一种行业是香港最有条件的。另外他也能充分利用家族在行业中方方面面的关系，再加上教育、学养，所以他一开始创业，就显示出与普通做生意的人不一样的才干。他初出茅庐就接管了一个工厂，是一个布厂。在很短的时间内，把本来就要接近破产的工厂，一下子发展起来。自己创业时，他有很多生意上的朋友，还能找到当时最好的合作股东，这样就分担了风险。因为他本身有纺织专业资质，又在银行工作过，对于资金筹集和运用及业务发展，都游刃有余。

我小他十几岁，也是20世纪50年代初跟着家庭来香港，小学在老家福建泉州读的，中学、大专在香港读的，开始进入社会工作时，已是60年代初了。一开始我在一个福建老乡办的针织厂工作。五六十年代，香港成了一个轻工业之城，以纺织服装为主。我刚踏入社会工作的时候，就已经听我的老板提起翔千先生大名，所以我一直都很钦佩他。打工8年之后，我也开始自己创业，没有翔千先生那么好的背景、那么好的条件，一开始也是跟他一样，找来了几个合作伙伴，每个人占一份股份，就这样合作起来。第一家公司于1969年开办，一开始也做针织服装，那个时候，唐先生的半岛针织厂已经是大厂规模了。

1969年我开始生产羊毛衣的时候，销往欧美市场的香港的纺织品已经开始受到配额限制。我开始做针织的时候，主要向半岛学习。像翔千先生的厂，我们叫他上海帮，财雄势大，起步很早，部分资金是从上海那边来的，是吧？人才、技术等，上海帮也是特别厉害。由于我创业之前打了8年工，我新开工厂时，对整个行业情况心里有数，拼搏了几年，总算闯出来了。从那个时候起翔千先生一直是我的学习榜样。唐先生应该是第六届全国政协委员，第七届、八届、九届常委。到了90年代初，我也当上了全国政协委员。

张　伟：是的，翔千先生是第六届全国政协委员，第七届、八届、九届常委。

杨孙西：我是第八届、九届政协委员，整整十年我经常跟唐先生在一起，那段时间又刚好是中英谈判之后，正在制定《基本法》，也是后过渡期。特别是担任筹委会委员的时候（1995年末，1996年和1997年），经常到北京去开筹委会会议。翔千先生总是从开幕到结束，全时段投入，连晚上开会时，他都准备得很充分，都是亲自写发言稿。开完会后，所有的文件他都是利用晚上时间阅读得仔仔细细。因为那个时候，他是常委。我是委员，我们在一个小组，小组会议都是由他主持的。他准备得很充分，一定备好课，一定仔细阅读材料，只是无锡口音较重。我们那个时候很幸运，有机会与唐翔千先生和安子介先生这样有水平的人一起参会，他们都很有见地，每次发言都很有分量。

张　伟：翔千先生是爱国爱港爱乡的典范，他长期担任全国政协委员和政协常委，还有其他社会兼职，认真负责，建言献策。那么他对自己的家人子女是否也有严格的要求？

杨孙西：是的，他对儿女们也是教导有方。我跟英年就比较熟，他比我年轻10多岁。后来翔千先生把半岛针织公司交给了英年，英年全身心投入，业务发展得很快。他亲自到美国、欧洲，甚至苏联开拓市场。那时香港纺织服装受到配额限制，唯独东欧与苏联市场没有限额。有一年我到苏联去谈商贸，苏联出面的人问我认不认识一个叫 Henry Tang 的人，他在我之前的一个月到苏联去过。还说香港人在他们的眼中很优秀，很会做生意。我是第一次听到苏联人称赞我们的英年，说他做生意很有本事。

　　我们同行都是朋友，业务上没有冲突。其实我的香江国际做的毛衣跟半岛不太一样，半岛用最好的原料，就是羊绒之类的，做那种比较传统的羊毛衣，我做的成衣注重花色，而且是配套的服装。

张　伟：翔千先生在这段时期开始转向电子产业，您怎么看？

杨孙西：香港纺织服装业没有条件跟全世界其他地方竞争。早期纺织工业原材料靠棉纱和羊毛这些天然纤维，从上海移到香港生产，有竞争优势。后来发展化纤、人造纤维，香港没有条件，因为需要很多的水，香港就是缺少水。那个时候东江水还没有引来，香港又缺土地资源，所以，后来化学纤维在台湾地区、韩国发展起来，香港就没有这个条件。我后来转向房地产，又到武夷山种茶，做茶业。但翔千先生说他不做房地产。他主要做制造业。他能够在六十多岁的时候去做电子业，很有眼光，那个时期发展电子工业正是时候，且能做大做强，真让我叹服。

张　伟：关于配额，纺织产品外销是不是香港纺织业发展的重要方向？

杨孙西：一战后，西方纺织工业机械化虽有起步，但还是要靠人工配合。二战后，有了一些新的设备，由于国内战争，这些新设备都运到香港，促进香港纺织工业的兴起。反观西方国家还在用旧设备，效率低，香港纺织服装行业就把欧美比下去了。所以，香港服装出口曾经在全球排第一——是跟一个国家相比，而不是跟一个城市相比。很快到了20世纪70年代，西方机械工业迅速恢复，从军工转到民用的机械，发展特别快。纺织业可容纳最多的就业机会，西方国家很快觉察到香港纺织业的威胁，渐渐地以配额的方式打压香港纺织业。

张　伟：为了回避限额问题，70年代，翔千先生还到毛里求斯去投资纺织业。

杨孙西：这里要提一下我很要好的朋友陆增镛、陆增祺兄弟，他们发现非洲的毛里求斯因为曾经是英、法殖民地，所以那里的产品到英国，到整个欧洲都不要税，也不受配额限制，这个条件太好了。但那个地方太落后，离香港又远，从原料到成品整个产业链需要一大笔投资，陆家兄弟那个时候没这个实力。后来，翔千先生因为要到其他不受配额限制的地方去发展，他就想起这对兄弟对服装、羊毛衣产业很有经验，且都是上海名校毕业的，都很优秀。所以，翔千先生找到杨敏德的父亲，就是杨元龙，并联系上陆氏兄弟，谈及要到香港以外不受配额限制的地方去发展。刚好陆氏兄弟就有这么个愿望，却找不到投资方，这样一拍即合，谈成了毛里求斯合作项目。一起做了20年左右，每年都赚很多钱。翔千先生为人很好，让两兄弟得到了丰厚的回报。

张　伟：真不容易啊！

杨孙西：除了他，没有人做得到。这也是我非常钦佩他的缘故。

唐翔千的前瞻性眼光

采访时间：2022年11月14日上午
采访地点：香港开达大厦
采访对象：丁午寿（曾任香港立法会议员，开达集团有限公司董事长）
采 访 人：张伟（上海唐君远教育基金会秘书长）

丁午寿

　　1942出生于江苏无锡，致力于香港地区工业特别是玩具业的发展，为开达集团有限公司董事长。1998至2004年任香港立法会议员。在香港和内地还担任多项社会职务，如香港工业总会主席、香港中华厂商联合会名誉会长、香港无锡商会会长、香港江苏社团总会名誉会长等。2004年被香港特区政府授予银紫荆星章，2010年获得"香港杰出工业家奖"。

张　伟：我是唐翔千创办的上海唐君远教育基金会的秘书长。明年是翔千先生诞生100周年，我们基金会要举办纪念活动，今天特地来采访您，想了解一些您熟悉的情况。

丁午寿：好的。翔千先生也是我们无锡人。我们是做玩具的，但我父亲在纺织业有很多朋友，特别是无锡人。早年我随父亲去香港，后来到美国读书，1968年底回到香港，开始进入工业界。父亲把自己的朋友介绍给我，其中就有翔千先生。他给我的印象就是一个很好的uncle（叔叔）。他比我父亲还年轻一些，从上海到香港来，我们做塑料行业，他是做纺织业的。我知道唐家在上海的纺织业做得很好，比香港人还好。我投身工业不久，就参加了香港工业总会，那时候唐翔千已经是工业总会的主席了。他很有前瞻性，工作做得很好。那时候香港纺织业占整个工业的一半，香港纺织业占出口总额的一半。当年香港工业总会的主席，一届是纺织业的，一届不是纺织业的。

张　伟：听说翔千先生做了一件大事，就是牵头组织开办了为工业界服务的香港标准及检定中心，您能介绍一下吗？

丁午寿：翔千先生在领导工业总会的过程中，做了两件前瞻性的事。一件是建立标准中心，使得我们自己做的产品，能在国际社会得到充分的认可，这样就更好地打开了国际市场，而不是简单地为别人做产品，是做自己的产品。我觉得唐翔千最有前瞻性的，当属创立香港STC标准中心，即香港标准及检定中心，英文全称是Hong Kong Standards and Testing Centre（STC），如果没有STC，香港的产品没法出去跟人家竞争。STC就是他领头，于1963年创办的，是香港首家独立、非营利的测试、检验及认证机构，致力于为工业界提供专业、可靠及全面的检测服务，并发布公正的检测报告，确保产品符合国际相关的技术及安全标准。很荣幸，我们公司也是其中一个响应、支持他做这件事的成员。之前，香港制造的产品没有自己的标准机构来检定，产品质量难以保证。现在STC不仅为香港服务，后来在东莞、上海、无锡等地都有香港STC的分支机构。香港STC也逐渐获得一系列国际权威认证资格。将近60年过去了，目前翔千先生的儿子唐庆年是香港STC董事局主席。

张　伟：现在国家有计量标准局，各省市都有。

丁午寿：国际认可很重要。香港标准计量是国际认可的。标准机构有几个，商业界也有他们的标准中心，但香港工业总会的标准中心是最早被国际认同的。

张　伟：翔千先生担任工业总会主席后，是否还做过其他的一些贡献？

丁午寿：那时候纺织业对港英政府的贡献很大，翔千先生是纺织界翘楚，人品又好，很有威信。翔千觉得，根据需要还可以发展出新的机构。他任香港工业总会主席期间，还促成了香港生产力促进局（Hong Kong Productivity Council，HKPC）这个法定机构的建立。这个机构致力于以世界级的先进技术和创新服务，驱动香港企业提升卓越生产力。生产力局也是我们推动建立的，那时候工业总会真的很有办法，开始政府给了我们900万港元，作为筹办费，买楼办公。现在工业总会是社会组织，都是会员自己出钱，政府不给钱了。

张　伟：听说翔千先生曾经率领香港的四大商会访问北京，一个是工业总会，一个是总商会，一个是中华总商会，还有一个是什么商会？

丁午寿：是中华厂商联合会，是华人企业家的组织。而工业总会，是回归之前港英政府于1958年创办的，中外企业家都有。

张　伟：这四个商会，有无隶属关系？

丁午寿：总商会涉及面可能更宽些，不光有做商品的，做贸易的，也有金融业的。

张　伟：中华总商会就是华人的商会，是这个意思吧？

丁午寿：是的。中华总商会主要是香港华人商人的组织，而香港总商会则有很多外国人参加。工业总会是由原先的港英政府成立的，由立法会立法设立，我们改章程都要经立法会通过才行。那时候的港英政府很重视工业体系，派政府工作人员到商会担任秘书，当时来了一个女秘书，立场很有问题，那时候的工业总会就是不想与内地有所联系。后来唐翔千当了会长，很快扭转了局面，她干不下去，就离开了。现在的工业总会不再隶属政府，也是社会组织了。

张　伟：当年唐翔千组团访问北京，您也参加了，是吗？

丁午寿：是的。印象最深的就是，1984年，翔千先生牵头组织香港工业界的四大商会——香港工业总会、香港中华厂商会、香港总商会以及香港中华总商会的代表访问北京，去见邓小平同志。每个商会派出两名代表参加这个代表团。唐翔千代表香港工业总会。香港工业总会我也去了。因是香港四大商会第一批访问团，小平同志很欢迎我们，在人民大会堂迎接我们。我们感到非常荣幸。那次接见时，小平同志所说的话铿锵有力，许下了香港"一国两制"50年不变的承诺，我至今记忆犹新。身为团长的翔千先生回港后，在媒体上做了广泛的宣传，帮助民众建立信心，做好迎接香港回归祖国的思想准备。我觉得翔千先生做人低调，做事务实，不仅眼光长远，还亲力亲为。

所以说唐先生不仅是实业家，而且是香港地区工业界的一个管理者。他是用市场经济的观念来推动经济和工业的发展。20世纪80年代他到上海，上海的好多老干部都对唐翔千表示感谢，因为唐先生不仅投资办厂，也把管理经验带去上海。

张　伟：是的。80年代以后，翔千先生花了很多时间回到内地，推动内地的改革开放，在多地投资办厂，将先进的工业发展理念和管理经验带到内地。尤其是80年代中期，他还果敢地从纺织业转到了电子产业。在这一方面，能为我们介绍一下您所了解的情况吗？

丁午寿：电子产业的业务我不熟悉，翔千先生的儿子唐庆年熟悉。不过先前的事情我也知道一点，他在新疆开办毛纺织厂。那时候我跟着翔千先生的长子唐英年去乌鲁木齐参观，翔千先生已经做得很好了。我只是去观察，发现他是真抓实干。记得有一天早晨，才6点，是冬天，天还黑着，他就起床了，在外面活动，穿着很单薄，我们在里面都觉得冷得不得了。后来我们还参观了他的办公楼和车间。听说他们夫妇二人为了办好这家工厂，天南海北不知跑了多少趟，真是非常勤勉敬业的大实业家。

张　伟：那个时候，这家厂一年可以出口2万件精纺羊毛衫。早年香港的纺织业界并不看好国内出产的棉花和羊毛原料，但唐先生觉得新疆的羊毛是一流的，棉花也是一流的。翔千先生在改革开放后还创建了沪港经济发展协会，您了解一些情况吗？

丁午寿：我是知道的。他牵头组建了沪港经济发展协会，在沪港两地都设有机构，有时候他还会请上海的企业家到香港来参观、上课。

张　伟：我听说，20世纪80年代他就办过几期上海企业家的培训班，把上海的一些企业家带到香港去培训，很多人回去以后做得很好，对上海的经济发展做出了贡献。翔千先生后来还捐出很多资金，对香港和内地的教育事业做出很多贡献。这一切都得益于他的爱国情怀和前瞻性眼光。刚才您讲的翔千先生过往的这些经历与贡献，让我们受益匪浅。谢谢！

国家民族观念深厚，
一生履行实业兴国

采访时间：2022年12月22日

采访对象：梁锦松（香港特别行政区财政司原司长）

采 访 人：张伟（上海唐君远教育基金会秘书长）

梁锦松

出生于香港，祖籍广东佛山（顺德区）。曾任香港特别行政区财政司司长（2001—2003年）、特区政府行政会议非官守成员（1997—2001年）、教育统筹委员会主席（1998—2001年）、大学教育资助委员会主席（1993—1998年）、特区政府筹备委员会委员、推选委员会委员与港事顾问等职。加入南丰集团之前，曾任黑石集团大中华区主席，以及摩根大通、花旗集团亚洲区、中国内地和香港地区业务主管。

张　伟：梁先生，您跟唐翔千的结缘是何时开始的？您对他的第一印象如何？

梁锦松：唐翔千是香港著名的工业家、民族企业家、慈善教育家，我年轻时在银行界工作，对他和他的家族企业半岛针织的大名已有所闻悉，但在工作上以及其他方面互有来往，则是到了香港回归前夕。

那是一个很重要的日子，我记得那天是1996年1月26日，第一届香港特别行政区筹备委员会正式成立，在北京召开第一次全体会议。当时筹委会共有150名委员，其中港方委员94名，内地委员56名，我和翔千先生同获委任。

后辈我有幸与翔千先生正式成为"同事"，更幸运的是，我和他都分派在筹委会的同一个分组，而组长正好是董建华先生和鲁平主任。

我们两人在筹委会期间私下交谈不多，唐先生待人很客气，有时会主动和我们这些年轻一辈的委员交流，并且拉着我，介绍给他的一些来自沪浙等地的朋友。他的普通话无锡口音很重，我只听懂一两成，但我还是感受到他那种热情和亲和力，他不会因语言问题和你有任何隔阂，很亲切。

张　伟：请问，随后您和唐翔千建立了什么样的工作关系或社会关系？

梁锦松：当时筹委会要处理的主要工作议程排得很满，由于只有一年多的时间就要迎来七一香港回归的大日子，那一年多时间内，筹委会总共举行了十几次会议，讨论确定了有关推选委员会、第一任行政长官选举、临时立法会、法律、经济、庆祝活动及第一届立法会等诸多事项，任务繁多，时间紧迫，我和翔千先生及其他委员都把时间和精力全投放在筹委会的工作上。

随后在1996年11月，我和翔千先生再一次同时获得委任，入选为香港特别行政区第一届政府推选委员会委员，翔千先生是代表政协界别，我则以金融界别入选。在推选香港特别行政区第一届行政长官及临时立法会议员的时候，我和翔千先生再度合作共事。

张　伟：香港回归之后，您和翔千先生之间还有哪些友好合作、互助共进的佳话？

梁锦松：回归后，我加入香港行政会议，并担任教育统筹委员会主席一职，负责教育改革工作。2002年再当选为特区政府财政司司长。记忆中，香港顺利回归后，翔千先生更趋低调，淡出政圈，他把许多工作，特别是社会公职等，都交棒给长子唐英年先生，所以那些年，我和英年的来往比较频繁。

张　伟：唐翔千在香港创业期间的奋斗过程和事业成就，您了解吗？能否谈谈您印象最为深刻的往事，以及您对他的这些事迹或贡献的评价？

梁锦松：唐翔千是前辈，是工业家，做棉纺针织和电子工业。我是后辈，是做银行、金融的，大家不算是同一个圈子，但因为翔千先生和他的家族非常有名望，所以对他的创业故事时有所闻，某些方面颇有印象。

首先，是翔千先生对香港工业发展做出很大的贡献。1949年新中国成立后，当时不少内地的企业家、资本家移居香港，特别是像翔千先生、南丰纺织集团创办人陈廷骅先生等，都是来自上海、江浙一带的企业家，最具代表性。他们为二战后的香港经济发展带来大量的资金、技术和管理经验，加上当时内地大批的转移劳动力也来到香港，这为20世纪五六十年代香港工业的兴起奠下坚实的基础。

百年前唐家就已经是江南无锡的棉纺世家，按今天的术语，就是中国近代纺织工业巨擘，他们拥有十分宝贵的纺织工业技术、资金、机器和生产经验。20世纪中叶，翔千先生把这些纺织工业发展资源和要素，一部分转移至香港，促进了香港纺织工业急速而蓬勃的发展。

当时有这样一个历史背景：二战后，上海的工业家都在为复产做准备，他们开始向美国订购大批先进的棉纺机器，1949年前后，已订购的先进机器，如纱锭机、织机等，不少都转运至香港，其中就有20万锭子的那种大型先进纱锭机。翔千先生他们那一代人，把许多先进生产设备引进香港，很有眼光和魄力。

有了高端的生产设备，翔千先生这些江南纺织企业家又招收了许多南下的老伙计、技术工人等。所以说，没有翔千先生、陈廷骅先生这些工业家南下香港发展工业，20世纪50年代百废待兴的香港，将会举步维艰。

在翔千先生这些香港纺织先驱的带领下，香港迅速发展成为亚洲的纺织之都。当时香港的纱厂一间一间如雨后春笋般建立，据我所闻，从20世纪50年代起至70年代，20年间，唐翔千先后与陈廷骅先生等实业家，创办南海纱厂、半岛针织、南丰纱厂等纺织集团，堪称香港的纺织大王。今天大家从长沙湾一路走到荃湾，这条大道可以说是香港盛极一时的"纺织工业大道"，大部分纱厂都在这里设厂。

张　伟：您对翔千先生利他善济、重教育才的义举了解吗？

梁锦松：我在20世纪90年代开始投入香港的教育事业，1992年担任大学教育资助委员会（UGC）主席，随后又出任教育统筹委员会主席。很荣幸，翔千先生的长子唐英年先生也在此期间出任UGC成员，在90年代初中期，翔千先生还担任过香港中文大学校董和新亚书院董事会主席（1992—1996年），大家都是香港高等教育圈子里的人，从广义上说，我和翔千先生还有他的大公子一同在推动香港高等教育的发展。

我依稀记得，20世纪80年代起，翔千先生非常积极地推动香港与内地工商界人士的往来交流。到了1995年，他又开创先河，资助上海大学的年轻教师，来香港中文大学进修，学习工商管理专业知识。他推动两地的工商管理教育交流和人才提携，为年轻一辈创造机会，实在是贡献卓著。

张　伟：在唐翔千一生经历所展现的生活态度和人生价值观中，有哪几点是您认为最值得后人学习、欣赏和传承的？

梁锦松：翔千先生一生所展现的价值观与人生态度，许多地方值得我们学习和传承。他是爱国企业家，国家民族观念深厚，一生履行实业兴国的情怀和理念。

唐先生非常重视教育和培养人才。他因父之名成立的上海唐君远教育基金会，为国家人才教育和培训捐助巨额款项，使无数的学生、教师和科研人员受惠其中。

另外，唐翔千给我印象最深的，是他既有着上一代工业家、实业家勤俭唯实的作风，同时又有着年轻人那种充满活力干劲和创业创新的精神。

唐家本业是纺织业，翔千先生大半辈子也是做纺织的，但在1985年，他在六十多岁花甲之龄，再度转换人生跑道。很多人在这个年龄就开始考虑退休，甚至已经退休，他却东山再起，重新创业，进军和纺织业风马牛不相及的电子业，从零开始，创办美维科技集团。从纺织业转到电子业，跨度如此之大，没有相当的魄力和毅力是不可能成功的，真是令人敬佩。

纪念沪港合作先行者唐翔千

采访时间：2022年11月10日

采访地址：香港岛西营盘成基商业中心沪港经济发展协会

采访对象：姚祖辉（第十三届全国人大代表，香港沪港经济发展协会会长）

采 访 人：张伟（上海唐君远教育基金会秘书长）

姚祖辉

1965年10月出生，汉族，籍贯浙江宁波，哈佛大学工商管理学硕士。现任沪港联合控股有限公司董事长兼首席执行官，第十三届全国人大代表，上海市工商联兼职副主席，香港沪港经济发展协会会长。

张　伟：您曾去新疆参观由唐先生创办的新疆天山毛纺织品有限公司，能具体介绍一下吗？

姚祖辉：1992年，也就是香港回归的5年前，我从美国留学回来，记得7月1日是我第一天上班的日子，我伴随母亲跟唐翔千组团去新疆，这是对自己爱国教育的第一课。我在港英政府的香港教育系统里读书长大，那时候我的中国地理和历史知识是空白的，第一次跟着唐先生去新疆，看到祖国这么大，边疆地区物产这么丰富，真是大开眼界。

印象深刻的是我们去参观了天山毛纺厂，这是唐先生在20世

70年代末80年代初创办的第一家合资企业，1992年已经成规模了，对内地经济发展做出了很大贡献。我们还参观了当地的风土人情。当时的感受就是能够看到少数民族开心地住在这里，发展新疆，看到我们的多元化民族团结共荣，非常振奋。记得当时团里有个领导，他白头发、个子很高，讲上海话。我问："先生您贵姓？是做什么的？"他告诉我说是做港澳工作的，叫鲁平。我这才知道他原来就是大名鼎鼎的港澳办主任鲁平。

那个时候我就认为唐先生不仅是位前辈、慈善家，也是一个鼎鼎有名的工业家。20世纪八九十年代，香港工业家不多的，肯投身在工业，从做毛纺、做布料到做成衣，从上游到下游的整条产业链都做得好，是很不简单的。

除此之外，唐先生对我来讲是非常重要的偶像级人物，既是前辈也是启蒙老师。我当选为沪港经济发展协会的会长后，我每次介绍都说这个协会是唐翔千在1985年的时候创办的，我会先讲三五分钟关于唐先生创办协会的宝贵经历。上海发展到今天，招商引资从20世纪80年代走过来，大家看到南京路、淮海路，甚至一些工业区都有香港人注资，就是因为唐先生等老一辈实业家把香港的很多商家、厂家带过去了。

记得我去漕河泾参观，他们就介绍有块地是政府第一个批出来给香港人办工厂的。20世纪90年代，上海市场环境确实没有香港好，去创业是很辛苦的，但我们父辈做投资都不是怀着要赚钱的心态，而是为国家做贡献，希望可以为上海的改革开放做出贡献，所以我们心里面会一直记得要做公益活动。

张　伟：您认为沪港经济发展协会对推动沪港合作方面起到哪些作用？

姚祖辉：改革开放上海走在全国前列，我们的父辈回到上海，开工厂盖大楼，主要是为了做贡献。20世纪90年代到2000年的时候，他们贡献资金、经验和人脉，把成衣工业、房地产，带到国际舞台，同一时间把很多专业的人士，比如会计师、律师，还有房地产业的建筑师、测绘师带过去了。

记得当时的梁振英先生等一批香港专业人士，接受唐先生等前辈的邀请，为上海政府土地改革给出了非常有建设性的建议，从招商引资到级差地租，还有在法律保障、审计事务、会计事务、评估事务等一些外商投资市场服务方面，都做出了示范性的引导。

后来，正因为有完善的法律程序和良好的市场服务，上海走在外商投资的前沿，大批从香港来到上海的商家和专业人士也慢慢聚起来了。我们的父辈20世纪50年代从上海到香港，90年代又有很多人从香港回到上海去创业、就业、奋斗，这或许就是沪港合作的历史缘分和时代召唤。

所以协会就是个平台。很多想到上海去做生意的香港人，包括专业人士、投资者，都希望通过这个平台去认识朋友，讲好自己的故事，解决碰到的困难，在这个过程中更好地了解上海。我认为协会发挥了非常宝贵的作用。

张　伟：沪港经济发展协会在人才培养方面做了哪些贡献，您能够介绍一下吗？

姚祖辉：我在20世纪90年代末加入沪港经济发展协会，我认为人才不仅要招，怎么留住人才更加重要。很多前辈分享说，要留住人才，先要留住他们的家人。记得那时候上海有政策，比如建对外商服务的医院，建国际学校。因为把学校和医疗系统解决好后，人才才可以安心工作。我看到从90年代开始，上海就大力在做这个事情。

从20世纪80年代开始，唐翔千等前辈，一方面帮助上海引进海外人才，另一方面联系香港的高等学校和专业人士培训机构，帮助上海培训专业人才，连续举办了多期专业人士培训班。这中间有些人后来成为上海乃至国家各方面的领军人物。

这么多年来，上海有很多成功的例子，比如把一些民生的需求外包出去，其中香港做了很多贡献。总而言之，上海在改变，香港在改变，我们的协会也在改变。

协会以前是帮香港的人到上海办工厂经商，但这十几年，我们把香港作为一个国际合作的平台，帮上海的公司走出去，帮助这些公司在香港上市，或者在香港购买一些律师和会计师服务再到美国上市，这其中有国企，也有很多民企，协会这些年来在这方面做了很多的贡献。

另外一方面，这十几年来，很多上海高校毕业的学生来到香港工作，我们沪港经济发展协会也给了他们很多的帮助，引导他们健康成长。

张　伟：您认为沪港经济发展协会在新时代能够发挥哪些更重要的作用？

姚祖辉：这个问题问得非常好，也是我们每天在思考的问题。今年11月15号是第十届执委会换届的时间，这个问题也是本次换届最重要的议题，就是将来怎么走。

习近平总书记在二十大报告里提出："江山就是人民，人民就是江山。"我们做社团一定要顾及人民的需求，比如香港有很多深层次问题还没有解决，比如土地房屋，年轻人的就业，所以除了金融行业，我们还需要再想其他的方法，发展高增值和高附加值的行业。作为协会的话，我们很荣幸也很高兴可以兼任新的任务。

那新的任务是什么呢？首先要把我们的队伍壮大。以前我们追求精英组织，现在我认为一定要走群众路线，要明白群众的需求，不单是要把商界专业人士招来，把市政协、区政协委员招进来，也要把做前线工作的义工招进来。同时也会去香港10个不同的地区发展，比如新界的北部，我们要走进社区里帮忙，比如说青年会、妇联，关心单亲家庭的需要。我们要有自己的研究中心，把香港的问题研究透，然后给到香港特区政府可行的方法去解决问题。我们一直在改变。

所以，未来的日子里也会修改章程，会从沪港经济发展协会变成沪港社团总会，下面再设分会。分会可能是企业，可能是高校的同学会、同乡会等，把组织做强做大，把唐翔千等老一辈开创的事业发扬光大。

张　伟：您对沪港经济发展前景有什么展望吗？未来有什么互助合作的机会？

姚祖辉：30年来，沪港讲得最多的就是"双城记"，都说香港和上海有竞争，我认为这是竞争又合作的关系，而合作的成分多于竞争。以后的竞争是城市群对城市群的竞争，香港是9+2大湾区窗口，有8 000万至9 000万人。上海是华东三省一市长三角的领头羊，有2.5亿人。长三角和大湾区都是祖国的明珠。近10年我观察到的是，上海作为科创中心的位置，比香港先走了5年，上海政府在这方面加大了力度，逐步领先香港。

香港现在也在走，而战略就是融入大湾区发展，举措就是把新界，也就是北部都会区建立起来，我觉得这样很了不起。香港在英国人统治的150年间，新界一直是一个缓冲区，没有得到重视和发展，现在反过来要发展最北面的地区，因为它邻近深圳，从科技行业进行更深度的深港交流，把香港融入大湾区，这个是我们要做的。我认为香港以后也会变成国家的科创中心。

举个例子，临港集团在上海市高新科技研发区和高科技制造工业区已经有3 000多家公司，都想从上海扩展到大湾区，再从大湾区走到全世界，所以他们都想来香港，尤其是投资在北部都会区。这种合作共赢的发展趋势在银行界和金融行业也是如此，所有的商业银行、基金管理公司、财富管理公司等，上海与香港都有很多合作的空间。

张　伟：翔千先生给您留下的最深的印象是什么？

姚祖辉：总结成6个字就是：爱国，奉献，谦和。每每想到唐先生，第一个就想到爱国，他启蒙了我对国家的认识。第二个是奉献，他做很多事情都不是为了赚钱，而是为了奉献国家，奉献沪港经济，奉献香港。第三个就是谦和，他待人接物非常低调。我记得有一次在飞机场碰到唐先生和唐太太，他那时是全国政协常委，是可以走贵宾通道的，但是他在大厅里和所有人坐在一起，他让我学习到奉献国家不能觉得自己有特权，要走到群众中。唐先生教了我很多做人的道理。记得在2018年，我专程去无锡参加对他的一次追思会，会场一片花海，让我很感动。我永远会怀念唐先生。

最后就是不要忘记唐妈妈。每次唐先生讲浓重无锡口音的普通话，我通常听得不太明白，唐妈妈都会很耐心地翻译出来让我听明白。记得当时新疆还是一片黄土地，卫生条件很艰苦，唐妈妈跑了好几次。唐先生去毛里求斯，唐妈妈也跟着去。唐妈妈是大家闺秀出身，给了唐先生很多的支持。他们是有口皆碑的模范伉俪！

唐家父子对香港发展多有贡献

采访时间：2022年11月17日

采访地址：香港湾仔骆克道160—174号越秀大楼1楼香港江苏社团总会

采访对象：姚茂龙（香港江苏社团总会会长）

采 访 人：张伟（上海唐君远教育基金会秘书长）

姚茂龙

1962年生于江苏泰州，现任海兴材料有限公司、远东五金行董事长，曾任江苏省政协常委、香港选举委员会委员、江苏省海外联谊会副会长、中华海外联谊会常务理事、香港中华总商会理事、香港博爱医院总理、香港江苏社团总会常务副会长兼秘书长、会长，香港江苏义工团团长、香港泰州商会会长、江苏省泰州旅港同乡会会长等。

张　伟：为了筹备我们创会会长唐翔千明年百年诞辰的系列活动，我这次代表
　　　　上海唐君远教育基金会来香港访问，任务是采访老人家生前的亲朋故
　　　　交，收集了解关于他更多的精彩故事和风范懿德。香港江苏社团总会
　　　　为我提供了很多方便，并委派张婷婷副总干事陪同，还有何丹先生也
　　　　给予很多帮助，非常感谢。

　　　　您是香港江苏社团总会现任会长，和创会会长唐英年先生有过多

年的共事经历，可能也会了解到唐翔千过往的一些业绩，请您做个介绍。

姚茂龙：我是江苏泰州人，1980年，也就是改革开放后的第二年来到香港的，当时父亲在香港。唐家是无锡人，和我的老家泰州仅一江之隔。我知道，唐翔千老先生是改革开放之后第一个响应中央的政策回到内地进行投资的，而且他还联系了香港的一些实业家、一些好朋友，鼓励他们，组织他们一起回内地参观考察，还组团到北京，受到邓小平同志的接见。那时候我就觉得，像唐翔千这样的香港实业家、社会活动家，是非常有影响力、有活力的。

唐翔千连任全国政协的好几届常委，而且第一个到新疆去办天山毛纺厂。第一个吃螃蟹的人必须要有勇气，他勇于开拓，做了这么一件大事。

我们的创会会长唐英年还提到他的父亲去上海投资，创办合资的毛纺织厂，那是沪港合资第一家，合资企业工商执照上的号码是"沪字第00001号"，他们一家人为此很是骄傲。这个也是要有勇气，要有眼光，还要有担当的。他相信中央政府，相信国家改革开放的决心，这也是我们非常佩服的。

之前我看了一本关于唐翔千的传记，说他的父亲唐君远先生就已经是中国知名的企业家、慈善家了，他也是一位关注社会进步，对家乡、对老百姓非常关心爱护，对捐资助学非常热心的人。到了第二代，唐翔千继承了父辈的优良传统，不忘国家情、家乡情，爱国爱港、守正创新，对香港工业发展和香港回归祖国，做了大量的令人难以忘怀的贡献。

再后来到了第三代，我们的创会会长唐英年那一代，那就更加发扬光大了。作为这么知名的一个企业家、社会活动家，自己的家族企业有许多重要的事要做，社会上也有不少公益活动要参加。但在香港回归之后，唐翔千老先生把最为睿智、最有能力的大儿子送到新成立不久的香港特区政府工作，去为香港市民服务，而老人家自己则重新挑起企业发展的担子，这让大家十分感佩。

唐英年先生曾经担任过香港特区的工商科技局局长、财政司司长、政务司司长，不单对香港回归后的政务管理，还对香港社会的稳步运行，以及帮助香港市民共克时艰，提高生活质量做出了很大的贡献。这些对内地也起到了很重要的支持作用。

后来唐英年先生又回到社会，从另一个角度为国家、为香港市民服务。我最想说的就是，唐英年先生全身心投入，牵头组织创建香港江苏社团总会这件事。我们的社团总会是2015年成立的，英年先生亲任创会会长。短短的几年时间内，我们的总会就办出了活力，办出了气势，不单成为江苏各类社团的一面旗帜，也是香港各种社团中非常有知名度的存在。

现在我们的社团总会在香港，无论从特区政府的视角，还是香港的中联办的角度，相对而言，都是比较重视的。及时转达中央政府的精神与政策，积极主动地联系江苏十三个地级市与香港在经济、社会、文化与教育方面的互动，为在港的江苏籍企业家提供信息服务，协助他们解决实际问题，这些都是我们社团总会的任务。唐英年会长人很好，思路开阔，十分亲民，很愿意帮助社会方方面面。我们江苏老乡的一些企业在内地有什么困难，只要找到英年会长，他肯定义不容辞。在慈善方面的工作，他一如既往没有停过，特别是对内地的慈善事业颇有建树。

他现在担任香港西九文化区管理局董事局主席。西九文化区管理局是香港特别行政区政府于2008年10月23日根据《西九文化区管理局条例》成立的法定机构，主要负责发展、协调及统筹香港西九文化区的文化事务，愿景是为香港城市开创出一个引领发展、充满活力的文化区。在新任董事局主席英年先生的领导下，西九文化事业现在做得非常好，成了一个汇聚不同文化背景人才，共同探索、深度参与和互相启发的场所，以及展示世界级展品、表演和各种文化活动的中心，在全球都有相当的知名度。现在英年先生还担任香港友好协进会永远荣誉会长，这是联络、服务在港的全国人大代表、全国政协委员和知名人士的重要平台，为团结、爱护香港社会精英，推广经济文化交流，促进香港繁荣稳定做出了重要贡献。

张　伟：英年先生是香港江苏社团总会的创会会长，那么在创会会长奠定的基础上，您作为第二任会长，总会未来有什么新的打算？比如说在和上海怎么加强合作方面，我想听听您有什么高见，看看我们的基金会是否能够与江苏社团总会密切互动，参与进来做一些工作？

姚茂龙：成立香港江苏社团总会的宗旨，就是服务乡亲，服务社会，解决问题，当然还要开拓进取，在更高的层面上，服务国家，服务香港。英年先生是全国政协常委，他视野开阔，有大格局。一直以来他都要求我们总会与兄弟单位、兄弟社团多多联系，多多合作。在李强同志还担任上海市委书记时，英年会长就沟通苏、浙、皖三个香港社团总会，组成了一个庞大的访问团，到上海访问，探讨新的合作与服务议题。在非常高的基础上，唐会长现在把这项重要的任务交给我，我感到压力非常大。他要求我们要带上安徽，把服务长三角一体化的工作做好。我们去了上海，和李强书记交流了经济文化各方面的信息。我们总会一定会同上海心连心，也希望秘书长多帮我们穿针引线，加强合作。唐会长要求我们一定要走出去，互相学习，互相借鉴。

张　伟：我们希望英年会长和您也给我们牵线，让我们的基金会与香港江苏社团总会加强联系，相互促进发展。

姚茂龙：那是肯定的。

张　伟：上海唐君远教育基金会还应该促进上海与香港的合作，当然这类合作不仅局限于上海，还有长三角地区，可能还要辐射到粤港澳大湾区。希望今后我们的工作也能得到姚会长的大力帮助和支持。

姚茂龙：肯定的，还希望你们大上海带着我们。

纪念文稿

实业报国，守正创新

唐翔千先生的话：

一个没有工业的国家就像人没有了脊梁，而一个没有脊梁的国家怎么能挺起胸膛昂起头？

我们这代人一直有一个强烈的愿望，希望祖国强大，不再受人欺负。我把"强国梦"寄托在实业上，"实业救国"是我们的祖训。

人要有革新精神，有主观能动性，不能受传统拘束，因循坐误。工作不能只局限于本位，应有全局观念。思想更不能故步自封，要有理想，有远见。

实业兴国，勇当先锋

李国宝[①]

我与唐翔千认识数十年，与唐家乃世交，不时拜会翔千先生。他和蔼亲切，平易近人，喜欢结交朋友，乐意指导后辈，每次与他共聚，我也得到不少启发，获益不浅。

翔千先生崇高的品格、杰出的成就，深受社会各界嘉许，我深表敬佩。他是杰出的工业家，生于纺织世家，其后负笈海外，回港后创办多个纺织集团，包括南联实业、香港半岛针织等，为业界翘楚，有"纺织大王"美誉。他为人踏实，勤奋坚毅，知人善任，具有敏锐的市场触觉，把握业务机遇，成就非凡，屡获殊荣，包括获香港工业总会颁发的"杰出工业家奖"，并由爱儿唐英年先生颁奖，倍添意义。

翔千先生一生致力于实业兴国，勇当先锋，于国家改革开放后，为首批赴内地设厂的爱国商人之一，先后到广东、新疆、上海、江苏、西安等地投资纺织业及电子业，并于1981年创立内地首家沪港合资企业上海联合毛纺织有限公司，成为"沪港合资第一人"，为合资企业的典范，成功带动港资参与国家经济社会。他胸怀大志，坚持信念，无惧困难和挑战，其奋斗经历彰显爱国之情，令我深受感动，万分佩服。

---

① 李国宝，东亚银行执行主席。

　　翔千先生于香港工业界举足轻重，曾任香港工业总会主席，积极推动内地和香港的交流，大力促成沪港人士筹备建立沪港经济发展协会，并于1985年后在上海及香港相继成立。翔千先生担任香港协会创会会长，为沪港往来搭建沟通交流的平台，而东亚银行亦成为该会的企业会员。协会成立后，开展一系列工作，如组织上海国有企业高管到香港培训，邀请香港工商界著名人士对沪港合资企业提供宝贵意见，积极牵线搭桥组织两地工商界洽谈合作。30多年来，沪港经济发展协会促进沪港交流合作，并促进上海成为吸引香港资金到内地投资的高地，也令众多会员受惠。

　　翔千先生高瞻远瞩，践行发扬唐氏家族"教育兴国，慈善兴邦"理念，重视教育和人才培育。翔千先生以父亲名义创立上海唐君远教育基金会，奖励、资助内地师生。他并与江南大学及上海大学合作共建君远学院及翔英学院，培养国家需要的工程人才。

　　于香港回归祖国的历程上，翔千先生积极参与，担任全国政协常委、港事顾问、香港特别行政区第一届政府推选委员会成员、香港特别行政区筹备委员会成员、香港基本法咨询委员会执行委员，对筹备成立香港特别行政区贡献良多。

　　翔千先生成就非凡，德高望重，是我们学习的榜样，我们会永远怀念他。

胸怀拳拳赤子心，投身实业报国志

王广斌 [①]

唐翔千是香港工商界的翘楚，是著名的爱国实业家。他心系祖国与民族的兴旺，勇于创新，一生办实业，为香港的繁荣和祖国的发展做出了重要的贡献。

志存高远，投身实业

唐翔千为了国家的强大，将建设祖国铭记于心。中国内地对外开放伊始，身任香港工业总会主席的唐翔千先生，率先组成港澳工商界访问团到北京、上海、广东等地考察。1979年初，唐先生首次到新疆考察。从此，他与新疆结下了不解之缘。

新疆地广人稀，物产丰茂，是我国四大牧区之一，其特产新疆细羊毛和山羊绒名扬国内外。山羊绒一向有"毛纤维中的珍珠"之美誉，可是由于国内加工业不发达，山羊绒和细羊毛的很大部分被作为原料出售，如果把山羊绒加工成羊绒衫，其价值将是原料的20至30倍。毫无疑问，变出售原料为出售深加工产品，将是落后地区快速发展的有效途径。自治区党委和政府做出决定，委托有关部门引进设备建设羊毛衫羊绒衫出口专厂。

---

① 王广斌，新疆天山毛纺织品有限公司董事长。

　　唐先生认为，靠出售原料是建不成发达市场经济的，要学习借鉴西方发展实业的成功经验，提出了在新疆办厂的三个有利条件——政府支持，基础不错，原料充足。他提出的两个办厂原则，其一是企业的品位要高，经济效益要好；其二是要注意产业结构的合理，合资企业的产品要有自己的优势。他很快在新疆合资兴办了新疆天山毛纺织品有限公司（以下简称"天毛"）。

　　新疆地处中国西北边陲，距香港和日本路途遥远，唐翔千为什么要到这里来办实业呢？他的回答是："我要为建设好国家出力，不相信中国建设不好，我不信新疆搞不出驰名世界的产品来。"唐先生决定在国外找一个技术合作人，他想起了同他有过多年交情的日本大孤东洋纺丝工业株式会社社长小林龙三先生。小林先生家族从事山羊绒生产已有50年历史，具有世界一流技术水平。那一年，唐先生10次奔赴日本，终于说服小林先生，促成了四方合资经营协定。1980年5月，自治区组织20多个单位实施建设"天毛"，占地面积5.7万平方米、建筑面积2.7万平方米的工程，从破土施工到安装投产只用了20个月，这在国内外都称得上高速度。在公司建设过程中，唐翔千更是十分关注工程的顺利进行，经常奔走在新疆—日本—香港之间。1981年2月3日，"天毛"终于投产了。

　　在唐先生的指导下，"天毛"公司就地取材，选用当地优质羊毛、羊绒，引进先进工艺，产品品质高，物美价廉，深受国际国内市场欢迎。那段时间，唐先生几乎每年都要去天山几次，他说："新疆是我的第二故乡。"

科学管理，培养人才

　　唐翔千认为，建设工厂难，管好工厂更难。他致力于科学管理，以法治厂，把培训员工和创名牌产品作为中心环节来抓。他亲自参与"天毛"招收工人事宜，对凡属"拜托""照顾"者一概拒招。他和管理人员一道制定了公司《职工守则》《考勤条例》《奖罚条例》三项重要制度，并决定每年送一批工人到日本学习，14年里先后送出80多批数百人。这些学员在国外表现都很好，无一人违纪，无一人未归，成为公司骨干力量。在他的倡议下，公司抛弃了产品经济的旧模式，探索商品经济企业的新模式，实行目标管理，定岗定位定薪，按职、劳、责取酬，定量定质，奖优罚劣，让公司全体员工满负荷地运转，这就是"天毛"管理模式。"天毛"管理模式使"天毛"实现了按质量订货，按订单生产，实现了高质量、高效率、高效益的"三高"收益。"天毛"产品很快地打入了国际市场，公司先后荣获全国十大最佳合资企业、全国500家最佳经济效益企业、全国纺织行业综合经济效益第一名、国际羊毛局纯羊毛标志使用企业、新疆自治区一级企业、羊毛衫长城杯国际金奖、国优产品金质奖、商业部最畅销产品金桥奖、西班牙纺织品与成衣质量金奖、西班牙国际贸易最佳商号奖、法国巴黎技术质量金奖。

经过40多年发展，"天毛"综合经营能力不断提升，成为全国羊绒纺织行业十大企业之一，是新疆毛纺织行业唯一拥有从原料收购到生产加工、品牌销售全产业链生产经营的企业。

公司目前有毛纺织业、矿业、医疗器械三个板块，注册资本4.67亿元，资产总额17亿元，净资产12亿元，年营业收入5亿元。

公司毛纺织业具有年加工纱线380吨和生产各类衫85万件的生产能力。公司内销市场拥有"天山""GTS""SS"三大自主品牌，在国内20多个省市有销售终端近200个，外销产品主要出口欧美及香港地区，年内外销70多万件。

公司积极履行企业社会责任，优先收购疆农牧民自产的羊绒原绒，帮助农牧民增收致富。

不忘春风教，常怀化雨恩

唐翔千以德治厂、不贪不奢、执着爱国的精神更令人感动、敬佩。唐先生在73岁高龄时，几乎每年都要到公司两趟，不住宾馆，不赴宴会，也不请客。

按他的要求，公司对外来宾客一律"四菜一汤"，而他给最尊重的客人的礼品最多也不过是一条香烟、几盒维生素。他分得的红利本可以理直气壮地拿回香港，可他仍用于边疆投资。他富甲一方，却以俭朴为荣，这正是继承了中华民族的优良道德传统。

从唐翔千在新疆办实业的过程中，我们看到了一个著名实业家忠贞爱国的赤子之心，他每时每刻所表达出的那份真挚的爱国情怀令人感动；实业报国是他无悔的执着，祖国山川是他一生的牵挂。他始终怀有一腔热情，矢志不渝。唐先生的一言一行，所作所为，将永恒留存在这广袤天地间，激励着一代又一代的后来人！

上海第一家沪港合资企业的诞生和发展

贾文涛 [①]

1981年8月4日上午9时许，离现今东方明珠塔北侧4百米左右的一家企业门口人声喧哗，鞭炮齐鸣。这里正见证着上海改革开放史上具有划时代意义的大喜事——上海第一家沪港合资企业上海联合毛纺织有限公司（以下简称"联毛"）诞生。这家工商行政执照为"沪字第00001号"企业的外方投资者正是香港工商界的翘楚，著名的爱国实业家唐翔千。

在改革开放初始阶段，境外观望者居多，唐先生勇为人先，堪称壮举。这里必须要提到君远老。是君远老在唐先生回沪探亲时，向唐先生提出了希望他率先投资内地企业，为国家做贡献，为上海的改革开放做点事情。唐先生也正有此意，遂于1979年率香港工商代表团访沪时，提出了合资建立毛纺织厂，一期生产高档兔羊毛衫，二期筹建高档粗纺呢绒的构想，得到了上海市方方面面的重视和支持。是谓父子同心，合力报国，一时传为佳话。经与内地投资方上海市纺织工业局多轮商洽，决定选择一家工作环境较差，劳动强度较高，企业发展不很乐观的上海麻纺织厂作为投资点，进行脱胎换骨式的改造。1980年9月，投资双方草签了合同和章程，进入了筹建阶段，到1981年8月4日正式

---

① 贾文涛，上海联合毛纺织有限公司原党委书记、董事副总经理。

成立，花了不到一年的时间。这里得说一个小插曲。为了实现"四高"目标，唐先生提出了按新厂规划，对老厂的冗员予以裁减的意见，并真诚地表示愿出补偿款操作此事。问题是1980年代初尚未实行全员劳动合同制，按当时的用工制度无法辞退这些冗员，于是上海市委婉地提出将这些冗员组织起来再创业的构想，唐先生深明大义，慨然允诺，彰显了一个企业家从善如流的大家风范。这批冗员经市场经济大潮的砥砺，工作热情被极大地激活，成了"联毛"发展过程中不可或缺的有生力量。

尊重人才，重视人才队伍的建设，是唐先生创办企业的成功秘诀。在纺织工业局领导的支持下，"联毛"成功地抽调了业内的精英，还先后聘用了毕业于南通纺织专门学校①的新中国第一代高级专家倪云凌先生、汤锡琳先生和端木锡华先生，同时启用了企业内华东纺织工学院和纺专毕业的工程技术人员，组建了一个经营管理和纺织科技并重的班子。上海市纺织工业局局长兼董事长张惠发、副局长王金麟、副局长丁力对"联毛"这一改革开放的新生儿关爱有加，倾力扶持，经常亲临指导，帮助企业解决各类困难。计划处处长张震奎同时兼任"联毛"的副总经理，王副局长还兼任"联毛"执行董事，主理"联毛"的经营管理工作。整个管理层面位高权重，奠定了企业成功的基础。依靠高素质的领导班子，企业首先在两个方面做了大胆创新、改革。一是将原直线型的组织结构改为事业部制的管理模式，层层分解经营责任，把权力下放至各分厂，使之独立经营、独立核算，做到责、权、利明确，完成了传统企业的成功转型；二是对企业的内部分配做了新的尝试，对有条件的部门实行计件制，实现真正意义上的按劳分配。这两项改革大大激发了企业的活力，充分调动了经营责任人以及员工的创造力和生产积极性，为"联毛"的健康发展开了一个好头。

品质第一，追求完美，是唐先生创办企业矢志不渝的风格。唐先生为企

---

① 院系调整后并入华东纺织工学院（现东华大学）。

业确定了"高品质、高效率、高效益、高福利"的"四高"目标。他强调要做就做别人无法与之媲美的产品，做到人无我有，人有我优。唐先生家学渊源深厚，对市场有敏锐的洞察力。当他发现国际市场上长毛兔产品十分短缺，就争分夺秒地研发高比例长毛兔系列毛针织品，投产后一炮打响，蜚声海内外，迅速占领了国际市场。在设备的引进上，为了提高纱支的捻度标准和条干均匀度，不惜降低效率也坚持引进了日本京和株式会社的KOWA走绽设备，用该设备生产的纱支织成的毛衫密度紧实平整，极大地增强了市场竞争力。在二期投资粗纺呢绒设备选择上，义无反顾地引进了世界一流水平的意大利FOR梳毛机，BIGALI环锭和SMIT、SOMET箭杆织机，织成的粗纺羊绒产品一经问世，即引起市场轰动，成为粗纺呢绒界的王者。一时间许多有实力的企业争相追赶，带动了我国粗纺呢绒制造业的技术改造升级，这也正是唐先生这样具有大格局的人所喜闻乐见的局面。

不畏艰难，大胆进取，是唐先生致力于实业几十年形成的拼搏精神。"联毛"刚成立时，市场经济尚未成形，针织批还掌控着产品的生杀大权，产品出路是一个困扰企业发展的大问题。唐先生凭借多年经商的经验，狠下功夫使品质过硬，辅以产品新、转换快等特点，先赢得市场，让市场表现为企业助威。唐先生特意在香港设立了专门的样板房，依据国际潮流和内地消费者的审美眼光，打好样衣供"联毛"快速投产进入市场。当时，联合牌羊毛衫独领风骚，一衣难求，尤其是一款四平针开衫，因厚实的质地和平整的外观，获得无数人的青睐。求购的商家在企业内排成长队，成品一下机就被人急不可耐地运走上柜，随后立马被抢购一空。凭借着企业实力，硬是突破了配额的限制，创造了可观的经济效益。注重效率，以快制胜，是唐先生创办实业的取胜之道。人们津津乐道"深圳速度"，殊不知上海"联毛"的速度更令人叹为观止。二期毛纺织厂建设时，为了尽快安装投产，唐先生特意订购了美国苏尔公司的钢结构厂房，只花了两个月的时间就建成了5 400平方米的二层厂房，随后全面铺开了设备安装，并如期试运营成功，取得了令人满意的效益。诚如唐先生所言：

"效益是靠提高效率抢来的。"再如在积极开拓市场方面，按唐先生要求，每个月都要推出几十种新产品供客户选择，突出的也是一个"快"字，产品在满足国内市场的同时，70%以上的产品快速打入日本、美国、意大利、法国、德国、新西兰和港澳地区市场。

实业报效祖国，努力回报社会，是唐先生终生不懈追求的目标。由于"联毛"建厂理念先进，经营有方，业绩卓著。在1981年正式开业后，次年即扭亏为盈，1983年起，每年以40%的速度递增利润，1984年即全部收回投资。此时，"联毛"已逐步形成为一个年产粗纺毛纱1 000T、粗纺毛针织衫150万件、粗纺呢绒120万米的全能型纺织企业。"联毛"的投资获得了巨大的成功，唐先生自然也获得了不菲的收益，本着回报社会的宗旨，唐先生并未将利益收入囊中，而是把"联毛"打造成一个孵化器。唐先生提出要放大格局，树立更远的目标，于是利用"联毛"成功的经验，马不停蹄地创办了上海百乐毛纺织有限公司、上海联川毛纺织有限公司、上海联合高级时装有限公司、上海联合高级制衣有限公司、上海联合羊绒衫有限公司和香港百乐毛纺织染整有限公司，以"联毛"为母体，形成一个集约性企业。到1991年，固定资产增加了十倍。1992年3月，董事会决定改制为上海联合纺织实业股份有限公司，并于1993年3月以股票代码600607在上海证券交易所成功上市，开启了"联毛"发展的新篇章。唐先生不仅努力推动"联毛"发展壮大，而且对上海纺织业的改革开放也倾注了不少的心血。记得那些年唐先生抵沪，纺织工业局领导总要邀请唐先生在锦江会议室等处为业内大中型领导开设讲座，讲述国际纺织界最新发展动态和经营管理方面的先进理念。

上海联合毛纺织有限公司的创建和发展，无疑是上海改革开放史上的一座丰碑，公司先后获得了"上海市产品出口型外商投资先进企业""上海出口创汇先进企业""上海市名牌企业""引进技术改造现有企业全优奖"等荣誉称号，凭借雄厚的实力被评为上海工业企业200强和全国外商投资企业500强。

"联毛"的发展离不开党和国家的关心和支持，时任国务院副总理乌兰夫、薄一波、陈慕华和纺织部部长郝建秀，曾先后莅临"联毛"的产品展示会。在"联毛"成立5周年时，时任上海市市长的江泽民先生亲赴庆祝大会表示祝贺，充分肯定了"联毛"的巨大成功与唐翔千的真诚合作密不可分，为上海利用外资工作提供了有益的经验。"联毛"是第一家沪港合资企业、第一家落户浦东新区的外商投资企业、上海市第一家中外合资的集约性公司、第一家成功上市的中外合资企业，是上海改革开放名副其实的先驱。

如今，"联毛"已完成了历史赋予的特定使命，但有关"联毛"的美好记忆却难以抹去，人们将永远深切怀念唐翔千为上海的改革开放所做的巨大贡献。

甘霖滋润清溢人

陈扬菊[1]

1996年10月，我从广州抽调到深圳，参与组建由唐翔千投资的深圳清溢精密光电有限公司。

过去，我一直在部队从事飞行及政治工作，没有管过企业，更谈不上管理高新技术企业。

这一天，唐翔千来到了清溢公司。他已是70多岁的高龄，但一副慈眉善目、安稳祥和的样子，一下子就拉近了与年轻人的距离。老先生笑着与大家握手、问候。

唐先生告诉我们什么叫高新技术企业，怎样做好高新企业，它与传统企业有什么不同。他说："'高'就是高质量，'新'指的是新技术。只有把新技术做出高质量的产品，才能赢得市场，公司才能发展。"

老先生讲的话犹如一盏明灯，照亮了我们前进的道路。

清溢公司是国内第一家做液晶显示器用的掩膜版的企业。国内高校没有这个专业，也没有人生产过这类产品，市场需要的都从国外进口，一切从零开始。我们遵照唐先生的指示，人人刻苦学习新技术，下定决心要把公司办成一个高质量的企业。

---

[1] 陈扬菊，清溢精密光电（深圳）有限公司原总经理。

我们分专业组织培训，每个专业都有达标的计划。还成立了考核验收小组，全员分阶段进行考试（分笔试和操作两个部分），对培训不及格的人员，要求重新学习后补考，直到人人达标。

等到德国的第一台光刻机到了之后，我们迅速按净化要求搞好卫生。

这时，唐先生又来到了工厂，他对我们说："高新技术企业不仅是技术要新，每个员工的工作习惯也要新，要彻底改变过去那种办事随随便便、马马虎虎的习惯，这对你们是一个全新的考验。"

果不其然，光刻机要求的环境是"零度"净化，比医院手术室的净化要求高一万倍。环境不达标，做出来的掩膜版上就有黑点，这样的掩膜版就要报废。而"零度"的净化标准，对每个在净化室工作的人员来说是一种极大的挑战，净化达不到要求，就做不出合格的产品。

为此，我们制定了严格的净化标准，从头到脚都有明确的规定。每个人，每个班组，如果净化不达标，第一次口头批评，考核合格后再上岗；第二次给予处分；第三次就要开除走人了。我们一张掩膜版都是上万元，因为卫生不达标而报废产品代价太高了。

为了学好掩膜版的制作，我们先后派人到台湾地区、韩国和日本的企业学习。很快，我们终于制作了第一张掩膜版。

但是，质量问题一直困扰着我们。在一张0.5平方米的版上，要做到不能有一个微米级的缺陷，真难啊！它要求设备、材料、技术及管理高度达标，哪一个环节出现了问题都可能使产品报废。

这时，唐先生托人送来了一些质量管理的资料，并捎来话说："不要害怕困难，任何一个成功，都是从困难中走出来的。"

刚巧，广州有人办了一个"零缺陷"学习班，我一听说"零缺陷"三个字，不觉心中一动，这不是我们需要的管理吗？通过学习，我发觉人类在高科技领域的管理都有相似之处，那就是准备好了再干。我在部队从事飞行，也是一个要求零缺陷操作的技术，空中飞行不允许有操作失误，一旦出现了"错、忘、漏",轻则出现飞行技术问题,重则发生飞行事故。所以,每一次飞行,都划分为预先准备、直接准备、飞行实施、飞行后讲评四个阶段。零缺陷管理是美国人克劳士比发明的一种保证高质量产品的方法,它有"明确需求,预先防范,一次做对,检验完善"四个原则。它与飞行管理何其相似!

从2001年开始,我们就把零缺陷管理作为重要手段,在唐先生的认同与大力支持下,要求全员想零缺陷之所需,做零缺陷之所求,只要是工作,一切按零缺陷的标准办事。

这是一场深刻的思想、技术和作风的革命。我们过去很少接受这方面的教育,大多数人做事习惯于马马虎虎,要他们变随意做事到按标准做事,太难了。

我们从思想教育入手,弄清为什么要改变旧习惯,然后各班组集体讨论本专业怎样才能做到零缺陷,形成零缺陷操作大纲,再分专业培训、考核、竞赛。我们开始提出"零缺陷日",一天按标准工作下来总结经验教训,再提出"零缺陷周""零缺陷月",让员工们逐渐把零缺陷变成工作习惯。在这个过程中,我们坚持表扬、奖励为主的方针,达到了零缺陷目标的就给予奖励,达不到就再培训,第三次达不到的才给予批评,让大家在轻松的环境中习惯了零缺陷管理。唐先生在公司推行零缺陷管理的每个阶段都给予了我们及时的指导和帮助。

一次,唐先生问我:"你有几个客户?"我说:"大概有30来家。"他说:"你其实是有两个客户:内部客户和外部客户。前者就是全公司的员工,后者是外部的客户。你只有让你的员工满意了,外部客户才能满意。"

唐先生这个思想对我触动很大,他指明了企业管理要先内后外,不能忙于外部开拓市场,致使内部管理一塌糊涂,只有内部都做到零缺陷,外部客户才能真正满意。公司的零缺陷管理纳入月份、季度及全年的考核,实施过程中,让员工得到实惠,客户得到零缺陷的产品,从而使公司得到良好的效益。

实施零缺陷管理一年以后,我们感到"零缺陷"的提法不大符合辩证法,也给相关的企业带来某些不必要的麻烦，于是改称为"一次做对"。

几年来，我们成功地总结了"一次做对"的经验，使产品合格率稳定在99%以上，公司利润率在35%—40%之间。2002年公司获得深圳市质量管理奖，2003年荣获广东省质量管理奖，2004年荣获全国质量管理奖。我们还出版了《一次做对》《一次做对操作法》及《和衡管理》三本书，本人也被评为深圳市劳动模范、广东省劳动模范，荣获广东省五一劳动奖章。

回首往事，我们每前进一步都离不开唐先生的指导。在纪念唐翔千100周年诞辰之际，书写此文，以寄托思念之情。

实业报国，科技兴邦

清溢光电股份有限公司

唐翔千曾任全国政协常委，香港总商会副主席，香港工业总会名誉主席，香港特别行政区基本法咨询委员会委员，是一位具有博大胸怀的香港商界巨子，是改革开放后最早到内地投资实业的香港爱国商人，他的一生是一部跨越百年的中国民族工商业发展史。

1923年农历六月初八，唐翔千出生于江苏无锡纺织世家。他于1945年在上海大同大学商学院毕业，后获美国伊利诺伊大学经济学硕士学位，并于1986年获得香港中文大学荣誉博士学位。

1953年唐翔千在香港创业，改革开放后受父亲的嘱托和影响，唐翔千回内地投资，在上海办起第一家沪港合资企业——上海联合毛纺织有限公司，成为"沪港合资第一人"。

唐翔千秉承唐家祖训，践行实业报国理念，从成为"纺织大王"到建立"电子王国"，以毕生心血书写了一部商界奇人爱国、创业、重教的传记。因唐翔千一直致力于民族产业的发展，贡献卓越，他被授予香港太平绅士称号，被上海市政府授予上海市荣誉市民称号，被香港特别行政区授予金紫荆星章。

深圳清溢光电股份有限公司的成立及发展凝聚了唐翔千的心血，饱含了唐翔千及其后人的爱国之情。

创立清溢光电

1997年，唐翔千从清华大学张百哲老师那里了解到内地掩膜版行业现状，当场回应张老师的提议，决定投资光电产业，以填补国内掩膜版空白，实现掩膜版国产化，不再让中国在电子信息产业的上游受制于发达国家。

1997年8月，唐翔千与北京清华液晶技术工程研究中心等机构在深圳合资创办了深圳清溢精密光电有限公司，后改制成深圳清溢光电股份有限公司（以下简称"清溢光电"），专门从事掩膜版的研发和生产。掩膜版的研发和生产属于资金和技术双密集型行业。在创业早期，清溢光电产品定位超前，并未得到客户广泛认可，部分股东动摇，研发团队出现人员变动，但创始人唐翔千坚定地认为：只要技术超前，产品质量过硬，定能渡过创业初期难关。他期望清溢光电能做成东南亚最大的掩膜版生产基地，并进一步增资，使清溢光电渡过了第一次资金危机。

1998年3月，在研发团队的努力下，清溢光电的第一张掩膜版终于成功面世，实现了液晶显示产业的掩膜版国产化。

为了确保清溢光电产品品质，唐翔千在企业创立初期亏损的情况下，仍坚持投入资金，建立ISO9002质量体系。1999年4月，清溢光电通过了ISO9002质量体系认证。2000年7月，企业导入零缺陷管理模式，由最高管理者带头，全员参与，以满足客户需求为目标，坚持一次做对，同时有效推行QC（质量控制）小组，不断优化公司产品品质。2006年5月，清溢光电推进全面质量管理体系，以产品质量为核心，建立起一套科学、严密、高效的质量体系。

在唐翔千的支持下，清溢光电成为国内成立最早、规模最大、技术最先进的专业制作高精度掩膜版和相关精密设备的国家高新技术企业。

全力支持清溢光电应对全球金融危机

2007年，清溢光电第五代薄膜晶体管液晶显示器（TFT-LCD）用掩膜版项目投产。经过多年的技术积累，清溢光电逐步形成了测量、修补、贴膜等设备的制作及维护能力，大大降低了生产成本，形成了独有的竞争优势。

2008年，全球金融危机爆发。国内显示器面板行业受影响很大，国外的竞争对手趁机发起了价格战，联手打压清溢光电，意图将清溢光电扼杀在摇篮里。2008年底，清溢光电TFT-LCD用掩膜版业务大幅亏损，运营资金捉襟见肘。在那个至暗时刻，唐翔千再次顶住各方压力，力排众议，安排增资，并给予融资担保，同时推动清溢光电将精细化成本管控提升到新高度，节能降耗，开源节流。

唐翔千任用职业经理人朱雪华女士带领清溢光电团队面对挑战，在2011年扭转了平板显示业务亏损的局面，迎来了2012年的重大转机——清溢光电抓住了触控行业兴起，对掩膜版需求增大的机遇，通过建设第八代大尺寸TFT-LCD用掩膜版生产线及相关配套设施，扩大第五代TFT-LCD用掩膜版产品产能，逐步进入快速发展的轨道，实现了规模化生产，具备了向新一代掩膜版进军的技术基础。这一产线的建设进一步推动了掩膜版国产化进程，完善了国内平板显示产业链，打破了掩膜版被国外长期垄断的局面，具有重要意义。

唐翔千希望依靠制度去控制流程，无论是购入设备，还是人事财务，都有制度严密管控。在推行全面预算管理过程中，为了实现信息化管理，清溢光电在2011年成立了信息化推进小组，选择了微软的AX软件。经过半年多的努力，2012年ERP系统成功上线，清溢光电实现了财务、业务一体化，整体管理水平得到了大幅提升，也为后续进一步发展和公开募股上市打下了坚实的基础。

引领清溢光电开拓创新

唐翔千有一个情结，他想"实业兴国，办一家'中国最好、世界一流'的企业"。他认为一个高科技企业，一定要始终坚持开拓创新。2007年，深圳市光掩膜技术研究开发中心成立。2012年，清溢光电获得"广东省工程技术研究开发中心"称号，在现有清溢光电大楼内建成光掩膜工艺共性工程实验基地——深圳市光掩膜材料工程实验室。清溢光电生产的产品得到大多数客户的认可，但由于起步较晚，高端掩膜版产品与国际竞争对手仍存在一定差距。一路奔跑的清溢光电奋力追赶，逐年在研发投入上加大力度。2014年，清溢光电承担了工业和信息化部2014年度电子发展基金项目，通过自主研发，掌握了核心技术，实现5.5代及以下AMOLED用掩膜版产品研发及产业化。2016年10月，清溢光电成功研制AMOLED用高精度掩膜版，成为全球第6家具备该产品生产能力的商用厂家，打破了国内产品完全依赖国外进口的局面，国内平板显示企业的断货风险得到缓解，有效提高了国内平板显示企业的市场竞争力。

建立合肥工厂

清溢光电在多年的发展中形成了更丰富的产品线，积累了更多的客户，具备了较高的行业知名度。2017年，历经3年多的调研论证，清溢光电决定在合肥建厂。合肥是国内平板显示的产业基地，3小时车程覆盖了近70%的国内面板厂，到合肥设厂是挑战也是机遇。2019年初，合肥清溢光电有限公司8.5代及以下高精度掩膜版项目宣布奠基，标志着清溢光电产能的扩大和向高端产品进军。

为确保合肥工厂按时投产，朱雪华女士带领合肥子公司管理团队，积极克服新冠疫情等重重困难，于2020年12月成功完成第一片高精度掩膜版的试制，并在2021年4月正式投产，2022年进入量产阶段。

清溢光电成功上市

在唐翔千的管理思想中，有一个"三共享"理论，他认为要做好一个企业，就一定要把这个企业的发展成果和股东、员工、社会三者共享。唐翔千朴素而深刻的思想，深入人心，影响着唐家后人的企业管理实践。2019年，在清溢光电合肥工厂启动建设后仅仅半年时间，清溢光电成功在科创板上市，成为全国第55家科创板上市企业。清溢光电成功上市，获取募集资金，给予了公司快速扩大产能的机会。

唐翔千长子唐英年在清溢光电上市仪式上很高兴地说："清溢光电在6个月内完成整个上市过程并成功登录科创板，充分体现了国家对科创型实体企业的重视和关怀，彰显了科创板的优势。清溢光电将借助资本市场的力量进一步提升公司竞争力，开启企业发展新的里程。未来公司将定位半导体芯片掩膜版和高端平板显示掩膜版的研制，精益求精，不断创新，力争在3年内将清溢光电建设成为全球掩膜版行业中产能规模较大、市场占有率较高、营业收入与利润增长较快的行业领先者。"

清溢光电的未来

令人惋惜的是，2018年，唐翔千逝世，没有亲眼见证清溢光电的几个重要时刻。但唐氏家族"实业报国，科技兴邦"的理念深深烙在了他的后人唐英年先生和唐英敏女士的心中，清溢光电在他们的带领下，未来可期。

清溢光电在成立之时，就以"打破掩膜版被国外企业完全垄断"为使命，始终坚持自主研发，持续在技术上和设备上创新，填补国产化空白，引领产业链的全面国产化。在成功国产化的背后，饱含了唐翔千及其后人的爱国之情，更是港人与内地企业紧密协作，共同谱写创新、创业之歌的明证。

清溢光电的目标是未来5年在国内保持平板显示用掩膜版市场份额第一，在全球平板显示用掩膜版市场上力争第三，逐步扩大半导体芯片用掩膜版的产品精度和产能，逐步向高端半导体掩膜版产业发展。

清溢光电25年的发展史，实际上也是一部民族品牌打破国外垄断，实现国产化的创业史。成功上市是清溢光电发展史上的一个里程碑，未来任重道远。唐英年先生和唐英敏女士也表示，他们将会秉持唐家产业报国的思想，带着使命与荣耀，回馈社会，用清溢光电的不断创新，振兴民族产业，为中国制造迈出国门、走向世界贡献力量。

真挚爱国情 实业报国志

刘述峰[1]

　　我与唐翔千初识于1979年仲夏之季。初识唐老先生之时，他给予我最深刻的印象就是慈祥。随着与唐老先生的接触日深，我强烈地感受到在唐老先生慈祥的外表之下，搏动着一颗爱国心。他那真挚的爱国情怀感动和鞭策着我。

　　记得我协助他与内地的股东刚刚达成其承包生益覆铜板公司（以下简称"生益科技"）协议之后，发生了1989年春夏之交的政治风波。当时有些外资从中国撤离，而唐老先生却不改初衷，义无反顾地坚持他原有的决定，继续承包生益科技。我不解地问他为何如此，他告诉我，若要赚钱，他可以去东南亚或其他国家投资，今天回国内投资不是为了赚钱，而是为了报效祖国，是想为国家的工业发展做点贡献。他回忆道，改革开放初期，其父唐君远老先生让他回内地投资，并鼓励他如果在内地投资亏损了，亏掉的钱就算是孝敬他老人家的了。父亲的爱国情怀深深地影响了唐翔千先生，他一直秉承父训而为，支持民族工业，回馈国家。

　　与唐老先生接触多了，我对他的爱国情怀有了较深入的了解。唐老先生生于内忧外患的旧中国，看到了一个没有工业的国家受尽了帝国主义和外国资本的欺辱，因此，投身实业振兴祖国，矢志不渝。他教导我说：一个没有工业

① 刘述峰，广东生益科技股份有限公司董事长。

的国家就像人没有了脊梁，而一个没有脊梁的国家怎可能挺起胸膛昂起头？因此，中国要富强，必先建立强大的工业体系。当年为了做好覆铜板，他从美国引入技术，为了让美国人将技术无保留地教给我们，他在香港先与美国人合资办了一家企业，送股份给美国人，再利用香港公司培训生益科技的员工，让生益科技一起步就是世界先进水平。他还不顾已近七十的高龄，心心念念要为国家电子工业的发展做贡献。我陪他于1991年亲赴北京，约见当时刚刚由电子工业部转制的中国电子科技集团公司总经理，他提议：一是要将生益科技和生益电子打造成世界级的企业，为国家的电子工业发展探索路子；二是请电子工业集团选派一批年轻有为者到香港东方电路板公司受训，体验先进企业的管理实践，将国企管理文化与资本主义管理文化进行比较，总结出一套可用之于国企改革的管理方法（当时国家正在大力推动国企市场化改革）。当时，我觉得唐老先生做这件事是多此一举，我说这么大的国家，以你区区一己之力有何作为？他告诫我：不能学陶渊明种菊南山下逃避现实，虽然可能求得一己清高，但对国家、对中华民族的进步和强大有何贡献？作为一个有责任的中国人，就要有担当，一己之力虽微薄，但你尽力了，能做多少算多少。如果每个人都为国尽力了，国家岂有不富强之理？唐老先生为了国家的强大，孜孜矻矻，勉力躬行，展现的是一种发自内心的爱国真情，一种明知艰难仍不避斧钺的担当精神，这深深地影响了我的一生，让我在任何时候，尤其是涉及国家利益时都能勇往直前，绝不逃避，位卑未敢忘忧国！

唐老先生的爱国从不高调示人，也听不到他讲什么大道理，而是以其一以贯之的实干精神，以实业报国。他曾教诲我，他名下的企业都应成为行业的佼佼者，位列行业的最优秀之列。30年前，当生益科技还是一个年产100万平方米覆铜板、产值约几千万元的小企业时，他指导我们要把生益科技打造成世界级的覆铜板企业。我们谨遵唐老先生之教导，通过技术进步和管理进步，稳扎稳打，现在已将生益科技打造成了一个年产1亿平方米覆铜板、营业额超过150亿元的世界排名第二的企业，打造成了一个具有自主技术、领先技术、全面技术水平的企业，打造成了一个驰名中国并为世界所认知的企业。我们将报国作为己任，将打造世界领先的中国电子工业作为我们的使命，践行唐老先生低调做事、实干爱国的企业文化。今天，唐老先生的爱国情、报国志，已深深地感染和影响了众多的生益人，我们会推动生益科技继续进步和发展，迈向世界最优秀企业行列，为构建强大的中国电子工业体系做贡献，让唐老先生的实业报国精神能一代代传承下去。

追随唐先生的企业经营理念

徐剑雄 [①]

    1997年5月，唐翔千先生创办的上海美维电子有限公司于松江工业区破土动工，次年7月开始试生产，11月正式投产，并于1999年1月举行了开业典礼。我有幸在唐先生的领导下参与了上海美维电子的筹建、投产与运营，亲身体会到了唐先生"实业报国"的拳拳之心和"客户至上，品质第一，以人为本，科技领先"的先进企业经营理念。

    唐先生在管理与发展旗下的广东东莞生益电子时，曾于1992至1994年花重金请香港工业界的品质管理权威罗肇强博士担任生益电子总经理。在生益电子，罗博士不仅建立了一套严谨的品质管理系统，使其在国内电子行业率先通过了ISO9000品质认证，还培养了"品质第一"的企业文化。罗博士在公司内建立了一个品质文化圈（Quality Cultural Circles，QCC），涵盖了公司所有生产、品管、工程及各部门的骨干。罗博士每周准备好5小节介绍品质文化的讲义，先由他向QCC骨干宣讲，然后再由各位骨干向各自的下属每天班前宣讲其中一小节。天长日久，水滴石穿，终于在全公司员工的心中逐渐树立了"品质第一"的观念。上海美维电子成立后，唐先生就要求将生益电子的品质文化与QCC活动借鉴过来。唐先生说："企业要想牢固树立品质第一的观念，不仅要有

———————————

① 徐剑雄，上海美维电子有限公司原副总经理。

一套完备的品质管理系统，更要通过日常的培训与灌输，在全公司建立起深入人心的品质文化，从而在所有员工的内心潜移默化，成为大家一致的价值观和行动准则。"唐先生不仅安排上海美维电子派员去东莞学习，观摩他们的QCC活动，还请生益电子将他们多年积累的QCC讲义提供给上海美维电子作为参考。上海美维电子遵照唐先生的指示，从试生产之日起，就开展了QCC活动，从而在全公司树立了"品质第一"的观念，形成了浓郁的品质文化，并传承至今。

在现代企业中，"客户至上"是不言而喻的。唐先生在经营中不仅强调各项生产经营活动必须以客户需求为导向，而且要求与客户特别是优秀客户建立长期的合作共赢关系。唐先生主导的与华为的合作，堪称其中典范。华为现在已是中国最优秀的通信与网络设备供应商之一，不仅执5G之牛耳，跨入了世界一流企业行列，而且已成为中国民族工业的标杆与骄傲。然而，在1995年，华为还处于初创阶段，员工仅800人，销售额14亿元，著名的"华为基本法"也还正处萌芽之中。1996年初，唐先生读到了"华为基本法（草案）"，不禁击节称赞，将任正非先生引为振兴国家通信及电子工业的同道。唐先生约晤了任正非先生，两人相谈甚欢。回来后唐先生对我说："华为现在虽然不大，但任先生志存高远，'华为基本法'高屋建瓴，今后必成大器。我们就是要和这样的优秀企业长期合作，以求共赢。"当时，华为的主要产品程控交换机在外国品牌西门子、贝尔-阿尔卡特、NEC的挤压下，资金周转紧张。公司有人担心会占用资金时间过长，而唐先生毫不犹豫地指示生益电子给予支持，即使其收款账期长，也要按照华为的需求向其提供优质的PCB产品。自此，生益电子与上海美维电子都成为华为的优质供应商，一直持续至今。

唐先生深知，在日新月异的电子行业，要使企业脱颖而出，必须在"科技领先"上下大功夫。于是，唐先生于1999年又在上海美维电子一路之隔创办了上海美维科技有限公司，集研发、培训与先进半导体基板生产于一体。其中研发部承担了集团研发中心（北中国区）的职能。唐先生首先指示要为研发部招揽人才。唐先生多次对我（其时我兼任上海美维科技副总经理，研发部由我负责）说："人才是研发的根本，你要花大力气引进与培养PCB的专业人才。只要认定是人才，工资高不是问题，重要的是认同公司的经营理念，使他们与公司共同发展与成长。"在唐先生的引领与支持下，研发部招聘了一批优秀的博士、硕士，其中有些还具有PCB行业的工程技术经验。不仅有来自国内一流大学，如复旦大学、上海交通大学、上海大学等的学子，还有"海归"博士加盟。唐先生花重金为研发部建立了两个实验室——材料实验室和环境实验室。在唐先生的殷切关怀下，研发部在先进PCB工艺开发、PCB专用化学药水开发、PCB专用仪器开发及环保型氧化铜循环使用开发四个方向上都取得了不少成果。其中，上海美维科技研发部与上海大学合作，承担了由上海市科委下达并资助的光波导PCB的科技创新项目，共进行了三期。研发部还与集团在芬兰的研究人员合作，承担欧盟的光波导通信用PCB研发项目，并在相关国际会议、杂志上合作发表了多篇高质量论文，其中一篇被评为2011年第十二届世界电子电路大会的最佳论文。此外，研发部就该光波导板项目在国际、国内单独或联合申请了多项发明专利。在唐先生"科技领先"理念的指引下，上海美维科技的研发部在国内PCB行业声名鹊起。从2004年第七届全国印制电路学术年会开始，上海美维科技和上海美维电子发表了多篇论文，其中不乏被选中在大会上宣读的。

为了倡导企业的工程技术人员努力提高专业技术水平和研发能力，唐先生要求从2002年起，每年评选一次"唐氏美维研究成果奖"，参评的研究成果来自美维集团在香港与内地的多家企业。每次评选设立一等奖、二等奖和三等奖若干，奖金由上海唐君远教育基金会赞助。评选后，与会者在上海美维科技的报告厅进行技术交流。这一年一度的研究成果奖评选，成为美维集团内工程师们相互交流、共同切磋的盛会，也成为集团"最佳实践"活动的有效平台，为唐先生"科技领先"的理念做出了生动的诠释。

唐先生在关注研发创新的同时，还特别注重如何将研发成果转化到生产实践中去。上海美维科技有限公司创办之初，就建立了一座生产先进半导体基板的实验工厂。在20世纪末，中国的半导体基板生产还基本空白。唐先生那时便预见到中国的半导体芯片行业将有一个高速发展，遂将相关研发项目资源投入这个半导体基板实验工厂中去。由于尚处于探索阶段，这个基板工厂不仅长期未盈利，而且经常面临工艺、设备需要不断更新的压力。在这样的困难局面下，唐先生不改初衷，仍坚持增加投入，使其逐步成长，由一个探索型的实验工厂壮大为一个技术领先的量产工厂，成为国内外众多著名的芯片封装企业的优质供应商，并最终实现了盈利。

唐先生不仅关注研发部门的创新，而且鼓励集团旗下企业的技术创新。上海凯思尔电子有限公司是集团下属的一家从事机械钻、铣加工及钻机主轴维修的企业。在唐先生的鼓励与支持下，凯思尔电子的工程师们通过技术创新，开发出了适用于PCB生产线作业自动化的工业机器人，居国内领先水平。该工业机器人不仅装备了集团内兄弟企业，提高了产品质量和生产效率，还受到国外PCB厂商的青睐。

以上是我跟随唐先生参与企业管理实践的一些体会。先生的经营理念是中国老一辈实业家留给我们的瑰宝，应为我们所学习、铭记，传承永续。

后辈的榜样，永远的追随

——纪念大伯唐翔千

唐伟年 [①]

　　身为唐家人，仿佛多了一层光环。一些朋友在介绍我时，在企业职务、社会职务之外，总喜欢加上一句"他是无锡唐家的"，怕别人不明白，还会讲几个大家耳熟能详的唐家名人。我享受着家族的荣光，以身为唐家人为荣，但对如何去尽到自己作为唐家后人的责任，老实说，想得并不多。

　　四年前，大伯唐翔千与世长辞，走完了他95年的人生旅程。无锡市专门为他在太湖饭店举办追思会，鲜花堆地，群贤毕至，大家传颂着大伯的事功，追念他的为人。我感受着人们对他的热爱，深切体悟到无锡唐家的社会美誉度，需要靠一代又一代人像大伯一样去艰苦付出。我仿佛感觉到了自己的成长，要像大伯那样去做人、去做事。这些年，我更多专注于实业，把事业重心转向环保行业，在发展自己的事业之余，花了大量时间去参加社会事务，努力去当好苏港交流、宁港交流的义工。在我前面，总感觉有个伟岸的身影在引领着我，指点着我。对我而言，大伯就是仰止的高山，虽不能至，而心向往之。我要做个永远的追随者，追随着他的精神、他的思想，肩负起我们这一代唐家

_____

① 唐伟年，唐翔千侄子，江苏玖生环境集团董事长。

人的责任。

　　大伯的事迹、行状见诸各类报刊、书籍，系统而全面，我所忆者虽欲全面而丰满，但一落笔端，却多为点滴。可能这些点滴，正是最为打动我的、融入生命中的东西。

长子，长兄，族长，乡贤

　　我祖父是著名实业家唐君远，曾担任过上海市政协副主席。在祖父这一房，大伯是长子，在诸兄弟姐妹中，他是长兄。长子、长兄自然要承担更多的责任。

　　大伯更是一位热心的"族长"。我们唐家人丁兴旺，祖父有8个同胞兄妹、11个子女，到了大伯这代，兄弟姐妹和子侄众多。他对每一房都非常关爱，一视同仁，从不见外，对每家的帮助也总是尽力而为。对从无锡、上海到香港投奔他的宗亲，哪怕是出了五服的远亲表亲，他也多有照拂和庇护。他的照拂不是经济上、生活上的简单接济，而是在事业上的倾情相助。他把很多亲人留在身边做事，悉心提点，当有人事情做得不对时，他既不会呵斥遣责，也不会直接告诉你具体要怎么做，而是引导点拨，话虽不多，却总是一语中的，让人醍醐灌顶。大家在他身边工作不出两年，都能够独当一面，很多还独立创办了企业。

　　大伯是位出了名的孝子。他十分孝敬长辈，时常写信给我祖父，禀告其在外情况及问候起居，每年祖父生辰，他也总要备礼敬祝。1972年，大伯在香港接到奶奶罹患癌症的消息，心急如焚，第一时间经广州辗转回到上海。这是他自20世纪50年代移居香港后首次回内地探亲。当时国内医疗条件还比较差，他向党委、政府提出请求，希望尽快带母亲回香港治病。党委、政府非常关心，公安部门连夜加急办理相关手续，上门办理赴港通行证，不久奶奶顺利抵港，及时治疗康复。"言是传，身是教"，在大伯的影响下，我们唐家对长辈都非常尊敬和孝顺，从未有过任何忤逆长辈的行为。

　　大伯是位容易亲近的人。他待人宽厚，脾气很好，总是面带微笑，就像一位邻家老伯。多年来，即使是遇到极不满意的事情，也顶多是紧锁一下眉头，从未见他发过火、骂过人。他对弟弟、妹妹和子侄们很随和，教导也都是以引导为主，大家见到他，总是会有一种自然的亲近感。大伯在我心中的形象是高大威严却又不失温润，所以每次春节，大伯召集家人聚会，我总是既充满期待，又有些许紧张，想感受温润，却又感到离大伯的要求差距不小。

大伯一生以俭持家。他提倡"要把钱用到该用的地方，决不能铺张浪费"。他办了很多家企业，在香港岛和九龙都有办公室，像他这样的大老板，一般都是小车接送，然而，他觉得小车接送要过香港隧道，费时又费钱，每次都是从码头乘坐小轮渡往返，省时又省钱。大伯身上找不出半件名牌，他办公室的陈设也都相当简朴，十几年没换过。他对物质没有什么追求，也没什么嗜好，省下的钱都拿来办实业、办教育了。多年来，我们唐家的节俭之风一直传承得很好，这与大伯的教育影响是分不开的。

大伯的乡土情结很重。他乡音未改，无论是在上海还是在香港，只要家里人聚在一起，他总是一口地道的吴侬软语，与外人交流时，他也是浓浓的"锡普"（无锡普通话）口音。他心系桑梓，每次只要无锡来人了，哪怕再忙，他也要抽出时间，仔细询问家乡的父老乡亲、山山水水，那种发自肺腑的关心眷念，溢于言表。他关心着家乡的发展建设。直到今天，老家无锡严家桥镇，但凡有铺路、建桥等公共设施建设，我们唐家都会尽力资助，福泽乡里。他铭记着爷爷的嘱咐："要带头到内地投资，办点企业，引进点先进设备，为家乡做点事业。如果蚀了本，就算对我的孝敬。"大伯在外闯荡一生，最终选择了落叶归根，长眠于无锡故土，陪伴在爷爷身旁。作为一个长年在外漂泊的游子，他的内心深处也许片刻都未曾离开过那片故土。

以勤执业，以仁治业，成就伟业

大伯既是一位具有博大胸怀的商业巨子，更是一位开荒拓土的实业巨子，他的一生几乎是一部跨越百年的中国民族工商业进化史。回顾大伯传奇的人生，大致可以分为三个阶段，每个阶段30年左右。第一个30年（1923—1953年）主要在求学探索，成长历练；第二个30年（1954—1984年）主要在创业打拼，成为纺织大王；最后30多年（1985—2018年）主要是华丽转身，成就电子王国。

大伯一生只干实业，秉持着"实业救国、实业兴国"的唐家祖训。他们这一代人经历了中国的贫弱，深深知道中国要发展，就必须大兴实业。他靠实业起家，也是"文化大革命"后第一个回内地投资实业的香港企业家。这么多年来，他虽然创办了许许多多的企业，但没有一家不是干实业的。面对社会上的浮躁之气，他有着一种老工商业者的从容淡定，坚定信念要做实业，要做最好的东西。他不仅自己坚守，还鼓励、支持家人将实业作为主业，也只有办实业，他才会投资占股。在房地产热的时候，唐家也曾有涉足。当时，我刚学成归国，接手的第一份工作就是开发南京房地产项目——虎啸花园。项目建成后，我对未来发展感到迷茫，大伯给了我一个非常明确的意见，就是脚踏实地干实业，这样利国利己有前途。我听从大伯建议并深耕至今。应该说，正是大伯当年的一句劝告成就了我一生的事业。他们这一代老实业家不忘初心的定力和志气，一直激励着我，无论经历多少风雨坎坷，我都将一往无前，"虽千万人吾往矣"。

大伯一生以勤执业。他92岁高龄还在勤恳工作，大家由衷地钦佩这位"90后"。大伯始终坚持踏踏实实、亲力亲为的办事理念，注重企业精细化管理，强调做事要管实际、抓具体、抠细节。他在香港、深圳、新疆、广东东莞、上海、江苏等地都有设厂，每年不辞辛苦在全国各地跑，每到一处，他都会向中层以上领导仔细问话，到厂房四处巡视，吃在工厂食堂，住在工厂宿舍，实地察访了解方方面面的情况，做到心中有数。后来，我在创办玖生环境集团时，就多有借鉴，这也让我少走了很多弯路。父亲刚到香港时，曾跟随大伯工作了两年时间。据他回忆，大伯每周一到周六上班，周日上午巡厂，只有到了周日下午，才会挤出半天休息时间，忙里偷闲地听听戏、陪陪家人。"看似寻常最奇崛，成如容易却艰辛。"也许大家只是看见了他事业成功的光鲜，只有我们家人最清楚，这背后他所付出的努力和艰辛。

大伯一生以仁治业。他办了那么多企业，手下最多时有近千名管理人员，却未曾见过他辞退一人。他不会因为员工犯了某个错误，就一棍子打死，总是给人机会。当年，他曾派一位经理到内地负责合资办企业，由于两地的文化差异，有些行为在香港是合法合规的，但在内地是不允许的。这位经理刚到不久，就不小心触犯了当地法规，为了继续合作，减少企业名誉损失，只好辞退。大伯考虑到他年纪大了，可能不好找工作，两个月后专门派人去了解，得知他境况窘迫后，把他调回香港，重新安排了一份工作。他始终认为企业发展成果要与股东、员工、社会三者共享。每家企业成立之初，他都会规定按照一定比例的年利润给予员工分红，效益少就少拿、效益好就多拿，言出必行。20世纪80年代初，父亲在深圳工作时，厂里的经济效益非常好，年景好时，每个工人能拿到上万元分红，在那个年代这无疑是一笔巨款。当时就有人劝大伯少发一点，可他却说，对自己的员工好一点，让他们的生活更体面些，大家才会以厂为荣、以厂为家。员工们的主人翁意识被充分调动起来了，大家都愿意跟着这样的老板好好干。

大伯以创新成就伟业。1985年，62岁的大伯成立了香港美维科技集团有限公司，正式进军电子行业。当年，电子行业属于刚刚起步阶段，与纺织行业所占市场份额相比，简直是九牛一毛。对于一个年过花甲之人来说，从传统工业转向风马牛不相及的科技型产业，面对着产品快速的更新迭代、技术人才的紧缺，承受的压力之大可想而知。不到几年时间，他从成立美佳伟华到收购东方线路，从创办生益科技到接手生益电子，越做越大，越做越强，逐渐建立起了电子王国。他不断开拓、勇于创新的胆识和精神，成为香港工商界津津乐道的一段传奇佳话。他在67岁时，还创立了TSE服装品牌。

拓荒者，先行者，托举者

唐家是一个具有民族大义、家国情怀的工商业家族。当接力棒传到大伯时，他更是将爱国报国作为一生不变的朴素情怀。他始终认为个人的力量是有限的，只有国家强盛了，中国人才能真正扬眉吐气。因此，他的每一次重大抉择、每一项重大投资，首先想到的不是赚钱，而是祖国及香港的发展需要。他不仅自己带头大规模地向内地投资，还带动了一大批香港工商业者投资内地，为内地的改革开放做出了重要贡献。

大伯是推动内地工商业发展的拓荒者。他是改革开放后首批回内地投资、创建中外合资企业的工商界先驱。他早在1974年就购买安徽棉花，成为首位使用内地棉的香港厂商，此举也打破了美国棉商的垄断局面。在内地改革开放的历史上，他曾创下三个第一。一是在深圳做成了第一批补偿贸易，成立深圳毛纺织厂。我父亲曾全程参与该厂创建，他回忆，1979年的深圳还是个人口不足5万的小镇，说是镇，其实就是个小渔村，到处破旧不堪，甚至连个螺丝钉都找不到，工业基础几乎为零。他和大伯先后考察了两次，都是坐在别人自行车后面进的镇子。二是在新疆成立全国纺织业第一家中外合资企业新疆天山毛纺织品有限公司。多年后，有次家族聚会，大家无意中聊及此事，大伯笑着说，当时经受的困难和考验，连他自己都始料未及，不过，最终建成企业是他一生中最值得开心的事情。我想，这也许正应了那句话：苦后回甘的味道最甜蜜。三是与上海市纺织工业局合作成立第一家沪港合资企业——上海联合毛纺织有限公司，是工商局颁布的"沪字第00001号"，随后发展成为第一家中外合资的上市公司。"宁要浦西一张床，不要浦东一套房"是当时浦东最真实的写照，也道出在浦东建厂的魄力与不易。就是在这样一个不毛之地，他一步一个脚印走过来，见证和推动了浦东的发展、繁荣。几十年来，他在内地赚的钱，一分也没有带回香港，而是在内地扩大再生产，相继成立了10家毛纺、制衣企业，一心一意支持祖国发展。

大伯是推动内地和香港交流合作的先行者。他的一生折射出半个世纪以来香港与内地互惠互助、相辅相依的经济发展历程。1979年3月，他在香港牵头接待了上海工商界经济代表团首次访港。10月，他率香港工商界代表团回访上海，为开创沪港交流合作奠定了良好的基础。1985年前后，他与香港著名工商界人士组成了沪港经济发展协会，出任香港协会会长，一干就是15年，卸任前还为协会筹措了2 000万元资金，其中200万是他自掏腰包。他曾任全国政协委员、常委，香港工业总会主席、名誉主席，香港总商会副主席……长期以来，为推动香港与内地交流合作不遗余力，为促进香港顺利回归和长期繁荣稳定做出了重要贡献。

大伯是推动祖国教育事业发展的托举者。每年祖父寿辰，祖父都会将子女、亲朋所送礼金积攒起来，作为支持家乡发展教育事业的基金，这既是对家乡的反哺，也把对亲人、对家族的关怀融入家国情怀和社会事业当中去。父行子孝，大伯接续着祖父对教育的热爱，捐资助教不遗余力，晚年尤甚。1987年，他在上海大同中学设立"唐君远奖学金"。1999年，他出资4 000万元设立上海唐氏教育基金会。2007年，他向无锡机电高等职业技术学校捐助1 833万元用于新建校舍、购置设备。2010年，他出资8 000万元设立专项基金，与上海大学、江南大学共建翔英学院、君远学院。几十年来，他先后在几十所学校设立奖助学金，举办研学"助飞"活动等，以大爱善举为祖国的科技教育事业和人才培养绵绵用力，无私奉献。

伟哉大伯，爱国爱港、实业救国初心不改；

贤哉大伯，克勤克俭、忠孝仁义老而弥坚。

明年是大伯100周年诞辰，思亲长伫立，噙泪仰长空。唯期吾辈记其言、弘其志、继其行，为中国式现代化进程书写唐家人新的篇章。

写于2022年8月

爱国爱港，魂系中华

唐翔千先生的话：

国家兴亡，匹夫有责。作为一个炎黄子孙，我能为自己的国家，自己的同胞做些什么呢？

我始终认为，要成大器，必走正道，这个正道是什么呢？它就是符合社会和国家发展的需要，而不只是考虑个人的"发达"。

我今天的所有投资都不是为了赚什么钱，无非是想做一个响当当的企业，做出一个让全世界尊敬的中国企业，给国家树立一个样板。

功绩卓著　精神永存

王生洪 [①]

2023年是香港著名爱国实业家唐翔千100周年诞辰，在这一特殊的年份，作为相识近30年的挚友，脑海中会经常浮现他的音容笑貌，也勾起了与他结识的许多往事。

捐赠联合图书馆

我有幸同唐翔千初识于20世纪90年代初，他慷慨捐款400万人民币给上海科学技术大学（后并入现上海大学）建立上海科大联合图书馆，给我留下很深的印象。

当时上海市委统战部每年都会安排上海籍的港澳市政协和全国政协委员来上海参观考察，让他们更多了解国家的改革开放政策和上海的发展情况，同时也可以直接听取他们的意见和建议。1990年，统战部安排他们参观上海科学技术大学。时任全国政协常委的唐翔千先生和他的弟弟、上海市政协委员唐仑千先生都兴致勃勃地参加了。参观团在考察了黄宏嘉院士的光纤研究所后又参观了校园。在了解到学校发展很快，但图书馆还跟不上需要时，唐翔千轻轻地对陪同的统战部张一龙处长说，我想捐一个图书馆给学校，请你们同学校商量商

---

① 王生洪，第十届上海市政协副主席，复旦大学原校长。

量，具体事情可找仑千，他常在上海，联系方便。这当然是一件雪中送炭的大好事。市委统战部毛经权部长十分重视，马上告诉了当时担任市教卫办主任的我。毛经权同志也是我的前任主任。唐仑千先生很快来到我家。他是我中学同学，常有来往。他告诉我，翔千认为图书馆对大学很重要，他想助一臂之力捐给学校400万元，同时也希望政府能配套支持，这样能把图书馆建得更好些。我被翔千先生慷慨之举深深感动。

在毛经权部长的关心下，事情进展很顺利。不久在市委统战部举行了"唐翔千捐赠上海科大新建图书馆协议书签字仪式"，毛经权和我以及不少海外朋友都参加了。唐仑千先生代表唐翔千，郭本瑜校长代表上海科大在协议上签了字。1992年7月27日举行了开工典礼，已近70高龄的唐翔千和谢丽娟副市长亲自挖土奠基。1993年10月17日，在一栋新建成的外形美观的四层大楼前举行了隆重的开馆奠礼，图书馆取名为"联合图书馆"。谢副市长向唐翔千颁发了上海市政府的奖状。我握着翔千先生的手激动地说，我在上海科大学习工作有27年，感情很深，我特别要感谢您。唐先生面带笑容说："我只是尽了一点力，图书馆建成只是起步，更重要的是要服务好学生、服务好教师。"我连连点头。不久在上海市高等学校图书馆评估中，上海科大联合图书馆被评为A级。我想这主要是翔千先生的功劳。

推动沪港合作

翔千先生对上海情有独钟，在带头投资的同时，他也在考虑如何使香港人更多了解上海，上海人更多了解香港；如何吸引更多的香港企业家来上海投资，让香港的专业人才和资金更好地为上海服务。1984年7月，翔千先生在上海同他的老朋友张承宗部长和刘靖基先生一起商量这个问题，他们考虑下来决定成立香港沪港经济发展协会，请唐翔千做发起人。回港后翔千先生亲自出马把在香港的上海籍头面人物安子介、王宽诚、李鹏飞、胡法光、刘浩清等请进来，安排做名誉会长或副会长，再同他们一起把更多上海籍的商界人物带进来，很快一个实力雄厚的核心就形成了。1984年11月，香港沪港经济发展协会成立，唐翔千任会长。1985年2月，在上海也成立了上海沪港经济发展协会，由刘靖基先生任会长。这样就在沪港之间架起了一座合作交流的桥梁。自沪港经济发展协会成立以后，活动内容丰富，充满活力，有效推动了两地的经济、贸易、科技等多个领域的交流与合作。1994年11月，我刚到统战部两个月，就带队去香港参加沪港经济发展协会成立十周年活动，深有感触。当时我拜访新华社联络部，请邹哲开部长参加庆祝会，他一口答应，并对我说，在香港工商界有三大主力派：广东籍、福建籍和上海籍（包括江浙籍），上海籍在实业界很有影响力。唐翔千是纺织业的领头人，现又投入高科技产业，他德高望重，爱国爱港，人脉广泛，亲和力强。现在上海开发浦东是一个很好的机遇，你们要多请教唐先生，充分发挥沪港经济发展协会的作用。

翔千先生为沪港经济发展协会倾注了大量精力。协会为上海市政府部门、国企高管负责人、区县领导围绕市场经济、资本运作、航运贸易等当时关注的热点进行培训，协会还对沪港合资中存在的问题请香港商界人物"集体会诊"，提出整改意见。这些活动深受沪港商界欢迎。协会后来又创办了《沪港经济》杂志为两地的信息交流、经济合作打开了一个窗口。在此基础上，沪港经济发展协会又同上海海外联谊会联合举办沪港大都市发展研讨会，每两年一次，邀请政界、商界、学界的人士参加，就沪港之间合作发展中关切的主题进行研讨。此研讨会延续至今，成为有影响的系列论坛。徐匡迪市长和董建华特首亲自参加首届研讨会，并做了演讲。徐市长说："如果把整个中国的经济比作一架飞机，那上海和香港都是飞机的引擎，可推动中国经济飞行得更远更稳。"董特首表示："香港有信息、资本和市场经济发达的优势，上海在人才、科技、工业基础方面有一定的综合优势。沪港合作可优势互补、联动发展。"回顾沪港大都市发展研讨会历程，唐翔千长子唐英年先生还两次作为嘉宾，就发展现代服务业和推进CEPA框架下的沪港合作做主题演讲，很受好评。香港回归祖国后，沪港经济发展协会又迎来了一个快速发展期。1999年，翔千先生作为创会会长，已担任会长15年，为了给协会注入新的动力，他主动提出辞去会长职务。令人感动的是，在退下来之前他专门办了一件好事，筹措2 000万元，自己捐资200万，作为协会的运作基金，支持协会继续办下去。正是有了翔千先生奠定的深厚基础，在后任会长胡法光、孔祥勉、周亦卿和姚祖辉的带领下协会始终保持了活力，为香港和上海及内地其他地区的交流合作做出了积极的贡献。

创办美维电子与美维科技

1994年，我调任市委统战部任部长。当时正值香港回归前的几年，同时浦东开发使上海走上了改革开放的快车道，海外统战的任务就显得特别重要，而香港地区的工作更是重中之重。这时我同翔千先生的接触交往就更多了。每年参加全国政协（我是第八届特邀委员，第九届、十届委员）会议期间，唐先生常邀请我到其住地共餐，我也抓紧时间多听听他的意见和想法，互相聊天谈心，西部开发、沪港合作、国事家事、微观宏观，话题广泛。

记得1996年3月的一天中午，唐先生邀请我到他的港澳委员住地贵宾楼共进午餐。那天国企改革是我们的话题，他认为国企改革对上海很重要，建议要成立一个专门委员会来抓，同时在一些大企业中也可考虑邀请国外专家参与管理，这样可以引进先进的管理技术。他还说，对于中国共产党的"三讲"（讲学习、讲政治、讲正气）中的讲政治，我是能理解的，但有些香港人听了会有点紧张，会担心是否"左"的路线又抬头了？你是做海外联谊工作的，要注意解除香港人的一些误解。我当时从心底里感到唐先生真是我们的净友。

随后他又慢声细语地谈了两个想法：一件是关于开发大西北。他说他在新疆合资办联合毛纺公司，经过十多年发展已比较成熟了。中央提出开发大西北这一战略很英明，西北资源很丰富，但开发大西北任务十分艰巨，可能要花二三十年时间。有一点很重要，就是要尽早培养人才。他想在新疆办一所纺织专科学校。还有一件事是他最近考虑在上海办一家国内最好的、世界先进的生产印刷线路板的电子企业。

我知道改革开放后，唐先生按照国家的需要和父亲的嘱托，秉承实业强国的理念，积极投资内地，创下了多个第一：参与深圳第一批补偿贸易，创办乌鲁木齐第一家合资的天山毛纺厂，在上海办起了沪港合资企业——上海联合毛纺织有限公司，领取了具有历史意义的"第00001号"上海合资企业营业执照，开创上海合资企业先河。此后唐翔千审时度势果断转型，从纺织行业进入电子行业，从香港起步成立美维科技集团公司，再扩展到珠江三角洲，成立合资的广东生益科技公司，很快成为国内顶尖的电子基材业公司。是什么原因促使唐翔千到上海发展电子行业呢？唐翔千好像知道我的心思，他坦诚地对我说："我考虑在上海发展电子行业，一是因为我是上海人，上海是我的家乡；二是因为我看好上海，上海科技实力最为雄厚，技术人员多、水平也高；三是中国建设需要高科技，不然赶不上先进国家。这是我的心里话，这也是我七十多高龄重新再创业的支撑点。"唐先生的境界、信念和定力使我深受感动。然后他又谦和地对我说："我的这一愿望还希望政府大力支持，请统战部多加帮助。"我当即点头说："这是您对上海产业结构调整的贡献，我们一定做好服务，尽早实现您的愿望。"回到统战部后，我把支持唐先生的项目作为一项重要工作来抓，联系有关部门。我们去了松江县（后改为松江区），那里有上海第一个工业开发园区，环境基础好，交通又便捷，于是向唐先生建议在松江落脚；在专用设备进口免税宽限期遇到困难时，我部直接与市外资委领导协商，保证唐先生的投资顺利进行。在翔千先生的全力投入和各方支持下，1999年1月21日，唐先生投资4000万美元、占地50亩的上海美维电子有限公司开业了，我也应邀参加了开业典礼。开业第二年，美维电子就跻身于上海工业销售500强之列，并被认定为上海市先进技术和出口型企业。

美维电子开门大吉，不久，唐先生又走出第二步大棋——筹建培训中心。

唐先生深知，要把美维电子做强，人才是关键，没有出类拔萃的团队，没有高水平技术人才，要成为世界级公司只能是梦想。于是他决定成立一个培训中心，将每年招收进来的大学生，按他的理念培养成企业生产、经营、管理的配套人才。为筹建这个培训中心，唐先生问我有没有合适的干部。我当时就想到蒋凌械同志。他在我任市高教局局长时任副局长，后又担任华东理工大学党委书记，我对他很了解，是位熟悉教育、工作扎实、组织能力强的专家型干部，也是上海市政协常委，刚退下来。翔千先生一听十分满意，想不到他们还是远房亲戚，只是多年未联系。后来翔千先生请他负责筹建培训中心。中心的名字翔千先生已起好，叫美维科技公司。有了得力助手，翔千先生说干就干。对人才培训他舍得花大钱，前后投资了1.3亿美元。在美维电子旁边征了一块比美维电子更大的地块，造起了教学楼、宿舍楼，添置了多媒体和电脑设备，还专门建了小型实验工厂，给学生提供实验平台，让学生了解一些前沿产品，同时再招聘优秀人才组建了一支20多人的研发队伍。培训模式也独具一格，分两个阶段，各3个月。第一阶段在教室，让新招进来的大学生了解行业的发展情况，再了解生产管理、质量管理的基础知识；第二阶段让学生走上生产第一线，到车间顶岗实习，独当一面。经过6个月培训后，再安排到合适的岗位上。这样培训过的大学生很受企业欢迎，同时也为建立"电子王国"储备生产、经营、管理的整套人才。当时也有外单位来高价挖人，培训部领导很担忧，唐先生说："没关系，人还是在中国，在为电子工业做事，这就可以了。"费这么大财力和精力培训人才，在企业家中是少有的，这体现了他的远见卓识和博大胸怀。

唐翔千与教育基金会

我在上海市教卫办和市委统战部工作期间，就听说过翔千先生根据父亲的提议，用他给父亲祝寿的一万元钱在母校大同中学设立奖学金的佳话，后来该奖学金逐步发展成上海唐君远教育基金会。唐翔千还邀请我担任名誉理事长，列席理事会会议。2009年，我从复旦大学校长岗位上退下来后，他找我谈话，要我多关心和负责基金会工作，我也十分愿意。从2011年7月至2015年10月，我担任了该会的会长，这使我有更多的机会接触和了解唐先生的重教思想和培养人才的理念。

翔千先生在布局设立基础教育、职业教育和大学奖学金后，一直有一个强烈愿望，想出资办一所民办大学。为此，他通过各种渠道，进行办学前期的认证工作，了解到当时上海和无锡等地的民办大学的发展已有一定规模，如再要申请设立民办大学不仅难度大，而且即便设立成功，见效也比较慢。我和蒋凌械等一批教育界同仁建议，与办学条件较好的公办大学合作办学，不失为国家培养急需人才见效快的方案。我们的建议得到了翔千先生的肯定。经过联系和考察，于是就有了与上海大学和江南大学合作办学的设想——依托上海大学通信学院创办翔英学院，依托江南大学机械学院创办君远学院。

在2010年，唐先生与两所大学的领导分别签订了合作办学协议。协议与国家教育部正在推出的培养实用性创新型人才的"卓越工程师教育培养计划"相适应，对现有教育教学计划进行全面的改革，大力提高学生工程实践能力，积极推动校企深度合作。在商定所需投资金额时，唐先生曾征求过我的意见，经过初步测算，我提出给两校各捐赠4 000万人民币的方案，翔千先生二话没说一口答应。在签订协议前后，在讨论制订教学计划过程中，唐先生多次与我们一起商量论证，他反复强调：改革的目的，是为国家培养急需人才，而加强实践实习环节则是改革的核心内容之所在。他还多次给我们提起往事，20世纪30年代上海有一所以英国慈善家雷士德命名的工程学院，培养出来的学生深受社会欢迎。为此，我们也对雷士德工学院进行了考察。为了得到国家有关部门的重视，唐先生还两次给时任国务委员刘延东写信，汇报两所学院的改革方案，受到刘延东同志的批转和肯定。在以后的日子里，唐翔千一直关心和支持两所学院的发展，每次来上海，都要听取学院负责人的汇报，提出自己的想法。如今，经过十多年的努力和实践，这两所学院都发展得很好，培养的学生很受企业和社会的欢迎，改革项目获得了国家和地方优秀教育成果奖和其他奖项。唐先生在天之灵如能看到这一切，一定会感到十分欣慰的。

翔千先生多次跟我们讲："我在香港、祖国内地，乃至国外搞了一辈子实业。从我的亲身经历和阅历中深刻体会到，一个国家要强盛，一个企业要发展，人才是诸因素中的关键因素，这也是我长期重视和关注基金会的原因。"翔千先生不仅捐钱捐物给学校和学生，更重视对学生的教育和培养。他提出，要把个人的成长融入国家和社会的发展，他强调学生除了学好科学文化知识外，还要有爱心，更多地接触社会，要有国际视野，攀登科学的高峰。听说得到过基金会奖励的优秀学生走上工作岗位后，自愿发起募捐活动，反哺在校学生，他非常高兴并表示愿意出钱加以配套支持。他支持基金会组织学生赴深圳、香港、大湾区和国外考察修学，他还不顾年老体弱，参加学生的颁奖和座谈活动，让获奖学生深受教育。根据他的意愿，基金会在复旦大学设立的海外交流奖和上海大学设立的唐尤淑圻研究生创新奖，也收到很好的效果。

2013年10月，年逾90的翔千先生因年龄原因，推荐他的长子唐英年参与基金会工作，理事们全票选举唐英年为理事长。从理事长岗位上退下来以后，翔千先生仍然一如既往地关心基金会的工作，继续为基金会捐款。每年春秋两季从香港来上海小住，总是要我和秘书长面谈报告工作，他也会找上海大学和江南大学两所学院的领导，对基金会和学校培养人才的工作提出自己的想法。我清楚地记得，2017年春天，是他最后一次来上海小住。当年下半年，我们准备举办庆祝基金会建会30周年活动，想请他接受录像片制作单位师生的采访，他开始曾以年龄原因加以推辞，后经我们再三劝说才接受了邀请。那天上午，他身穿T恤，精神矍铄，思路清晰，表达了要把基金会继续办好的决心。采访取得了令人满意的效果，这也是他最后一次接受媒体的采访，采访的画面和他的讲话声音永远留在了录像片中。在那次见面时，他还提出了设立创投基金的设想，目的是培养各类创新型人才，同时为基金会争取源源不断的资金支持。本来，他答应我们在身体许可的情况下参加庆祝基金会成立30周年纪念活动，但回到香港后，他在办公室不慎摔了一跤，身体每况愈下，第二年春节后住进了医院。我和秘书长商量，想去香港医院看望他，并向组织申请办好了赴港通行证。但是成行前，得知他不幸逝世的悲痛消息，我为未能见到他最后一面而感到深深的遗憾。当年清明节后，他的骨灰运回他的故乡无锡青龙山。无锡市政府、统战部门为他举行了庄重简朴的遗体告别仪式，来自国内外的各界代表和亲朋好友200多人出席。纪念大厅周围安放着数百个花篮和花圈，我也在告别仪式上表达哀思。敬爱的唐先生，您的思想、功绩和伟业永远铭记在我们的心中，也永远鼓舞我们不断前行。

唐翔千是我们终身学习的对象

吴光正 [①]

唐翔千是中国内地及香港政商界皆举足轻重的翘楚，为人所敬重。唐先生是先父和先岳丈朋辈，我自小有幸与他有数面之缘，他对人谦和亲切，对我等晚辈循循善诱，是我十分敬重的长辈。

唐先生是爱国爱港的大实业家。20世纪70年代，香港工业蓬勃发展，四大工业玩具、钟表、成衣及纺织出口在全球名列前茅，打造出"香港制造"的金漆招牌，其中唐先生在推动香港纺织业迈向新纪元上居功至伟。唐先生在20世纪80年代中叶更跃身电子业，为当时内地首屈一指的印刷线路板制造商，他大胆创新的精神成为香港工业家的典范。

唐先生心系祖国、家乡，他在中国内地改革开放的历程中，出钱出力推动国家发展及工业现代化，为人所敬仰。20世纪七八十年代，中国内地的经济仍在起步阶段，唐先生高瞻远瞩，魄力过人，成为首批到内地投资的香港企业家。他率先走入大西北进行大型项目投资，创办内地首家纺织合资企业，其后在上海开办第一家沪港合资企业，将丰富的纺织管理经验带入内地，对港商在内地发展起到示范作用，为中国内地及香港的工业发展开辟了新的道路。

① 吴光正，著名香港实业家，香港特别行政区首届政府筹备委员会委员，曾任香港贸易发展局主席，香港环境及自然保育基金委员会主席，全国政协常委。吴光正出生于上海，祖籍宁波慈溪，九龙仓集团原主席船王包玉刚女婿。1996年，曾参加首届香港特区行政长官竞选。吴光正家族是香港主要华资财团之一。

1996年，我有幸与唐先生在为筹备香港回归而成立的香港特别行政区筹备委员会共事，他具远见，见多识广。其间，成员皆称赞他处事务实，睿智过人，在不同领域均极具见地，为香港顺利回归献力献策。唐先生高风亮节令人怀念，是一位不可多得的重量级人物，是我们终身学习的对象。

2022 年 11 月 10 日

典范长存：回忆唐翔千

张亚培 [1]

明年是唐翔千100周年诞辰纪念。唐君远、唐翔千两位先生的大名我早就如雷贯耳，但真正接触和了解还是我到市工商联工作之后。唐君远、唐翔千和唐英年祖孙三位都是我熟悉、尊敬和钦佩的人。他们爱国爱港爱乡的情怀，创新探索笃行的性格，刚强勤奋简朴的品行，是我们学习的楷模。我习惯分别称呼他们君老、翔千先生和英年。

时光荏苒，一晃30年过去了。我第一次见到君老是在市工商联华山路会所的会议上，他给我的印象是一位饱经风霜、穿戴朴素、慈祥厚道的中国民族实业家。而第一次与翔千先生、英年先生谋面是在唐君远老先生的告别仪式上。君老是上海市政协第五届、六届、七届副主席，市工商联第四届、五届、六届、七届副主委，是上海市和工商联的老领导。他的告别仪式由市政协主办，市工商联承办。那天我看到了君老的子女和孙辈们。大厅中央悬挂着君老的遗像，按照翔千先生要求，特地用红和黄相间的玫瑰花制作的花墙作为背景。唐家族人无论是先生、女士，还是孩子，都是身着白衬衣、黑西服，服饰整齐，仪表端庄。会场庄严肃穆，隆重宁静，玫瑰花墙和鲜花又衬托出唐氏家族温馨祥和气氛以及晚辈们对仙逝老人的崇敬仰慕之情。这一切

---

① 张亚培，上海市工商联原党组书记、副会长。

给人留下了深刻的印象。

不情之请，翔千先生代父辈告假

　　20世纪90年代初期，我们国家正处在市场趋向改革全面展开阶段，多种经济形式共同发展，城市和乡镇集体经济和个体经济开始出现。工商联会员原来主要对象是原工商业者，但随着原工商业者年龄老化，开始吸收国营、集体、乡镇、私营、三资企业和个体劳动者为会员。中央十分重视工商联工作。1991年7月，中共中央批转中央统战部《关于工商联若干问题的请示》的通知，这个指导工商联新时期工作的纲领性文件，进一步明确了工商联性质、任务和工作对象、方法。上海市委十分重视上海工商联的转型工作。1991年底，记得是12月21日，市委统战部毛经权部长在当时南京西路722号部机关，他的办公室里找我谈话，意思是经研究决定，调我到上海市工商联工作。

　　1992年1月5日上午，我在市委统战部赵定玉副部长陪同下，到华山路893号市工商联报到。赵部长向驻会领导说明经市委决定，张亚培同志担任市工商联党组副书记。他也介绍了我在上海广播器材厂担任厂长和书记多年的情况，当然也免不了介绍我是老部长张承宗的儿子。

　　父亲在家，话是不多的，尤其是关于工作上的事。1979年3月，父亲率上海工商界代表团首次访问香港，取得了超乎预期的成果，成为沪港两地一时传颂的佳话。全家只知道他率团访问香港，更多的情况也是我到工商联工作后听郭大姐、杨公（延修）他们说起的。在得到香港知名人士唐翔千、刘浩清、吴中一先生的认同与支持下，经市委批准，市委统战部组成上海工商界经济访问团访问香港。代表团一行10人，其中3人是中共党员，7人是爱国人士。团长是张承宗、副团长是刘靖基，团员有唐君远、刘念智、郭秀珍、陈元钦、杨延修、吴志超、丁忱、马韫芳。

彼时，由于长期的分离与隔膜，尤其是十年的浩劫，香港同胞对内地的了解非常有限，有些人一听"统战"两字，会马上联想到国民党的特工机构。有的香港人走在上海南京西路，路过722号门口，甚至都要加快脚步走开。

翔千先生是香港负责接待上海工商界代表团的。代表团即将来港的消息一经传开，翔千先生的电话就应接不暇了，问得最多的是："他们来有什么目的？"也有人心有余悸，关照："到时候不要叫我参加活动噢！"而后上海工商界代表团成功访问，用事实改变了他们的看法。

因为团员中大部分在港有亲朋好友，翔千先生对我父亲说："我有一个不情之请，如果张部长觉得不妥当，就用不着为难，尽管回绝。晚上能不能让大家住到香港亲戚的家里呀？"父亲是否考虑过这个具体问题不得而知。但赴港澳规定是清楚的，不能单独活动，必须2人以上，不得在外过夜等。父亲觉得翔千先生提这个问题也是人之常情，亲人久别相聚，肯定有很多话要说，住在家里温馨方便，这个要求并不过分。不过，这确实要担些责任，在当时的条件下已经来不及请示了。我从郭大姐回忆中知道，父亲心里实际上已经有谱了。她说："未到香港前，我想（到香港访问）应该是大集体小自由，要同吃、同住、同活动。猜想是会有一两天可以回家叙叙家常。君老和王大姐（君老夫人王文杏）久别重逢，理应照顾，我是应该遵守组织性、纪律性的。"郭大姐又说："到香港头一天我弟媳（郭正达先生太太）问我，你能不能住在家里聚聚，我说不行的，要过集体生活的。第二天小马（马韫芳）告诉我说，可以自由回家。所以我在旅馆只住了一夜，之后一直住在家里，全家都非常高兴。"从郭大姐的回忆中得知父亲当时已接受翔千先生的要求了。

团长经过考虑和商议，果断做出决定：凡是非中国共产党人士在香港有亲戚的，都可以晚上去亲戚家团聚，或者探亲访友，但第二天早晨一律要准时赶回宾馆，参加代表团的集体参观活动。父亲对于翔千先生的回应，看似偶然，实际是必然，这表现出魄力和担当。代表团成员没有想到，香港的亲属更喜出望外，纷纷表示，没有想到共产党落实政策工作做得这么好，而且对他们这些亲属又是如此信任。事后父亲对翔千先生说："我是冒了大风险的哦！"当然，也还有一层意思是率团访问这一件事本身就是有风险的。如何把握好原则性和灵活性的关系，把方针政策的原则性和对策举措的灵活性结合起来，既站稳政治立场、坚守政治底线，又具体问题具体分析，注重工作方式方法，这考验的是政治原则以及领导艺术和能力。这次访港在香港和海外引起了"震惊、震动、震撼"。作为此行的港方邀请者、接待者之一的翔千先生赞叹道："访问团来一趟，10天时间是短暂的，但就访港这件事本身，影响确实蛮大的，足以证明共产党的改革开放政策是可信的。"

1979年改革开放初期，上海工商界访问香港成功之处在于沪港两地互相信任、代表团成员互相信任。上海方面和翔千先生等香港工商界爱国人士开创的沪港经济合作这条路，靠的是彼此信任，靠的是上海市委的正确领导和市委统战部领导班子的开拓创新的精神。用我们经常说的话，统战工作是做人的工作，做人心的工作。只有同心同德，方能同舟共济。

访问香港成功之处，还在于从那之后沪港两地交往日益增多，"三引进"工作迅速拓展，香港在沪投资项目纷纷落地，开放型经济越做越活。上海这"第一步、第一程"，不仅开启了沪港两地合作交流的新局面，在全国范围内也引起"出境外联"的"连锁反应"，也促进了以后的对台交流与合作。

翔千先生发起组建沪港经济发展协会

上海工商界访港和香港工商界回访，被誉为改革开放初期沪港经济合作的"破冰之旅"。1979年10月20日至31日，以香港南联实业公司常务董事唐翔千为团长，伟伦纺织厂有限公司董事长吴中一、华达纱厂有限公司董事经理郭正达和侨民有限公司董事长刘浩清为副团长的香港工商界访问团一行26人访沪。这是香港工商界作为同年3月上海工商界代表团访港的回访。25日，市委第一书记彭冲在锦江饭店会见代表团，市委统战部部长张承宗、市政协副主席靖任秋出席。

之后，翔千先生和香港工商界朋友多次来访上海和上海工商联，沪港两地经济交流日趋频繁。

沪港两地经济的紧密合作离不开沪港经济发展协会。据翔千先生回忆："1984年7月，承宗先生约我与刘靖基先生商量，他认为自1979年首访香港后，交了很多朋友，打下了基础，可否通过一个组织形式巩固起来，并提议该组织的名称为'沪港经济协会'。我和靖公均表同意。这一倡议很快得到沪港两地经济界人士的响应。上海市委、上海市政府和中央统战部都热情关怀和大力支持。于是我们三人联名向汪道涵市长提出建议，汪市长十分赞成，在协会名称上加了'发展'二字。"

沪港经济发展协会香港工商界的发起人和牵头人是唐翔千，上海工商界的发起人和牵头人是刘靖基先生，而张承宗是牵线人，是促成其事的谋划者与支持者。办成此事，与翔千先生、靖公和张承宗三人之间的默契分不开。翔千先生、靖公都是搞纺织的，父亲因工作关系也曾与纺织结缘，他担任过上海市纺织工业局局长，与靖公、君老早就相识，这些巧合的因素，使得沪港两地经济合作能稳步前进。我进工商联时，恰巧遇到靖公作为上海投资信托公司名誉董事长应邀赴香港出席海外董事会议，会议期间他因病住院，中央统战部和市委统战部领导十分关心，专程派医生到香港，一路护送回沪。之后，他一直在华东医院接受治疗。我第一次见到他，是陪郭秀珍大姐去华东医院向他汇报和商量工作。他目光炯炯，思维敏捷，除左手、左腿无力，其他方面都很好。当郭大姐和他的秘书侯婉华向他介绍我这位新来的党组副书记是张承宗公子时，他亲切地对我说："你爸爸也是搞纺织的，我们老早认得。"接着，他以一种非常赞赏的神态说："我去过你家，你妈妈的（宁波）汤团做得好吃。"当场大家都笑了。这以后，每次我到靖公那里，谈完事他都会又一次说："你们住在愚园路，你妈妈的汤团做得真好吃。"没想到一碗宁波汤团竟会如此深深打动这位上海滩著名的"老板"！

经过沪港两地多次研究协商，推荐刘靖基、唐翔千、张承宗、王宽诚、费彝民、吴中一、刘浩清、何世柱、郭志威、包玉星、郭秀珍、杨延修、张先成组成协会筹备委员会。9月26日，在上海召开筹备委员会会议，汪道涵市长特地到会，鼓励大家在振兴上海、繁荣香港的事业中发挥作用。

1984年11月16日，上海的沪港经济发展协会成立暨第一次会员大会举行，两地100余人出席会议。唐翔千先生和刘靖基先生是沪港经济发展协会会长，张承宗和君老以及香港知名人士费彝民、王宽诚、安子介、霍英东等都是名誉会长，郭大姐是副会长兼总干事。市委第二书记胡立教到会致贺，汪道涵代表市政府讲话，希望协会做好举办展览会、开展人才培训两件事。副市长阮崇武出席。会议由刘靖基、唐翔千轮流主持，沪港经济界知名人士王宽诚、唐翔千、包玉星、胡应湘、刘浩清、裴锦兰、董寅初等对沪港两地加强经济合作提出建议。会议通过《沪港经济界协会章程（草案）》，明确该会是团结上海和香港两地经济界人士，为上海的振兴和香港的繁荣积极推动两地合作的民间协作组织。

1985年1月，在香港成立了香港方面的沪港经济发展协会。刘靖基和张承宗率代表团专程到香港参加庆典。

通过两协会的互访活动，以及多次举行有关沪港经济方面的研讨会，沪港经济合作又迈进了一步，团结香港的工作也更上一层楼。

沪港经济发展协会成立初期的主要任务有：团结、组织上海和香港两地的经济团体、企业和经济界人士，建立联系，进行互访，沟通合作渠道，提供两地之间经济技术、国际市场等信息，利用外资，引进技术，介绍合作对象；介绍投资环境，组织和举办经济、技术、商品等展览；为相互委托的经济技术开发合作业务提供咨询服务；为两地经济技术合作，联系、介绍具有技术专长和经营管理经验的专家，相互访问，传授知识；接受委托，组织人才的培训工作；等等。这些都是"硬核"，具有实实在在的内容，而且这些都是当时上海乃至全国各地经济发展迫切需要解决的事项。

中共上海市委、市政府主要领导十分关心协会的发展，并给予充分肯定和大力的支持。时任上海市委书记江泽民、市长朱镕基和市政府顾问汪道涵多次会见唐翔千等协会香港负责人，介绍上海发展建设情况和投资环境，要求有关部门解决三资企业中存在的问题与困难，感谢他们为发展沪港经济合作所做的努力，希望进一步拓宽沪港经济合作之路。

从沪港经济发展协会后来运作的成绩来看，光是牵线搭桥这一项，就为香港东懋公司代理银河宾馆引进美国 Stratus 容错计算机系统，促成上海焦化厂和卡博特公司合资建立上海卡博特化工有限公司、上海市纺织工业局与泰国利安公司合资经营上海联华合纤有限公司、上海第十一百货商店与台湾中兴集团合作上海中兴百货商厦有限公司等，这些都是当时上海十分有影响的项目。

沪港经济发展协会是在香港尚未回归祖国，中英两国政府关于香港问题的联合声明发布不久，在我国进一步开放上海等14个沿海城市和地区，以及中国共产党十二届三中全会做出关于经济体制改革的决定后，才在两地正式成立，完全符合我国国情和实际需要。沪港经济界人士出于爱国热忱，组织经济发展协会，是一个创举。上海是我国最大的经济中心、多功能的港口城市，香港是一个自由港和国际金融中心，协会活动进一步加强了沪港两地经济界的团结，使其发挥各自的特点和优势，为上海的振兴、香港的繁荣和稳定，为我国社会主义现代化建设，做出了历史性贡献。

翔千先生发起沪港阪经济合作与发展研讨会

沪港阪经济合作与发展研讨会的成功举办，要从上海市工商联与香港工业总会缔结友好商会说起。1992年10月5日，应香港工业总会邀请，上海市工商联常务副主委郭秀珍率团一行8人赴香港访问，在港期间访问了香港工业总会、香港中华总商会、香港中华厂商会和香港纺织工业联合会。郭大姐介绍上海发展第三产业与浦东开发开放情况，会见了香港工业总会主席翔千先生和英年先生。1993年1月，上海市工商联与香港工业总会缔结友好商会，这是上海工商联第一次与香港的商会缔结友好商会。而香港工业总会与日本大阪工业会，也由于翔千先生关系，经常往来，尤其是两会领导层之间交往密切，原因可能在于都涉及纺织业，在相同的领域，思考和关心的问题也大致相同。这年秋天10月初，在翔千先生的推介下，日本大阪工业会国际交流委员会副会长小林龙三访问上海市工商联，我接待了大阪工业会代表小林龙三和随行的小柳典三先生，介绍了上海工商联的情况。大阪工业会抛出了橄榄枝，谈到了大阪工业会已经与香港工业总会缔结了友好商会，希望探讨大阪工业会与上海工商联缔结友好商会的可能性。只隔了一个月，11月11日，小林龙三和小柳典三先生又专程来上海，商量缔结友好商会事宜，我陪同郭大姐接待了他们。

上海与大阪是友好城市，中日两国1972年建交，1974年上海与大阪缔结了友好城市。为筹备上海与大阪缔结友好城市20周年活动，1993年11月27日，大阪市前市长大岛靖率大阪工业会代表团来沪，并召开贸易洽谈会。1994年2月1日，我又接待来访的大阪工业会的小林龙三一行3人，进一步商谈建立友好商会的具体事宜。同年3月，上海市政协主席陈铁迪应日本外务省邀请率领上海市友好代表团访问日本，我作为代表团一员随同出访。铁迪主席在紧张和繁忙的公务活动中，特地安排代表团拜会了大阪工业会。大阪工业会会长三野重和先生在会所举行了欢迎仪式，铁迪主席讲了话，为上海和日本大阪、上海工商联和大阪工业会合作交流起到了非常重要的推动作用。

时隔不到一个月，三野重和又率大阪工业会经济考察团一行22人访沪。考察团主要成员有副会长、南海电气铁道株式会社社长吉村茂夫，副会长藤田弘，副会长、松本油脂制药株式会社社长木村五郎，国际交流委员长细川益男，国际交流副委员长小林龙三等。4月12日，在建国宾馆九州厅，市工商联和大阪工业会正式签订友好协议书。郭秀珍和三野重和分别代表两会签字。市政协主席陈铁迪、市委统战部副部长陶人观出席签字仪式。13日，副市长蒋以任在市外办会见代表团成员。代表团还参观了浦东金桥出口加工区开发公司及上海夏普空调机有限公司。

缔结友好商会之后，彼此来往趋于频繁，1995年3月16日，小林龙三一行5人因去新疆投资纺织工业项目，顺访上海市工商联。我再次接待了他，了解到小林龙三也是在翔千先生鼓励下在新疆投资设厂的，可见翔千先生动员方方面面的力量为祖国经济建设出钱出力。翔千先生是典范、是榜样，我被翔千先生精神所感动，也鼓励小林龙三和大阪工业会会员多来上海和中国走走看看，考察和投资。

经过多次接触，双方有了筹备举办研讨会的想法，希望讨论共同关心的问题。经各方努力，1995年12月1日，由上海市工商联、香港工业总会和日本大阪工业总会联合主办，上海市对外友好协会协办的沪港阪经济合作与发展研讨会在上海世博会议大酒店举行。

翔千先生以香港工业总会名誉主席的名义出席会议。上海市工商联常务副会长郭秀珍致开幕词，香港工业总会主席唐英年和大阪工业会会长三野重和分别致辞，上海市副市长华建敏出席并讲话。我主持会议。上海外贸学院副院长王新奎教授做"长江流域经济圈的发展动向与上海、香港、大阪三地的经济合作"的演讲，香港孙启烈做"香港回归后如何充分发挥香港、上海各自的优势"的演讲，日本五十岚力做"关于沪、港、阪各种经济问题及今后合作方向"的主题演讲。有些事是巧合或许也是天意，其中两位演讲嘉宾后来都成了沪港两地商会的主席，王新奎担任了上海市工商联会长，孙启烈当上了香港工业总会主席。

那天下午，会议继续举行，上海社科院经济所周振华做题为"上海经济发展前景及对外合作关系"的报告，市计委经济研究所余惕君做题为"上海利用外资现状及展望"的报告，报告都很精彩。可是到了自由发言、提问环节，棘手问题来了。大阪工业会代表提问道：根据日本发展经验，在对资本自由化，确立开放体制的同时，也产生了环境问题等"成长期弊病"，上海是怎么考量的？有没有专门规定来保护环境？确实，当时国内处在对外开放初期，由于急于吸引外资，加上经验不足，以及乡镇企业蓬勃兴起，环境污染情况有所存在。虽然保护环境措施是有的，但是考虑到发展经济紧迫性，稍微忽略了对环境造成的破坏。我是会议主持人，意识到这是一个外事活动，国内外媒体与会，特别是《朝日新闻》《读卖新闻》《每日新闻》《日本经济新闻社》等日本媒体来了不少，便顺着他的提问回答说：对于"成长期弊病"，我们政府已经有所考虑，正在制定法规，希望在经济较快速度发展的同时，尽可能地减少环境污染。我也转请香港工业总会代表回答，翔千先生也敦促香港与会代表补充合资企业对于环境问题的保护措施。翔千先生是为上海发展和对外宣传讲好话的。这一提问过后，大阪方面代表继续提出了知识产权问题，说仿造国外知名企业的产品损害了中国的国际形象，还提到了"泡沫经济"等问题。此时，上海和香港与会代表好像形成了同一阵营，共同解答日本代表所提的问题。我觉得，这其中翔千先生起了非常关键的作用，共同引导把话题平稳地过渡到加强三地合作上来。

研讨会还发表了《关于沪港阪经济合作与研讨会上海会议共同决议》（以下简称《共同决议》）。《共同决议》主要是为了加强三地工商经贸合作，促进地域经济繁荣。会议也一致认为，在全球一体化进程中，亚洲经济增长令世界瞩目，亚洲作为世界新的经济增长中心的地位正在逐步提高。《共同决议》实质性的建议有四点：一是继续推进上海市工商业联合会、香港工业总会和大阪工业会三个团体之间的相互合作，在可能的条件下，举办研讨会等各种有意义的活动。二是亚太地区发展中国家的经济增长带动了亚太地区经济崛起和区域合作的不断加强，因此为促进各地区之间的贸易和合作，对各种阻碍发展的规定、制度提出建议性的意见和建议。三是三方积极为沟通情况、牵线搭桥、考察市场、洽谈业务，寻找贸易和投资机会，给予必要的帮助和支持。四是对三方会员在三地创办的合资、合作和独资项目及在三地设立的商务机构、办事处，都要积极给予配合，互通信息，密切联系，加强交流。特别是第三、第四点，都是实质性、可操作的，也是当时外商投资企业遇到的难点和迫切需要落实的事情。所以，研讨会取得了预期的效果。

翔千先生积极支持沪港阪经济合作与发展研讨会的活动。按照三方《共同决议》达成的共识，1997年在香港举行了第二次沪港阪经济合作与发展研讨会。那年也正值上海市工商联换届，郭大姐因年事已高，担任名誉会长。所以第二次会议，由新任市工商联会长任文燕率团赴会。1997年11月9日至12日，沪港阪经济合作与发展研讨会在香港如期举行，香港工业总会主席唐英年、上海市工商联会长任文燕、大阪工业会会长三野重和分别致辞。香港特区首任行政长官董建华到会并做题为"特区政府最新经济方针对香港未来工业之影响"的演讲。上海社科院经济研究所副所长周振华代表市工商联做题为"上海经济发展、变动趋势及战略性调整"的专题演讲。香港科技大学校长吴家玮教授做题为"香港是否一个适合高科技工业发展的地区"的演讲。

尽管沪港阪三地之间彼此立场不同，意见各异，但自由地、积极地交换意见，对于达到促进经济发展的目标，应该讲是很有意义的。对于上海来讲，两次研讨会宣传了上海改革开放和对外经贸合作与投资的优势。对于工商联来讲，这是一项开拓性的工作，是一项践行商会职能的探索，既使我们不断增进了与翔千先生这样香港老朋友的友谊，又结识了日本大阪工商界新朋友，共同促进上海的繁荣和经济发展。

我们纪念翔千先生百年诞辰，回忆过去的点点滴滴，我们永远不会忘记他给予上海工商联工作的支持与帮助，他为我们上海的改革开放、经济发展所做的贡献将载入史册。时至今日，翔千先生的音容笑貌仍然时时清晰地浮现在我眼前。

我们纪念翔千先生，回忆那时的点点滴滴，就是不能忘记上海现在的成功与成就是来之不易的，尤其是不能忘记在改革开放初期带领我们前进的那些老领导，不能忘记那些像翔千先生这样热爱祖国、曾经帮助过我们的香港工商界人士和海外朋友。

　　我们纪念翔千先生，回忆往日的点点滴滴，就是要牢记习近平总书记的教导，促进海内外中华儿女团结奋斗，为全面建成社会主义现代化强国、实现中华民族伟大复兴汇聚磅礴伟力。

2022 年 9 月 6 日

往事非如烟，回望多感念

——回忆唐翔千二三事

陈　东[①]

　　30多年前，我在上海市委统战部联络处工作期间，有幸邂逅香港爱国爱港企业家唐翔千。记得那是1985年的圣诞夜，上海市海外联谊会成立。时任上海市市长江泽民同志是首任会长，唐翔千等一些香港爱国爱港同胞出任常务理事。从此，在改革开放初期的重大节点，都留下了海外理事们出谋划策的印记。尤其是沪港经济发展协会的几任会长，特别热心与我们分享香港等"亚洲四小龙"腾飞的经验。为此，以此篇小文缅怀往事，感念贤达。

一场土地批租的兴起

　　记得改革开放初期，上海是上交全国财政的大户，约占六分之一的份额，当时市领导班子对上海的建设发展可谓一筹莫展，有心无力。而那个时期的香港，位于"亚洲四小龙"的前列。上海海外联谊会发起了对外合作讨论会，出任首任会长的市长江泽民同志亲自主持会议。熙熙攘攘的南京西路上，722号

---

① 陈东，上海市委宣传部原副部长、上海市委统战部对外联络处原处长。

便是市委统战部所在地，时任市长朱镕基同志率规划、财政等多部委领导参会。会上，唐翔千、刘浩清先生等港澳实业家与社会活动家介绍了"土地批租"的概念和做法。当时我们对这个概念不甚了了，什么是"级差地租"，什么是"物权分割"，什么是"卖楼花"，什么是"期房预购"？新中国成立后，长时期实行计划经济，内地采取统一分配住房，没有任何房地产交易，唐翔千等人的介绍让我们感到新奇、震撼。

当时的市委、市政府领导非常明智地着手准备，唐翔千、刘浩清先生为主的沪港经济发展协会组织了一批又一批的香港专业人士来沪，他们欣然接受上海海外联谊会的邀请，记得其中有香港贸易发展局访沪团、会计师事务所访沪团、仲量行访沪团、全球青年总裁访沪团、香港金融界访沪团等，囊括了香港当时各行各业的精英团队。这些访沪团先后多次抵沪，几乎是手把手地传道解惑，他们对接各部门，建言献策，指导帮助，不吝赐教。

1992年邓小平同志南方谈话后，很多港澳朋友成为那一波上海房地产开发的领头羊。在淮海路、南京路、徐家汇周边的各个商厦和楼盘，如梅陇镇、中信泰富、恒隆广场、港汇广场、香港广场、永新广场、置地广场等，大部分都是由港澳房地产公司投资的。翔千先生助推上海经济改革的贡献不可忘却。

一个盖章办公室的建起

从20世纪80年代开始的房地产开发，遇到很多难题。当时有个前期批准的瓶颈——多部门各自为政，许多开发商为了获得开发许可证，跑东跑西，一头雾水。居民既盼动迁，又怕吃亏，也无法及时排忧解难。动迁成了天下第一难，获证成了难上加难，一时间怨声载道。在第二次对外合作讨论会上，小个子的刘浩清先生实在是憋不住了，拍案而起："都说欢迎来投资开发，我在宝山亲自体验了。批租一块土地，搬一批居民，造一栋楼，前期就要四次奔走，盖163个公章！为了一个公章反复提供资料，一次又一次地来回，不知道耗去多少时间和精力，效率太低啦！不用与港澳相比，和深圳的速度都不能同日而语。"

此时，谦和稳重的唐翔千慢悠悠地发言了："不知道市里可不可以考虑一下大家的建议，统一搞个办公室，实行一条龙服务，既方便开发商来去，又有利于各自为政的部门集中处理事务呢？"一石激起千层浪，会场上大家交头接耳，开发商代表和各委办与会者纷纷表示，这个提议不错，可以试行之。会上，朱镕基同志总结了大家的意见和建议。当时的谷牧副总理和汪道涵前市长等老领导也都高瞻远瞩，与港澳实业家的想法不谋而合。1988年，由叶龙蜚同志担任主任的外资委在外滩33号成立了。

从此，一个图章的办公室建起来了，一条龙服务的2.0版诞生了，为后来的上海大都市的城市更新和招商引资经济大发展奠定了基础。这要归功于翔千老的一条关键的建议。

一种机场服务的缘起

如今上海的国际机场设计新潮，宏大宽敞，旅客来去便捷，行李车随处可取，还有电瓶车穿梭往来，为行动不便的旅客提供方便。在体量和设施上，已经不亚于世界上任何一个国际机场了。而早年的上海虹桥机场却堪比停车场，狭小拥挤，破旧不堪。机场里没有手推行李车，无论男女老少都只能自己拉着沉重的行李箱走出来。我们联络处同志的不少工作都涉及机场接送客人，体会颇深。每当我们在出口处接到国外和港澳台同胞时，他们都是大喘气地说：终于可以轻松些啦！

唐翔千领导的沪港经济发展协会和王剑伟领导的上海商业总会慷慨捐赠了300部手推行李车，并向市领导建议，要成立红帽子服务队。机场欣然接受建议，组建了"4050"下岗工人为主的红帽子服务队。那段时间，来来去去的红帽子服务队成了上海机场的一道亮丽风景线。在全国机场服务中，凸显了引领作用。

最开始使用机场手推车是要收费的，后来，得知唐翔千建议应该免费提供手推车服务，上海机场管理方从善如流，很快就实行了手推车免费使用，毕竟这是捐赠者为大众提供服务的意愿。翔千老做的是回报祖国的大事业，深藏心底的是服务芸芸众生的利他情结。

唐翔千和无数香港同胞为沪港之间的交流合作呕心沥血的故事不胜枚举。2022年是中国共产党第二次代表大会在上海召开时明确提出"统一战线"主张的100周年，我们的朋友遍天下。唐翔千是我们倍加尊敬的爱国爱港的挚友亲朋，为纪念他而回望过往，有感而发，聊表缅怀心意。

我心目中的香港知名爱国实业家唐翔千

尤安山[①]

20世纪80年代中开始，因港澳研究工作的关系，我结识了很多香港学界、商界、政界等方面的精英人士，其中唐翔千老先生是我最敬重的前辈之一，他为人谦和、平易近人，以及他爱国爱港的情怀，给我留下极为深刻的印象。今天在纪念唐翔千100周年诞辰的日子里，重温在香港"九七"回归之前，曾经几次拜访唐先生的情景以及唐先生对上海改革开放所做出的巨大贡献，我不由得胸怀激荡。

首次拜访唐翔千老先生

1992年2月至5月，我与杨小佛先生应香港基金张鉴泉先生的邀请，赴港就"一九九七前后的香港经济"这一课题进行调研。在此期间，我们拜访了香港学术界、企业界、新闻界、金融界等相关机构和人士以及当地政府和半官方机构的官员，就1997年前后香港经济的各个方面，诸如财政税收、金融、工业、贸易、旅游、科技合作、资金流动、内地政策影响等问题，进行了广泛的

---

① 尤安山，上海社会科学院港澳研究中心原主任。

交流，彼此畅所欲言，坦诚相见，获得了大量的第一手资料，收获颇丰。

唐翔千先生是我们重点拜访的对象，事前我同杨小佛先生做足了功课。对我来说这是第一次面见唐先生，聆听他对时局的看法，心里不免有点紧张和激动。在位于尖沙咀广东道海港城的半岛针织有限公司总部，唐先生非常热心地接待了我们，不仅向我们详细介绍了上海联合毛纺织有限公司合资经营的情况，而且也回答了我们的所有提问。对过渡时期香港经济发展面临的问题与挑战，包括香港与上海的合作前景等进行了十分中肯的分析。在香港这个粤语世界里，唐先生一口浓重的无锡话显得格外优雅软糯、亲切舒服，不仅使我原先的紧张心情得以放松，而且透过唐先生简明扼要的解答以及生动活泼、极富感情的分析阐述，我们深深感受到了唐先生的家国情怀，一个爱国实业家对香港、对祖国的一片赤诚。

作为港事顾问，唐先生履职尽责。对于确保香港平稳过渡、顺利回归等一系列问题，包括宏观的、微观的，经济的、政治的或是社会的，他从各个方面积极为国家建言献策。记得这次拜访唐先生时，他刚好写了一份有关香港回归问题的建言，准备上交新华社。他非常谦虚地征询我的意见，其坦诚令我这个晚辈感动不已。

1997年香港回归前夕，全球都在关注香港能否顺利回归，中央政府以及香港各界人士也都密切关注香港政治经济发展情况。为及时了解掌握香港经济和金融可能发生的变化，以及将会采取的对策，在杨小佛先生的带领下，我和上海人民银行的张望以及上海社会科学院院刊《社会科学》的编辑褚与根一行4人，前往香港进行了为期10天的紧急调研。在港期间，我们专程拜访了港事顾问唐翔千先生和时任香港立法局议员唐英年先生。还是在半岛针织有限公司办公室，唐翔千、唐英年父子俩热情接待了我们，并就我们关心的问题进行了解答、分析、讨论，使我们受益匪浅。此外，我们还拜访了香港大学金融学院资深教授饶余庆先生、香港特区政府金管局处长赵洁仪女士、香港特区政府经济顾问邓广尧先生等有关人士。

投资上海第一人

20世纪70年代末，中国实施改革开放举世瞩目，但由于长期的封闭政策再加上历史的原因，海外资本对我们的开放政策充满疑虑，对在上海投资顾虑重重，大都持观望态度，犹豫徘徊在上海的门前。如何打破这种沉闷局面，开创上海改革开放的新局面，这正是当时上海市委市政府及各相关部门极为头疼与亟须研究解决的问题。时任上海市委统战部部长张承宗在反复调研、分析思考的基础上，决定将香港列为海外统战工作的重点，并将主要目标定格于香港商界中的"上海帮"（包括江浙一带到香港的商人）。上海人在香港工商业中的地位举足轻重，他们中绝大部分非常爱国，强烈希望国家富强、人民富足，但他们也很害怕再搞政治运动，害怕业已实施的改革开放政策被收回去，疑虑重重。为此，20世纪70年代末的春天，应香港实业家唐翔千先生邀请，上海市委统战部部长张承宗率上海工商界人士刘靖基、唐君远（唐翔千之父）、郭秀珍、陈元钦、杨延修、吴志超，以及丁忱和马韫芳等访问香港，[①]这是一次封闭了30年后的"亲人重逢、增信释疑"之行，意义重大。7个月后（1979年10月20日），作为回访，唐翔千先生组团带领香港工商界人士访问上海，时任上海市委书记彭冲亲自出面在锦江小礼堂宴请唐翔千一行。[②]一来一去两次访问，打开了沪港交流的大门，为港商来沪投资做了很好的铺垫。

80年代初，汪道涵任上海市市长期间，在一次与唐翔千见面时，也恳切希望唐翔千先生到上海来投资办厂，唐翔千直接回复汪市长，早就有此想法，并明确表示，不但他自己会来，还会带着香港朋友一起来投资办公司。汪市长非常满意地笑着说："那就请你做开路先锋吧。"[③]可见，当时上海非常希望港商能

① 蒋小馨、唐晔：《唐翔千传》，三联书店（香港）有限公司，2014年版，第223页。
② 蒋小馨、唐晔：《唐翔千传》，三联书店（香港）有限公司，2014年版，第227页。
③ 蒋小馨、唐晔：《唐翔千传》，三联书店（香港）有限公司，2014年版，第227页。

带头来上海投资办厂。实践证明，以后的发展正如汪道涵市长所说的那样，唐翔千先生兑现了他的承诺。通过调研和论证，唐翔千与上海市纺织工业局于1980年8月31日签署了成立合资公司的合同，并于1981年7月26日正式拿到国家工商局颁发的（沪字第00001号）营业执照。[①] 至此，经过近两年的努力，上海第一家沪港合资企业——上海联合毛纺织有限公司终于诞生了。这是上海外资引进零的突破，更是上海对外开放里程碑式的重大成果。由此，外商投资上海的大幕在以唐翔千为代表的港商带动下拉开。随着1984年11月和1985年2月，上海沪港经济发展协会（刘靖基任会长）和香港沪港经济发展协会（唐翔千任会长）的先后成立，以唐翔千先生为代表的一大批港商，加快了对上海全方位、多领域投资的步伐，从而成为推动上海社会经济发展不可或缺的力量。今天我们可以告慰唐翔千老先生在天之灵的是，改革开放40年来沪港合作成效显著，举世瞩目。并呈现出如下特征：

一是两地经济合作由原来的制造业为主转向以服务业为主，即上海服务业向香港开放；二是两地合作由原来的民间和企业推动转向政府层面。这是一个历史性的跨越，不仅使两地经济合作得以在一个更高的平台上向纵深推进，而且使两地经济优势与合作潜力得到了空前的释放。2015年，在上海举行的第三次沪港经贸合作会议，又确定了将该机制提升为沪港合作会议机制，从而将两地合作推向了全方位、宽领域的新阶段。这不仅是两地经济发展的内在需要，也是适应经济全球化、区域化迅猛发展的需要，更是服务国家发展大局的需要。

改革开放40年来沪港经济合作的进程也表明：香港是上海改革开放最直接的推动者、示范者、参与者、贡献者。香港资金的大量涌入既缓解了上海现代化建设的资金短缺问题，更带来了当今世界先进的经济观念与管理理念，为上海率先建立社会主义市义市场经济体制提供了有益的经验，为上海更好地扩大开

---

① 蒋小馨、唐晔：《唐翔千传》，三联书店（香港）有限公司，2014年版，第230页。

放、融入世界起到了极大的促进作用。

展望未来，随着中国经济不断崛起、国际地位日益提高，以及香港与内地经济的融合发展，沪港两地将在更广领域、更高层次上展开合作，并以两地合作形成的合力在服务国家大局的发展中再创辉煌。而此时此刻，我们特别怀念为上海改革开放做出巨大贡献的香港知名实业家唐翔千先生！

唐翔千的沪港情缘

蒋小馨[①]

一个极富魅力的概念

很荣幸，我这一生中能和一个极富魅力的概念——沪港合作联系在一起。而赋予这四个字无限生命力的，则是两位社会贤达——唐翔千和张承宗。一位是香港实业家，一位曾任中共上海市委统战部部长。

1979年，在唐翔千先生全力撮合、精心安排下，张承宗部长冒着巨大的政治风险，率领上海工商界经济代表团成功访问香港，开创了沪港合作的新局面。1984年，两人又策划成立了沪港经济发展协会，并创办了季刊《沪港经济》。

1993年，我接手承办《沪港经济》杂志后，之所以对唐先生印象深刻，缘于时任副总编辑马韫芳时不时会提到唐先生的名字。她告诉我，当初协会打算出版《沪港经济》时，唐先生连声叫好，认为媒体可以放大协会的作用，使协会的影响力和工作效力呈几何级数增加。

一个天文数字

为此，唐先生主动提出，《沪港经济》杂志后期制作——制版、印刷最好

---

① 蒋小馨，《沪港经济》杂志社原总编辑。

在香港完成。当时，内地刊物大多用新闻纸、书写纸印刷，只用一种颜色——黑色，看上去似乎有些寒酸，与沪港经济发展协会这个高端平台未免有些不匹配，因为协会的会长、理事乃至一般成员，都是沪港两地商界的风云人物。当时，香港的期刊出版已经和发达国家、地区同步，大多采用铜版纸，全彩印刷，图片精美，色彩亮丽。仅仅从外观上，就会对内地读者形成视觉冲击。常言道，佛要金装，人要衣装。杂志也需要包装。唐先生心里明白，这么做需要付出高额成本，他关照协会的上海朋友，不必担心，香港方面会支付所有费用。

马老师告诉我，为了协会运作和杂志出版，唐先生在香港筹集了五六百万港元。在20世纪80年代，这是个天文数字，那时，万元户几乎是内地富豪的代名词。何况唐先生是个对自己十分苛刻的人，坐飞机一直是经济舱，到了八九十岁，才因为小辈们强烈要求而改坐商务舱——还是不愿意坐头等舱。

一如唐先生所愿，《沪港经济》问世之后，果然引起了沪港政界、商界和学界的高度关注，上海好几任市长如汪道涵、江泽民、朱镕基、黄菊、徐匡迪，以及香港政坛重量级人物董建华、霍英东、安子介、曾荫权、唐英年等，都曾为杂志写稿或接受专访。

为了进一步办好《沪港经济》，唐先生向上海统战部领导提出，杂志社一定要有人长驻香港，这样才能了解香港真实情况，刊发的文章才能贴近香港，贴近香港企业家，对上海以及内地的读者才会更有吸引力。正是在唐先生的坚持下，我有幸去香港工作了两年，之后，杂志社总编助理又去了三年。从香港发回的大量稿件，使杂志的"香港特色"更突出了，发行量和知名度都跃上了一个台阶。

一个让人感叹的建议

也正是在香港的这些日子里，我对唐先生有了更多的了解，对老人家更为敬佩。有一件事，我印象尤为深刻。

我是1999年去香港的，那时沪港经济发展协会已经成立十四五年了，也就是说，唐先生担任协会会长已经十多年了，他主动提出"应该让贤了"。唐先生是明白人，知道协会唯有新老交替，才能生生不息，充满旺盛的生命力。使我意外而又感动的是，在卸下会长这副担子之前，他提出了一个建议：募集2 000万元，通过风险较低的资本运作，每年获取10%也就是200万元的投资回报，使协会的日常开支能有保障。为此，他带头捐出200万元。

一个即将退位的老人，心心念念的还是协会的今天和未来，唐先生的高风亮节，让我明白了他在协会、在沪港商界享有如此崇高地位的原因。

一个高层次的平台

在香港，我们的办公室就设在唐先生的半岛大厦写字楼，所以与老人家接触的机会比较多。他与我谈得最多的就是"沪港"这两个字，他所思所想就是怎样才能使沪港有更多的合作与交流。尽管退出了会长位子，他还是构思并策划了沪港大都市发展研讨会。在2000年举办的第一届会议上，他亲自出面请来了香港特首董建华和上海市市长徐匡迪发表演讲，成为研讨会一大亮点。一直到现在，整整22年了，研讨会依然每两年举办一届，成为沪港两地研讨、交流的高层次平台。

一份重要的精神遗产

与唐先生接触越多，就越加敬佩他的博大胸怀和远见卓识。他之所以热衷于沪港两地的合作与交流，不仅因为他有深深的沪港情结，更源于他浓浓的家国情怀，当然也得益于他超人的政治智慧。在中国崛起过程中，他敏锐发现沪港这两个大都市非同寻常的价值，两地互动所产生的叠加效应不可限量，于是毅然决然投身于沪港合作的伟大事业。如今，这已经成为他重要的精神遗产，激励着一代又一代的沪港有识之士发扬光大，让"东方之珠"和"东方明珠"交相辉映，为中华民族的伟大复兴增光添彩。

善济重教，乐育英才

唐翔千先生的话：

"爱国重教"是唐氏先辈们倡导的优良传统。我遵循先父唐君远公"兴办教育，培养人才是立国之本，强国之路"的教诲，坚信"教育兴国"乃是一件功在千秋的大事情。

基金会未来发展三点共识：一要按照社会的需求，办出自己的特色；二要开阔视野，参与国际交流；三要永远办下去，薪火相传。

唐翔千与新亚书院二三事

陈新安 [①]

任新亚书院董事会主席

香港中文大学新亚书院（New Asia College, The Chinese University of Hong Kong）最初是独立学院，由钱穆、唐君毅、张丕介及一批来自内地的知名学者共同努力，于1949年创立，当时名为"亚洲文商学院"，次年改组，并更名为"新亚书院"。院训为"诚明"，其教育宗旨强调"上溯宋明书院讲学精神，旁采西欧大学导师制度，以人文主义之教育宗旨，沟通世界中西文化，为人类和平社会幸福谋前途"。新亚书院赓续中国传统文化，积极推动学术文化发展，其历史意义不容低估。1963年，新亚书院、崇基学院和联合书院正式合并，组成香港中文大学。1973年，新亚书院迁入香港中文大学沙田校园。

从新亚书院迁入香港中文大学那年起，唐翔千先生就加盟新亚书院成为书院董事会董事；1978—1979年度起，担任香港中文大学校董及新亚书院董事会副主席；1991—1992年度起，继续担任香港中文大学校董，并担任新亚书院董事会主席；直到1998年才完全卸去新亚书院的董事兼职。兼职期间，唐翔千先生对新亚书院工作多有建设性指导意见，并多次对新亚书院给予资助，1978年

---

① 陈新安，香港中文大学新亚书院院长。

捐赠"新亚书院学术基金";1988年捐赠设立"诚明奖"奖学金,对新亚书院的发展做出了重要的贡献。

接受香港《新亚生活》月刊记者的访谈摘录

唐翔千先生曾于1994年接受《新亚生活》月刊记者的采访,有关访谈内容刊载于《新亚生活》月刊第二十二卷第六期(1995年2月15日),题为"发展教育 振兴中华"。现将部分摘录整理如下:"唐先生过去十多年来在内地投资设厂,深感改革开放的可贵,又体会到两地沟通交流的重要。他认为内地年轻一代的思想灵活、吸收力强。从1995年起,他资助上海大学的年轻教师来香港中文大学进修,学习工商管理的专门知识,并支持上海大学和新亚书院的学生进行互访,举行学术研讨会,为期一周到十天,以促进彼此的了解。"唐先生又指出,"新疆是内陆省份,更需要与外部世界的交流,故他还计划让上海大学和新疆大学的师生一起汇聚于香港,从事学术研讨活动"。这些活动的经费均由唐先生负担。他设立了近20万美元的基金,专门用于资助内地中青年学者到香港和境外访问进修。

采访中,唐翔千先生也谈到他对当年大学生的看法和期望:"一些香港的大学毕业生,表现得有点急功近利。他们多在金融界、服务行业工作。这样赚钱可能快些,升迁也快些。我希望大学毕业生也投入工业界。实业对社会民生有基本的、实质的贡献。中国收回香港后,会维持香港的繁荣稳定,这个意图是不会改变的。大学毕业生将有不少人到内地工作,两地互惠互利,一起发展。同学们要尽快了解国内的情况,要有充分的资讯。"记者评述:"唐先生神采奕奕,微笑着说,就像与自己的子孙谆谆谈话一样。话题回到'沟通'上,可见唐先生坐言起行,尽显实业家的实干本色。唐翔千先生之道一以贯之,振兴中华,发展教育,也包括对新亚书院一向的敦促和支持。"

在这次采访中,唐翔千先生灼灼爱国心,殷殷教育情一览无余,事实上,他对内地的教育捐赠行动一直延续到他生命的最后阶段。新亚书院师生对唐董事会主席始终感怀，极为钦佩。

在钱宾四先生百龄纪念学术研讨会上的精彩讲话

1995年5月11日，新亚书院举行了钱宾四先生百龄纪念学术研讨会。唐翔千先生作为新亚书院董事会主席，在这次研讨会上发表了热情洋溢的、非常重要的讲话，摘录如下："大家都知道，钱穆先生是新亚书院的创办人，是一代史学大师。大家也知道，钱穆先生也是江苏无锡人。诸位却不一定知道，我也是无锡人。不过，听过钱先生说话的人，再听听我的无锡口音，就应该知道我和钱先生是同乡了。钱先生和我都'乡音未改'。不同的是，他从文，我从商；他是前辈，我是晚辈。他在学术文化上有极大的贡献，而我在这方面只能'高山仰止'地表示崇敬之意。无锡还出了另一位钱先生，他是文学大师钱锺书。我身为无锡人，当然感到自豪。无论哪一位钱先生，他们的成就既是无锡的，也是中国的，也是全世界的。"

"各位学者宣读论文、参与讨论，一定会阐释、发扬钱先生的思想，并借此作古今比较、中外透视，这将大大有益于对中外历史、文化的了解。文化有着物质、精神等各方面的表现，我们身处的时代，物质文明进步是显而易见的；如何在精神方面也加以提升，这是我们要面对的课题。钱穆先生的思想，对我们应该有启迪作用。别的不说，只说大学教育方面，钱先生在45年前发表的主张，就具有真知灼见，久而弥新。当然，他认为新亚书院的学生要先求通博，再求专长；师生应该融洽相处，以民主方式治校。这番见解仍是今天办学的指南针。"

唐翔千先生本人年轻时受中华传统文化熏陶，十分热爱国学，又在英美攻读深造多年，他学贯中西，总是强调对中外历史文化的了解，大有好处；总是呼吁面临的议题是，精神文明与物质文明必须同时加以提升。他的肺腑之言中流露出的世界观和教育观得到与会者的一致好评。

翔云飞驰伟业成，千般感念化春风

陈 坚[①]

近些年，每逢江南三月，校园里的樱花林含苞待放时，江南大学君远学院大楼前的一株早樱总是先期绽放，这不禁使人产生联想：难道这是心有灵犀，正赶着早春时节，缅怀于2018年3月仙逝的唐翔千老人！学院大楼外墙上，"君远学院"四个大字依然清朗峻拔，师生经过时，每每怀念亲笔题写的学院创建人——江南大学的恩公——唐翔千先生。君远学院从成立到今天初显成果，历经了十余年的酝酿、准备、建设与发展，其间，翔千老人多次亲临学校，和我亲切畅谈，共同签约，并肩发证，谆谆教导。落笔之际，再次回忆过往的场景，依然历历在目，点滴难忘。

真情真意，一腔热血注入教育

21世纪伊始，我担任江南大学校行政职务期间就对唐翔千先生甚为敬仰，知悉他是蜚声国内外的爱国实业家，长期在香港创办纺织、电子实业，对香港的经济建设与社会发展颇有建树，他曾兼任香港多个重要社团的负责人。更可贵的是，他对香港顺利回归祖国怀抱，经济社会发展平稳过渡，做出了卓著的

---

① 陈坚，江南大学原校长、中国工程院院士。

贡献。他积极支持改革开放方针，带头创建沪港经济发展协会，为香港参与祖国经济发展起到牵头引领的重要作用。他遵父嘱托，于1987年创办上海唐君远教育基金会（以下简称"基金会"），以个人与家族的大量积蓄投入培育英才的宏伟事业之中。

翔千老人亦是无锡贤达之典范。基金会创办20周年前夕，他提出："要为家乡做些实事。我一直认为国家要大力发展先进制造产业，就需要培养卓越工程师和生产一线的高素质技工，无锡经济基础好，产业繁荣，应加快培养符合产业需求的优秀工程技术人才。"

2006年，唐老先生专程到无锡，与时任市政协副主席雷焕文等商量如何鼎助无锡工程教育。先是决定设立"君远助学金"，资助多所职业技术学校的贫困学生。接着提出，想借鉴香港高校与内地合作办学的模式，在家乡合作培养机电工程应用人才。经过多轮考察、商议，2010年初春，他决定与江南大学合作，创办一个高水平、有特色的机械电子工程类的二级学院，名为"君远学院"。是年6月，创办君远学院进入实质性推进阶段，初步共识为：君远学院主要培养机械电子专业本科工程人才；唐先生出资设立"唐翔千专项教育基金"，主要用于购置先进设备，建设君远工程中心；学校以1∶1配套，投入基建与教师队伍建设等。

君远学院合作办学的具体方案很快得到唐先生首肯。接下来的两个月内，唐老先生多次派员到校考察。8月初，学校派时任副校长王武赴港拜会唐先生，转告校党政领导对该项合作非常重视，当面汇报学校快速发展势头及合作办学规划方案。

是年12月20日，江南大学与唐翔千专项教育基金合作暨成立江南大学君远学院的框架协议签约仪式在校内隆重举行。君远学院正式诞生了！老先生当场动情地说："能与故乡的大学合作办学，承担一份国家倡导的'教育培养卓越工程师'的社会责任，实为我此生的一大幸事。"这是唐老先生心系桑梓，钟情教育，身体力行，慷慨解囊的成果！

而后唐老先生多次亲临君远学院，参加开学典礼和毕业典礼，为学生亲手颁发君远学院荣誉证书。他和夫人唐尤淑圻每每来到学校总要与学子亲切交流，对他们谆谆教导。每逢唐老先生回到上海松江，江南大学校领导、校基金会负责人和君远学院院长都专程前去看望，继续聆听他的教诲。这位仁厚谦逊的老先生总是说："你们辛苦了！拜托你们！"

必躬必进，十二春秋满载收获

君远学院创办伊始，唐翔千先生曾向时任国务委员刘延东同志书面汇报了他与江南大学合作，创建二级学院的思路与举措，得到刘延东同志高度赞许。教育部司局向我传达了有关精神，对双方共同推动改革创新人才培养模式、提高工程教育质量的重大举措给予支持。君远学院很快就成为教育部"卓越工程师教育培养计划"的人才培养基地。

唐先生捐出4 000万元专项资金，全部用于增添先进的教学实验设施。学校为君远学院腾出实验大楼，组织成立君远学院理事会。为便于协调和管理，学校决定由时任机械学院院长张秋菊兼任君远学院院长，亲自负责君远学院的基础设施建设。经过两年左右的努力，实验室焕然一新，为教学改革提供了有力的保障。与此同时，学校帮助君远学院在一系列教学改革和建设项目中立项，特别是列入教育部"卓越工程师教育培养计划"。君远学院秉承"以德为先、能力为重、全面发展"的卓越工程人才培养理念，甩开膀子，走出新路。

12年来，学院以"知行合一、追求卓越"为院训，在办学机制、人才培养体系、教学内容与教学方法、书院制素质教育等方面，系统深入地进行改革、探索，取得了显著成效。

不仅是唐翔千夫妇多次莅临指导，其长子唐英年先生从2013年起也屡屡前来视察，创建君远书院；指导君远工程中心建设；为学生开设讲座；接受江南大学名誉博士学位；参与工程教育改革研讨会。他强调："我们的基金会使几万名师生受益。这是对社会的一种贡献，也是对社会给予我们成功创业机会的一种回馈，我认为这是一种爱国主义的体现。"君远学院十周年庆典时，英年先生又发表视频讲话，充分肯定了君远学院实践唐翔千先生爱国重教理念所取得的成果，并希望能继续秉承"爱国、创新、求实"的精神，遵循"知行合一、追求卓越"的院训，培养新一代智慧制造业的创新型卓越人才。他执掌的基金会继续资助千万元予学院"卓越基金"。唐家人的鼎力相助是江南大学发展的重要助力。

君远学院至今已培养出八届毕业生，他们在工程实践能力、创新意识、工作责任心等方面均得到用人单位和同行的充分认可，毕业生中五分之一在500强企业就业；2021年考研深造率创新高，至60%左右；几位拔尖的学生得到李泽湘教授赏识；有的甚至放弃了被香港高校录取为硕士生的机会，在东莞松山湖创业。君远学院已成为我校整合优化社会资源、创新办学机制、探索创新人才培养模式、提高人才培养质量的教学改革示范基地，教学改革创新成果先后于2017年获江苏省高等教育教学成果特等奖，2018年获国家级教学成果奖一等奖，这是唐家人和我们共同努力的结果。作为创始人之一，我为这些成绩深感自豪，更对唐家两代人的远见卓识与慷慨捐助钦佩不已。

再接再厉，贤达典范春风化雨

唐翔千先生百年诞辰在即，不禁再度回顾与老人家谈笑风生的珍贵时光，提笔之前静心思索，唐老先生究竟留下哪些最重要的精神财富？以下三点，我感触颇深：

弘业报国之大志。唐翔千先生投身实业兴国将近70年，他从无到有，弘业兴业，成为香港工商巨子的同时，心系国家复兴大业。他见证时代风云，主动投身改革浪潮，是香港和内地经济合作的推动者，是香港回归的筹措者与亲历者，他的建言献策得到邓小平同志的充分肯定。他的身上闪烁出爱国主义的耀眼光芒。

倾情教育之大举。唐老先生对人才教育有着不同寻常的深切认识，并将人生的一部分精力倾注于教育。他极为重视高端制造业、高新科技工程对国家振兴的重要作用，始终强调工程应用型人才培养创新迫在眉睫。他倾情教育之大举，是全方位的，不仅出思路，抓方略，谈合作，还解囊鼎助，全程考察，助推国家教育事业发展。他的现代人才观值得高教界同仁认真思考，努力实践。

利他济世之大德。唐老先生和家族的慈善捐助历经半个多世纪，对教育及社会事业捐赠高达近四亿元，其义举的核心价值在于"利他"。写到这里，我不禁回忆起老人家每每参加毕业典礼时，都穿着很旧的白衬衫，我总挨着他身边就座，有次不经意间发现他竟然因衬衫领子正面破旧，而将背面反过来缝上继续穿着，然他一生都在"豪捐"。"达则兼济天下"，他的这种自觉自愿的社会责任，无私奉献的大德大爱，值得整个社会为之喝彩、致敬。

如今，唐翔千铜像矗立在君远学院前，激励着我和全体师生不负厚望，砥砺前行。过去的十年里，江南大学取得了较大的进步：两个学科进入国家一流学科建设名单，新增了两名工程院院士；获得了国家级教学成果奖两项一等奖和多项二等奖（其中便有学校与基金会合作的一等奖成果），产生出十余项国家科技成果奖。特别是君远学院所挂靠的机械学院获得了博士学位授予权，卓越工程师培养有了更好的平台。

领唐翔千先生之大志、大举、大德，在家乡无锡，在祖国大地上发扬光大！

2022 年 4 月 2 日

情深似海恩济上大，实业助教为国育才

罗宏杰[①]

　　唐翔千先生是一位实业家，他心系祖国，特别关心创新人才的培养，秉持"爱国重教，培育英才"的理念，为我国的爱国英才培养做出了贡献。2010年，上海大学在唐翔千专项教育基金的资助下，创立了上海大学翔英学院，十多年来在上海唐君远教育基金会的信任和支持下，翔英学院不断创新进取，取得了一系列高等工程教育改革和卓越工程师教育培养成果，培养出一大批具有国际视野的通信类和电子信息技术类卓越工程师和优秀人才，为国家高等教育发展和高层次人才培养做出了卓越贡献。

　　2012年3月，担任上海大学校长职务后，我就代表学校拜访了唐翔千先生。交谈中我为唐先生心系国家发展，致力于为国家培养英才的精神所感动。2021年1月，我有幸担任上海大学翔英学院第二届理事会理事长。值此唐翔千先生诞生100周年之际，属文再次表达对唐先生的崇敬与感激之情，愿我们能够久久传承唐先生爱国重教、敢于创新、兼济天下的宝贵精神。

　　2010年10月21日，唐翔千先生与上海大学原常务副校长周哲玮教授共同签约，由唐翔千专项教育基金联合上海大学组建上海大学翔英学院，并捐赠3 000万元人民币用于上海大学宝山东校区翔英大楼的建设，1 000万元用于翔

① 罗宏杰，上海大学原校长、上海大学翔英学院理事会理事长。

英学院的开办。唐先生作为著名的民族实业家、纺织业翘楚、电子业先锋，一直秉持着实业报国裕民的家国情怀、守正创新的企业家精神。早在1993年，唐翔千先生就捐资400万元用于建设上海科学技术大学图书馆。

进入世界范围内以互联网为核心的新一轮科技革命和产业变革加速进行的新时代，发展适应"四新"经济发展需求的新型工程教育培养模式是必然趋势，因此，翔英学院作为上海大学实施工程教育改革和"卓越工程师教育培养计划"的试点基地，培养具备高水平创新创业能力和跨界整合能力，适应经济社会发展需要的高质量工程技术人才，正体现了唐先生实业报国、固本创新、勤奋务实、追求卓越的实干作风与精神，这是一代代翔英学子和上大学子的学习榜样和奋进的巨大精神力量。正如唐先生对青年学子的谆谆教诲："要认定方向，要投身到符合国家社会经济发展的事业中去，要选择适合自己的学识、专长并有兴趣去创一番事业的岗位。认定了就要有脚踏实地排除万难、非成功不可的奋斗精神，切不可受某种环境的诱惑与影响，三心二意，急于求成。"唐先生的善举得到了时任国务委员刘延东同志的首肯与赞扬。

唐翔千先生不仅重视学生的工程教育，学生的人文教育他也时刻挂在心头。在唐先生亲自关心和推动下，2011年12月翔英书院在上海大学揭牌成立，他亲自题写书院名并确定"爱国、创新、国际化"的翔英书院育人宗旨。翔英书院的成立是唐翔千先生教育理念的一次生动实践，书院与学院的结合，实现了专业教育、工程教育与人文教育的深度融合，旨在培养一批以德为先、能力为重、基础扎实、实际动手能力强、具有国际视野的综合人才。

2013年10月，我代表学校为唐翔千先生颁发了名誉博士学位证书并拨流苏，对唐先生为国为民、贡献教育的远见卓识和奉献精神表达崇敬与感谢。同时，上海大学翔英大楼启用，翔英工程实践中心揭牌，唐翔千先生长子唐英年先生、上海唐君远教育基金会会长王生洪先生、时任上海大学党委书记于信汇教授与我一同为翔英大楼及翔英工程实践中心进行了揭牌，翔英大楼的"翔英"二字是取自唐翔千先生和唐英年先生名字的首字，借以表彰唐先生兴业不忘爱国、行善首重教育的仁爱之心和远见卓识。十多年来，学校坚持探索最大限度地发挥翔英大楼的功能，为师生提供工作、研究及科研条件，翔英大楼的投入使用也更好地宣传了唐翔千、唐英年先生爱国重教的优秀事迹，激发着上大青年学子的爱国之情和筑梦之志。

在唐翔千先生的关怀、支持和影响下，2011年、2014年、2019年，上海唐君远教育基金会分三次与上海大学签订捐赠协议，分别设立"上海大学翔英学院君远专项奖励基金""翔英奖励基金""翔英奖励基金（二期）"，截至2022年6月底，共计捐赠上海大学翔英学院1 160万元，用于翔英学院创新创业教育与实践、国际化人才培养、奖学奖教和专项奖励等。

唐翔千先生多次强调"奖学兴教"，在力所能及的前提下，支持国家发展教育，培养一流人才，为振兴中国做出更大的贡献。在基金会的支持下，翔英学院设立了翔英学院学生奖学金，共有综合素质奖、科技创新奖、学科竞赛奖、企业实践奖、国际交流奖五大类别，奖项设置与学院的办学特色高度契合，激励青年学生们奋发向上、全面发展，培育实践能力与创新能力，使其成长为能够服务国家与社会发展的新工科卓越人才。上海唐君远教育基金会的捐赠善款，支持翔英学院的优秀学生300多人次。毕业后，他们或选择继续深造，在专业领域躬身研究，积蓄更大的能量；或投身高科技产业，为国家技术创新与科技强国事业贡献力量。

唐翔千先生有着开放先进的教育理念，他告诉年轻人："面对世界、面对未来，思想与知识都要开阔，希望你们多做交流，不断丰富自己的学识、经验与才能，最终收获你们人生规划中的成功。"翔英学院在学生培养过程中，不局限于书本知识的教育，更注重实践能力的锻炼，注重国际交流与合作，形成了独特的办学特色。在唐先生的帮助下，翔英学院与一系列相关行业企业建立紧密合作关系，行业企业深度参与培养过程，学校按通用标准和行业标准培养工程人才，强化培养学生的工程能力和创新能力。其中，由唐翔千先生创办的上海美维电子有限公司、上海美维科技有限公司、美维创新技术（上海）有限公司就深度参与国家卓越工程师培养计划，使翔英学院成为工程教育改革和卓越工程师培养的体制、机制创新试验田。同时学院积极联络海外企业，支持学生赴海外公司或科研院所学习，培养具有国际竞争力的高端人才，支持完善课外育人体系，开展翔英国际化课程、翔英讲堂等，帮助学生真正面对世界，面对未来，开阔视野，全面发展。

在唐翔千先生的倡导下，在基金会的支持下，翔英学院建成多个特色实验室、创新实验室、创客空间等育人平台，积极整合优秀校友及社会资源，课内外联动构建"创意-创新-创业"教育培养体系，为深入开展教育教学改革创新提供了有力保障，有效促进学生创新意识、产品开发和设计能力、技术改造和创新能力。

在唐翔千先生的关怀、厚望和支持下，上海大学翔英学院才得以建立和发展，十多年来翔英学院不断弘扬先生的精神，并付诸实践，创新进取，培育英才，为国家的兴旺发达和民族的伟大复兴做出贡献。在上海大学"翔英学院翔英奖励基金"捐赠注资签约仪式暨唐翔千先生铜像揭幕仪式上，唐英年先生讲道："我的父亲生前一直关心翔英学院的建设与人才培养，看到翔英学院卓越工程师培养取得了令人鼓舞的成绩，非常高兴。"值此纪念先生百年诞辰之际，再次表达对唐先生高尚品德的无限敬仰，对唐先生厚力出资栽培翔英学子的不尽感激，愿吾翔英学子、上大学子不负所望，不断拼搏、开拓进取，传承和发扬唐先生的美好品质，勤学苦干，振兴中华！

爱国重教的唐氏家族

姜斯宪 [①]

　　适逢香港爱国实业家唐翔千百年诞辰，回望唐翔千先生的生平，我既感慨唐翔千先生爱国爱乡、精勤执业、敢为人先的开拓精神，又敬佩唐氏家族的守正创新、慈心重教、泽被桑梓的大爱情怀。

　　唐翔千先生的创业故事鼓舞人心，唐氏家族创造的精神财富更是源远流长。我与唐翔千先生之长子唐英年相识20余年，首在沪港合作中相识相知，又于琼港合作中亲密携手，更在唐氏家族襄助上海交通大学人才培养中获益良多。在与英年兄谈及他父亲时，他曾表示，读懂了唐翔千先生，或许就读懂了中国式商道：勤奋、谦让、硬气。唐翔千先生30岁开始在香港艰辛创业，用了不到20年时间，成为香港商界巨子。改革开放后，唐翔千先生在深圳做成了特区第一批补偿贸易，在新疆建成了国内第一家合资经营的毛纺织厂，在上海办成了第一家沪港合资企业等，这些创举在工商界引起了积极反响。纵观唐翔千先生的创业生涯，他始终以满腔的爱国热情支持祖国各项事业发展，是香港和祖国内地沧桑巨变的开拓者与见证人，也让唐氏家族在新中国建设史上留下光辉灿烂的一笔，令人敬仰！

　　唐氏家族与上海交通大学渊源深厚，情谊绵长。唐翔千父亲唐君远先生

---

① 姜斯宪，上海交通大学原党委书记。

曾在南洋公学（上海交通大学前身）求学，唐翔千夫人唐尤淑圻女士是交通大学财经管理专业50届校友。唐翔千先生曾说："我在香港、祖国内地乃在国外搞了一辈子实业，从我的亲身经历和阅历中深刻体会到，一个国家要强盛，一个企业要发展，人才是诸因素中的关键因素。"我认为，唐氏家族"爱国重教"的优秀传统与交大创始人盛宣怀先生"自强首在储才，储才必先兴学"的信念高度契合。唐氏家族与上海交大，都把自己的血脉与国家富强、民族复兴及社会进步紧密相连，并为之奋斗不已。在此过程中，上海交大有幸得到唐氏家族襄助，共同为国家人才培养做出贡献。

唐氏家族对人才强国、实业报国有远见卓识，尤其关注青年学生的成长成材。1987年，唐翔千先生遵循父意，将给父亲贺寿的一万元礼金，捐赠给翔千先生的母校上海大同中学，设立"唐君远奖学金"。1993年，唐翔千先生继承父志，将"奖学金"扩充为"唐氏教育基金会"，也就是今天的上海唐君远教育基金会。基金会的宗旨是"爱国重教，培育英才"，通过多项举措激励青少年和贫困学生立志笃行。在上海唐君远教育基金会成立之初，唐翔千先生就开始在上海交大设立"大学生君远奖"，对考入上海交大并获"君远奖"的学生进行跟踪奖励，鼓励他们加倍努力、砥志研思，成长为有担当、有作为的青年。截至2021年底，"大学生君远奖"资助上海交大学生近千人次，是学校设立时间最长、资助学生最多的奖学金之一，对学校创新人才培养起到重要推动作用。2011年，唐翔千先生夫人唐尤淑圻女士在上海交大设立"唐尤淑圻奖学金"，鼓励同学们钻研新科技、突破新领域。唐尤淑圻学长对母校感情深厚，热忱关注母校发展，曾长期担任上海交通大学香港校友会会长。在2016年研究生毕业典礼上，唐尤淑圻学长获授上海交通大学名誉博士学位，九十高龄的她声情并茂地勉励交大学子们要秉承"饮水思源、爱国荣校"的校训，以绵薄之力，竭尽所能，积极投身国家建设与发展。

唐氏家族有着超乎时代的国际化教育理念。唐君远先生经常教诲子女："我不给你们家产，只培养你们读书。学到知识，自己创业！"长子唐翔千先生不负嘱托，先是在英国曼彻斯特大学学习纺织专业，之后赴美国伊利诺伊大学攻读经济学硕士学位。唐翔千的长子唐英年先生青出于蓝，早年赴美国密西根大学攻读心理学学士学位，毕业后回港继承父业，成为香港商界和政界的翘楚。上海交通大学密西根学院是中美高等教育合作的典范，曾获评国家教育体制改革领导小组的"中国高等教育改革楷模"。唐英年先生有感于密西根学院的发展，2015年捐赠250万元设立"唐君远密西根学院奖学金"，并于2020年追加捐赠500万元设立留本基金，持续支持优秀学生的培养。2016年，在上海交大120周年校庆即将到来之际，唐英年先生又捐赠4 000万元设立"唐君远讲席教授基金"，支持学校高层次人才的引进与培养。讲席教授是学校高水平师资队伍体系中的关键组成部分，也是学校一流人才培养及高水平研究的重要基础。唐英年先生非常重视讲席教授的评审与聘任，还专程来学校为首位唐君远讲席教授颁发聘书。

创新是唐氏家族一直推崇的创业理念。早在新中国成立之前，唐翔千的父亲唐君远先生创办了中国第一家全能精纺厂，首创的"泡泡纱"和"不蛀呢绒"，在中国民族纺织业史上留有辉煌的印记。2018年，在唐氏家族的支持下，密西根学院创建了唐君远学生创新中心，致力于学生创新综合能力培养，探索人才培养新思路、新模式，通过指导学生科学技术协会、创新社团开展创新活动，组织学生参加国内外各项比赛，丰富学生课外创新活动，引入科技企业开设前沿技术第二课堂选修课，培养与时俱进的复合型技术人才。应该说，唐氏家族对上海交大人才培养、师资建设、国际化合作及学科发展等领域持续地进行全方位的支持。

风雨砥砺，岁月如歌。国家发展，离不开众多像唐翔千先生这样胸怀家国、兼济天下的社会贤达的支持；交大今日之荣耀，离不开众多像唐君远教育基金会这样的社会慈善机构的帮助。唐君远、唐翔千、唐尤淑圻、唐英年等唐氏家族中熠熠闪光的名字，早已深深刻印在交大师生心中。交大师生也将用优异的成绩回馈唐君远教育基金会，服务社会，报效祖国，实现唐翔千先生之宏愿！

斯人已逝，然幽思长存。谨以此文纪念香港爱国实业家唐翔千百年诞辰。

爱国重教弘正道，兴学育人写春秋

史维祥[①]

2023年是我国知名爱国实业家唐翔千先生100周年诞辰，我们纪念和缅怀唐翔千先生不仅是因为他生前取得的杰出成就，更是因为他真挚深厚的家国情怀。唐先生实业报国、守正创新的实干精神，善济重教、乐育英才的大爱善举，值得我们持续学习和发扬光大。

人才济济的唐氏家族

唐氏家族是一个传奇而又庞大的家族，长盛不衰，人才辈出。实业兴国，教育兴邦，回馈社会是唐氏几代人矢志不忘的爱国情怀。唐翔千先生一生致力于实业报国，从国内到国外，从祖国的东南部到西北部，从纺织业王国到电子王国，成功兴办了几十家企业，乃我国当之无愧的商业巨子和工业先驱。唐翔千先生的胞弟唐照千教授是我国固体力学家、振动工程和实验力学家，西安交通大学力学专业和学科的创始人和奠基人之一，力学功底深厚、造诣精湛，毕生致力于科技报国和为国家培养高层次人才。唐翔千先生长子唐英年先生从美国密西根大学毕业后先在香港执掌实业，成绩斐然，后从政报国，服务社会和

---

① 史维祥，西安交通大学原校长。

民众，历任香港工业总会主席、工商及科技局局长、财政司司长、政务司司长等职，为香港经济社会发展做出了重要贡献。

爱国奋斗的唐氏家风

唐翔千先生早年从江苏出发，继承祖辈开创的纺织事业，博采众长，实业越做越强。他心系桑梓，参与见证了内地、香港半个多世纪的沧桑巨变，特别是改革开放之后，他率先投资内地，开创了多项第一，比如参与深圳的第一批补偿贸易，在乌鲁木齐创办新疆第一家合资经营的天山毛纺织厂，在上海办起第一家沪港合资企业上海联合毛纺织有限公司，领取了具有历史意义的"第00001号"上海合资企业营业执照，开创了上海合资企业的先河。他放眼世界，融贯中西，在经济、科技、文化、教育多个方面建树卓越，特别是年逾花甲之年，华丽转身进军电子行业，最终以坚忍执着、勤勉克己和无与伦比的商业智慧开创出他宏伟的电子王国，所取得的成就同样令世人瞩目。作为香港爱国实业家，唐翔千曾多次受到党和国家领导人接见，并担任多届全国政协常委，获得过多个荣誉。唐翔千先生毕其一生用心做事业，倾心做教育，热心办慈善。他创设上海唐君远教育基金会，本着"教育为立国之本，人才为建设之基"精神，支持祖国教育事业发展，表现出了一位大儒商的历史担当。

如同唐翔千先生义无反顾地担当起实业报国的历史使命，唐照千教授在父兄的支持下走上了科技报国的道路。他在固体力学、振动工程和实验力学方面取得了卓越的学术成就，主持建立了西安交通大学振动测试基地，为机械结构强度与振动国家重点实验室（我国建成开放的第一个国家重点实验室）奠定了坚实的基础。1980年唐照千赴美访学期间，大哥唐翔千给予了大力支持，唐照千把大哥送给他买汽车的钱全部用于购买国内稀缺的书籍资料、电子器件以及磁带等，用于科研急需。面对美国优渥的工作学习条件，他表示：美国是资本主义国家，我比别人更了解，祖国再穷总是我的母亲，我不会只为个人安逸、舒适而留居国外。唐照千教授访美结束后，毅然谢绝了国外和上海有关单位的优厚待遇，坚定选择回到西安交大，为国家科技和教育事业奉献到生命的最后一刻。

重教育人的唐氏家训

多年来，以唐翔千为代表的唐氏家族始终怀着一颗赤诚之心报效国家，回馈社会，传扬爱国重教精神，培养创新拔尖人才。

1987年，作为西安交大已故的杰出力学专家唐照千教授的长兄，唐翔千先生捐赠100万港币作为初始资金，在西安交通大学设立"唐照千奖学金"，以纪念唐照千先生的崇高品格与力学成就，为我国工程教育培养创新拔尖人才。2017年，在唐翔千长子唐英年先生的支持下，上海唐君远教育基金会再次慷慨捐资400万元人民币继续支持"唐照千奖学金"。

"唐照千奖学金"是西安交大最早一批社会捐赠奖学金，学校高度重视奖学金的运行和管理，由学校校长和院士长期担任奖学金管理委员会主任。上海唐君远教育基金会历任领导，特别是唐翔千先生胞妹唐新璎女士对"唐照千奖学金"和西安交大的人才培养工作也非常重视和关怀，多次亲自带队来西安交大交流指导。经过多年运行，"唐照千奖学金"已经成为西安交大最著名、最重要的校级奖学金，声誉极佳，激励效果十分显著，历届学生都以能够获此殊荣而深感自豪。截至目前，奖学金累计奖励学生800余人次，大多数获奖者已发展成为各行各业中的佼佼者，获奖学子中涌现出了一大批国家建设的栋梁之材，如服务国家重大需求和学术前沿，为我国第一台F级重型燃机的自主研发实现关键核心技术从0到1的转变做出实质性重要贡献的首席科学家王铁军；服务经济，惠及民生，创立中国第一音频平台喜马拉雅的商界精英余建军；投身国防科技创新，潜心研究新型武器装备，多次立功受奖，为国防事业做出重大贡献的火箭军科研英才何玉彬等。

与兄长唐翔千先生心系教育、捐资助学一样，深受学子爱戴的唐照千教授重视教学，为科技人才培养殚精竭虑。1959年，唐照千临危受命，承担起专业建设的重任。他积极向钱学森等专家请教，与同事多次讨论、反复琢磨，形成了我国工程力学专业的第一个培养方案。在该培养方案的指导下，西安交大力学专业人才培养硕果累累，培养出了美国工程院、科学院、艺术与科学院三院院士高华健，美国工程院、科学院院士锁志刚，以及中国工程院院士陈政清等一批杰出校友。现今工程力学专业已被列为国家一流专业、教育部特色专业，并入选基础人才拔尖计划2.0和强基计划。这些成绩的取得，都得益于唐照千主持制定的培养方案所奠定的坚实基础。

唐翔千先生倾其一生只为创业报国，支持教育，热心公益，广积善德，他的非凡人生和精神品格必将激励着一代代交大人奋发图强，砥砺前行。以唐翔千为代表的唐氏家族所秉承的爱国敬业、勇于任事、求精务实、造福社会的优良家风和为国家民族不懈奋斗的赤子情怀，与西迁精神所蕴含的价值和信仰相通相连，高度契合，必将跨越时空永远在交大人的精神世界中熠熠生辉。西安交大将一如既往地做好奖学金管理工作，资助更多学子在唐氏家族精神感召下追寻梦想，成才报国。

2022年9月

一位老校友的大同情缘

应 华[1]

唐翔千先生与大同的渊源甚深。20世纪40年代，他在大同大学附中一院读完了高中，后又在大同大学商学院读完了大学。1987年，他遵照父亲唐君远老先生的生日愿望，在大同中学捐资设立"唐君远奖学奖教金"。30多年来，翔千先生携同君远老先生和英年先生多次莅临大同，在上海唐君远教育基金会的始发地书写着爱国重教、培育英才的精彩故事。

就读大同，学业日进

1941年，18岁的唐翔千在已经迁至租界的大同大学附中一院就读高中。当时，唐家从无锡逃难后，几经辗转在上海法租界兴业里找了幢房子安顿下来。唐翔千经常独步穿过复兴公园，走到复兴路律师公会大厦上课。念完高中后，唐翔千升入大同大学商学院，主修会计专业。

进入大学后，唐翔千结交了几个读书好的朋友。每次考试，这些同学都是名列前茅，他自己却总是在中等以下。这种差距激发了唐翔千的好胜心和学习的欲望。一次，他无意中翻阅一位朋友的笔记本，发现笔记本上几乎记

---

① 应华，上海市大同中学校长。

录下了课堂上老师讲过的所有的话，有些字旁边打了红颜色的问号，有些字底下画上了粗粗的黑线，还有些字上画了黄色的圆圈，边上的空白地方则写满了这位同学的学习心得。这样的学习方式让唐翔千恍然大悟。从此以后，老师在黑板上写的每一个字，老师解题的每一个步骤，他都一字不落地记录下来。回家后第一件事，就是把当天的资料进行整理。后来，唐翔千的笔记在学校里成为同学们争相借阅的"抢手货"，他的学习成绩也如芝麻开花般节节高。

唐翔千先生曾对大同中学原校长杨明华深情回忆起这段读书求知的经历，并感慨多交益友和个人发奋的重要性。1995年7月，唐翔千先生在香港接待参加海峡两岸暨香港、澳门文化交流的王琛、岑舒远、张舒三位大同学友时，也语重心长地嘱咐青年学子要奋发图强，立志成才。三位同学事后回忆道：翔千先生慈祥和蔼，他对我们的谆谆教诲让我们如沐春风，终身受益。

捐资设奖，情缘日深

1987年，在唐君远先生86岁大寿的寿宴上，君远老先生提出了"我不要礼物，我想要一笔资金设立一个奖学金，奖励学业优秀的学生"的心愿。老先生的愿望当场就落实了：儿女们用1万元人民币的寿礼，在大同中学设立了"唐君远奖学金"。之所以选择大同中学，不仅因为唐翔千和他的弟弟妹妹多是大同中学的校友，更为重要的是唐君远教育基金会"爱国重教，培育英才"的指导思想与百年大同"教育救国，为国育才"的办学理念高度一致。

1988年12月29日，87岁高龄的唐君远老先生亲临大同中学，向荣获"唐君远奖学金"的47名先进教师和27名优秀学生颁发奖金。此后，唐君远老先生、唐翔千先生、唐英年先生等唐氏成员多次莅临大同，传递爱国重教的精神力量。2005年12月3日，唐翔千先生率领时任香港特别行政区政府财政司司长的唐英年等家属20多人来大同参加唐君远先生铜像揭幕典礼，并为母校捐赠了大型雕塑——"知识之窗"。

2007年12月15日，唐翔千先生来校参加唐君远教育基金会创办20周年庆典大会，并在大会上宣布将不断地增拨资金，扩充奖学金数额，增加颁奖学校。唐翔千先生同时对年轻一代提出殷切的期望，他寄语年轻人应该为振兴民族而努力学习。大同中学90届校友施昕作为基金会主管单位市委统战部的工作人员，陪同唐翔千先生全程参加了庆典大会。虽然时隔15年，但施昕校友对翔千先生温文尔雅的长者风范和热衷教育的赤子情怀仍然记忆犹新。2012年大同中学百年校庆之际，唐翔千先生又出资百万成立翔千创新实践基地，为培养创新型人才搭建平台。

2019年4月5日，唐翔千校友铜像揭幕仪式在大同中学举行。仪式上，大同中学学生深情朗诵《薪继火传的心愿》，追忆三代唐氏带头人及家族成员爱国重教、培育英才、薪火相传的历程。基金会还为东西部青少年科技创新研究资助60万元，用于培养更多的青少年创新型人才。从此，在唐翔千先生铜像面前讲述翔千先生实业报国、爱国爱港、善济重教的事迹，传承翔千先生精忠报国、守正创新、包容豁达的精神品格，成为大同校园文化的一部分。

尊师爱生，人才辈出

作为大同中学的老校友，唐翔千先生非常关心母校的发展和师生的培养，多次出资帮助母校开展教育教学研究和奖励优秀师生。35年来，共资助优秀教师677人次，优秀学生1 652人次。在大同，能够获得"唐君远奖教金"和"唐君远奖学金"，已经成为师生的无上荣光。

张亚东老师曾多次获得"唐君远奖教金"，他还有幸聆听过翔千先生在唐君远教育基金会创办20周年庆典大会上的发言。如今，张亚东老师已经成为上海市数学特级教师、正高级教师。他曾深情地感慨道：唐翔千先生虽然是一位实业家，但他却把资助教育作为自己终生的事业并为此奔波辛劳。我们作为人民教师，本职工作就是教书育人。唐翔千先生用他的实际行动告诉我们教师要一生热爱教育，一生勤恳耕耘。

90届大同校友郝骏，作为两次"唐君远奖学金"的获得者，对唐翔千先生的感情格外深。他毕业后也像翔千先生一样创办了自己的企业，历经商海沉浮，始终初心不改，一直把做企业要堂堂正正，要赚干干净净的钱，要为他人和社会带去正能量，作为自己和企业的价值观。他深切地体会到翔千先生给后人留下的精神财富，激励了几辈人，至今仍旧可以适用于现实的社会生活中。

除了直接奖励大同师生外，唐翔千先生还出资百万，资助学校成立了唐翔千创新实验基地。创新实验基地以传统医药学研究、机器人与自动化控制、建筑与设计、电子设计、新媒体等为探索项目，使学生通过实验，提出有创意的想法，进而形成研发方案或设计方案，直至最后做出产品，借助展示或者推销进行商业转化。这样的创新探究实践过程，促使大同学生有效发展个人兴趣特长，提升创新创意能力，明确未来职业规划。唐翔千创新实验基地犹如一个孵化器，促使大同中学在创新教育的道路结出累累硕果。

2021学年，大同学生在全国、市、区级学科类竞赛中获奖100余人次，在各级各类科技类竞赛中获奖150余人次。学校获评"十四五"期间首批上海市科技教育特色示范学校。在第37届上海市青少年科技创新大赛中，共有36个课题61人次获奖，6个项目获"青少年科技创新成果一等奖"，10个项目获"青少年科技创新成果二等奖"，20个项目获"青少年科技创新成果三等奖"，8人入选上海市中学生"英才计划"，创历年新高。虽然唐翔千先生离开我们已经四年多了，但他重视人才培养、注重实业兴国的理念，仍然通过唐翔千创新实验基地传承着。

明年就是唐翔千先生100周年诞辰了。翔千先生既是大同中学的老校友，也是大同中学的骄傲。他和唐氏家族对大同情深意切的关心和支持，是我们立足百十年新起点、再上新台阶的重要助力。他"爱国、创业、重教、善济"的崇高品格，是我们对学生进行思想政治教育的宝贵财富。我们会努力将唐氏家族"爱国重教，培育英才"的不懈追求，化为我们大同人"为党育人，为国育才"的行动自觉。相信唐君远奖学奖教金与大同中学的故事还将继续谱写下去，期待双方长期携手，聚焦教育兴国、人才强国的壮丽事业，谱写更加精彩的篇章！

扶贫济困情系职教，丹心乐育青年工匠

无锡机电高等职业技术学校

　　无锡籍著名爱国实业家唐翔千先生秉承"爱国重教，培育英才"的家族优良传统，数十年如一日，鼎力捐助无锡教育，为家乡教育事业的发展做出了重大贡献。从发放助学奖，到布点"君远班"；从资助单体项目，到探索办学模式……回顾上海唐君远教育基金会与无锡机电高等职业技术学校（以下简称"无锡机电高职"）结缘的一幕幕，唐翔千先生可亲可敬的音容笑貌不时浮现，唐翔千先生给予全校师生的深情厚谊，令人思绪涌动、感慨万千……

设立"唐君远助学奖"、布点"君远班"，
厚德大爱助推一线技术人才高效能培育

　　"同学们只要管好学习，经济的事情我们来管。"唐翔千先生朴素的话语，带着浓浓的无锡乡音，直达人心，是无锡机电高职君远助学奖获奖学生永远都忘不了的。2006年年初，怀抱为家乡的制造业培养高素质技能型人才的心愿，唐翔千先生决定在无锡机电高职设立助学奖，鼓励家乡职业学校的优秀贫困学生勤奋学习。根据唐翔千先生的意见，资助名称没有采用常见的"助学金"，而将其确定为"唐君远助学奖"，意在激励受助学生主动发展。这项助学奖每

年评选一次。

2006年10月20日，首届上海唐君远教育基金会无锡助学奖颁奖大会在学校召开。唐翔千先生和夫人唐尤淑圻女士专程来校颁奖。20名家境贫寒而品学兼优的学生喜获"唐君远助学奖"。年过八十、精神矍铄的唐翔千夫妇亲自为获奖学生颁发证书和奖金，勉励他们以更好的成绩回报社会。目前，上海唐君远教育基金会已累计向学校发放1 443人次、360.3万元助学奖。

为了进一步推动受助学生成长成才，在唐翔千先生的关心下，学校将受助学生组建为"君远班"，聘请骨干教师担任班主任，开展了很多有意义的活动。寻根严家桥，祭扫唐墓，走进世博会，参观唐氏企业……丰富多彩的活动激励受助学生刻苦钻研技术，自觉将自身发展同国家命运结合起来，用实际行动回报唐氏家族的善举。在国家、省市各类赛事中，君远学子多人获得大奖。其中有获全国职业院校技能大赛一等奖、江苏省首届技能大赛状元的黄豆，有获全国职业学校文明风采大赛一等奖的葛涛，有获全国职业学校创新创效创业大赛一等奖及首届无锡市青少年科技创新市长奖、中国科协首届公众创新擂台擂主唐杰……近年学校受助学生连续两年入选国家奖学金（中等职业教育）学生代表名录，登上了《人民日报》。

为了助力学校高技能人才的培养，2008年起，通过上海唐君远教育基金会，唐翔千先生每年捐资7万元，帮助学校组建"君远技师班"，培养无锡产业发展所需的优秀技师，探索校企合作培养高技能人才的路子。在唐翔千先生和基金会的关心支持下，学校涌现出一批全国、全省技能大赛学生状元和金牌选手。学生在全国职业院校大赛中累计获得66块金牌，居全国同类学校前列。入职到一汽解放汽车有限公司无锡柴油机厂的"90后"优秀毕业生宣峰，在全国职工技能竞赛中荣获一等奖，成为"全国技术能手""全国青年岗位人才"，被列入江苏省"333高层次人才培养工程"第三层次培养对象，获评无锡市"最美青年工匠"，事迹被人民网等国内媒体广泛宣传。

资助单体项目，改善学校办学条件，情系职教，
助推学校高质量发展

"我崇尚实业强国，相信通过制造业等基础产业发展可以国强民富。我切身体会到企业和国家的发展都必须依靠科技和人才，特别是有创新精神和实践能力的人才。而这一切要依靠教育。"作为有远见的实业家，唐翔千先生对职业教育有着深厚的感情。多年的创业历程，让他深刻地认识到职业教育实训基地的重要性。为进一步改善办学条件，提高应用型人才培养质量，唐翔千先生于2008年向学校捐资823万元建造君远科技楼。项目建设中，唐翔千先生多次来校，实地考察进展情况。

2010年，唐翔千先生通过基金会又捐资1 000万元，用于购置君远实训中心的设备。2012年，学校君远数控实训中心、君远模具实训中心顺利落成，成为全国职校一流的示范性实训基地。2015年，基金会又捐资150万元用于添置模具设备。2016年，基金会捐资300万元用于添置工业机器人设备，捐资40万元用于教师学历水平提升等。年过九旬的唐翔千先生虽然行走不方便，但仍挂念学校发展情况，2015年4月，他坐着轮椅到校看望受助学生，了解学校发展。唐翔千先生始终铭记父亲临终前的嘱托，曾多次提道："我在无锡的这些捐助，都要以我父亲的名义来做。"并多次叮嘱长子唐英年，要继续关心无锡机电高职的发展。

君远科技楼、君远数控实训中心、君远模具楼、君远林、君远大道、君远广场……在无锡机电高职校园中的君远教育教学园区静静地矗立着，仿佛诉说着唐翔千先生实业报国的高尚情怀。可以说，无锡机电高职近年来的快速发展，与唐翔千先生和上海唐君远教育基金会的慷慨相助是密不可分的。借着这一东风，学校荣获首批国家改革发展示范学校、全国教育系统先进集体、全国职业教育先进单位、国家级教学成果奖一等奖、全国职业院校实习管理50强、

全国职业院校学生管理50强、全国技能型紧缺人才培养培训基地、教育部重点建设职教师资培养培训基地、江苏制造突出贡献奖先进单位、江苏省高水平现代化职业学校、江苏省现代化示范性职业学校、江苏省文明单位等称号，蝉联"江苏省高技能人才摇篮奖"，并入选江苏省首批领航计划学校建设单位。

"两唐"纪念室建设、开放，薪火相传，助推无锡区域文化高品质提升

学校在发展中深切感受到唐氏家族精神所给予的文化驱动力，怀着对唐君远先生、唐翔千先生及其家人的崇敬与感恩，萌生了在君远科技楼一楼建设纪念室的想法。唐君远纪念室落成于2008年11月，大厅敬立唐君远先生全身铜像。近200幅图片、90余件实物、近万文字以及多媒体音像资料，全面而生动地介绍了唐君远先生及其家人艰苦创业、实业救国、热心教育、为振兴祖国的教育事业倾情奉献的爱国主义精神。2009年5月，唐君远纪念室成为无锡市爱国主义教育基地。唐翔千先生及其家人多次到校，瞻仰父亲铜像，观看纪念室布展。

"人生有限，事业长青，有意义的事要坚持做。"唐翔千先生用自己数十年的善行义举为这句话做了最好的注释。他的心怀桑梓展现了唐氏后人大善为民的高尚情怀；他的捐资助学彰显了唐氏家族爱才重教的高远品格；他的情系职教更是体现了唐氏企业致力于振兴民族工业的睿智眼光、务实作风和战略高度。折服于其人格魅力，2017年，学校建设了唐翔千先生爱国、创业、重教事迹陈列室。陈列室设在学校君远模具楼一楼，以文字、图片、实物以及多媒体音响资料等展示唐翔千先生事迹，已成为无锡市爱国主义教育基地。

丹心千古，誓言铿锵。2019年4月3日，唐翔千先生铜像揭幕仪式暨纪念唐翔千先生逝世一周年诗词朗诵会在唐翔千事迹陈列室举行。师生们深情朗诵自创的诗词，在新揭幕的唐翔千先生坐像前深深缅怀这位爱国重教、情系桑梓

的时代巨人。这是陈列室多项文化传承活动的一个缩影。近年，校园内的无锡市爱国主义教育基地唐君远纪念室和唐翔千事迹陈列室，在弘扬传承锡商精神、进行爱国主义教育方面发挥了积极的作用。

唐君远纪念室和唐翔千事迹陈列室将爱国主义教育的功能延伸到社会，已成为无锡传承中华美德，发扬爱国敬业、艰苦创业、行善积德、奉献社会精神的重要场所。目前，两个纪念室均已入选"无锡市学生职业素养提升创新项目"，每学期接待校内外参观学习的人数达上万人次，取得了良好的社会效果。通过全国职业院校技能大赛、全国师资培训工作、香港大学生参观团、江苏省职业教育年会、江苏省创意论坛，以及接待与会代表、各类参观学校和企业等活动，将唐氏精神传播到世界各地。

岁月有痕，大爱无疆；先生遗风，山高水长！唐翔千先生的光辉事迹和崇高风范将长存于世，长存于思念他的无锡机电高职师生心中。先生的厚爱将鼓舞每一位走进无锡机电高职的孩子勤奋进取，学好技能，回报社会！无锡机电高职全体师生将以唐君远、唐翔千先生的伟大精神为激励，不忘初心，矢志报国，努力把无锡机电高职建设得更好，为党和国家培养更多德技双馨的优秀人才。

2022 年 7 月

他给常州留下了一个永远的念想

常州市委统战部

2007年9月，江南已入秋，暖阳和风，天高云淡。唐翔千先生从香港经由上海来到江苏常州。

先生这一年84岁了，一生辗转海内外，求学创业，看过世界的许多景致，也经历过无数风浪。他平静祥和的面容里看不到沧桑颠沛，吴侬软语中充溢着爱与智慧。

常州，对他来说并不陌生。记忆中，家族长辈修谱编志，总是要从常州唐氏大宗祠说起的，父辈庭训大多会溯源常州先祖曾经的家国往事、经世之言。

此行是他在儿孙绕膝的暮年一件重要事情。虽然他每年要多次往返沪港打理自己亲手创办的美维公司等多家企业，也时常回到出生地无锡祭奠父母、拜亲访友，但是常州这个家族大树的根脉之地、唐氏后人心中的精神圣地，似乎隔着遥远的"最后一里路"，总是迟迟难以抵达。当他在夏季收到常州来信，得知2007年是先祖唐荆川先生诞生500周年，他决定回来。

他不是一个人来的，携同夫人，带着儿子和孙辈们，还有散落全球的156位唐氏后人。他和他们，来与不来，唐荆川先生和他的精神就在那里，在他和他们的血脉里，这是不会改变的。他和他们来了，500年时空的交汇点上，一切都发生了变化，历史已经被改写。

在花影摇曳的微风里，在润心洗尘的秋雨中，他和夫人唐尤淑圻女士跨越石拱桥，走过长长的甬道，绕行在肃穆清朗的荆川先生墓地，走进乌瓦白墙的唐氏大宗祠，仰望披甲执兵的荆川先生神武雕像，从唐荆川读书处牌坊穿过，迈入飞檐雕窗的五言楼。这里，一砖一瓦都承载着家族的厚重与荣光，一草一木都浸润着500年历史的风霜。

向先祖敬香，向荆川先生的坟茔献上白菊，听天宁禅寺梵呗绕梁，看常州科教城生机勃发，在常州的两天时间里，他感受祖籍地常州的美好与热忱，更体味到常州崇文重教的底蕴与产业坚实的底气。

传承祖父辈实业兴国的理念，他一辈子在实业领域奋斗，在海内外创办纺织成衣企业、发展电子材料行业，率先劈波斩浪蹚开沪港合作之路，率先进疆开拓祖国西部，对产业兴国、服务社会的企业家责任有深刻体会。此次常州之行虽然短暂，他不想匆匆而过，想给这里将来有志于从事实业的孩子做点事。

他和唐骥千、唐鹤千等族兄相约，想给家乡留下点什么，他拿出100万元，希望对读制造类专业的寒门学子有所助益。他把一颗心捧出来，这是他一贯的做法，更是唐家人几百年来一贯的做法。

厚厚的《毗陵唐氏家谱》大篇幅记载了数百年来祖辈"为国育人才，忠以培英特"的遗训，《唐氏宗规》中详细记录了大量设义田、办义学、开义庄的宗族义举。早在1987年，他遵从父愿将父亲1万元寿礼设立"唐君远奖学金"，后来在此基础上发展成立了上海唐君远教育基金会，累计捐赠人民币4亿元，受奖师生逾8万人。康奈尔大学、麻省理工学院、加州伯克利大学、香港中文大学等世界高校都有唐氏家族成员捐献的基金和大楼。

同样，毗陵唐氏家族重视并受益于教育，"兴学重教"与"实业兴国"的理念相互渗透，毗陵唐氏后人在世界范围形成了高层次的人才网络，他们发展家族企业的同时融入世界潮流，在教育、金融、医药、生物、化学、文化等各个领域，培养出了一批又一批卓越人才。

这一生，他走到哪里就把一个信念带到哪里，那就是善济重教。他坚信兴办教育、培养人才是立国之本、强国之路。他理解的人才是指企业家、高级工程师和研究开发人才，因为这恰恰是我们社会最需要的，却又是最缺少的实干型人才。

在这500年的相聚时刻，他和族兄们共拿出216万元，常州将这笔钱以唐荆川先生的名义建立了爱国兴学基金，奖助常州科教城内五所大专院校品学兼优、家境困难的学生。

有了基金，就有了一个可以留下来、传下去的载体。每年秋天，新的学年开始，常州举办唐荆川爱国兴学奖助金发放仪式，唐家人都会从无锡、上海、香港、泰国、美国各地不辞劳苦来到常州，为受奖助的学生颁奖，这是一种激励，更承载着爱与责任。

2014年，又一次机缘，唐翔千先生之子唐英年先生来到常州，他宣布由上海唐君远教育基金会注资，将唐荆川爱国兴学基金增至450万，受奖助的学生从此增加了一倍。

江水长流，掐指算来，基金已发放14期，常州受奖助学生达574人，发放奖学金达262万元。唐鹤千等唐氏后人又相继捐建各类专项基金，奖励常州优秀师生。唐家在常州捐赠、发放的资金总额逾千万元。

白云千载，晴川历历。有些人和事是不能被忘记的，500多年了，人们还在纪念文武双全、经邦济世的抗倭英雄唐荆川。15载春秋过去了，唐翔千先生和族兄们在常州留下的教育基金，给子孙后辈在祖籍地留下了一段佳话，一个永远的念想。这个念想如同一棵树，根埋在泥土里，不断生长，这是精神的传承，或许这也是毗陵唐氏家族长兴不衰的秘密。

情牵故里，泽被桑梓

唐翔千先生的话：

我是一个无锡人，我要为我的家乡做一点事情。

我们唐氏家族忘不了祖居地家乡人民。祖上曾有一个规矩，凡是严家桥地方的公益事业，我们唐家出一半，现在这个传统，我们要继续继承发扬下去。

将来，我百年之后要回到青龙山公墓，去陪伴我的父亲。

唐翔千：德高望重的锡商楷模，桑梓情深的爱乡典范

无锡市委统战部

"我是一个无锡人，无锡是我的故乡。"1923年6月8日，唐翔千先生出生在无锡的一个纺织世家，受"实业兴邦、利国利民"思想的影响，唐翔千先生从无锡走向上海，再走向香港，成为一名享誉世界的爱国实业家。翔千先生一生倾情于实业报国，投身改革，成就非凡；一生致力于教育兴邦、慈善助民，贡献卓著；一生尽心于爱国爱港、民族振兴，德高望重。他那追求真理、追求科学、追求理想的赤子之心，为人真诚、务实厚德、执着不懈的精神风骨，慈祥平和、宽人律己、循循善诱的长者风范，至今令人无比感佩和思念。

唐翔千先生是锡商的代表性人物，为后世树立了楷模

在中国近现代工商业历史上，无锡这个地名是一个不可回避的存在。这个有着3 000多年历史的苏南名城，因天时地利人和成为中国民族工商业的发祥地。而在无锡的民族工商业史上，无锡唐氏更是留下了浓墨重彩的一笔，和无锡荣氏、杨氏、薛氏、丁氏一道，成为无锡近现代史上闪亮的名片。

2013年，首届全球锡商大会在无锡隆重召开。唐英年、荣智健、丁午寿与

内地锡籍企业家等近500名代表与会，共同见证了锡城盛事。在这次盛会上，首次提炼出了"敢创人先、坚韧刚毅、崇德厚生、实业报国"的锡商精神，而翔千先生正是百年锡商历史上叱咤风云、尤为卓越的一位。

作为享誉海内外的实业家，翔千先生创造的成就十分瞩目。无论是他在中国改革开放史上创造的浓墨重彩的三个"第一"，还是他带领4家企业在A股上市，2家企业在香港上市的光辉业绩，翔千先生每做一件事就成功一件，他是故乡家喻户晓的锡商楷模。无锡民众津津乐道于翔千先生创业的传奇故事；锡商精神研究者则钦佩于翔千先生那敢创人先的胆识气魄、坚韧刚毅的顽强品格、崇德厚生的家国情怀和实业报国的使命追求，这些都化成他不断前行的内生动力，也是留给后人的宝贵精神财富。

唐翔千为无锡海外联谊事业起到重要的助推作用

改革开放初期，内地从贫穷落后、相对封闭的状态走向对外开放。唐翔千先生在香港先后组织了几批工商精英到上海、无锡等地访问，再促成沪锡两地组团到香港交流。他召集了一大批香港社会贤达了解并参与内地的社会经济发展，对海内外联谊、互动互助起到非常重要的促进作用，对无锡而言尤其如此。

翔千先生对家乡的感情很深，无锡市委统战部的历任领导包括雷焕文、伍卓明、丁卜人、周解清、周敏炜、陈德荣等老部长和翔千先生都是很好的朋友，尤其是曾任无锡市委常委、副市长、市委秘书长、统战部部长、市政协副主席的雷焕文同志，他们从20世纪80年代起就开始了经常性来往，建立起了深厚的友谊。

1986年，应翔千先生的邀请，时任统战部部长的雷焕文带领无锡的代表团到香港交流访问。百忙之中的翔千先生抽出时间，亲自为代表团安排香港期间的行程。在他的陪同和介绍下，无锡市委统战部一行得以拜访了多位无锡籍的香港名流，包括唐骥千、丁鹤寿、唐宏源、吴法光、周文轩等。无锡在香港的海外联谊事业往前迈出了一大步。也正是从那个阶段开始，许多生活在海外多年的无锡籍贤达再次和家乡建立联系，开启了盼望已久的回乡之旅。此后不久，唐骥千先生回到了阔别几十年的家乡严家桥，丁鹤寿也回到了家乡洛社访问，中断了数十年的关系再次连上了，这也为日后在香港成立无锡商会打下了良好的基础。

翔千先生还亲自组织了一个访问团到无锡、苏州访问，团员包括了邵逸夫等人，他们到访无锡，成功地为无锡打开了在香港的知名度，也为此后无锡到香港招商引资起到了极大的助推作用。时至今日，香港仍然是无锡最大的外资来源地。

随着国家的对外开放事业持续发展，无论是人员往来还是经贸交流，无锡和香港的合作越来越深入，交往越来越频繁。2006年，无锡考虑在香港成立一个无锡籍工商界翘楚及社会贤达组成的无锡商会，团结、服务在港的无锡籍工商人士，并以此促进锡港双边深度交流合作。翔千先生对这项工作大力支持，他亲自介绍了一批香港知名工商界人士加盟商会，还嘱咐长子、时任香港特区财务司司长唐英年先生也给予鼎力相助。后来唐英年先生亲自担任了香港无锡商会的赞助人，并出席了香港无锡商会的成立大会，他为香港无锡商会做出了很大的贡献。香港无锡商会首任会长丁午寿先生来自无锡洛社的丁氏家族，也得益于翔千先生的牵线搭桥，才和无锡恢复了中断多年的往来。

出于对无锡深厚的情感，直到去世前，翔千先生一直兼任着无锡海外联谊会的名誉会长，在无锡的海外联谊事业发展史上留下了不可磨灭的功绩。

唐翔千为无锡人才培养和教育事业发展做出全方位贡献

"爱国重教、实业报国"是唐家始终秉承的家族理念，"情系故乡、造福桑梓"是翔千先生一生矢志不渝的情怀。翔千先生在创办实业的同时，始终关心和支持内地教育事业的发展，其中又以家乡无锡为重。

早在20世纪90年代，翔千先生就开始设立"唐君远奖学金"，向教育单位捐赠资金。90年代起，向家乡无锡的教育事业捐赠，其中最早的一笔是捐助无锡海外联谊会100万元，设立君远奖学金，接着又与叔父唐宏源先生一起捐助120万元港币为无锡崇安小学建造新教学楼；1997年，翔千先生的夫人唐尤淑圻女士在无锡轻工大学设立了"唐尤淑圻研究生奖学金"……

2005年，上海唐君远教育基金会正式成立，翔千先生亲任理事长。次年，他就嘱咐基金会专门在无锡成立了联络处，并委托熟悉无锡工作的老朋友雷焕文同志和市教育局推荐的老校长潘祥根同志操办无锡的教育捐赠工作，自此基金会在无锡的捐助事业进入了快速发展期。翔千先生在无锡设立的教育捐资项目非常多，主要有以下几大类：

第一类是捐资办学。这其中最为著名也是影响最大的有两项，一项是和江南大学合办君远学院，仅此一项翔千先生便捐款4 000万元，主要用于培养卓越的工程技术人才；还有一项是支持无锡机电高等职业技术学院，捐建君远科技楼、君远数控实训中心等。此外，翔千先生还陆续捐资支持严家桥小学、羊尖实验小学等提升办学条件。连同早期的资助及上海基金会的拨款，累计捐出资金超过2 600万元。

第二类则是设立各类奖学金，帮助贫困学生完成学业，帮助优秀学生继续深造。这类奖学金很多，遍布江南大学、无锡机电高等职业技术学校、无锡城市职业技术学院、无锡旅游商贸职业学院、无锡高等师范学校、锡东高中等多所大学、职业技术学校和中学，截至目前发放的奖助学金总额超过3 000万元，受益学生数千人。

第三类是在无锡市设立"唐翔千卓越工程师奖"，激励培养现代实业发展急需的卓越工程师。2013年，翔千先生与鹤千先生利用协联热电厂退出的资金，在基金会凑足2 000万元后，设立"唐翔千卓越工程师奖"与"唐鹤千卓越青年文化创意人才奖"。后来"两千奖"每两年奖励一批生产一线的工程师和文创事业的卓越青年，在无锡开创了个人奖励社会人才之先河。截至目前，这个奖项已评选了八届，分别在无锡市的五一劳动节表彰大会上或全球锡商大会上进行表彰，示范性地引领了社会贤达支持产业人才培育的良好氛围。

截至目前，除了唐氏其他贤达的捐助，仅翔千先生及其创办的上海唐君远教育基金会在无锡的直接捐款已经超过1亿元。

无锡是翔千先生魂牵梦绕的家乡，叶落归根是对故土的挚爱

"我是一个无锡人，我要为我的家乡做一点事情。"这是翔千先生经常说的一句话。儿时放学后的"鸡子大饼"，春夏之交的麦青团，那一口软糯香甜的糖芋头，还有那口感独特的玉兰饼，这些印刻在记忆深处的儿时美味是翔千先生每次回无锡都要尝一尝的。

翔千先生是至情至孝之人，无锡不仅是翔千先生出生的地方，蕴藏着一生难忘的儿时记忆；对翔千先生来说，无锡更是祖祖辈辈生生不息的故土，父亲君远先生和唐氏多位先辈的安息地——青龙山公墓就坐落于风景秀美的太湖之滨，回到无锡他总不忘抽空去祭奠长辈。

2018年，唐翔千先生百年之后，按照他的遗愿将他安葬在无锡。无锡市委统战部举办了隆重的追思会，时任无锡市委常委、统战部部长陈德荣主持了活动。中央政治局常委、第十二届全国人大常委会委员长张德江，中央政治局常委、全国政协主席汪洋，中央政治局委员杨洁篪，中华人民共和国外交部驻香港特别行政区特派员公署特派员谢锋等专门发来唁电，对唐翔千先生的仙逝表达哀思。全国政协办公厅，中央统战部，国务院港澳办，以及全国政协副主席董建华、何厚铧，时任香港特别行政区行政长官林郑月娥，时任香港中联办主任王志民，时任上海市委常委、统战部部长施小琳，时任江苏省委常委、无锡市委书记李小敏等，还有无锡四套班子领导向追思会送来花篮，表达对唐翔千先生的崇敬和思念，各受赠大学的主要领导或发来唁电，或直接参加追思活

动。时任省委常委、统战部部长杨岳专程前来无锡参加了追思会，他用三个"至"，即"爱国至诚，爱港至深，爱乡至切"表达了对翔千先生的崇敬。时任无锡市政协主席周敏炜的一段话，更是深情地表达了无锡人民对翔千先生的高度评价和至深情感，他说："翔千先生把毕生的精力都献给了事业，献给了教育，献给了祖国，献给了家乡。无锡人民永远铭记翔千先生对祖国、对家乡经济社会发展所做出的卓越贡献。"

"将来，我百年之后也要回到青龙山公墓，去陪伴我的父亲；我的位置不能比他高，在他的身边陪伴他就好。"这是翔千先生的遗愿。百年之后，落叶归根，他的骨灰就葬于青龙山公墓，墓地选在比唐君远墓再低些的位置。墓碑上镌刻着他亲自选好的一副对联："儿孙和谐庆团聚，四海返乡倍思亲"。

无锡家乡人会永远记住这位德高望重的锡商楷模，桑梓情深的爱乡典范。

2022 年 7 月

浓浓故土深情，造福家乡人民

——忆唐翔千严家桥之行

言国强 [①]

　　2023年将迎来唐翔千先生百年诞辰，作为曾经多次参与接待唐氏家族回乡省亲的家乡人和地方干部，往事一幕幕又浮现在眼前。应上海唐君远教育基金会之约，我也说说当年难忘的故事，借此深切缅怀我心目中儒雅仁厚、平易谦和，却又风范不凡的唐翔千老先生。

　　从家乡走出的一代工商巨擘，曾被邓小平同志称为"来内地投资的00001号香港商人"的唐翔千先生，是严家桥唐氏景溪公唐懋勋的第四代传人唐君远的长子。其父亲20岁开始在无锡城里创业，他虽出生在城中的中市桥巷，但对唐氏发祥地严家桥始终亲情满满，多次回家乡探望乡亲，慷慨解囊鼎助家乡的文化教育事业，留下了许多亲切生动的影像和口口相传的佳话。

　　尽管在20世纪末，"源"字辈和"千"字辈多位唐氏贤达曾顺道回故乡寻根问祖，但他们没有惊动当地干部和乡亲。正式的组团省亲活动始于2000年4月，唐翔千率领长子唐英年全家来到严家桥寻访祖辈足迹，从此开启了唐家和无锡家乡延续不断的倾情交流，以及后续在无锡创业投资、资助文化遗产修

[①] 言国强，无锡市锡山区政协主席。

复、鼎助教育发展等一系列正能量举动的序幕。

故里乡音分外亲

为躲避太平天国战火，19世纪中叶，唐氏景溪公携两个儿子从无锡城里迁到无锡东北乡严家桥镇安家兴业。经过几代人的努力，置地6 000余亩，创下丰厚家业，成为当地首富。唐家家风严谨，热衷实业，尤其注重赈灾济民、造桥修路以及扶持当地教育等公益慈善，古镇的梓良桥等都是唐家出资建造的。早年唐家人在无锡生活时重视读书，在当地的图书馆里，留下了大量捐赠的书籍资料和家具等，后来唐家到上海开办纺织工厂，村里不少匠人前往上海唐氏企业就业，大多数外出打工学习的乡民后来都发展得不错，因此严家桥村人对唐家普遍印象很好。

2000年4月22日，无锡举办纪念唐君远先生百年诞辰活动，活动结束后，唐翔千携长子唐英年全家来到严家桥古镇，村里人看到，唐英年先生拉着年幼女儿的小手，指着北接梁溪河的小河浜和梓良桥，深情回顾唐家先祖唐懋勋父子两代人从春源布庄起步，在严家桥兴业置地、奋斗起家成为纺织世家的故事，爱国爱乡情怀逐代传承。

2004年我任锡山区羊尖镇党委书记期间，得悉时任香港财政司司长的唐英年先生应邀将来到无锡，参加重要的公务活动，唐翔千先生和唐氏其他宗亲也一道回乡扫墓，我立即向时任江苏省建设厅厅长、同是乡贤又是书法家的周游先生汇报，主动与上级部门沟通，精心准备接待工作。是年9月22日，唐宏源先生、唐翔千先生、唐英年先生率唐氏族人14位及其他亲友，在市、区、镇各级领导的陪同下，再次回严家桥省亲，三代唐氏贤达代表都留下了题词墨宝。唐宏源先生写下"故里乡情分外亲"，唐翔千先生题词"祝家乡繁荣兴旺"，唐英年先生挥笔题写"祝家乡明天更美好"。从这一年开始，无锡市、锡山区、羊尖镇、严家桥村的家乡人与唐家几代乡贤的亲密缘分不断延续，保持联系、定期走访，锡港互动日益频繁，逐步深入。

家乡特产寄乡思

其实，无锡一直很重视与唐家的联系。早在1997年，唐翔千先生的夫人唐尤淑圻就在当时的无锡轻工大学设立"唐尤淑圻研究生奖学金"。在唐氏贤达组团省亲访问之前，香港、无锡两地的情谊已经在多次的拜访中日渐深厚。2003年，我任锡山区政府办主任之际，曾代表区政府初次赴港探访乡贤。当时香港自由行尚未正式开放，我和时任严家桥村总支书记朱德福等一行人先乘飞机到深圳，再经口岸进关。那是我们第一次到香港登门拜访唐翔千先生及其家人，带去的特产是严家桥品牌大米和严家桥大闸蟹。严家桥有千亩良田，沃野如绸，我们认为家乡土地上出产的这种时鲜之物最有特色，最能表达浓浓的乡土情谊。果然，唐家人非常喜欢这些家乡风物，礼虽轻而情意重，因为有了浓浓的亲情，微薄之礼变得回味无穷。此后的新春佳节，唐英年先生会抽空给我邮寄明信片，延续彼此的挂念。此后很长一段时间里，我们每年都去香港拜访唐宏源老先生、唐翔千先生等唐氏宗亲，他们不仅是知名乡贤，也是关心家乡发展的亲密朋友，更是将香港实业引入无锡的重要纽带。后来随着香港同乡会的成立，这种联系更加密切了。

2007年，我任锡山区副区长，那时每年金秋招商月前夕的赴港专程拜访成为一种固定节目。区委、区政府主要领导每次去香港，都会去特区政府拜访唐英年先生，到唐家看望唐翔千老先生。唐翔千先生是香港的太平绅士，举手投足彬彬有礼，非常重视来自家乡无锡的情感维系，不管当时他在商会和公司的工作有多忙，一听说无锡来人，立马放下手头其他工作，亲自迎接来自无锡和羊尖的亲友。记得有一年，唐翔千先生不顾高龄，一早就在家门口守候，更让人感动的是，他亲自在家里煲汤招待我们，以示重视。我们对这份特殊的礼遇一直感怀在心。

花厅搬迁留佳话

羊尖镇政府对唐氏贤达返乡省亲活动高度重视，筹备工作堪称细致、周密。为加快严家桥古村的保护修复，镇党委、政府组建工作班子，陆续拨款开始修缮唐家老宅和唐氏工商业陈列馆，逐步形成了今日古镇内唐苑的基本格局。

唐氏花厅曾是古镇最醒目漂亮的唐苑建筑之一，雕花门窗和高大轩敞的厅堂，佐证了昔日工商重镇的繁华，讲述着唐氏先贤奋斗的过往。花厅如今是陈列唐家工商业绩、善济助学等鲜活历史的展馆。不过眼前的它其实是一座移位建筑，20世纪90年代前，它是位于无锡城市中心地带的唐氏故居中的一部分，当年城中心大拆迁、大改造，羊尖镇政府决定组织移位，将该建筑和部分家具搬迁到了羊尖镇老街，并命名为"唐氏花厅"。

第一次搬迁后，唐氏花厅被安置在羊尖老街，那个地方并非唐家原本的"根系"。唐翔千先生回乡探访时，专门前往查看老街上的唐氏花厅。老街到严家桥有着不短的距离，唐翔千先生拉着村书记朱德福的手，一路上都在仔细询问花厅的搬迁细节。回到下榻的酒店后，他还继续询问移建后的保护和使用情况。朱德福书记从他的言语中揣摩出些许用意，索性直截了当地问："翔千先生，您是想把老宅搬到严家桥祖居那里吗？"老人家一听，谦和地笑道："唐氏宅院那块场地虽然保留下来了，里面的建筑却大多数是新建的。今日得知家乡政府主动将祖辈唐保谦的故居从无锡城里迁来，很是欣喜，更想让它能回到我们的祖居地，能否请你们帮忙，再次搬迁到我们唐家老宅呢？"言辞客气婉转，又不乏恳切期待，他还急忙补充道："搬迁的费用都由我们出。"于是羊尖镇党政部门积极响应，进行策划准备，再将唐氏花厅整体挪移到严家桥村唐家粮仓旁边，花费100万元完成了二次搬迁。唐翔千和族人获悉后，向羊尖镇捐赠120万元，说明多出的20万元用于内部的再次装修。

2009年3月26日这一天，他和唐明千先生又一次率唐氏后人回到故乡，为二次搬迁安置在严家桥的唐氏花厅开馆揭牌，并以两位先父之名再度为家乡捐款。唐家人思想境界高尚，花厅搬迁改造的目的并非全然基于家族遗物的归并集中，唐翔千老人说："想把那里建成村里举行文化教育或者开展爱国主义教育活动的重要场所，这样就能把它长久地经常地用起来。"他还亲笔为花厅重新起名为"严家桥文化教育活动中心"。打那以后，严家桥百姓几乎每天都有人来这里活动，体验琴棋书画，拉胡琴唱锡剧；本村的学生们喜欢来这里阅览书报，交流课后作业。还有些时候，这里被用来开展座谈交流，或是举办一些文化活动；这里更是接待重要嘉宾的理想场所。唐翔千先生的良苦用心，让花厅发挥了更贴合时代的价值，造福了更多家乡人。

亲眼看到工商实业旧址、祖居地等得到了很好的保护，有感于家乡人的纯朴亲情和巨大热忱，唐家人内心也非常激动。唐翔千先生在活动中发表了热情洋溢的讲话，他说："我们唐氏家族忘不了祖居地家乡人民，祖上曾有个规矩，凡是严家桥地方的公益事业，我们唐家出一半，现在这个传统，我们要继承发扬下去。"据不完全统计，唐氏族人为羊尖镇和严家桥文化教育捐赠，累计超过一千万元，其中来自唐翔千、唐英年的善款接近六成。比物质捐助更宝贵的是浓浓的家国情怀和殷殷的关切期望，激励着故乡人民将这片热土建设成为最美乡村。如今的严家桥村获得了不胜枚举的荣誉，以现任书记朱斌的话说："没有唐家人奠定的良好基础和精神传承，这一切都不可能实现。"

近些年，市、区、镇、村四级党政更加重视与唐氏族人的密切交往，唐氏花厅周边的旧粮仓也改建成了内涵丰厚、别具一格的爱国主义教育场馆，还有一栋二层白色小楼是于2019年按照唐翔千祖父唐骧廷的上海别墅样式等比例复制的，位于今日唐苑群楼之中。令人尊敬的唐翔千先生塑像矗立在小广场，接受家乡人以及来自海内外亲友和宾客的瞻仰。

唐翔千先生千古！家乡人民永远怀念您！

唐翔千永远活在严家桥乡亲的心中

朱　斌[①]

2019年4月4日这一天，和风煦日，春意盎然。在传统祭奠先祖的清明节的前一天，唐翔千先生塑像在唐氏宅院内举行落成仪式，这是严家桥人倾情等候了一年的庄重时刻，父老乡亲无不抚今追昔，以无比崇敬的心情迎候唐翔千先生塑像荣归故里！

无锡严家桥是唐氏家族的祖居地，早在1860年清咸丰年间，唐氏的先祖唐懋勋（景溪公）为躲避太平天国战乱，带着两个协助经商的儿子，举家迁到这个离无锡东北乡四五十里地的小镇安家落户，另辟生计。严家桥虽地处僻远，但这里水路便利，手工纺织业基础良好；乡人和蔼可亲，相对富庶，社风良好。唐懋勋以近代商人特有的敏锐目光，观察到这里是块风水宝地，大有发展前景。于是他们从经营春源布庄开始，置地产、办实业，开始在严家桥重新积累原始资本。唐氏几代人凭借优秀家族基因与先进工商理念，将工商业逐步多元化，并迅速向外拓展，从严家桥到无锡，从无锡到上海，从上海到香港，最后唐氏实业遍布海内外。唐氏后裔中的第三代"镇"字辈和第四代"源"字辈大多在严家桥出生成长，其中的唐保谦（滋镇）父子和唐骧廷（殿镇）父子，是我国近代民族工商业的开拓者。早在20世纪30年代前后，唐氏家族已经成

---

① 朱斌，无锡市锡山区羊尖镇严家桥村总支书记。

为中国著名的工商望族而享誉海内外。

严家桥唐氏人丁兴旺，人才辈出，自第四代"源"字辈起，唐家后人先后走出严家桥故土，到外面更广阔的天地去发挥才干，施展才华。青出于蓝，而胜于蓝，他们开辟出更宽阔的工商领域，创造出了更大的业绩。由于特殊的历史原因，从20世纪50年代到改革开放之前的那段时期，唐氏家族和家乡人的联系几乎全部隔断。但唐氏长辈们忘不了与他们情深义重的严家桥祖居地的乡亲；严家桥乡村老人也忘不了孩童时期一起长大的唐家兄弟们，深深的乡土情结是隔不断的。人们相信，久别重逢的一天终会到来。

1978年12月，一个特大喜讯在全世界传开，中国共产党第十一届三中全会召开。如滚滚春雷，融化坚冰。实事求是，解放思想，改革开放，拨乱反正……久旱初至的甘霖滋润着所有华夏子孙的心田。唐氏海内外家族，也一样欢欣鼓舞。唐氏几代人，都迫不及待地回来参观访问，探亲会友；唐氏在海外办实业的子孙，纷纷回来投资，支援祖国建设，为振兴中华争做贡献。唐翔千、唐凯千、唐宏源、唐晔如……严家桥景溪公的一个个杰出子孙的名字，不断出现在国内的报刊上，令严家桥人感到惊喜和骄傲，乡亲们又看到了唐氏贤达爱国爱乡的传统，看到唐氏后人认祖归宗的赤子之心。

唐氏家族和家乡人民三十载的分隔终于结束了，唐翔千先生和他的叔叔唐宏源先生，是唐氏家族中率先回祖国内地投资、支援国家建设的人，也是唐氏家族中率先回到家乡参观访问、寻根问祖的人。"人情重怀土，飞鸟思故乡。"他们来了之后，一批批的唐氏家人都来到严家桥，重新续上了唐氏乡贤与家乡人的往来。

唐翔千先生出生在无锡城里，青少年时期随父亲唐君远在申城读书，大学毕业后去英国、美国留学，再到香港创办实业，后成为蜚声海内外的实业家。他自幼受祖父唐骧廷、父亲唐君远的谆谆教导："不要忘记自己是炎黄子孙，不要忘记根在中国，不要忘记故乡故土。"他年幼时经常听到祖父母和父母亲回忆祖上在严家桥和乡亲们友好相处的许多故事，因此，他对严家桥的感情与生俱来，特别深厚。

唐翔千、唐宏源先生踏上严家桥后，还多次带领海外唐氏后裔到故乡寻根访祖。1998年底唐星海先生百年诞辰时，唐翔千先生又特地带着唐星海家四个儿子中的三个到严家桥探访故居，参观唐星海先生童年生活的地方，教育他们不忘老根，不忘前辈艰苦创业的精神。2000年4月22日，在纪念唐君远先生百年诞辰活动以后，时间已近傍晚，天上下着蒙蒙细雨，唐翔千先生率长子唐英年全家，特地赶到严家桥瞻仰祖辈的足迹。唐英年拉着女儿的手，一边指着北接梁溪河的水浜和石桥，一边弯着腰给女儿讲述唐家"祖泽"的故事。对后辈进行家风教育，是唐氏家族的固有传统，在唐翔千先生和唐家先辈的心目中，祖国、故乡、祖居永远是那么亲切，那么厚重。任何时候都忘不了这块曾经生养过他们的故土，和这块沃土上可亲可爱的父老乡亲。令人感动的是，唐翔千先生和唐宏源先生当年带领族人回严家桥寻根问祖，有时是悄悄地来，悄悄地去，不愿过多惊扰严家桥老百姓，他们把思念和感恩家乡人民的深情厚谊埋在心底，化作对家乡人民明天更美好的祝福。

2004年9月22日，时任香港特区财政司司长的唐英年来无锡参加重要公务活动，随后在无锡市政府、市委统战部和锡山区政府的安排下，唐英年先生和家人又回到故里严家桥参观访问，这才开始了唐英年先生和家乡人民的正式会面交流。

这一天严家桥人奔走相告，万人空巷，隆重迎候乡贤的到来。唐英年因公务繁忙，上午在严家桥参观访问，问候了父老乡亲之后，中午就先行回港。他的叔公唐宏源、父亲唐翔千带领唐氏宗亲14人，于下午到严家桥参观访问。市领导陪同唐氏几代人返乡访问。当看到唐氏祖居、工商实业旧址等都得到地方政府和人民群众很好的保护，看到家乡人民对他们发自内心的欢迎和敬重，唐氏族人无比激动。唐宏源先生为家乡人民挥笔题词"故里乡情分外亲"，唐翔千先生题词"祝家乡繁荣兴旺"，唐英年先生题词"祝家乡明天更美好"。在羊尖镇政府召开的唐氏家族回乡座谈会上，唐翔千先生发表了热情洋溢的讲话，他说："我们唐氏家族忘不了祖居地家乡人民，叔叔唐宏源先生说过，祖上曾有个规矩，凡是严家桥地方的公益事业，我们唐家出一半，现在这个传统，我们要继续继承发扬下去！"就在当天座谈会上，唐翔千先生代表唐君远教育基金会捐资 500 万元给羊尖镇人民政府，用于严家桥古镇的保护和建设。

唐翔千先生成为唐氏家族和祖居地家乡人民联系的纽带，沟通的桥梁。此后，凡有海外唐氏家族人员回来探访，唐翔千先生一定会为他们联系安排好，或者亲自陪同他们回严家桥参观访问。凡是唐翔千先生能办到的事情，他都会竭尽全力帮忙解决，从不推诿。严家桥文化教育活动中心的建成，严家桥小学操场和教育设施的现代化改造，原羊尖高级中学以及羊尖实验小学的教学软硬件更新，唐苑文化展馆的建设等，凡涉及家乡文化教育事业的事，唐翔千先生都给予资金支持。他对我们说，文化教育和人才培养是社会发展的大事，如果需要，我一定会帮忙的。唐翔千先生和他执掌的上海唐君远教育基金会，以及唐氏多位乡贤一次又一次地出资捐助，对家乡的文化教育事业发展，给予了重磅推动。

参观 2009 年 3 月落成的唐氏工商业陈列馆时，唐翔千先生看到家乡人民对唐氏精神给予高度肯定，心中非常高兴。为了让家乡人民进一步了解父辈的形象，在他主持下，由基金会出资建造了唐星海、唐君远两尊铜像，列于展馆供家乡人瞻仰。唐星海、唐君远分别代表着景溪公第四代在严家桥的两支优秀后裔，从中可以看出唐翔千先生用心至细，用情至深。

2018 年 3 月 10 日，是我们严家桥人极为悲痛的日子，95 岁高龄的唐翔千先生在香港仙逝。2018 年 4 月 1 日，唐翔千先生的骨灰盒，由长子唐英年和省市领导等护送，回到家乡严家桥，接受家乡人民的哀思悼念。随后道别乡亲，安息于无锡青龙山唐氏墓地。唐翔千先生的离去，使家乡人民痛失一位和蔼可亲的乡人楷模，一位对家乡赋予大爱的唐氏长者，他的音容笑貌，常驻家乡人心中！

2019 年 4 月 4 日，全国政协常委、香港江苏社团总会会长、上海唐君远教育基金会理事长唐英年先生携母亲唐尤淑圻等唐氏宗亲20多位，再度回到祖居地严家桥，他们在无锡市、区、镇领导和有关部门的陪同下，在唐氏宅院隆重举行唐翔千先生铜像落成仪式。唐英年先生说，父亲的铜像坐落在家乡的老宅内，满足了父亲不忘先祖、永远和家乡人民心连心的愿望。他还表示，要进一步启动和推进唐苑规划建设，秉承先辈优良传统，弘扬爱国主义精神，共绘未来发展蓝图，把故乡建设得更加美好！

唐翔千先生铜像永远坐落在严家桥，伟岸的身躯面向朝霞升起的东方，四周古宅绿树环抱。他那儒雅慈祥的脸庞上，双目深情地注视着家乡日新月异的变化。到此瞻仰的人们，无不对唐翔千这位著名的爱国实业家，卓越的社会活动家，唐氏家族杰出的后代，故乡人民亲密的朋友，表达出莫大的敬意和深情的缅怀。

唐翔千先生永远和我们在一起，永远活在家乡人民心中！

2022 年 7 月 27 日

情系故土，惠泽桑梓

——忆念唐翔千及唐氏亲族在无锡的善济业绩

潘祥根[①]

2023年，是爱国、爱港、爱家乡的民族实业家唐翔千先生诞生100周年和逝世五周年，作为曾经为唐先生和唐氏亲族在家乡实施公益慈善工作过的同乡人，缅怀和颂扬先生和他亲族的大爱事迹，是一件十分有意义的事。

设立机构，回报家乡与了却心愿并存

唐翔千先生始终怀着一颗赤子之心，密切关注着家乡无锡的发展，多次希望在家乡创办企业，但因多种原因均未成功。"要为家乡多做些事"的牵挂成了他的一桩心事，先生生前经常对我们讲："无锡是历史名城、近代工业城市，也是唐氏家族兴旺的始发地。家父在此创业，发展了拥有中华民族品牌的棉、毛纺织工业，直到如今仍得到乡亲们的肯定，令人感动。今天要使无锡进一步创新发展，关键在于人才的培养。秉承先父'爱国重教，培育英才'的宏愿，出于对家乡的热爱，我一直想为无锡的建设和教育事业出一点力。"

---

① 潘祥根，上海唐君远教育基金会无锡联络处原主任助理。

在上海唐君远教育基金会创办第 20 个年头之际，唐翔千先生决定在家乡扩展基金会的工作，设立办事机构。于是在 2006 年 3 月 23 日他委派基金会秘书长马韫芳和担任副秘书长的妹妹唐新璎专程来锡，找无锡市政协原副主席、市委统战部原部长雷焕文同志，转达他在家乡支持教育、开展助学项目的意图，并愿将自己在无锡市梁溪区镇巷小区 6 号 201 室、202 室的回迁房作为无锡办事机构的办公用房，委托雷焕文负责无锡的工作。4 月 18 日唐翔千先生来锡扫墓期间，单独约见了雷焕文，再次委托雷负责无锡方面的工作，打算为教育和社会公益慈善事业出点力，并初步商谈了一些意向：一是在家乡设立奖学金，奖励并资助学校优秀贫困生；二是可以重点资助职业学校改善办学条件的项目；三是拟创造条件，办一所理工类高校。5 月 21 日，雷焕文带我一起到上海与唐翔千先生见面，并与基金会正副秘书长、监事以及办公室人员座谈，确定了在无锡资助职业院校优秀贫困生工作的大体思路，并正式明确在无锡设立基金会联络处，作为基金会的内设机构。此后，唐先生回无锡时总要到联络处办公室看看，对于我们的管理工作给予充分肯定。当他得知胞弟唐寿千的原住房（镇巷唐宅洋房）被小辈卖掉后，多次关照我们和基金会的领导，设法回购，用于无锡老年工作协会的活动场所，最后由于对方开价过高而没有成功。2009 年 9 月，唐翔千先生决定将自己出生地的房产捐赠给上海唐君远教育基金会，于是我们和无锡市委统战部同志一起办理了无锡联络处镇巷 6 号 201 室、202 室的房产证、土地证的过户手续，于 2010 年 3 月把有关证件材料送交上海唐君远教育基金会办公室。从以上几件事情可见，翔千先生是真心回报家乡、十分重视无锡工作的。

在捐助无锡职业教育期间，唐翔千先生在百忙中曾十多次亲临无锡，参加颁奖仪式，考察受助学校，和师生座谈。在合作创办君远学院过程中，先生与夫人多次专程到江南大学参加签约、揭牌仪式和学生毕业典礼等活动。银发苍苍、精神矍铄的唐先生，态度亲切谦和，语言朴素真挚，他的每一次出现都让师生感到心灵的震撼，他的精神激励感召着周围每一个人。除了丰厚的捐赠，唐先生付出更多的是他的万千辛劳、无数心血。与其说他捐助的是资金，倒不如说是心血，是唐氏几代人实业兴国的精气神。即使到了耄耋之年，他那口浓重的乡音依然未改；即使事业发展得再大，他那颗殷殷之心依然思念着家乡。聚散有道，义利兼能，浓重的乡音是他无悔的执着，家乡的学子是他一生的牵挂；不忘春风教，常怀化雨恩，他心怀桑梓的慷慨善济既为无锡教育添上了浓墨重彩的一笔，也让家乡的人民永远铭记在心！

基金会无锡联络处自2006年秋设立以来，在唐翔千先生亲自关心、指导下，通过上海唐君远教育基金会在无锡6所学校布点22个"君远班"，每年给近600位优秀贫困生资助131万元"君远助学奖"，至今共发放1 680多万元，2 736名学生、7 688人次获得资助。后扩展到资助单体项目、添置教学设备、改善学校办学条件，又与江南大学共建江南大学君远学院，和堂弟唐鹤千先生一起设立市级专项奖金，奖励生产一线的卓越工程师和卓越青年文化创意人才，以及资助严家桥古村开发建设等。到2021年底，基金会通过联络处在无锡累计捐赠金额已超人民币1.2亿元。

回顾翔千先生通过基金会为家乡开展公益、慈善活动的轨迹和成果，我们深切地感受到，从某种角度讲，无锡的工作实际上是在纾解先生难忘故乡、落叶归根的心结，也是在了却先生"四海返乡倍思亲，儿孙和谐庆团聚"和回报家乡的心愿。

恩泽桑梓，拳拳爱心与赫赫义举合一

"人生有限，事业长青，有意义的事要坚持做。基金会一定要继续办下去并越办越好。"唐翔千先生多次这样谈及自己的心愿，在唐先生的推动下，基金会除了以各种方式慷慨捐资无锡市区教育事业外，对故乡羊尖严家桥的建设和人才培养也做了许多工作。

2007年起唐先生通过基金会先后四次资助63.6万元人民币，为严家桥小学铺设塑胶跑道，更新体育设施，添置师生使用的计算机，配置所有教室的"班班通"设施，改造食堂以及改善校园绿化环境，很好改善了办学条件，使一个村办小学成为当地校园建设的典范。

2009年3月26日，唐翔千和堂兄弟唐骥千一起带领亲属到无锡羊尖严家桥参加了唐氏工商业陈列馆开馆典礼，为他们两位父亲唐君远（增源）、唐星海（炳源）的半身铜像举行揭幕仪式，受到了广大村民的夹道欢迎。在座谈、参观活动过程中，翔千、骥千两位先生衷心感谢无锡各级领导对严家桥唐家宅园修复的关心，在仔细观看了唐氏工商业陈列馆后，两人都留下了祝愿家乡兴旺发达的题词。他们心系家乡建设，支持古村落开发的善举，情真意切，令人难忘。

早在1993年，为支持家乡经济发展，唐翔千与堂弟唐鹤千一起引进泰国协联集团并参股建成了无锡协联热电有限公司。两人不忘严家桥故乡的古村开发，2009年一起将无锡协联热电有限公司当年获得的分红120万元投放羊尖镇，用于搬迁羊尖老街上的唐氏花厅，在严家桥唐氏老宅里建造严家桥文化教育活动中心，翔千先生还为活动中心的门匾亲笔题词。

2013年，在无锡协联热电有限公司迁址前，翔千和鹤千两位先生还一致同意将股权转让款全部放到上海唐君远教育基金会，凑足2 000万元在无锡设置"两千奖"——"无锡市唐翔千卓越工程师奖"，每年50万元奖励10名一线工程技术人员；"无锡市唐鹤千卓越青年文化创意人才奖"，每年30万元奖励10名文化建设方面卓越青年人才。唐鹤千先生还以这笔基金资助无锡灵山慈善基金会的"梦想空间"项目，用于无锡新市民子女放学后回居住小区的管理服务，每年20万元，共实施了5年，后鹤千先生把这笔钱转向资助羊尖镇的教育事业。

2017年，唐翔千先生通过基金会资助200万元用于羊尖实验小学易地重建，在校内设立翔千报告厅，唐鹤千先生捐赠100万元在校内设立鹤千创客室。为支持严家桥古村开发，2020年基金会资助100万元用于羊尖镇启动唐苑建设。2021年10月21日，基金会又资助100万元用于严家桥小学修建新的体育运动场。

薪火相传，崇德扬善继往开来

2013年10月13日，翔千先生因年事已高，辞去基金会理事长职务，唐英年先生在接任理事长后对大家说，他将继承祖父、父亲的事业，为社会、为教育、为高端人才培养出力，以"一个不能少"的精神，做好奖学助学工作，将基金会越办越好。

唐英年先生特别关心父亲创办的江南大学君远学院和父亲重点资助的无锡机电高等职业学校发展，也特别关注严家桥故乡的建设，牵挂着家乡无锡的发展。为提升无锡机电高等职业学校办学层次，他亲自写信给江苏省委书记，介绍机电高职的办学成果，希望上级领导支持学校独立办学。唐英年先生对江南大学君远学院更是关爱有加，他亲自参加君远书院的成立，为君远学院题词"爱国、创新、求实"，又亲自参加君远学院第二届毕业生毕业典礼。唐英年先生在接受无锡教育电视台记者采访时说："回馈社会是我们唐家几代人都有的意愿，我非常高兴作为第三代，追随祖父和父亲来做慈善公益的基金会。我希望将来能够为国家的发展，能够为实现我们中华民族的中国梦，在科技人才的培养方面继续做一点贡献。"

家风传承，情系家乡与慷慨资助相联

无锡唐氏祠堂曾有一副对联："勋培镇国千年盛，积德传家百世昌"，表明唐氏爱国、爱家乡、积善积德的家风，源远流长。1860年，唐君远的曾祖父唐懋勋为避太平天国战火，带亲人到严家桥安家，后和子女靠卖布起家，走出了一条工商业致富之路，唐氏后人也成为无锡望族。在严家桥发家期间，唐家为家乡修桥铺路、疏通河道，其慈善公益的举动受到村民的赞誉。

唐翔千的父亲唐君远先生缘于"报国之日苦短，报国之心倍切"，在20世纪70年代末和刘靖基等工商界人士一起，把落实政策发回的定息集资投入国家建设，成立上海市工商界爱国建设公司。他委托过继给兄长的儿子唐寿千（时任无锡协新毛纺厂厂长）和荣氏家族等工商界人士在无锡创办无锡市工商界爱国建设公司。在改革开放年代，他积极投身国家建设，热衷企业经营，他随上海工商界代表团访问香港后，就对在香港的长子唐翔千说："你要带头到内地投资，办点企业，引进点先进设备，为家乡做点事业。如果蚀了本，就算对我的孝敬。"翔千先生于是带头在深圳特区办成了第一批补偿贸易，在新疆建成了全国第一批合资企业，在上海创办了第一家沪港合资企业。翔千先生在无锡为父亲经营过的国棉三厂（原丽新厂）车间引进先进设备，以提高生产效率。

此外，早在上海唐君远教育基金会无锡联络处设立之前，唐氏亲族就对家乡慷慨资助。1993年10月，唐翔千和叔父唐宏源先生以香港苏浙同乡会名义捐款120万元港币，在无锡市第二中学成立无锡辅仁计算机教育中心，为10多所中小学配备了计算机。1994年，唐宏源先生再捐赠20万元港币，支持民办辅仁中学开办。1995年2月，唐翔千夫妇捐赠10万元人民币支持无锡吴文化公园建园。1995年，唐翔千先生又与叔父唐宏源先生一起捐资120万元港币，建造崇安小学教学楼。1997年，担任无锡海外联谊会名誉会长的唐翔千夫人唐尤淑圻向无锡轻工大学捐赠10万元港币，设立研究生奖学金，资助高层次人才培养。2000年，无锡举行唐君远先生百岁诞辰纪念大会后，唐翔千先生和亲属向无锡海外联谊会捐款100万元人民币，设立"唐君远奖学金"，奖励江南大学和民办辅仁中学的学生。2004年，唐宏源先生捐赠500万元人民币，其中400万元给无锡海外联谊会，设立"唐宏源奖学金"，奖励无锡辅仁中学等学校的优秀学生，另外100万元给严家桥村，用于古村开发建设。2020年，唐宏源先生之子唐明千捐赠100万元给严家桥小学设立奖学金、奖教金，奖励优秀师生。

　　翔千先生和唐氏亲族情系故土，不忘家乡，其奉献社会、造福桑梓的家风美德、善济事迹，令人钦佩，永世难忘。我们缅怀、追忆，从中领悟大爱，汲取力量，为实现国家复兴而不懈努力。

2022 年 4 月

风范家族，源远流长

唐翔千先生的话：

唐氏世代以勤俭为治家创业之本，余继承先辈遗训，兢兢业业，不敢稍有陨越，始得有今日之事业基础。

勤俭定能兴家，奢侈足以败业，自奉必须俭约。

功成不自满，困难不消极，为人若此，则无往而不利焉。

追求知识，力求精进，不可浅尝辄止，更忌一曝十寒。

永远怀念祖父，
我的人生榜样——唐翔千！

唐嘉盛[①]

即临百诞多感怀

唐翔千是我的祖父，是我从小到大最崇敬的人，他的一生故事多多，业绩不菲，精神富有，影响着我们唐家好几代人及普通民众。最近唐君远文化研究会正在筹备纪念唐翔千百年诞辰的一系列活动，许多研究者和亲友都怀着极大的热忱参与其中，先期工作进展顺利。作为研究会的会长，我感谢朋友们的投入，亦衷心期盼所有的努力都能成功。

说到征集纪念性文章，我们的研究会已经收到了祖父的旧交和家乡人撰写的文章几十篇，思想性论文部分亦有进展，专家学者们从各个不同的侧面，探讨祖父的业绩、思想与精神，特别是他对国家、对社会真心付出、鞠躬尽瘁的榜样作用。我虽然出生在香港，得到祖父的呵护，但在我年幼时期，他忙于创办企业，还投身香港和内地的社会发展，我们相处在一起的时间很少。我很愿意与朋友们分享我对祖父的印象，以及我对传承家族传统的一份责任。

---

① 唐嘉盛，唐翔千长孙，唐君远文化研究会会长。

年少未知祖父忙

少年时期，我在香港接受基础教育，世纪翻页之际，升入国际学校读中学，毕业后再赴美国加利福尼亚攻读经济学，获得学士学位。说起来有点好笑，刚进入大学不久，主修遗传学的室友总是向我渲染进化论和遗传工程的神奇，经不起他的鼓动，我一度很想转修遗传学专业。但一转念，我深知自己肩负着继承家业的重担，不可轻易改变原定的经济学专业取向，故而没有向祖父表达内心的想法。多年之后，一位友人与祖父聊起了我告诉她的这些事，祖父似乎有点吃惊，但又很欣慰，他觉得我是个有全局观、有自律意识的后辈。

在我的印象中，祖父不是一个特别能说会道的人，但他非常仁慈、谦和。我们家里的三代人聚在一起用晚膳时，他很少说话。今天回想起来，也许是因为我们有着各自惯用的语言。他仍然说着一口带浓浓乡音的"锡普"（无锡普通话），而我们孙辈则说粤语或英语。但我们看得出，他总是默默地注视着我们每个人，非常享受子孙后代环绕在他身边那种亲情氛围。有的时候，看到妹妹和堂兄弟们相互之间天真的嬉闹，他会咯咯发笑，甚至还会拿我的父亲寻开心。浓浓的家庭氛围给我留下了难忘的、温馨的印象。

当年我完全想不到祖父有多忙，只知道我们相处的时间越来越少了。特别是在世纪翻页之际，香港和内地都处于大发展的良好契机，家族实业要在挫折中向纵深拓展——电子产业要破茧而出，跳出纺织业的老路。他的心里装的是宏伟大业，干的是守正创新。除了在香港和内地履行一大堆的社会义务，祖父还将相当一部分精力投入香港回归的筹备工作，以及回归后香港特区的顾问事务。

亲情最是在故乡

大学毕业后我回到香港工作，于是有机会抽空跟着祖父母和父母回到故乡无锡扫墓、省亲。一开始，严家桥对我而言，是那么的生疏，很难想象祖先们是如何在这块偏远却富庶的水乡奋斗创业的。随着回访故土次数的增多，我越来越喜欢我的故乡。唐氏工商业陈列馆的墙上镌刻着唐氏祖训，富有哲理；长辈的祝福题词高挂于唐氏花厅里，言简情深，表达着他们对家乡发展的殷切期望。小广场边上的公共卫生间很有意思，分别以锡剧小演员的造型剪影，形象且鲜明地标识出男女之别，真是别具一格，让人忍俊不禁。

2018年3月，祖父仙逝，次年地方政府改造了唐氏花厅前的小广场，我们的家族和基金会为祖父铸造了铜像。我们夫妇及大儿子一同随我的祖母、父母及亲友，再次来到严家桥，在祖父铜像前举行隆重而简朴的祭奠活动，长辈们、朋友们纷纷追忆祖父对国家、对家乡的贡献，让我倍加感动，深受教育。

另外，让我印象深刻的还有那座白色的二层小楼——敬唐楼，它以1∶1的比例展现了唐家先祖的申城故居，祖父过世后的家具和生活用品也有一部分陈展于此，生动地再现了他年轻时期的居家环境和当年的习俗。我作为严家桥的第七代唐家传人，带着大儿子一同前来，就是要让他打小就接触他的祖居地，感受故乡人民对唐家的至亲情感。

先祖遗志后辈担

祖父大半辈子做过许多善事，他真正的目的在于回报社会。起初，他想帮助那些家庭境况不佳的孩子，想让他们顺利得到教育机会，因而早期的捐赠主要是面对中小学生，后来他更注重技术职业学校和大学。我相信，他的举动出自他善良、慷慨的禀赋，也归因于他从心底感觉到的一份责任，即服务社会，尽可能多为国家培养真知实干的人才。他刚过世不久，江南大学君远学院联合基金会经过将近十年的教育改革，获得国家级教学成果奖一等奖。我随父母前去分享这一奖项，真为祖父感到骄傲。

尽管他一生勤奋拼搏，且产生了较大的影响，但你可能想象不出，他始终都是那么谦逊，那么务实，那么俭朴。记得他对我的最后一次教诲是，告诉我和妻子，一旦我们结婚了，要记住必须相守终生。这是他非常本真的家庭观训导，因为对他而言，家庭是最重要的。不幸的是，没过多久他就离开了我们。我心中最大的遗憾之一，就是他未等着看到我们结婚，未看到他的第四代小孙子。我期待着孩子长大，把祖父的核心价值观灌输给他们，将祖父的精彩故事告诉他们。不仅强调大家庭的需要优先，更要把民族担当放在首位，要将他的爱国主义精神发扬光大。

永远怀念祖父，我的人生榜样——唐翔千！

慈善儒雅重情义

袁进兴 [1]

　　唐翔千先生一生爱国创业重教，业绩辉煌，贡献突出，为人为事品格高尚，令人尊敬。我于2007年7月至2018年4月任基金会办公室主任，有幸与唐先生有较近距离的接触。十年交往，感触良多，许多情景至今历历在目。是唐先生的精神和品格让我认识到基金会工作的意义和价值，激励我为公益慈善事业出力。

　　第一次与唐先生见面，是2007年6月30日在基金会会所。他精神很好，很客气地欢迎我到基金会工作，给我留下深刻的印象。最后一次与唐先生在一起，是2017年4月18日带领上海大学电影学院拍摄《爱国重教的实业家唐翔千》录像片的同学到松江美维科技公司进行采访。因腿脚不便，唐先生坐着轮椅进入拍摄现场。采访中，他思路清楚，娓娓而谈，看不出是94岁的老人。结束时同学们对我说"佩服佩服"。是啊，十年多时间里，这位耄耋老人以他的思想和爱心，为国家发展和教育事业做贡献，他处世为人具有儒家风范、长者风度，让人受益，令人难忘。

　　唐先生对公益事业一片真诚。我到基金会不久就参与筹备基金会成立20周年庆祝活动。唐先生对活动很关心，说要参加庆祝活动，要感谢大家对基金会

———————————

① 袁进兴，上海唐君远教育基金会办公室原主任。

的支持，要把基金会办得更好。他要我在起草讲话稿时表明他再捐赠2 000万元的心愿，还特别提出对获奖学生的两点希望：一，从小要有理想，要为我中华民族扬眉吐气，为实现自身价值和美好的未来而不懈努力；二，不要急躁，要有吃苦耐劳的精神准备。他对于漪老师为基金会创作的会歌《心愿》大加赞赏，尤其是那句"建设和谐社会做贡献"，更是连声叫好。作为一名教育工作者，我为唐先生对公益事业和人才培养的赤诚之心和博大胸怀而折服、感动。庆祝大会当天，唐先生比一般人还早些到了大同中学，与师生见面，一点也没有理事长的架子。庆祝大会上他赢得了全场师生多次热烈的掌声，接受了几位老校长敬献的鲜花。此后，他把精力主要放在研究重大支教项目、了解项目进展、与领导和师生座谈上，体现了他一以贯之的实干精神。他多次说，习近平讲实干兴邦，我们基金会也要发扬这种精神，要办出特色，要谋求长远发展。他是这么说的，也是这么做的。

唐先生充满仁爱慈善之心。他心系天下，乐善好施。2008年5月14日四川汶川地震第三天，他就从香港打电话要基金会立即向灾区捐款100万元。我们当天就去统战部办理有关手续。上海海外联谊会会长杨晓渡也当天就向唐先生发出感谢信。6月1日，唐先生又赶到基金会，与几位老同志及我们谈要响应政府号召，再向灾区捐赠200万元。对家境困难学生，唐先生自2002年就开始在上海几所中学设立君远班助学奖。他和唐太几次在无锡学生君远班活动中讲，你们只管努力学习，经费我们来想办法。他还常为特殊困难的师生雪中送炭。2010年，杨浦高级中学一位学习优秀的何同学得了白血病无力治疗，无奈之下家长和学校向基金会提出了请求。唐先生得悉后迅速同意给予5万元资助，让这位女同学转危为安，学校领导和家长后来特地到基金会致谢并送来锦旗。

唐先生家乡情深，不忘父母恩。他经常说自己是无锡人，要为家乡做点事。

2004年后，他每年都去无锡，既做公益慈善事业，也不忘祭祖拜宗。除了一再资助无锡机电高等职业技术学校，他还帮助严家桥小学改善办学条件，捐资古村建设，支持建立唐氏工商业陈列馆，与鹤千先生一起出资120万元，将唐氏花厅从镇上搬迁到严家桥建立严家桥文化活动中心。他不忘父母养育之恩，牢记教诲，助学做善事。生命最后几年，他差不多每年到父母墓地祭扫，也曾想在墓地添设父母碑。他决定身后叶落归根，回归故乡怀抱。唐先生平时忙于事业，不在乎个人拍照，但在2008年君远科技楼揭幕仪式后，他笑嘻嘻地要我为他在大楼前拍照，在参观改建好的严家桥小学校舍后，他又让我为他在"捐赠助学，造福桑梓"纪念石牌前留影。我看到了他对家乡的感情。

　　唐先生知书达理，是儒雅志士。唐先生说他在唐氏小学上学时，还在家接受私塾教育，所以古文底子还算不错。在交谈中，他常常引经据典：为人要孝悌忠信，懂得礼义廉耻；业精于勤，行成于思；创业就要苦其心志，劳其筋骨；宁静才能致远，切忌急躁；真希望像陶渊明一样归去来兮，寻找桃花源，但现在要像曹操一样，老骥伏枥，志在千里，烈士暮年，壮心不已。在美维科技公司大楼底层大厅挂有一幅大型的彩色画了名为《腾飞》，一群天鹅腾空飞翔。这幅画唐先生非常喜欢，我想这正体现了唐先生的鸿鹄之志，希望企业和国家腾飞。我们把此画收入了基金会25周年的特刊，安排在"唐翔千理事长的心愿"这一部分。

　　唐先生淡泊名利，平实低调。唐先生获得过许多荣誉，但从不张扬。我到基金会后，就看到他获得不少奖项：2008年香港"杰出工业家奖"，2009年首届"上海慈善奖"，2011年"无锡2010教育年度人物奖"、无锡海外联谊会"心系故乡奖"，2012年第二届"上海慈善奖"、第七届"中华慈善奖"。连续获上海慈善奖以及中华慈善奖，上海仅唐先生一人。要申报"中华慈善奖"时，唐先生一再推辞。我们觉得弘扬唐先生的慈善精神是基金会的责任，于是杨秘书长和我悄悄地准备了材料。为了弘扬他一生爱国重教的精神，2016年基金会决定在无锡机电高等职业技术学校设立唐翔千先生爱国创业重教事迹陈列室。唐先生不赞成，在王会长等领导多次劝说下，他才同意了理事会的决定。基金会庆祝成立30周年拍摄录像片要采访唐先生，他也不肯，也是王会长和金秘书长多次劝说，他才答应。采访拍摄十分成功，成为唐先生留给大家的最后影像。

唐先生生活俭朴，风度优雅。唐先生为工作每年来上海几次，都住在松江美维科技公司自己的寓所，从不肯住市区宾馆。他说，一来便于和老同事老部下见面，了解公司的情况，叙叙友情，二来也可以节省一些开支。他到基金会商量工作，午饭时间到了，就要工作人员买盒饭和大家一起吃。除了重要和正式场合他身着正装，平时就穿便装布鞋，亲近随和。

唐先生重情重义，待人宽厚，平易谦和。唐先生不忘老同事、老朋友，也关爱年轻人。他对早年在上海企业银行工作时的好友、基金会初创时尽心尽力的方祖荫先生，以及基金会的老领导等十分感激，嘱咐我们平时要多多关心，逢年过节一定要上门慰问。他在上海时，或请老朋友到松江相聚，也几次特地到市区请大家吃饭，共叙友情。唐先生和同事、属下平等相处，以礼相待。同事到其办公室汇报工作，他非常和善，认真倾听，然后讲自己的意见，说供你们考虑、研究。与唐先生交谈，得到的是思想和工作上的启迪，没有交流上的负担。在基金会庆祝成立20周年、25周年和30周年的致辞中，唐先生总不忘感谢理事、亲友的大力支持和帮助。基金会获上海市先进社会组织和等级评估5A级等荣誉，他一再感谢各位工作人员的辛勤付出，让大家倍感温暖。按唐先生的意思，我为他起草几篇讲稿之后，他总会对我表示"谢谢"，倒使我十分不安。2014年我和潘祥根老师带领"君远深港修学团"去香港时，特地到唐先生办公室看望他。唐先生早早就在办公室等我们，还一定要给我们每人一个红包，打趣说是香港的"规矩"，要我们带点香港的东西回去。唐先生对基金会很有感情，虽然他不常流露出来。2016年9月一个下午他来市区就医时，提出要到基金会看看。他两腿无力，不能上二楼，唐新璎老师和我陪他在大厅慢慢巡看。在两个玻璃橱柜前，看着里面陈列的物品——他所熟悉的唐氏家谱、获奖证书、纪念品，他默不出声，久久不愿离去。看得出他多么怀念这里的一切，而这实际上是他最后一次来到基金会会所。

先生之风，山高水长。纵观唐先生的一生，他不愧是一位著名的爱国者、杰出的企业家、优秀的慈善家、可敬的教育家。他的贡献，祖国不会忘记，人们不会忘记。高山仰止，景行行止。我们要以先生为楷模，努力前行，让公益慈善事业更好发展，让人生更加精彩。

2022 年 5 月

知遇之恩，涌泉相报

——回忆在香港与唐翔千相处的日子

钱　诚 [①]

　　我从2004年7月开始作为唐翔千先生的特别助理一直到2006年3月离开香港，虽然这段时间在唐先生漫长的商海生涯中犹如白驹过隙，对我而言却是终生难忘的记忆，让我得以近距离地观察这位长者的恂恂风采，感受其如日之升、如月之恒的恩情。

　　唐先生第一次在香港招待我是在中环的交易广场，彼时我刚刚从剑桥大学毕业。由于我先前已经在国内的英国律师行做过律师，后又被司法部选派参加中国和欧盟司法合作项目，所以十分自信能为唐先生家族事业做点事情。去香港前我对唐先生是既熟悉又陌生，熟悉是因为我早在北京大学本科学习期间已经是唐先生设立的大学生专项奖的获奖学生，对唐先生实业兴国的事迹耳熟能详；但我没有接触过他本人。通过基金会原秘书长马韫芳老师引荐，先在上海跟唐先生谈了一次，接着他安排我到香港去和唐英年先生又面谈了一次，遂决定让我挂职香港美维科技集团，任董事长和总经理的特别助理。

　　香港是世界金融中心，香港证券交易所所在的广场人来人往，摩肩接踵。

————————

① 钱诚，"君远奖"获奖学生，博士视听系统（上海）有限公司大中华区总法律顾问。

我记得唐先生那天身着一身宽松的淡色衣裤，脚上是一双深色布鞋，一边走一边跟我讲这个地方原来的样貌，好像时光一下回到了半个多世纪前。香港从一个小渔村发展成国际大都市，工业的作用举足轻重。香港工业的发展，唐先生不仅是亲历者，更是引领者。2008年，他荣获香港特区政府颁发的"杰出工业家奖"，这是香港工业界的终身成就奖。那天，唐先生一路说一路笑，看得出他对香港的未来充满信心。多少年过去了，我每次回忆起唐先生时，脑海里首先就会浮现出这个情景，唐先生的形象仿佛一座高山巍然耸立在这高楼林立的中环。

香港美维科技集团的总部在香港新界的大埔工业园，这里也是唐先生在香港的办公所在地，那时只要他在香港，每个工作日就会从九龙塘的住所由跟随他多年的司机阿明开车送到此地上班。我用"上班"这个词，或许有些人会觉得奇怪，因为那时他已经有80多岁，但是他在办公室里依然从早上十点一直要工作到下午四五点，当中除去午餐和休息一个小时。唐先生的午餐是家里特地准备好让阿明带来的，为了唐先生的健康，家里不让唐先生吃油炸的食物，所以午餐一般比较清淡。可我不止一次看到唐先生悄悄让阿明到外面买肯德基汉堡回来，我感觉这是唐先生特别可爱的地方。除了接待需要外，他从不讲究吃喝，中西餐都可以接受，偶尔背着家人吃一下快餐似乎也是一种小小的满足。美维在大埔有工厂，这也许是仍保留在香港的为数不多的生产企业，其中原因主要也是为了照顾一些老员工，企业大部分中层干部都被派到东莞、深圳和上海等地，唐先生在那些城市建立了超大型的企业。

如果把美维集团比作一个巨人，那么这个巨人的大脑就在大埔的那间不到20平方米的办公室。很多人都想不到的是，唐先生的这间办公室就坐落在一个生产车间旁边的小楼内，这栋楼与车间只是一墙之隔，进出的门有两个，但车间工作人员不会随意进入楼内。当然这只是不成文的规矩，唐先生对此并不在意，他办企业最尊重一线员工，对他们的衣食住行都格外关注，比如为了让工人们住得宽敞点，他会让本来可以挤5个人的宿舍只住4个人。大埔的工人都知道唐先生在楼内，为了避免打扰他而自觉选用另一个口进出。唐先生办公室所处的这栋楼与他在内地建造的企业办公楼相比，可以说是两个时代的建筑。说是楼，其实就是一座二层高的平房，整体建筑朴实无华，是20世纪七八十年代建造的工厂车间改造的。不管刮风下雨，80多岁的唐先生每天都会准时到这里，然后走一层楼梯进办公室。唐先生走楼梯很慢但步伐有力。我一般会坐公司班车比他早到半小时，只要听到楼梯上传来熟悉的脚步声，我就知道准是唐先生到了，马上迎出去问候早安。他女儿May当时是美维集团的财务总监，May的办公室就在他的右手边，美维集团总经理唐庆年（Tom）先生的办公室在另一间工厂里，唐先生也给我一间办公室，在他的左手边第二间。虽然这栋楼很不起眼，但是楼梯拐角墙上却悬挂了一幅山水长卷，我细看才发现居然是张大千的画。这种估值上亿的画就随随便便地挂在过道墙上，唐先生也从来不与人谈及画的来历，来访者若不注意，也绝对想不到这个老式厂房改建的楼里居然挂着一幅张大千的画。不熟悉唐先生的人可能会觉得匪夷所思，但是我们都知道唐先生一生勤俭，很少有时间游山玩水，我去过唐先生府上，知道对于古董名画之类他懂得怎么欣赏，但不会着迷，不会把时间、精力和资金放在这些"宝贝"上面，他期望的是事业发达，他热衷的是人才培养，他心系的是国家强盛。

　　唐先生的平易近人是有名的，不管地位高低或者财富多寡，唐先生对所有人都彬彬有礼，这体现了他良好的修养。尽管他得到过多位国家领导人接见，但是唐先生从来不会在众人前摆什么架子，他标志性的微笑让人可亲可近。我这里要特别提到唐先生对下属的亲和力，我没有看到过唐先生对下属发脾气，甚至没有看到过他用命令的口气说话。他希望别人做一件事总是以商量的口吻谈心，而且是站在对方的角度帮他做正确的选择。他的下属都亲切地称呼他"唐先生"或者"大唐先生"，没有人叫他老板。他鼓励下属，特别是年轻人要敢于直言，跟他讲真实想法。也许是职业上的原因，加上与唐先生的年纪相差50多岁，我一开始跟唐先生谈话时非常紧张，他总是跟我讲"不要拘谨"。为了让我放下包袱，他还多次带我一起去蒸桑拿。据说，唐先生的许多下属都曾享受过这一"殊荣"，这是唐先生与下属之间一种推心置腹的沟通方式。唐先生在政界的人脉极广，他的长子唐英年先生当时在香港特区政府担任领导职务，但是唐先生从来没有利用这种关系为自己、为企业谋取私利。我在香港的时候，曾经协助Tom就香港特区政府的一项环保政策参加听证会，我们就是作为普通的业界代表去提意见，从来没有想到自己应该享受特殊待遇。还有一次我去香港中文大学图书馆办理借书证，按照规定需要雇主的推荐信，我就请唐先生签字后交过去，图书馆的工作人员看到唐先生的签字大吃一惊，因为香港中文大学的图书馆就是唐先生的堂叔唐炳源先生出资捐建的，唐先生本人也是香港中文大学的校董和新亚书院董事会主席。

我记得跟唐先生最后一次谈心还是在他那间雅致的办公室里，那里已经成为我这两年最熟悉的地方，我在那里无数次聆听唐先生的教诲，但每一次都觉得意犹未尽。我曾经没大没小地跟唐先生开玩笑，把他比作春秋战国的四君子，而我则是三千食客之一。虽然是玩笑，但是唐先生当年礼贤下士把我收入麾下，对我这么一个初出茅庐的无名小辈给予了充分信任，这是唐先生对我的知遇之恩，而我报效唐先生也是出于真实的心愿，所以在忠诚的问题上我对唐先生和唐氏家族始终如一。我在得知唐先生驾鹤西去后来到基金会，在他的画像前久久不能自已，回想自己跟随唐先生的香港岁月虽然短暂，但对我却是刻骨铭心的追忆。唐先生之人，巍巍若泰山，唐先生之德，如山川明月。

翔云飞过，千丈犹若

——纪念唐翔千逝世一周年

王　武[①]

天空留痕，因有翔云飞过，
百年腾达，霓虹千丈犹若。

门第兴隆，自幼聪慧灵络，
家学厚养，修得西洋新说。

博雅君子，何惧岁月蹉跎。
继承实业，勇赴九龙创拓。

改革开放，首用内地原棉。
纺织巨擘，管理筹谋帷幄。

目光长远，电子落足淞沪。

---

① 王武，江南大学教授，上海唐君远教育基金会理事。

发展经济，奠就共赢轮廓，

肩负重任，香港回归定笃，
圣堂之上，参政审议论策。

格高品贵，仁慈谦逊亲和，
清风亮节，毕生勤俭省约。

设立基金，捐献别墅故所，
豪赠亿资，大爱心中无我。

涓涓善流，助困奖优辅佐，
心心牵挂，培育工程英卓。

每临教诲，感触领悟良多。
遵嘱践行，义举累累硕果。

一代鸿儒，堪称瑾怀瑜握，
紫荆绅士，不愧后人楷模。

斯人驾鹤，豁然如星闪烁，
恩公像前，晚生矢志强国！

2019年3月10日

思想采风

家国情怀与担当

——唐翔千的宝贵精神遗产

唐英年 [①]

摘要：2023年正值父亲唐翔千百年诞辰，回忆他近乎一个世纪的富有意义的人生，系统回顾他的所思所为，感慨万千。本文综合不同场合的访谈内容与近期认识，立足于父亲最重要的精神遗产——爱国爱港、唯实勤勉、守正出新、共享普惠、鼎助教育，整理出相关脉络和要义，传承其意志。期待父亲珍贵的精神遗产能够得到更好的传播，产生更深远的影响，因为家国情怀与担当始终是实现"中华强国梦"的精神支柱和感召力量。

关键词：唐翔千，爱国爱港，唯实勤勉，守正出新，共享普惠，鼎助教育

前　言

父亲唐翔千诞生于1923年，上海唐君远教育基金会（以下简称"基金会"）、有关政府部门和大学正联合筹备隆重而简朴的百年诞辰系列纪念活动，我非常期待。2022年11月，基金会秘书长张伟教授专程来到香港，采访了我和父亲的几位亲朋故交，父亲的故事和形象在众人的回忆中鲜活了起来。唐君

---

① 唐英年，全国政协常委，香港友好协进会永远荣誉会长，香港西九文化区管理局董事局主席，香港江苏社团总会创会会长，上海唐君远教育基金会理事长。

远文化研究会也向我约稿，让我追述父亲不平凡的人生，特别是他的家国情怀与担当。这是个非常重要的话题，也是我们唐家几代人的思想根基与行动准则。父亲和我共同度过了三分之二世纪的漫长岁月，他的音容笑貌犹存，更重要的是，他留下了丰厚的精神财富，值得系统梳理，提炼总结。现从五个方面，阐述父亲的思想精髓、做人原则、实践业绩和社会影响，以及有关精神遗产在几辈人之间的代际传承。

爱国爱港：持恒的核心准则

"对于父亲，您最深刻的印象是什么？"这是前不久张伟秘书长采访时提出的第一个问题。父亲过世五年了，作为长子，很多印象至今历历在目，感悟和受益最深的是他的爱国情怀与担当。父亲祖籍是无锡严家桥，祖父唐君远进城创业，父亲出生在城里中市桥巷。当时，祖父非常忙碌，父子间接触不多，但父亲从小还是感受到祖父创业中的艰辛奋斗与成功喜悦。他在青少年时代经历了国家和家族遭受日寇侵略蹂躏的残酷岁月，他的家国意识从那个时期开始逐渐形成。幼年时的父亲热爱自己的国家，挚爱中华经典文学与传统文化，不仅熟读四书五经，能背诵许多精彩诗文，还喜欢国粹京剧等民族艺术。中华传统文化精髓与核心价值观，为他奠定了民族自信和中华美德的思想基础。

"抗战胜利，全家兴奋得不知如何是好。"这是父亲的回忆。抗战期间，束发之年的父亲到上海读书，当时这个大都市被外邦列强占据分割，国弱则受辱，懵懂少年有了粗浅的概念。让他印象特别深刻的是，1945年，全家人从收音机里听到日本侵略者宣布投降时，兴奋得不知如何是好，祖父把自己关在里屋，任由激动的泪水自由流淌①。正在读大学的父亲很清楚，那是在爱国主

---

① 蒋小馨、唐晔：《唐翔千传》，上海人民出版社，2016年，第35页。

义的旗帜下，中华儿女用血肉之躯换来的抗战胜利。父亲逐步建立起了"振兴国家，匹夫有责"的意识。为了建设国家，也为继承实业的需要，他放弃了自己心爱的国学志趣而猛攻数理，考大学主修会计学专业，对心仪的学业忍痛割爱，反映出青年时期他已具有自觉的家国责任心。

"儿远翔千里，终觉故土情深。" 大学毕业后，父亲远赴欧美攻读硕士学位。毕业之际，他从广播里听到新中国宣告成立的大好消息，热血沸腾，提笔致函，向他的父亲表达了急切回国的决心："学业初成，几经历练，然倦鸟思归。儿远翔千里，终觉故土情深。时下国家振兴有望，民众幸福可期，正是男儿一展身手，报效祖国之际。儿当胼手胝足，竭尽全力，不负家族勃兴、济世安邦之志。"这段话情真意切，铿锵有力，不仅表示归心似箭，且亮明报效国家，大展宏图之志。

今天读起来，仍是后辈的座右铭。

父亲到香港后，将爱港情结转化为对香港工业整体发展的思考与担当。 20世纪50年代初，父亲到香港银行单位工作，了解到金融业基本运作方式，同时也感受到港英政体下的世态炎凉，他决心踏上创业之路。父亲在香港整整生活了60多年，先是进入棉纺业，再拓展覆盖到大纺织业。过了知天命之年，父亲将更多的精力放在推动香港经济发展政策调整与改善工业环境等方面。多年来，香港媒体有关父亲的报道颇多，不少都涉及父亲如何审时度势，急香港工业发展之所急，谋破解香港经济瓶颈之良策，他得到管理机构、同业公会和新闻界的好评。若非媒体屡屡报道，父亲的许多业绩并不为子女所熟知，诸如他一度在东西两大国际阵营对峙的形势下，沉稳睿智，勇毅破冰，于1975年率领纺织同业代表访问捷克等国，打开了通往东欧出口纺织品之门，帮助香港纺织业跨越低谷[①]。20世纪80年代初，香港工业在经济总盘中的比重逐步下滑，他主动组织香港工业总会进行调研，提出五项很重要的建议，得到企业家和社会

---

① 《棉纺织团返港指出了解东欧市场需要》，《香港工商晚报》1975年10月18日，第7版。

的积极呼应①。他认为自己既然定居在香港，就要为香港工业发展做出一份贡献，这种贡献不仅停留在增加香港工业产值，更要从产业战略出发，变"低成本"内耗为"高质量"拓展，全面提升香港工业层次。

为了推动内地的工业发展，父亲让我放弃攻读博士学位的机会，回香港助他一臂之力。自1974年以来，父亲与内地商贸往来频繁，意在推动内地的经济发展，同时提升香港工业格局。1976年，我正在国外攻读博士学位，父亲打电话说，准备到内地投资，帮助国家重振经济发展。那个时期，弟妹还在上学，他希望我能回港助力。我向导师提出申请，希望休学一段时间，保留学分，他们说"OK"，我就回到香港。谁知家族企业管理与各类事务极其繁忙，不可能再回去完成博士学位，至今心中还是非常遗憾。但那段时间跟着父亲学本领，长见识，领悟他开阔的视野与敏锐的眼光，学到了善于协调各种关系，善于组织各种力量，齐心协力解决问题的能力。他审时度势、真抓实干、迎难突围、引领企业发展的一整套举措，让我受益匪浅。更重要的是，我趁着还年轻，协助父亲发展实业，对香港经济和社会有了自己独立的付出，对帮助国家走向小康、富强，也有了点滴作为和贡献。我想当年割舍博士学位的决心还是对的，有失也有得，重要的是父亲爱国爱港的核心准则在我的身上传承下来，这是最大的"得"。

父亲坚决拥护中央收回香港的决定，他为香港回归祖国做了大量的工作。从20世纪80年代开始，父亲频繁率团访问内地，坚决支持中央收回香港，实施"一国两制""港人治港"的方针。他多次得到邓小平等中央领导人的接见，并就香港稳定发展前提下的回归筹备工作等重大议题，开展了坦诚的思想交流。回港后他随即撰文见报，向香港社会转达中央的声音，以及关于中央、英国、香港各方正在寻求对三方皆有利的解决方案的信息，在香港起到了稳定人

---

① 《工业总会主席唐翔千表示香港经济环境并不有利，今年难有较大幅度增长》，《华侨日报》1981年7月1日，第13版。

心的作用①。父亲以高度的爱国心、责任感和社会公信力，得到了中央政府的完全信任，他先后受聘为港事顾问、特区政府筹备委员会委员、特区第一届政府推选委员会委员等要职。香港回归后，他继任香港特别行政区基本法咨询委员会委员。他常提起，有机会直接参与香港回归大业的筹备过程，是他一生中最值得回顾的事情。在这一过程中，父子之间少不了讨论要事，率真交流政治主见，相互磋商具体建议。这段时期是我向父亲学习取经最频繁的阶段，也是我在政治和社会生活中获得全面熏陶、经受考验、茁实成长的黄金时期。时值壮年，爱国爱港的种子在我的心中生根抽芽，蓄势萌发。

　　尽管家族企业事务繁忙，父亲仍全力支持我参与香港管理工作。2002年，时任香港特首董建华先生力邀我参与政府管理，担任特区工商科技局局长。说实话，心中有些犹豫，我已深度介入家族企业，再说父亲年近八旬，我理应挑起大梁，减轻他的负担。向父亲汇报时，我有些忐忑不安，可父亲深明大义，他说我接受这个职务，若能对香港经济发展和"一国两制"大政方针的落实做出贡献，对内地改革开放定有帮助，那他一定支持。我便义无反顾，轻装上阵，之后在特区政府多个重要岗位上任职10年。父亲以耄耋之龄，主动再挑家族企业重担，让我专心致志为香港民众服务。香港经历了2003年的SARS疫情肆虐，经济发展严重挫折，民生保障任务艰巨，我适逢接任特区财政司司长，面临的挑战极其严峻。而后的2008年，我接任特区政务司司长不到一年，又遭遇了亚洲金融危机对香港的直接冲击。尽管山雨欲来风满楼，但我心里一直有着这样的执念："中国人从来就不是被吓大的。"这期间，父亲时常关心我的工作，给予思想上和道义上的支持。他坚信香港一定能走出困局，走向更光明的未来，他对实现强国之梦的热情终身不变。2008年的另一件事也值得一提，那一次我作为政务司司长，为香港工业总会评出的"香港杰出工业家奖"颁奖，结果现场只有一位获奖者，竟然是父亲。作为儿子，亲手把奖牌递给父亲，这

---

① 《香港名流在京指出邓颖超讲话合情理》，《大公报》(香港)1984年9月29日，第2版。

真是非常罕见且珍贵的场景。父亲最喜欢那张儿子祝贺父亲、父子握手言欢的合影，一直摆在家中的玻璃柜里。这张照片也珍藏在我的办公室，这让我时时铭记父亲的言传身教。

父亲在内地的舞台从工商界发展到政治协商平台，他将爱国情结转化为对国家发展的建言献策。从20世纪80年代开始，父亲被推选为第六届全国政协委员，而后连续15年担任全国政协常委（第七届、八届、九届）。在政协舞台上他发表过许多真知灼见。我在全国政协的任职与父亲没有交叉，但知道他提出的一些真诚建议，如推进内地与香港协调发展，提升内地外资利用效益，繁荣上海外高桥保税区的设想，甚至还提出要加大力度打击"法轮功"，粉碎国际反华势力的阴谋等。上海是父亲的第二故乡，他一心为上海经济发展出谋献策。1988年，上海GDP仅为香港的1/3，父亲看在眼里，急在心里，他向时任市长朱镕基提出了全面推动上海经济发展的一系列建议，其中涉及扩大海内外经济合作，发展教育事业（特别是工程教育、科技教育），开创现代旅游业，以及加大浦东开发力度等。父亲在内地的舞台依然离不开经济领域，但他也非常关注社会治理、教育提升、文化建设及慈善事业。从2013年起，我有幸当选为第十二届、十三届全国政协常委，父亲参政议政的经历告诉我，爱国爱港是对港区委员的根本要求。父亲在关键的历史转折点和重大政治社会考验面前，将爱国情怀都转化为精神动力和道义实践，对我产生莫大的影响。2018年6月，我当选香港友好协进会会长，这是一个以香港特区的全国人大代表、全国政协委员和中华海外联谊会理事为主体的爱国爱港平台。我以父亲为榜样，团结、凝聚、组织好爱国爱港力量，竭尽全力，鞠躬尽瘁，为国家、为香港肩负起更重要的担当。

唯实勤勉：典型的个人禀赋

唯实勤勉这一典型的个人禀赋，是父亲从祖父身上继承的。一百年前，祖父唐君远在无锡创业很快崭露头角，后来又到上海办厂。祖父办厂事无巨细，勤勉有加，周末住在厂里。父亲是长子，从小耳闻目染。去上海创业初期，家在无锡，交通不便，祖父来回奔波于沪锡两地，非常辛苦。"做人要勤奋，做事要踏实"，这也是祖母教育子孙的口头禅。有人说父亲是含着金汤匙出生的，他却没有大少爷脾气，年轻时就自理一切事务。到上海读中学时，他看到许多新生事物，也发现自己与优秀同学的差距。他自知肩负继承家业重担，便自加压力，迎头赶上，顺利考取上海大同大学。攻读会计学专业时他很勤奋，很好地掌握了学问要领，逻辑思维和推演能力大有长进，英文水平迅速提高。接着又到英美著名大学学习工科，攻读管理学硕士学位。我深有体会，唯实勤勉禀赋必须在年轻时期造就，才能执持终身。

修成学业归国后，父亲在上海选择一家小银行工作，体现他的唯实禀赋。 发展企业需要投入资金，少不了与金融界打交道。一般人定选大银行就业，可祖父和父亲的理念相通，实事求是地选择一家小银行，认为大银行分工太细，在不同部门流转一轮的时间太长。小银行麻雀虽小，五脏俱全，便于全面了解金融业务各个环节，尽快转化为实践本领。那时父亲已近而立之年，紧迫感强，非常勤奋，他充分发挥会计能力和英语水平，管理和运作对外金融事务游刃有余，受到单位重用而派往香港支行工作。

理性分析发展前途之后，父亲很务实地先从他人手中接办小厂开始创业。 我很佩服父亲，当年他初来乍到香港，就敢于独立创业，不说人生地不熟，又远离父母，光是粤语就让他头疼。可父亲创业意愿坚定，他对银行贷款熟悉，再借鉴家族企业经验，通过贷款及合作投资，接手了别人办不下去的五洲布厂，很务实地突破了原先的瓶颈，开工一年后生意就红火起来。第一桶金给了父亲继续创业的信心，面临原转让方要收回五洲布厂的挫折，他决定另辟蹊径，与友人另办香港华侨纱厂。接着一步一个脚印，坚守制造业领域，拓展家族实业，逐渐在香港打出品牌，做出一番业绩。他始终没有抽身离开过制造业。按照他的唯实理念，创造出国计民生所需的物质财富才是第一位的，他的一生执着秉持这一原则，全身心发展工业，不做房地产，不涉足金融业。

印象中父亲是个工作狂，总是忙忙碌碌，他的勤勉是大家所公认的。在这一段中，我想强调他的勤奋。在我幼年时期，父亲忙于拓展实业，解决各种纷扰，保障顺利生产，不知耗费多少心血。与他共事的几年里，亲眼看见他一周最多只休息半天，星期天一大早也去工厂，有时甚至每天工作十五六个小时。他对生产的每个环节都了如指掌，甚至比工人还清楚。印象中我们兄弟姐妹四人极少有机会环绕于父亲膝下嬉戏，不过即使工作如此忙碌，偶尔他也会抽出时间，陪我们四个子女到海边散步，享受亲情。正是因为这样的情景非常难得，才给我们留下极其深刻的印象。

他要求我脚踏实地，从基层做起，积攒实践经验。当年回到香港后，父亲让我进入半岛针织工作，一切从头学起，家里有汽车但我不能用，要坐公交车上班。下车间先了解产品包装工序，再学习针织工序，消化引进技术，接着参与对外商贸事务，随后再负责经营与销售，就像幼年时父母带着我们一步一个脚印走在海滩上，父亲引领我一步一个脚印在实业发展之路上稳步迈进。有了一定的企业管理实践经验，加上辛勤的付出，我们唐氏家族实业跨入成衣领域后一直发展到今天。

父亲唯实勤勉的禀赋也让我在参与香港政务管理的过程中受益匪浅。如果说我任香港工商科技局局长多少有点基础，心里还是有底的，那么在2003年任香港特区财政司司长之时，我很现实地意识到，港人民生的系列难题摆到了我的面前：失业率、财政赤字、贫富差距、老龄化，还有更让人头疼的SARS肆虐。父亲为我打气，建议我脚踏实地开展调研，发动各方共商良策，把香港财政状况尽快扭转过来。我有工商实务和管理经验，通过想办法改善营商环境，将注册公司成本降到最低，让大批原先失业的年轻人走上小微企业创业之路，香港的就业率在短时期内走出低谷，促进了财政的复苏。2008年，亚洲金融危机再次冲击香港，我在政务司司长职位上向民众表态："金融再不景气，也不能压缩教育开支，香港唯一的天然资源就是人才。"事实证明，教育得到保障是香港全面发展的基石。21世纪前十年，是我非常忙碌，非常努力，也是有所建树的十年。卸任之前我报告了当下香港经济全面复苏，财政扭亏为盈，觉得自己的勤勉付出非常值得。我尤为难忘的是，父亲在耄耋之年再挑重担，一如既往地唯实求是，全身心支持我为香港服务；一以贯之地勤勉奋进，为我分忧解难，直至生命的最后一刻，这是他留给我们极其珍贵的精神遗产。

守正出新：进取的必由之路

这是个大谈创新的年代，我对父亲在守正出新方面走过的路子印象深刻。祖父和父亲都有着守正出新的强烈意识，都是创业创新成绩斐然的典范。也许"守正"二字的出处无从精准考证，但一般人理解为：准确理解历代俊彦的精辟见解和笃实结论，全面继承前人创造和积累的文明成果。我认为父亲的"守正"至少表现在他恪守中华美德之正，尊重和传承人类社会所积累的优秀道德、理念和规范，并付之日常；他崇尚科技工程之正，有着很强的求知欲，跟踪科学技术发展，并应用于实践，在晚年还能果敢涉身电子科技产业；他恪守待人处事之正，笃守正道，诚信平和，严以律己，宽以待人，善于合作，调动团队力量，在社会各界都游刃有余；他坚持做事弘业之正，勇于实践，勤于实践，善于实践，科学谋事，扎实做事，严谨行事。实业发展因走正路而成功，服务社会因行正义而名扬。更加重要的是，父亲能够很好地处理继承传统与开拓创新之间的辩证关系，在这方面他是很好的榜样。

在发展工业过程中，父亲善于将东西方传统与文化相结合，形成自己独到的一套模式。他从国外学到西方技术与经济管理的理论和方法，很好地应用于现代化制造企业的创办，同时不忘自己正在发展民族工业。"仁、义、礼、智、信、忠、孝、悌"这八个字，是祖父母从小对他训导再三的中华传统文化，他在创业弘业过程中始终挂在心上。对待合作伙伴他十分仁义，商务上与之互通有无，相互支撑。他敏锐理智，善于分析国际经济风云变幻，引领产业和商贸的走向。他忠实于客观规律，呼应市场需求，不隐瞒自己的观点，不回避问题与困难。他以礼尚往来的原则，组织香港棉纺业同业公会与欧美多国签订双边贸易协议，利用进出口平衡，冲破了西方配额限制的藩篱。对身边同事、员工也给予高度信任，与他们和谐相处。他也以忠信原则，开创香港与内地的互惠合作。他的"孝、悌"不仅表现在对父母极其关怀孝敬，还表现在对唐氏大家庭亦尽心尽力，他成为相携、互促、共进的表率。若干年后，父亲为他人出版物作序时，这么写道："我始终认为，要成大器，必走正道。这个正道是什么呢？它就是符合社会与国家发展的需要，而不是考虑个人的发达。"[①]也许这包含着父亲对守正要义的认识。

　　实业发展创新不胜枚举，父亲率先走出香港，以独到的方式，支持改革开放，服务国家经济发展。1974年，父亲从安徽采购优质原棉，这种守正出新的行动一举几得。不仅促进内地农产外销，扭转港人使用内地原料的顾虑，还打破了美国棉商对香港棉纺业的垄断，堪称破冰之举。1978年底，深圳的补偿贸易政策刚刚出台，父亲就敏锐地意识到深圳是全国经济改革的排头兵，他带着五叔唐正千过去开办深圳毛纺织厂有限公司。这是全国第一家实行补偿贸易模式的港资企业。我有幸参与其中，深有体会。那段时间父亲的创举主要集中在推动内地与香港的经济合作与协进共赢。1980年前后他最为繁忙，为了拉动新疆的综合发展，他到乌鲁木齐开办天山毛纺厂。当年新疆的工业基础可想而知，父母亲一起上阵，应对了许多原先意想不到的问题和困难。若非他们爱国爱港情结根深蒂固，守正出新的意志坚定不移，很难想象他们是怎么坚持下来的。这又是新疆的第一家合资企业。他还在上海推动毛纺织业的合资创建，拿到了上海合资企业"第00001号"工商许可证。他的创新进取闯出了三个"第一"。接着他又乘势而上，在沪港两地建立起沪港经济发展协会，这是推动两地经济界，甚至政界共同建构相携互利新机制的创新之举。邓小平同志刚吹响改革开放的号角，父亲就主动投身其中，其意义与价值远远超过了唐家毛纺织

---

① 唐翔千：《永攀高峰的上海男孩和女孩·序》，载马韫芳《永攀高峰的上海男孩和女孩》，上海教育出版社，2007年。

业拓展的范畴。父亲是改革试验期名副其实的先行者，他的创举产生了良好的拉动效应。

年迈不误出新，父亲晚年勇于跻身原先不熟悉的电子产业。20世纪80年代，年逾花甲的父亲敏锐地意识到电子时代到来了，他潜心调研国外电子工业发展态势，组织人马研究电子产业的创办条件与市场走向。他认为基于国计民生需要，中国应该在电子工业方面迎头赶上。于是他果敢地在港、粤、沪等地创办先进的IT关联企业。当他与朱镕基同志谈起合作创建电子线路覆铜板企业之时，朱镕基非常惊讶，他知道父亲不具备电子科技背景，且年事已高。但父亲胸有成竹，侃侃而谈。我了解父亲，即便到了晚年，他的求知欲依然旺盛，思维依然活跃，市场把脉依然精准，他的电子电路基材企业在香港、广东及上海等地办得很有气势，曾位列全球第三，产品质量优等，为国内外多家IT大企业的金牌供应商。他不惧老服老，不倚老卖老，永远追求推陈出新。父亲的一生，在继承优秀传统的基础上，敢于接受挑战，善于探索新知，正确对待挫折，寻求新的突破，他以创新作为价值取向，果敢建立超越前人的思想方法与机制体系，这是父亲人生的又一重要精神财富，有着我们学不完的内涵与价值。

共享普惠：无私的利他取向

共享利他一直是唐氏家族的传统价值观，从祖父创业时就开始发扬光大。祖父管理丽新染织厂的初期，很重视解决职工实际问题。例如，开办补习夜校为工人扫盲；纺织厂女工多，他开办托儿所解决她们后顾之忧；员工超过千人时，又开设诊疗所，医治小伤小病；在职工宿舍区创建工余剧社，丰富工人业余生活。不仅让工人享有劳动所得，同时在精神上也得到充实，这些事例在早年无锡媒体上皆有报道。祖父的共享普惠价值观与利他举动肯定对父亲有着很好的影响。

在创办实业的过程中，父亲多次强调他的"三共享"思想。父亲的"三共享"理念很明确，一个企业要做到基业长青，一定要与三个关联方共享企业收益，这三方就是股东（投资方）、社会（企业所在地）、员工。父亲认为，首先，投资者必须有一定的、合理的回报，他才乐意继续投资，支持企业发展。基于与合作方共享的原则，他善于营造真诚合作、协力互利的氛围。其次，要确保地方政府得到税收，企业为当地政府和社会多做贡献，才能稳妥发展。最后，企业成功靠整个管理团队和所有参与者的努力，共同致力于企业发展，才能做大做强。如果三方中任何一方不能共享共得，那就会打破平衡，未来发展也会面临挑战。

在香港发展企业，在内地推动合资办厂时，父亲切实落实共享普惠原则。父亲落实"股东共享"的做法为，开诚布公地向股东们交代产业背景和愿景预判，让他们既为必需的固定资产投资，也坚信能得到合理的投资回报。父亲曾说过，分配现金会让股东开心，不一定在于数额多少，实事求是，留足发展的需要，尽可能让股东获得现金回报，现场体验感和愉悦感可以让股东对企业发展更有信心。父亲总是辛勤工作，确保股东能较大程度地共享利益。父亲在各地创办企业都能得到地方政府和社会的支持，这与他坚持"社会共享"的思想亦分不开。他办企业绝不拖泥带水，条文清清楚楚，企业依法经营，依法纳税，所得不瞒报，利润不截留。他的"社会共享"还包括，在家乡无锡办厂，甚至不回收自己应得利润，将之设为"唐翔千卓越工程师奖"，由当地党政部门组织评奖颁奖，专项奖励在无锡科技产业一线做出突出贡献的中青年优秀工程师。至于"员工共享"，建立理念很容易，但做起来需要翔实测算，兼顾各类人员。好在父亲大学阶段主修会计学，加上他具有普惠思想，公正待人，实施起来游刃有余。比如他在生益科技公司的做法是，从年终税后净利润中计提10%为全体员工发奖金，奖金额度不固定，随效益变动而调整。收益增大的情况下，捆绑式共享带动了员工积极性，企业得以良性发展。所以说，父亲奠定的共享原则，一直以来都是企业发展的法宝之一，我们后辈也始终遵循这一原则。

"不要留太多的钱给子女。" 这是父亲后半生的重大决定。这句话蕴含着他一如既往的无私情结与普惠思想，子女完全支持他的决定。父亲的无私利他取向屡屡化为行动，他将部分积蓄都捐出去，回馈社会，如早年为大兴安岭地区火灾捐出10万港元[①]；在香港设立基金近20万美元，资助上海学者赴海外进修[②]；对明代时期祖先居住地常州及家乡无锡严家桥的文化教育事业给予资助；为上海几十所中小学、无锡多所职业学校以及边远地区和少数民族家庭困难学生设立"助学奖"。他是个大善人，对身边工作人员关怀备至，时常随手赠予，他也因此屡获各类慈善奖项。他很享受这些普惠活动，每逢出席慈善活动，总是笑得很开心，流露出发自心底的仁爱之情。

鼎助教育：崇高的育人情怀

"我总觉得教育顶顶重要，干任何事情都离不开人才，支持人才培养这件事情值得长期做下去。" 这是父亲经常挂在嘴边的话。接受长达20年的优质教育，使他具备了创业的基础知识，他对教育的重要性深有体会。新亚书院是由钱穆等几位来自内地的知名学者于1949年创立，其教育宗旨为"上溯宋明书院讲学精神，旁采西欧大学导师制度，以人文主义之教育宗旨，沟通世界中西文化，为人类和平社会幸福谋前途"。在香港传播中国传统文化，具有重大的历史意义，这符合父亲的价值观和教育观。20世纪80年代，父亲就对香港中文大学开展捐赠，1991—1992年期间，他还兼任过香港中文大学新亚书院董事会主席。那段时期，他观察到内地，即便在上海，人才断层现象也很严重。他就按照祖父生日时表达的意愿，凭借自己在香港捐赠教育的经验，在他母校大同中学设立了"唐君远奖学金"。这是他在内地开展重教兴学行动的第一颗种子。

---

① 《唐翔千捐款十万元职员山林大火灾胞》，《大公报》（香港）1987年5月30日，第4版。
② 《唐翔千设基金会助内地学者进修》，《大公报》（香港）1989年11月4日，第2版。

我认为，一个实业家自觉以育人事业为己任，决定持之以恒地鼎助教育、服务社会时，应该说，他已由实业家升华为社会贤达。

2005年上海唐君远教育基金会成立，父亲决定加大捐赠投放，将重点放在职业技术教育。多年为上海等地的基础教育颁发"唐君远奖学金"之后，父亲牵头成立了基金会，组建理事会，他决定要支持职业技术教育，出发点非常清楚，就是要助推内地制造业发展，帮助培养有知识、有技能、用得上的工程应用人才。投放的重点项目也很明确，那就是要共建最先进的工程实训中心，让学生直接受到先进技能操作训练。"学生的所学和将来的所用一定要在教育阶段就训练起来，这是我支持职业教育的初衷。"次年父亲就首选出无锡职业教育体系中最重视工程能力培养的无锡机电职业技术学校，资助君远科技楼、君远实训中心的建设，后来基金会又追加捐赠，再建君远数控实训中心，15年来，累计为这所学校捐助了3 000多万元。基金会的帮助让这所学校越办越有特色，师生不负所望，学生在职业技能大赛中屡屡获得金牌，毕业后大多为企业重用，学校也获得全国职业教育类教学成果奖一、二等奖多项。这是对父亲最好的回报。

2010年起，父亲的人才观又有新思路，随着工业高新技术应用日新月异，他开始倾囊资助工科高等人才培养。创办实业半个多世纪之后，他有了一些个人的积余，可那不是留给自己的。朋友们都知道，父亲一生非常简朴，除了欣赏京剧等国粹艺术，品尝家乡的原味菜肴，个人爱好和日常消费寥寥无几。当他决定拿出积蓄8 000万元，在上海大学和江南大学分别设立"唐翔千专项教育基金"之时，我们全家人并不觉得突兀，都支持他的崇高举动。他亲自致函时任国务委员的刘延东同志，表明了捐赠初衷在于推动卓越工程师的培养，这正好符合教育部当时的规划。父亲的决定很快得到刘延东同志和教育部的支持，合作共建的上海大学翔英学院和江南大学君远学院随即办起来，分别以通信和电子信息技术与机电一体化专业为特色，培养出了多届毕业生，学生深受企业欢迎，读研深造率也逐年提高。2017年，江南大学君远学院与基金会联合申报了国家教学成果奖。2018年获得国家级教学成果奖一等奖的喜讯传来时，父亲已离世，可我想九泉之下的他一定感到非常欣慰。

寻求教育境内外交流，合作培养国际化人才，成为基金会新的捐助方向。父亲主持基金会理事会期间，教育捐赠事业发展得很好，父亲个人和基金会共捐赠四亿元，涉及捐赠项目百余项，数万名学生享受到奖学助学金支持。2013年，正值父亲九旬高寿，他让我接过上海唐君远教育基金会理事长的担子，我义不容辞。我觉得，中国式现代化进程急需培养一批擅长国际化合作与现代化运作的优秀人才。我在资金投放上又开辟出新项目，如资助上海交通大学与美国密西根大学共建的密西根学院，设立"唐君远讲席教授"项目，引入国际科技界知名学者讲授科技前沿进展，引导学生勇攀科学高峰。在新冠疫情肆虐之前，我们基金会还组织上海获奖学生赴港与香港学生交流，见识香港的一流大学，开阔视野，启迪思维。

上海唐君远教育基金会的使命任重而道远。如何继承父亲守正出新、鼎助教育的精神遗产，如何顺应中国式现代化进程对人才的需要，把这项崇高的重教兴学行动发扬光大，始终是我心中思考再三的重大议题。在国家宣布完成脱贫攻坚之后，是否应将重心放在支持高质量教育项目和优秀人才培养方面？我们支持过的君远学院、翔英学院、密西根学院、机电学校、严家桥文化建设等项目都取得了国家级或部省级的奖项，是否应该继续支持已取得过骄人成绩的项目？目前国家发展和改革委员会已决定实施一批具有前瞻性、战略性的国家重大科技项目[①]，我们的资助方向是否也应紧紧跟上，进行战略部署与系统性再策划？我们的基金会是否有可能推动沪港文化合作？基金会的社会影响力如何进一步拓展，如何发出更响亮的声音和塑造更完美的形象？在2023年的纪念活动中，期待听到真知灼见，得到大力支持，让父亲的遗愿得到落实并发扬光大，以告慰他的英灵！

---

① 国家发展和改革委员会：《加快构建新发展格局　牢牢把握发展主动权》，《求是》2022年第17期，第42—48页。

结　语

父亲唐翔千自幼经历过祖国和家族遭受日寇蹂躏的屈辱岁月，祖父创业奋斗的艰辛与事业成功的鼓舞，对他产生了潜移默化的作用。他以爱国爱港为核心准则，并为之做出一生的热情奉献。将近而立之年，他到香港发展，唯实勤勉，全身心投入纺织业与电子工业。在努力进取的过程中，他坚持守正创新，在制造业取得良好的成绩，很快在经济界和社会层面崭露头角。在发展实业与服务社会的过程中，他秉持共享普惠的理念，内及员工，外惠社会。他有感于科技与人才是核心生产力，后半生更是对人才培养情有独钟，将相当一部分个人节余投放到教育基金中，鼎助各类教育，设立奖学金，旨在为国家培养真正用得上的优秀人才。家国情怀与担当深深嵌入他那几近百年的辉煌人生。父亲不平凡的一生留下了许多宝贵的精神遗产，值得深度研究，更值得发扬光大！

Patriotic Passion & Commitment

— The Valuable Spiritual Heritages Left by Tang Hsiang-chien

Henry Tang Ying-yen

Abstract: It will be Tang Hsiang-chien's Centennial Birthday in 2023, I am filled with emotion and memories, vividly looked back upon father's valuable life of nearly one hundred years. By referring some of the comprehensive interview contents and recent understanding on different occasions, the most significant spiritual heritages which father left us are elaborated thoroughly: Patriotism & Love Hong Kong, Pragmatic & diligent, traditional & Creative, Inclusive sharing, and

Devotion to education. The related context, essence and spirits of these traits were illustrated. Expecting all of these valuable assets can be well spread and have a far more reaching influence, since the Patriotic Passion & Commitment has always been the spiritual pillar and the inspiration force for fulfilling China's Dream of Becoming a Powerful Country.

Key words: Tang Hsiang-chien, Patriotism & Love Hong Kong, Pragmatic & diligent, Traditional & Creative, Inclusive sharing, Devotion to education

知行合一：

初析唐翔千思想境界与道义践行

王 武

摘要：初步归纳了唐翔千先生一生中的心路与业绩，以生知安行，初心使然；致知力行，砥砺卓发；鉴知躬行，求索兴邦；诚知善行，达济天下这四个部分为题，循序渐进地分析了唐翔千先生思想境界的不断升华和道义践行的重熙累绩，认为翔千先生堪称"知行合一"的爱国实业家的典范。这份沉甸甸的精神遗存值得长远弘扬。

关键词：唐翔千，知行合一，思想境界，道义践行

前　　言

唐翔千先生与江南大学准备合作创办君远学院的意向，在王生洪、周敏炜、雷焕文、蒋凌械等老同志的促成下，讨论了约半年之后。2010年8月，我终于在港岛见到了久仰的爱国实业家翔千先生。汇报该项目的思路与方案时，翔千先生反复强调："今朝的大学，特别是理工科教育，更应促使大学生走上社会就能迅速将理论知识转化为实际本领，也就是'知行合一'，服务于经济社会，服务于国家发展的需要，这是我经常思考的问题，也是我设立基金会的初衷之一。"

2010年12月，唐翔千、唐尤淑圻夫妇专程来到江南大学，与陈坚校长签下了合作创办君远学院的协议。翔千先生以"唐翔千专项教育基金"的名义资助4 000万元，主要用于君远工程中心的建设，培养"知行合一"的卓越工程人才。他的思路和善行得到时任国务委员刘延东同志的高度评价和支持。江南大学君远学院成立伊始，就以"知行合一，追求卓越"为院训，铭刻于门厅墙上。十多年来，秉承翔千先生这一育人思想，努力探索，勇于实践。学校和上海唐君远教育基金会联合申报的教改成果于2018年获得国家级教学成果奖一等奖，应该说，在一定程度上实现了老人家的理想。

此后每年都有机会拜见翔千先生，尤其感悟他"知行合一"的崇高理念与落地行动的难能可贵。"知行合一"学说由心学集大成者王守仁（王阳明）首次提出："知是行之始，行是知之成"①，这个学说的创立乃中国哲学史上的重要突破。"知行合一"不该停留在一般理解上的知识和实践的相结合。"知"，更重要的指心路意识和思想境界，推崇守正向善的良知；"行"，指"循大义而躬行"之实践，主张道义践履和利他行动。自2009年至今，习近平总书记多次提到王阳明及其理论，认为"王阳明的一生真正做到了知行合一"。②2018年，习总书记在纪念马克思200周年诞辰大会的讲话中，进一步强调了现代知行观："涵养正气、淬炼思想、升华境界、指导实践。"③

唐翔千先生毕生之"知行合一"，斯义弘深，非我境界！④笔者借助上海唐君远教育基金会提供的"唐翔千大事年表"和上海交通大学袁为鹏教授提供的史料检索，分四个层面，初析唐翔千人生阶段的思想境界与道义践行。

---

① 王阳明：《传习录》，张怀承注译，岳麓书社，2004年，第10页。
② 《习主席参加我们"溪山论道"读书会——习近平与大学生朋友们（四十二）》，《中国青年报》2022年4月22日，第4版。
③ 习近平：《在纪念马克思诞辰200周年大会上的讲话》，《国务院公报》2018年第16号，2018年5月4日。
④ 王国维：《人间词话》，施议对注，岳麓书社，2016年，第1页。

生知安行，初心使然

青少年时期的翔千先生可谓"生知安行"。《礼记·中庸》早已提道："或生而知之，或学而知之，或困而知之，及其知之，一也。或安而行之，或利而行之，或勉强而行之，及其成功，一也。"①王阳明提炼为："尽心知性知天，是生知安行事。"优质的家族基因使翔千先生先天就带着高智商、高情商的潜质，加上"学而知之"，父母言传身教和后天自觉修为，"生知安行"得到进一步巩固和发展。

百年前，翔千先生出生在无锡近代纺织先驱者家庭。父亲唐君远的一生"思进、图强、求同、善济、立范"，他是"知行合一"的样板。父亲忙于创业，对长子的影响潜移默化；子女教育主要由母亲负责，老夫人家教甚严。据翔千先生回忆，从小跟着亲戚长辈去看花船乡戏，母亲认为他不该去，再三训导："一定要做正派人，做正经事。"②幼年唐翔千开始掂量这个"正"字的含义，他是兄弟姐妹中的老大，深悟"少而知正行"，不仅对自己严格要求，也引领弟妹走正道。步入老年后，他还常提长辈教导，说父母强调的"孝悌忠信，礼义廉耻"从小就铭刻在心中。幼年开始，不断吸纳正气，养就他为人为事之准则，他也用之教育自己的子孙。20世纪30年代，日寇强占无锡城，烧杀抢掠，炸毁唐氏工厂和家园，父亲受日军残酷迫害，但铁骨铮铮，不屈不挠。在殷实人家长大的少年从未见过如此残暴的行径，内心被深深刺痛。按冯友兰大师的人生四境界理论，当国恨家仇的种子深埋翩翩少年心间，他的认知觉悟从第一层次的"自然境界"升华了，从此他将家族和国家的利益与个人命运紧密地编织在一起。这份初心，为翔千先生终身践行道义奠定了坚实的基础。

---

① 周何：《儒家的理想国：礼记》，《中国历代经典宝库》第七辑，九州出版社，2017年，第238页。
② 蒋小馨、唐晔：《唐翔千传》，上海人民出版社，2016年，第19页。

14岁的他到上海读中学，少年的初心有了新的分量。当年申城已被日寇入侵，美、英、法列强亦各占势力地盘。少年唐翔千感受到外邦欺凌的压抑，同时也领略到近代大都市创新与时尚的氛围，他有了时不我待的紧迫感和上进心。虽然喜欢国学，从小熟读四书五经，能够背诵《古文观止》，他更深知学习数理的重要。他迎头赶上各门课业，成绩不错，但发现自己不是最拔尖的，于是产生一种强烈的意识：尽可能努力，尽快赶上；尽可能独立，尽快成长。

根据家族企业发展需要，接下来的大学本科和研究生阶段，他主修了会计学、纺织工程和管理学等理论知识与工程技术，并努力提高英语水平。从那个时候起，他发自内心地向更优秀的同学、同行看齐，从西方科学理论和先进技术中吸纳营养。他不仅人文功底好，还喜欢观赏国粹戏剧，特别是那些崇尚人生价值的好剧目。他善于应用中华传统文化精髓指导自己的行动。这种潜意识里的主动修为，这份可贵的初心开始扎根、萌发，也为他的弟妹树立了好榜样。他的三妹唐新璎说："我们父母很不容易，兄弟姐妹总共十一个，个个都读了大学，都有自己的想法和作为，特别是我的大阿哥带了个好头，对我们产生了很好的影响。我们都服气他，敬重他。"

在一定的认知基础上，人对物质和非物质世界所形成的总体价值观，将对言行举止形成指引。联想今天的青少年在成长过程中，或许缺少了一份国破家亡的刻骨之痛和直接淬炼，不一定能设身处地感受民族命运的深刻含义，也不一定都能自觉体察到像唐翔千先生这样自幼具有强烈的家国情怀、立志做时代担当者的国士先贤，是多么令人崇敬。若干年后，翔千老人为《勇攀高峰的上海男孩和女孩》一书作序时，他写道："我始终认为，要成大器，必走正道。这个正道是什么呢？它就是符合社会与国家发展的需要，而不是考虑个人的发达。"唐翔千先生青少年时期对时代格局和成长意义的理解，以及他在秉正思进、向善追求的过程中所形成的境界，都在他辉煌人生中刻下清晰的印记。这种"生知安行，初心使然"乃年轻一代的样板，也是我们深入研究唐翔千思想的要义之一。

致知力行，砥砺卓发

　　而立之年到花甲之年是人生的黄金时段，在此期间，翔千先生进一步淬炼思想，涵养境界。"实业兴国"的思想在无锡严家桥唐氏几代人的意识中根深蒂固，翔千先生更是从父亲的言传身教中得到真传，修成学业归国后，他曾与父亲促膝谈心，交流思想。父亲正式提出，希望已近而立之年的长子先到经济或金融界实体单位就业，而后尽快挑起家族实业的重担。父子共同决定在上海选择一家小银行，这样可避免大银行分工太细的短处，便于将所学所知尽快转化为实践本领。再说金融运作中的严谨细致和廉律要求，对于年轻的唐翔千而言，势必起到培养独立思维，促使理论联系实际，锤炼实践技能，养就清正廉洁品行的作用。

　　是时候下决心在香港开创自己的事业了。翔千先生曾说："学会把一个铜板当作两个用，对于我们这样生来就可以'坐享其成'的后辈，如何让我们将家族传统继承下去，则是更为关心的问题。"在上海和香港金融界工作了一段时间，他感到工作环境和社交圈的世态炎凉有悖初心。若离开银行，还有三条路可走：第一，换个单位就业；第二，回父母身边打理家族企业；第三，在香港创业。翔千先生决定要闯出更大的天地，施展更大的作为。虽出生于纺织世家，但无机会与父亲共同操持纺织企业，这并不妨碍他另起炉灶，父亲也大力支持他的创业决定。致知力行，翔千先生凭借个人修为和丰富人脉，在香港办起了布厂。他走上创业之路时正值而立之年，后来他和我们谈起大学生创业话题时，回忆当年创业心路，他说："真是万事开头难！当年的情况下，办什么样的工厂，怎么募集资金，怎么解决用人问题，一系列的问题全都摆到桌面上。不说别的，筹办初期各种商务交谈中，光是听香港广东话就让我十分头疼。"

　　知难而进，马不停蹄，上下求索。资金不足以独立办新厂，翔千先生就与他人合伙筹资，接手设备和人力较齐全的香港五洲布厂。联想他父亲也在而立之年，通过转手购入英国先进的Tweedales & Smalley捻线机，迅速实现产业规模扩张和产品质量提升。20世纪50年代初的上海纺织业强于香港，翔千先生很明智地从上海招来技术员和管理骨干，马到功成。翔千先生曾说过："年轻时很得意的一件事是，别人办不下去的工厂，在我的手里盘活了，而且开工一年后生意好得叫人不敢相信。"

创业初期的风云突变压不垮翔千先生。20世纪50年代中期，香港纺织业的竞争开始白热化，五洲布厂原先的实际控股人看到工厂赚钱，就想收回经营权。翔千先生虽年轻，但有着胜不骄、败不馁的意志，不满足于初期创业的成功，不屈服于暂时的挫折与困难，他独立思考，审时度势，认为香港纺织业发展方兴未艾，其中的问题在于重"低成本"，轻"高质量"。经过深思熟虑，他决定东山再起。1955年他和友人合办香港华侨纱厂，没有简单地套用第一轮创业的经验，而是一开始就抱持"既满负荷生产，又尽量无次品"的理念，以预先培训高素质员工为抓手，这一点与他父亲在而立之年设立职工学校的举措异曲同工。华侨纱厂初创期就招收"养成工"，他们先经三个月岗前培训，再经岗位锻炼，很多人成为精兵强将，保障了先进生产技术的消化和纺织产品质量的提高。"我一直有这样的观念：做任何事情，人是第一位的。"多少年来，翔千先生始终把这句话挂在嘴上，这一观念最终也成了他倾囊助推各类人才培养的主旨思想，那是后话。

接下来，他开始深入研究纺织业的走向和经济发展态势。以乐善好施达济天下的品行建起的朋友圈，帮了他不少忙。他要用足金融业规则，吃准了优质业态，就向银行贷款，抢先占据高端纺织业前沿。1959年他与友人新办香港中南纱厂，不仅装备精良（用的是世界上最先进的德国纺织设备），纱锭数亦遥遥领先。这次他亲任董事长，成为名副其实的控股人。两三年后，中南纱厂员工超千人，年利润高达数千万元，迅速跻身于香港一流纺织企业。他又与其他香港实业家联办了香港南联实业有限公司，再创办香港半岛针织有限公司，亲任多家公司董事长，实业不断拓展，涵盖大纺织的方方面面，包括成衣生产。

进入不惑之年，翔千先生更能看清合作伙伴的不同思路和做事风格，以理性逻辑的方略和广泛结好的雅量去扬长避短。他开始将目光投向外地、外邦，他和堂兄弟在台湾合资办起了协星针织厂（厂名与当年父亲创办的协新毛纺厂谐音）；在毛里求斯办起了亚非纺织集团，即刻打开非洲市场，又为落后的非洲国家创造就业岗位。他曾说过："与人合作办企业，最重要的是，要让合作者体会到自己的理性、坦诚、守信。"

在香港，在海外，中年唐翔千的纺织实业之路越走越宽。笔者分析，他的成功可能得益于：① 具有优质的先天条件和潜在资质，却不坐享其成，既有传承家风的意识和开创新局的决心，又从不畏难，从不懈怠，务实求进，稳步发展，成长为现代企业家的志向坚定不移。② 拥有多学科背景，文理工交融；逻辑思维能力强，英语水平高，具有国际视野；还善于纵观风云变幻，体察实业发展态势。③ 广交善缘，善于换位思考，力行互济共赢，其朋友遍及各阶层。他一直笃守"股东、社会、员工三共享"的理念。按他自己的话说："我这个人比较包容，讲仁义，容易与人合得来。"④ 他具有守正创新的大智慧、大境界，不仅在纺织业界持续创出呼应时代的新体系和新产品，还能走出香港，在海外拓展新业，帮助落后国家和地区发展经济。这便是为何他能做到融资多渠道、运作多模式、合作多元化。他凭借着一个优秀企业家的思想境界，致知力行，砥砺卓发。

步入中年的他成为香港经济界风云人物。从19世纪英国强占香港以来，港岛经济历经四个重要阶段：转口贸易阶段（1841—1951年）；工业化阶段（1952—1970年）；经济多元化阶段（1971—1981年）；现代服务业全面发展阶段（1982年至今）。从工业化起步到1992年的40年间，香港人均GDP增长了10倍，这是世界经济史上的奇迹。联想翔千先生于1953年开始创业时正处于香港工业发展的起步阶段，带着一份担当创办实业，他涉身的纺织业正是当年香港工业中份额最大、影响至深的产业类别。翔千先生砥砺卓发，创业不到20年，就成了香港纺织业的领头羊和经济界的名流。深入研究他的"致知力行"，对于年轻的民族企业家有着很好的参考和启迪价值。

鉴知躬行，求索兴邦

翔千先生领悟到，光是发展好实业还远远不够。他要站到更高的平台上，为国民经济与社会发展做更多的事。早在20世纪50年代初，上海作为传奇大都市，一直是香港努力效仿的样板，但在20世纪70年代初，香港经济实力反超上海。"文化大革命"期间的上海饱经沧桑，经济社会发展遭到严重破坏。1972年，因母亲病重，翔千先生想方设法辗转回沪探视。面对申城和家庭此情此景，他心痛不已。浓郁的爱国爱乡情怀，强烈的社会责任心，令他开始思考如何帮助第二故乡上海再展工商名城之雄风。

51岁那年，翔千先生代表港澳工商界出席国庆招待会，见到了敬爱的周总理。国家领导人的感召增强了他的爱国心和社会责任感，此后他更关注国家时政，频繁地往返香港与内地。众所周知，1974年，他就成为第一位采购、使用国产原棉（安徽棉花）的香港企业家，一举打破港岛棉花原料被美国垄断的局面。他更关心香港经济与社会的发展，他深度参与、牵头引领纺织同业公会事务。多年来他在港岛担任了多个重要社团的负责人，从知天命之年到耄耋之年，他为香港的平稳发展发表了数不清的真知灼见，做了一系列细致有效的推进工作。上海交通大学袁为鹏教授等通过初步查索，仅从香港新闻报道中就搜索到百余条有关唐翔千的报道。

20世纪70年代初，他带领香港纺织业同仁突破困境，另辟新路，功不可没。当年世界性"石油危机"爆发，多数西方国家经济增长明显放缓，贸易保护主义抬头，香港产品尤其是纺织、制衣产品受到西方进口配额的严厉限制。港岛自身市场容量小，香港纺织业同行竞争激烈。时任香港棉纺业同业公会主席的翔千先生，面临产业发展瓶颈问题，积极拓思路，不时出奇招。当年东欧国家和苏联，没有进口配额限制，翔千先生便突出围城，"率领同业人士出访东欧诸国,为香港生产的纺织品销往东欧国家,开辟出全新的途径"①。接着又呼吁港英政府"应加强统筹,制定政策促进内销,为香港纺织业力谋出路"②。他密切注视纺织业发展态势,认为"新一轮的复苏即将出现,呼吁港商大力配合香港贸易局,大力开拓外贸渠道"③。他还力促香港棉纺织同业公会与欧美多国签订双边贸易协议,进一步冲破了西方配额限制的藩篱。

20世纪70年代末,翔千先生站到了知行合一的更高平台上,以实际行动鼎力支持党和国家的改革开放政策。他先到广东、新疆、上海,接着又到江苏、西安等地投资办企业。改革开放伊始,深圳实行"三来一补"(来料加工、来样生产、来件装配和补偿贸易)政策,这项政策一直延续到20世纪末。翔千先生则是第一个到深圳做补偿贸易的港商④,助推了深圳经济的起步,其贡献不可小觑。1979年,唐翔千深入视察新疆,翌年就开办新疆天山纺织厂,这又是海外投资新疆办厂之首例。早年在新疆办厂的艰辛可想而知,老人家说过许多有意思的故事,"已经记不清自己究竟跑了多少个来回"。2018年,《新疆日报》回顾:这家公司,是经中华人民共和国外国投资管理委员会批准的工业生产方面中外合资经营(含香港)的第一批企业之一。⑤

20世纪80年代初期,翔千先生热切推动香港与内地经济联动。他牵头成立沪港经济发展协会,为香港方创会会长。《大公报》曾载文高度评价他为内地和香港之间的互动架桥铺路,如提道:"各界对沪港经济发展协会高度评价为:'为两地架起鹊桥,两颗东方明珠定将放光彩'"。⑥他又与上海市纺织工业局联合成立上海联合毛纺织有限公司,这是第一家沪港合资企业。年值古稀前

① 《唐翔千认为应致力双边贸易》《香港工商晚报》1975年10月18日,第7版。
② 《棉纺会主席唐翔千要求政府部门统筹优先买港纺织品》,《香港工商晚报》1975年10月30日,第8版。
③ 《棉纺业公会主席唐翔千呼吁》,《香港工商晚报》1976年1月6日,第7版。
④ 石璐杉、文轩:《改革开放40年　唐英年:港人当改革开放领头羊》,《大公报》2018年12月10日,第A17版。
⑤ 《天山毛纺:敢为人先,勇往直前》,《新疆日报》2018年8月19日,第3版。
⑥ 《港经济举行成立酒会,唐翔千说两地架起鹊桥》,《大公报》(香港)1985年2月2日,第5版。

后，根据国计民生的需要，他再次异军突起，在港、粤、沪等地创办国家最急需的电子基材行业，连朱镕基也感到惊讶。即便到了晚年，翔千先生的思维依然活跃，对新生事物尤其敏感，尽管不具备电子科技背景，对他也并无阻碍。于1985年，他合资创建广东生益科技有限公司，这家集研发、生产、服务为一体的全球著名电子电路基材企业还主导制定国际标准、国家标准和行业标准。企业于2011年被国家科技部批准为"国家电子电路基材工程技术研究中心"。时至今日，生益科技仍是华为公司的金牌供应商之一。

大力推进沪港合作期间，他当选香港工业总会主席，深知港岛工业发展的使命任重道远，他积极探究问题，谋划新略。1981年香港工业总会年会上，他对香港工业前景表述了肺腑之言，毫不客气地指出："1980年在香港投机风气盛行，使工业在社会经济中的角色受到冷落。"为此他提出五项建议，笔者提炼为：① 政府建立评估机构，评估法例对工业的负面影响；② 协助工业界获得价格合理的土地；③ 评估就业情况；④ 鼓励再投资；⑤ 设立妥善制度以确保公用事业收费公平合理。①接着他呼吁："香港投资环境变化甚大，现行的放任政策应再检讨。"他同时指出："应重视香港与内地的互惠合作。"②

他率团访问内地更加频繁，受到中央领导的亲切接见和鼓励。他坚决拥护改革开放方针，对中央决心收回香港，实施"港人治港，一国两制"的政策拍手叫好。1984年6月22日下午，唐翔千率香港的四大商会——香港工业总会、香港中华厂商会、香港总商会以及香港中华总商会的8位代表赴京，得到邓小平同志的亲切接见。他们就发展经济、做好香港回归筹备工作等重大议题交换了思想，邓小平同志承诺追加条文，确保"一国两制"政策50年不变。回港后，翔千先生虽不便透露会面细节，但立即撰文在《香港中华总商会会刊》上发表："中（共）、英、港三方③已致力寻求一个不但对当前三方有益，而且对维

① 《工业总会主席唐翔千表示香港经济环境并不有利，今年难有较大幅度增长》，《华侨日报》1981年7月1日，第13版。
② 《唐翔千再呼吁支持制造业并促注视港中互惠合作》，《华侨日报》1982年6月30日，第6版。
③ 香港回归前的提法。

持香港社会繁荣的国际工商业、银行业等最有利的最终解决办法。"同年，时任全国政协主席邓颖超在人民大会堂举行招待会，翔千先生表态："香港企业家可在新条件下发挥才能。"他说："中国搞政治很有经验，香港问题处理得好，对祖国统一会建立信心。"①

接着翔千先生直接参与了香港回归的筹备工作。他说过："这是一生中最值得回顾的事情。"1985年开始，翔千先生任香港基本法咨询委员会委员，深得香港各界信任，他以高度的责任心和丰富的阅历，就《香港基本法》初稿的有关条文提出不少建议；他呼吁加大力度建立香港与内地合作组织，促进民间交流互信。1992年他受聘为港事顾问，随后任特区筹备委员会委员、特区第一届政府推选委员会委员等要职。香港回归后，他继续任香港特别行政区基本法咨询委员会委员。香港能够顺利回归祖国，像唐翔千先生这样的社会贤达功不可没。

翔千先生担任全国政协委员长达17年之久，其间曾任第七届、八届、九届政协常委，计15年。他在全国政协大舞台上多次发出响亮的声音。每年参会前，都选好专题，做好调查。历届会议期间，他提出过十多项重要提案，仅根据上海市政协提供的档案资料，提案就涉及呼吁金融界支持工业发展的抵押融资、支持民族工业发展、开放内地第三产业-港商经营业、鼓励中外合资企业以利润再投资，重新考虑商检部门功能、改善深圳出入口岸建设、调整印刷电路原材料进口税率等一系列议题，这些都是推动国家经济发展的良策。他还提议：加快新疆畜牧业发展；提倡节俭；与"法轮功"做坚决斗争，粉碎国际反华势力的阴谋。这些提案涉及民众利益诉求，资源合理利用，环境保护，以及国家安全等，都是正本清源，推动社会和谐发展的重要提案，受到全国政协的高度重视。

推动内地和香港经济相携发展，从来都是翔千先生的重点建议。有公开数据表明，1988年，上海的GDP仅为香港的1/3。唐翔千先生看在眼里，急在心

---

① 《香港名流在京指出邓颖超讲话合情理》，《大公报》（香港）1984年9月29日，第2版。

里，参加全国政协常委活动期间，"时任上海市市长朱镕基会晤唐翔千等全国政协港澳委员代表，唐翔千等就上海经济吸收外资、教育发展、旅游，以及开发浦东地区等提出建议"①。在全国政协大会上，又提出"繁荣上海外高桥保税区"的提案。在全国政协七届三次会议上，提交书面发言，呼吁"各级政府部门不要将'三资'企业中的港澳投资者当作'外人'看待。就如何发挥外资效益方面提出五项建议：设立政府机构改进管理机制；鼓励建立民间组织；鼓励三资企业与内地密切联系；引入平等竞争机制；利用外资优势，对生产复杂、国际敏感的产品由三资企业来推动生产"。②翔千先生更是自己提案的实践者，在广东等地开办生益科技公司、生益电子公司，在上海开办美维电子公司，跻身全球第三大电子印刷线路板生产商，业绩斐然。

2009年，上海的GDP超越香港，翔千先生闻听非常感慨。步入花甲之年后，翔千先生爱国心更加浓烈，担当更多社会责任。他的后半生鉴知躬行，求索兴邦，境界得到了进一步的升华。他获得了"香港特区金紫荆星章"等一系列荣誉，不一一列举。所获荣誉旁证了他对香港经济社会发展，对国家改革开放的助推作用举足轻重。

诚知善行，达济天下

严家桥唐氏家族素有做慈善、做公益的优良家风。唐家先辈来到严家桥后，将近代工商经营模式带给了古镇，推动当地商业繁荣。唐家稍有利润，就修建了三座桥梁，疏浚严羊河，引入外荡水；办义庄，搞赈灾，助防疫；拓展农工商贸，为乡人提供就业机会；捐资建造校舍，支持乡学教育。③仅抗美援

---

① 《朱镕基昨返抵上海晤唐翔千刘浩清等》，《大公报》（香港）1989年11月5日，第1版。
② 《政协委员唐翔千呼吁内地对港澳投资者不应视作外人》，《华侨日报》1990年3月26日，第10版。
③ 沈冲：《永驻故乡严家桥的世代亲情》，《唐君远创业百年暨诞辰120周年纪念文集》，2021年11月编印，第67—70页。

朝时期，唐君远就三次推动工商界捐款，他个人和企业共捐出4架战斗机，折合旧币60亿元。①2022年8月，翔千先生长子唐英年荣获第六届"江苏慈善奖"的"最具爱心慈善行为楷模"称号。具有民族大义、饱含桑梓深情的名门望族唐家几代人，给民众留下世纪佳话。

唐君远将接力棒传给长子后，翔千先生果然不负家族期许和乡民厚望，不仅在香港奋起创业，旗开得胜，且将唐氏家族的利他善行之美德发扬光大。国家改革开放后，唐氏后人陆续回到家乡探访，他们多次对家乡教育文化事业捐赠。据不完全统计，唐家对故土的捐赠总额达1 000万元以上，其中翔千先生及上海唐君远教育基金会的捐资超过半数。今天的严家桥村成为"中华传统古村落"及省级新农村建设示范点；基金会助建的唐苑成为省统战系统的爱国主义教育基地，翔千先生"诚知善行"的心迹和"达济天下"的足履也铭刻于唐苑，民众纷纷慕名前来观赏，口口相传唐氏懿德。

翔千先生对内地的教育捐赠始于对中学母校的反哺。20世纪80年代，内地经济发展尚处于起步阶段，社会建设与教育发展亦相对落后。1987年，翔千先生将父亲的心愿转化为教育捐赠的启动。他捐出1万元在上海大同中学设立"唐君远奖学金"，这在当年的上海颇为轰动。大同中学是翔千先生及多位弟妹的母校。物资匮乏年代，这一善举是感恩回报，是重教兴学的示范行动。翔千先生认为中学教育对人生发展极为重要，在懵懂少年的世界观逐步形成的过程中，得到奖学金固然开心，但更重要的是，稚嫩的心灵开始感受到知恩善报的美德、达济天下的胸襟，这将对他们的成长起到潜移默化的作用。翔千先生说："想想自己拿出一点钱真不算什么，看到台下那么多青春的面孔，热烈的情景，心里倒是蛮激动的。觉得这件事值得长期做下去。"他开始考虑将"唐君远奖学金"正式作为长久的事业办下去，在此基础上，1992年他创立了唐氏教育基金会，2005年，在上海民政局正式注册为上海唐君远教育基金会。

---

① 上海爱建公司：《唐君远传及唐氏家族传奇》，今日出版社，2018年，第67页。

步入古稀之年，他认为应该支持职业技术人才培养。笔者回忆起以往与无锡机电职业学校领导一同去松江拜见翔千老时，他总会提起自己的心结："这些年来来去去办企业，搞生产，但我们的生产设备都是从工业化最先进的国家去进口，这是为什么？我想还是因为我们的科技实力和工业转化能力跟不上，什么时候能用上国产的高端加工设备，那才是我最开心的事。"还说："一定要有先进的实训基地，让学生直接接受到操作培训，学生的所学和将来的所用一定要在教育阶段就训练起来，这是我支持职业教育的初衷。"家乡无锡是闻名遐迩的工商名城，制造业一直很发达。2006年，他决心为家乡制造业发展贡献力量。在当地统战部和教育局的协助下，他首选无锡机电职业技术学校作为资助对象，这所学校离故乡严家桥很近，机电技术方向与他的企业背景相近，育人成果也相对显著。尽管后来他在无锡多所职业学校设立助学奖，但对机电职校情有独钟。16年来，总共支持了3 000多万元，包括君远数控实训中心等建设投入、学生奖助学金和教师发展基金等。该校果然不负众望，在多轮职校教育成果评比中屡屡领先，获得过全国职业教育类教学成果奖一、二等奖多项。

新世纪第一个十年即将过去，翔千先生支持教育事业的思路又一次进阶，转向合作办学，培养工科高等人才。2010年，他以个人积蓄设立"唐翔千专项教育基金"，对上海大学和江南大学各鼎助4 000万元，分别成立合作办学的翔英学院和君远学院。而后上海唐君远教育基金会又捐助上海交通大学、复旦大学、北京大学等，对高等教育捐赠超过2亿元。上海大学在上海市管高校中实力最强，江南大学直属教育部，是翔千先生家乡最好的大学，两个合作共建学院分别设有通信和电子信息技术与工程及机电一体化学科。2010年初，老人家以清晰的思路表态："我在发展实业过程中，总是感觉到掌握高新技术，且接地气的实用性高级技术人才太难寻了。一个国家的实力在于高端工业的支撑，而先进工业系统靠高水平人才来运作。所以我应该对高等教育事业，特别是工科教育方面多出点力。"他写信给刘延东同志，意在表明捐资初衷和推动"卓越工程师教育培养计划"的决心，希望教育主管部门制定鼓励政策与办法，帮助协调，使之尽快运作起来。他的善举得到刘延东同志和教育部的大力支持。君远学院开办之初，翔千先生再三强调："总希望大学集中注意力，加快改革我们的教学，培养国家和社会真正用得上的人才。让年轻一代能够学到最先进的理论和技能，知行合一，学以致用；让国家科技进步和经济社会发展真正做到后继有人。我就拜托你们了。"江南大学君远学院不负老人家的期望，在翔千先生在世时已有项目获得江苏省特等奖，2018年又获得国家级教学成果奖一等奖。这些沉甸甸的奖项是对翔千先生诚知善行、达济天下的褒奖。

"一个人做一件好事并不难，难得的是一辈子做好事"，用以形容翔千先生再恰当不过。晚年的他更是无欲无求，考虑的都是利国大举、利他大义。他在无锡投资的利润分文不取，留作本金，九旬之际，再次兴起表彰社会优秀人才的行动。他在无锡设立"唐翔千卓越工程师奖"，堂弟唐鹤千则设立"唐鹤千卓越青年文化创意人才奖"（并称为"两千奖"）。他再三交代，一定要奖给第一线从事科技创新、做出成绩的中青年工程师。"两千奖"至今已颁发800万元，惠及百名社会中青年人才。2018年3月仙逝之前，翔千老人和他创办的基金会已经为教育、为社会捐出了近4亿元善款，到目前为止，捐赠总额约4亿元。众所周知，日常生活中翔千先生对身边人、对老朋友关怀备至，受他接济的普通人究竟有多少，恐怕连他自己和他的家人都数不清。

但他自己却非常节俭朴素。翔千老参加君远学院毕业典礼时，陈坚校长和笔者都注意到他的白衬衫领子像是反装的；到松江美维科技公司看望他时，发现他的西裤底边拉出布丝；老北京布鞋鞋底磨损，他照穿不误。他对国家，对事业，对他人，如此慷慨大气；对自己，却如此节俭自律。他对人总是谦谦有礼，记得第一次见面时，他在香港马会招待我们，老人家频频为我们端盘取食，无论我们怎么过意不去，他总是说："不搭界呀，你们定定心心，头一趟到香港，不太熟悉，应该由我来安排，我要让你们尝到马会最有特色的菜。"后来十多次拜见这位德高望重的老先生，他的形象已深深铭刻在心中。

结　语

唐翔千先生自幼涵养正气，成年后不断淬炼思想，步入中年境界得到升华，晚年更是业绩昭然。他一生肩担民族道义，顺应时代潮流，守正创新求索，利他善济重教，他的思想境界与道义践行远不止文中所述，他对国家振兴、对香港发展做出的史册可载的贡献，非一般实业家和事业成功人士所能比拟。他的思想境界是实现中华民族伟大复兴的一份宝贵精神财富，他的道义践行成为中国工商业者的至高典范。高山仰止，景行行止。翔千老是我们永远的榜样！

Unity of Conscience and Action:

A Preliminary Analysis on Tang Hsiang-chien's Ideological Realm and Moral Practice

Wang Wu

Abstract: Tang Hsiang-chien's ideology and achievements based on the principle of "the Unity of Conscience and Action" was initially summarized. According to the different stages of his life, four sessions were titled on: Born to learn how to behave, the original recognition was set up; Try best to innovate and practice, endeavor to forge excellency; Devote conscience and contribution to promoting the prosper of country; Based on his noble character, being active in devoting to charity. How did Tang Hsiang-chien gradually advance his ideological realm and make his moral practices flourished were also analyzed in an orderly mood. There is a necessity to encourage intensive research and exploitation on Tang Hsiang-chien, in order to carry forward his great spirit.

Key words: Tang Hsiang-chien, Unity of Conscience and Action, Ideological Realm, Moral Practice

因时乘势，与时偕行

——唐氏企业家精神实践与当代价值

王建华[①]　沈旻旻[②]

摘要：当前，世界正值百年未有之大变局。企业和企业家作为中国经济的微观基础，研究优秀企业家精神并从中汲取应对变局的价值理念是一个重要的破局方向。本文通过大量史料文献的收集与整理，对以唐翔千为代表的唐氏企业家精神进行了归纳和分析。研究认为在唐翔千创办企业的过程中所展现的无畏风雨、报国效力的鸿志，诚信经营、勇担责任的正性，勇于突破、致力创新的胆魄，以人为本、兴学育才的卓识，以及克勤克俭、贵和尚礼的品格，是唐家企业家精神在一步步实践与传承中的价值发挥，更是新时代推动我国社会市场经济高质量发展的宝贵财富。

关键词：唐翔千，企业家精神，当代价值

一、引言

当前，世界正值百年未有之大变局，贸易保护主义和单边主义盛行，原先全球贸易兴盛的景象不复存在；同时国内尚处于经济结构和增长动能转变与优

---

① 王建华，男，河南汝南人。江南大学商学院教授、博士研究生导师，研究方向为企业战略管理、江南文化。
② 沈旻旻，女，浙江湖州人。武汉大学经济与管理学院博士研究生。

化的重要时期，重大不确定性冲击随时可能发生。而2019年末爆发的全球新冠疫情又加剧了大变局之"变"。企业和企业家是中国经济的微观基础，因此研究优秀企业家精神并从中汲取应对变局的价值理念是一个重要的破局方向。2018年11月，习近平总书记在民营企业座谈会上指出，新一代民营企业家要继承和发扬老一辈人艰苦奋斗、敢闯敢干、聚焦实业、做精主业的精神，努力把企业做强做优。2020年7月，习近平总书记在企业家座谈会上强调："要千方百计把市场主体保护好，激发市场主体活力，弘扬企业家精神，推动企业发挥更大作用实现更大发展，为经济发展积蓄基本力量。"

唐翔千是香港实业界出类拔萃的工商业巨子，被誉为香港的"纺织大王"。唐翔千虽身在香港，但他与内地民族工业的成长与发展紧密相连。作为一位朝气蓬勃、声望极高的投资实业家，美国的《华尔街日报》曾将他喻为"半个世界中国人民的一面镜子"。①唐翔千勇于创业、善于经营的事迹也久为人们传颂。因此，本文在细致考察以唐翔千为代表的唐氏企业家精神的外在表象的基础上，深入挖掘其所代表的企业家精神的内在本质，以诠释唐氏企业家精神的核心内涵，为唐氏企业家精神在当代中国的传承和发扬提供一定的经验参考。

二、实业家唐翔千

唐翔千祖上系江苏无锡严家桥人氏，1923年生于纺织世家。祖父唐骧廷是无锡著名企业家，1916年集资扩建丽华织布厂，1919年增设丽华第二布厂，1922年建立丽新机器染织整理股份有限公司，开办丽新机器染织厂。在唐骧廷的务实经营下，丽新厂成为无锡染织业资本最雄厚、设备最完备的企业，所产"双鲤"牌布匹畅销全国，远及欧美。父亲唐君远于1922年进入家族企业，在工厂里从最底层的考工员做起，刻苦钻研染织技术，学习工厂管理经验，于

---

① 晓琴：《香港"纺织大王"唐翔千》，《中外企业家》2000年第4期，第33页。

1925年起正式担任厂长职务。凭借唐君远自己的真诚和家族的声望，唐家争取到了中国银行的贷款，用于购置国外先进设备、引进优秀人才和最新技术。通过扩建和改革，唐家工厂不仅制造出了能在市场上和日本所产棉纱相媲美的精品，唐君远更是运用自己所掌握的化工知识，使用烧碱处理布料，产生独特起皱效果，发明了风靡全中国的新品——"泡泡纱"。到1930年，唐家的丽新厂凭借唐君远的科学管理和创新研发，所产棉纱供应市场后彻底打破了日商的在华垄断。丽新厂也被当年的日本视为在华市场的"最大劲敌"。[①]

唐翔千秉承家风，1945年在上海大同大学商学院毕业后，随即进入银行工作。1947年，唐翔千在父亲的支持和鼓励下，赴英国纺织工业基地曼彻斯特进行实地考察和学习，随后留学英国曼彻斯特大学，修读纺织专业；后又赴美继续深造，获伊利诺伊大学经济学硕士学位。1950年，唐翔千学成归国，供职于上海中国实业银行，后被派往香港分行负责外汇业务。在有了一定积蓄后，唐翔千联络了曾在上海、无锡、香港等地结交的一批老朋友，包括安子介、周文轩、周继忠等，在香港开设了第一家小型纺织厂。纺织厂虽有营收，却遭到了几个大股东的觊觎，他们强行收购了唐翔千的股份，导致唐翔千失去了纺织厂的控制权。由此，他的第一次创业以失败告终。不过唐翔千愈挫愈勇，1959年，他从上海购进90台布机，创办了中等规模的中南纱厂。1968年，又与安子介、周文轩等人合作，组建了集纺织、织布、漂染、针织、制衣以及贸易一条龙的香港南联实业有限公司，任副董事长。1969年，唐翔千又独资创办了香港半岛针织有限公司，任董事长。商场形势变化万千，但唐翔千凭借其卓越的经济头脑和极富远见的商业眼光，抓住机遇，创立名牌，拓展市场，最终建立起一个广布于中国香港和内地，以及新加坡、马来西亚、英国等地的国际化纺织商业帝国。尽管在纺织行业取得了傲人成就，但唐翔千并不故步自封，于1985年进军科技工业。他看到了电子行业的广阔市场前景，先后在香港及广

---

① 苏小小：《唐君远：中国精毛纺工业的开拓者》，《风流一代》2017年第9期，第56—57页。

东东莞创办覆铜板及印刷线路板厂，拓展了唐家的经营业务。除经营家族企业外，唐翔千还先后担任香港贸易发展局理事、香港工业发展委员会委员、香港棉纺业同业公会主席、香港工业总会主席和香港总商会副主席、中华人民共和国香港特别行政区基本法咨询委员会委员、第六届全国政协委员、第七至九届全国政协常委、香港特别行政区筹备委员会委员等。[①]

唐翔千不仅在香港商界、政界大有作为，而且在父亲唐君远的教诲下，积极支持内地的建设和经济发展。他曾在晚年立下宏愿，将自身精力倾注于内地的经济发展。1979年，唐翔千来到新疆，尽管西北条件艰苦，他毅然创办了新中国成立以来的第一家中外合资纺织企业——新疆天山毛纺织品有限公司。1981年，唐翔千在上海浦东创办第一家沪港合资企业——上海联合毛纺织有限公司。在往后的数十年中，唐翔千先后在内地投资创办了数十家企业，投资总额超过5 000万美元，为改革开放后中国的经济建设做出了巨大贡献。1985年，在唐翔千的倡议下，沪港两地经济发展协会创办，唐翔千出任香港协会会长，担负起沪港经济交流、工商人才培养、企业发展咨询等许多工作。

除商业外，唐翔千还高度重视教育事业。唐氏集团在唐翔千的带领下，积极支持上海教育事业，先后在上海捐资成立唐氏教育基金会，在原中国纺织大学创设"唐翔千教育基金会"，在上海科学技术大学修建联合图书馆等。鉴于唐翔千对上海经济发展和教育事业做出的卓越贡献，上海市政府于1999年向唐翔千授予"上海市荣誉市民"称号。

三、唐氏企业家精神的外在表象与内在本质

（一）唐氏企业家精神底色：优秀传统文化的弘扬

企业家精神的孕育和产生，离不开中华民族优秀传统文化的滋养。以儒家

---

① 吴痕：《唐翔千：中外合资第一人》，《华人世界》2009年第10期，第58—61页。

学说为核心的优秀传统文化构成了唐氏企业家重要的精神底色。

担当精神，深深植根于中华民族优良传统的肥沃土壤中。勇于担当，是企业家的重要品质，而积极承担社会责任是企业情怀和担当的具象表现。唐翔千虽身处香港，但始终心系内地经济发展。20世纪80年代以前，香港棉纺业几乎全部使用美国棉花。唐翔千在了解到内地有很多棉花而无销路时，便萌生了帮助国家出口棉花以换外汇的想法。1973年，身为香港棉纺业同业公会主席的唐翔千组织香港棉纺业同业公会代表团，一路北上北京，同内地经贸部门商量贸易事宜，同中国纺织品进出口公司商谈内地棉花出口事宜。随后，他又亲自走访湖北等产棉区进行考察，给出棉花出口质量标准，叮嘱产地将棉花分拣干净。内地棉花和美国棉花大有不同，为了促进内地棉花的出口，唐翔千专门改造了自家工厂的生产工艺，以更好地使用内地棉花。在唐翔千的带动下，香港棉纺织业开始广泛使用内地棉花，打破了美国棉花在香港棉纺织业的垄断局面。

尊重知识，尊重人才，自古就是中华民族的优良传统。唐氏企业之所以能够成为中国近现代民族工业的佼佼者，其符合实际又具远见卓识的育才用人之道起着至关重要的作用。唐家在上海的美维科技集团有100亩地，其中55亩建了培训中心，剩下的45亩造厂房。在《美维科技集团人才培养观念和实践》的小册子中，刊印着"人是企业最宝贵的财富"，"要用人之长，把人才放在合适的位置"等语句。唐氏企业充分秉持尊重人才、善用人才的用人原则，只要你有本事，唐氏企业就可以为你提供资金、舞台供你施展才华。此外，唐翔千积极打理父亲唐君远所提议创建的上海唐君远教育基金会。从中学贫困生到大学博士，上海唐君远教育基金会资助了一批批学子完成学业，走向社会。

克勤克俭是中华民族的传统美德，是企业家的重要内在素养。唐翔千个人坐拥百亿身家，但在生活中从不骄奢淫逸，以崇尚节俭为家风。唐翔千的西装是在金龙绸布店买面料裁剪制作的，一套仅千余元。出门穿的鞋也只是10元一双的布鞋，有时甚至出国也穿。他在厂里吃饭剩了半条鱼，也会关照厨师不要浪费，晚上热热继续吃。和基金会的工作人员一起外出用餐，他规定十人一桌，每桌饭资必须控制在千元以下。而他独立外出用餐，往往一客排骨年糕就可以打发一顿饭。唐翔千曾在亲笔所撰的《持家兴业为人之道》一文中写道："唐氏世代以勤俭为治家创业之本，余继承先辈遗训，兢兢业业，不敢稍有隙越，始得有今日之事业基础……勤俭定能兴家，奢侈足以败业，自奉必须俭约，家用宜紧，切不可铺张浪费。"

（二）唐氏企业家精神华彩：西方优秀文化的借鉴

中国传统文化，缺乏与近现代工业生产和科学技术的有机联系。近现代企业家精神是以中国传统文化为土壤，在对先进文明的不断借鉴和融合中成长形成的。唐翔千在经营企业的过程中，充分吸收了西方企业先进的技术和管理理念，因而兼具中外文化之所长。

创新是西方企业家精神的核心要素，也是唐氏企业家精神实践的重要内容。尽管在纺织业已经取得了巨大的成功，唐翔千没有故步自封，六旬老将重披战袍，去开拓新的领域。唐翔千十分关注内地电子产业的发展，指出中国必须尽快布局电子基础工业，加强电子产业设计能力和制造工艺，加快电子行业从简单的装配生产和来料加工向电子成品制造转变，最终实现电子行业的全面国产化。为了心中的宏愿，他从香港到东莞、深圳、上海，将全身心投入国家电子行业的发展中。他于20世纪80年代中期创办的美维科技集团成功在香港联合交易所上市，旗下的生益科技也在内地成功上市。

敢于冒险是西方企业家精神的重要特质。企业家要想获得成功，获取高额利润，必须具有冒险精神。"商场如战场"，没有敢于冒险的魄力，就不可能成为企业家。唐翔千在经营上始终采取攻势，从不抱残守缺。第一次创业失败以后，他愈挫愈勇，于1959年创办中南纺织厂，1968年又与安子介等人合作组建了南联实业有限公司，1969年独资创办了香港半岛针织有限公司。唐翔千凭借卓越的经济头脑和极富远见的商业眼光，在多年的辛苦经营下，最终帮助唐氏建立起一个国际化的纺织产业体系，公司分布于香港地区和中国内地，及新加坡、马来西亚、泰国、英国等地。

　　以科学为支撑的"工匠精神"和管理艺术是西方企业家的重要品质，体现在对产品的精益求精和对科学管理的支持和追求上。受父辈影响，唐翔千十分注重掌握市场行情，生产适销对路产品。20世纪80年代，中国内地还未有"时装"的概念，唐翔千看准市场机遇，投资数百万美元，将原来的上海麻纺厂改造为上海联合毛纺织有限公司，并纺出了高比例的兔毛纱，制成"联合"牌兔毛衫，深受国内国际市场的欢迎。唐翔千致力于科学管理，追求以法治厂。对于天山毛纺织厂的工人招聘，他提出了凡属"拜托""照顾"者一概拒招的规定。他坚持精简机构，探索商品经济企业管理模式，实现政企分离。天山毛纺织厂的脱产干部仅占全厂员工的7.15%，远低于同类国有企业。唐翔千同管理人员一道制定了天山毛纺织厂的《职工守则》《考勤条例》《奖罚条例》，对员工实行目标管理，定岗定位定薪，定量定质奖优罚劣，成功打造了行之有效的"天毛"管理模式。全新的商品经济企业管理模式也使得天山毛纺织厂获得了高质量、高效率、高效益的"三高"绩效[1]。

四、唐氏企业家精神的核心内涵与代际传承

（一）唐氏企业家精神的核心内涵

　　一是无畏风雨、报国效力的鸿志。唐翔千虽主要在香港创业经营，但他时刻关注内地发展，为帮助国家棉花出口换汇，亲身赴棉花产地考察，积极推动内地棉花出口。为提高内地棉花在香港纺织业的使用率，他积极改造自家工厂设备，成为香港纺织业使用内地棉花第一人。1978年内地开始改革开放，唐翔千在父亲唐君远的号召下，一马当先，率先来内地投资建厂，先后建成中国第一家合资纺织企业——天山毛纺厂，第一家沪港合资企业——上海联合毛纺织有限公司等十余家毛纺、制衣企业。在推动中国改革开放后经济发展的浪潮

---

[1]　栗寿山：《拳拳赤子心　耿耿报国情——记唐翔千先生在新疆办实业的贡献及团结海内外华人共兴中华的几点思考》，《科技与企业》1995年第4期，第17—18页。

中，唐翔千无疑是其中的翘楚之一。

二是诚信经营、勇担责任的正性。20世纪70年代初，为了提高内地棉花在香港纺织业中的使用率，唐翔千专门改进了工厂的生产工艺以适应内地棉花的特点。为实现内地工厂高质量、高效率、高效益的产出，他致力于科学管理，以法治厂，把培训员工和创名牌产品作为中心环节来抓。当天山毛纺织厂遇到经营亏损，他专程赶到新疆，鼓励干部职工不要灰心丧气，并出让原有公司的市场份额，使得天山毛纺织厂的产品在最短的时间内打开了国际市场，扭亏为盈。面对经商过程中出现的政策变动、经济波动等一个个困难，唐翔千始终充满信心，带领唐氏企业一次次渡过难关而发展壮大起来。

三是勇于突破、致力创新的胆魄。在内地成功创办合资纺织厂后，唐翔千以六旬年纪重披战袍，毅然投身电子行业，在新的领域再展宏图。为加速中国电子基础工业的发展，他先后在香港及广东东莞创办覆铜板及印刷线路板厂。他本人曾说："（自己）已经不管纺织业务，只关心电子业务，（因为）那是高科技产业。"在唐翔千的领导下，美维科技集团成功在香港联合交易所上市，生益科技成功在内地上市。

四是以人为本、兴学育才的卓识。唐翔千科学的、既符合实际又具远见卓识的育才用人之道，培养和任用适应企业发展所需科技人才、管理人才和具有较高素质的职工，是唐氏企业得以良好经营和长远发展的必要因素。设在上海的美维科技集团"以人为本"进行企业管理，把知识、人才放在经营的首位。将厂区的55%建设为培训中心，充分给予员工发展机会。远在新疆的天山毛纺织厂，也会每年选送一批工人到日本学习，以提升员工综合素养。高度重视并认真运营父亲唐君远提议创建的上海唐君远教育基金会，资助一批批学子完成学业，大力赞助教育事业。

五是克勤克俭、贵和尚礼的品格。在筹备天山毛纺织厂时，由于缺乏技术支持，唐翔千一年中10次赴日本，最终说服具有50年山羊绒生产经验和世界一流技术水平的日本大孤东洋纺丝工业株式会社社长小林龙三先生签订了四方合资经营协定。唐翔千在已逾七十高龄的年纪，仍然每年两次赴新疆公司考察，他到公司不住宾馆，不赴宴会，也不请客。平日布衣布鞋，饭食简单，不求特殊。节俭自律可以磨炼人的心志，使其保持勤奋敬业的工作态度，专注于事业之中。

（二）唐氏企业家精神的代际传承

在唐氏企业家精神的带领下，唐家继承人无论身处何地，都在各自的领域中取得了傲人的成绩。父亲唐君远凭借卓越的商业头脑、坚毅不屈的精神和满腔的爱国热忱，为中国民族纺织业的发展奠定了深厚基础。唐翔千秉承家风，不仅打造出了香港纺织业的半壁江山，更是用一颗赤子之心支持内地经济发展，成为改革开放后纺织业"中外合资第一人"。其子唐英年青出于蓝，先后出任香港特别行政区财政司司长和政务司司长，为香港和内地的合作与交流做出了卓越贡献。唐氏企业家精神的代际传承，对当前企业的传承和发展具有重要的启示意义。

一是古今兼蓄，中西合璧。传统道德是中国企业家精神的底色，更是企业继承人"成人"的关键。中华民族深受儒学影响，儒家道德准则是两千多年来历代中国人所遵循的基本准则，一个符合儒家传统道德要求的人更容易被中国社会所认同。但儒家传统中一些文化也不可避免存在一些不适用于现代商业的弊端。因此，中国企业家应该在保留优秀传统管理文化的同时，汲取现代西方商业文明。

二是以身作则，言传身教。企业家精神培养既不是一门科学，也非一门艺术，它是一种实践引导。唐翔千继承先辈遗训，兢兢业业，身体力行，将自己认同的企业家精神灌输给继承人。他在事业上勇于突破、致力于创新，在为人上克勤克俭、贵和尚礼，在社会责任上积极担当、无私奉献，继承人长年累月耳濡目染，自然深受影响。

三是知行合一，学以致用。初入社会的唐翔千扎扎实实地从银行的办事员干起，在积累了学识、经验和资金后才开始创业。唐翔千培养晚辈同样也是安排他们到企业基层进行锻炼。企业继承人越早进入企业，越有利于体悟理解企业的业务、理念和文化，越有利于融入企业，越有利于在实践中感悟吸收父辈所具有的企业家精神，最终强化成自觉行为。

五、唐氏企业家精神的当代价值

顺沿时代脉络，追寻唐氏企业历史发展的脚步，可以深刻领悟到唐氏企业在创办和发展过程中所彰显的独特企业家精神。唐氏企业家精神实践和代际传承具有鲜明的时代特征和民族特色，它是近现代中国企业家适应环境、主动探索的成果，也是留给当代工商文化和经济社会发展的宝贵精神财富。随着经济的全面发展，国家软实力的内涵和外延正在日益丰富和扩展，企业家精神在企业发展中所起的重要作用也在逐渐增强。唐氏企业作为我国民族企业的典范，在一代代发展成长的历程中，在一次次面对挫折和打击的奋斗中，所沉淀下来的优秀鲜明的企业家精神，值得现代企业深思和学习。以唐翔千为代表的唐氏企业报国效力的豪情，勇担责任的正性，在经营管理中的敢为人先、致力创新，在教育上的兴学育才、以人为本，在个人品格上的克勤克俭、贵和尚礼，都是值得借鉴和学习的宝贵精神财富，可以在新时代起到推动我国社会市场经济高质量发展的作用。

第一，志存高远，脚踏实地。"天下熙熙，皆为利来；天下攘攘，皆为利往。"工商业者要在法律和规则内"逐本追利"，摈弃一味追求私利的狭隘观念，以义取利，诚信经营，合法经营。同时，工商业者要存高远之志，将促进国家社会经济发展作为最高目标，引导自身不拘泥于蝇头小利，不为贪私利而损害他人利益。

第二，鼓励创新，尊重人才。"工欲善其事，必先利其器。"唐氏企业的经营发展中处处显露着创新精神，这激励现代企业在愈来愈残酷的市场竞争中，以创新为导向，不断提高企业的核心竞争力。尊重人才，是强盛之本。现代企业要转变思想，从长远的眼光看待人力资源，为员工科学赋能，最大化发挥企业员工的价值，为企业发展腾飞助力。

第三，审时度势，循序渐进。唐翔千对政策变化和经济变动时刻保持清醒，审时度势，顺势而为，这警示现代企业家们要时刻保持清醒头脑和危机意识，培养敏锐的市场嗅觉，实事求是看待企业经营发展的现实情况，发现问题，积极改变。唐氏企业的经营改革不是一蹴而就的，是在实践中不断修正和完善的。现代企业的管理改革是循序渐进的，要谨记"欲速则不达"，在改革中完善，在完善中进步。

第四，心系桑梓，关怀民生。一个社会公益事业的发达程度和整个社会的发达程度紧密相关。工商业者应具有心系桑梓、回馈社会的理念，在获得一定财富后，以赚取的工商业利润哺育社会，促进社会的整体发展。而社会的整体发展也将为企业的成长创造更好的社会大环境。

Take Advantage of the Situation and Keep Pace with the Times: Tang's Entrepreneurship Practice and Contemporary Value

Wang Jianhua, Shen Minmin

Abstract: At present, the world is experiencing great changes that have not occurred in a century. Enterprises and entrepreneurs are the micro foundation of China's economy. It is an important direction to study excellent entrepreneurship and learn from the value concept of coping with changes. Through the collection and collation of a large number of historical materials and documents, this paper summarizes and analyzes Tang's entrepreneurship represented by Tang Hsiang-chien. The research believes that the ambition of fearless hardships and serving the country, the integrity in management and responsibility, the sagacity of people-oriented, education and talent cultivation, and the character of diligent, thrifty and friendly displayed in the process of Tang Hsiang-chien's establishment of enterprises are the values play of Tang's entrepreneurial spirit in step by step practice and inheritance, and are also valuable assets to promote the high-quality development of China's social market economy in the new era.

Key words: Tang Hsiang-chien, Entrepreneurship, Contemporary value

唐翔千与香港制造业的转型、发展

邱晓磊[①]　袁为鹏[②]

摘要：20世纪中叶，唐翔千先生在香港建立纺织企业，继承并光大了民国时期无锡、上海等地唐氏家庭企业的血脉与传统。作为企业家，20世纪50年代中期以来，唐翔千通过先进的管理理念与灵活的经营策略，努力提升产品附加值，实现了自身企业的快速发展，形成了集纺纱、织布、针织、成衣制造与品牌研发的体系化的大型企业集团。到20世纪80年代以后，唐翔千在保持原有发展路径的基础上，又紧跟世界经济发展潮流，奋力进军电子科技等高新技术行业，并积极拓展中国内地及海外市场与企业经营活动，将自身成功经验移植到中国内地，成功实现了唐氏家族企业进一步发展与转型，实现了自身企业集团的转型升级。作为曾经担任过诸多重要职务的工业界领袖人物，先是努力寻求港英政府对香港棉纺业的政策支持以抵消纺织品配额的限制；改革开放以后，又利用自身的多重身份积极游走于香港与内地之间，参与打造出沪港合作等新模式，为中国内地大力吸引港资，积极顺应香港产业结构的调整，承接香港制造业资本向内地的转移，从而为推动内地制造业的快速发展做出了卓越贡献。这彰显出唐翔千主动求变谋发展的魄力与企业家精神，以及香港与祖国内地经济发展密切联系，亦是香港传统制造业发展与转型等一系列复杂历史进程的一个缩影。

关键词：**唐翔千，香港制造业，转型升级，历史贡献**

---

① 邱晓磊，上海交通大学人文学院博士后，湖北师范大学历史文化学院副教授。
② 袁为鹏，上海交通大学历史系教授。

　　第二次世界大战结束以后，香港利用其自身优势取得了工业化的骄人成果，并成为这一地区最富有生产力的经济体之一。到1980年，香港的人均本地生产总值已达4 240美元，在亚洲仅次于日本和新加坡，位居第三。[①]在此期间，香港经济一直保持着高速增长。香港本地生产总值在20世纪50至60年代基本以每年10%的稳定速度增长。20世纪70年代的前半期，经济增长率仍大约维持在8%，70年代末逐渐下降到略低于7%。[②]而以纺织、成衣、塑胶等行业为代表的香港制造业抓住西方国家调整工业结构的有利时机，利用劳动力成本优势积极发展劳动密集型产业，迅速推动工业化的发展进程，并在七八十年代进入全盛时期，制造业产值一度达到香港国民生产总值的三成，[③]是香港经济跻身"亚洲四小龙"的动力源泉。目前已有不少梳理相关研究的综述性成果问世，[④]其中包括注重从整体上探讨香港家族企业发展历程的研究，[⑤]亦不乏深入剖

① World Bank (1982), World Development Report, 1982 (New York, Oxford University Press), p.111，转引自黄绍伦著，张秀莉译《移民企业家：香港的上海工业家》，上海古籍出版社，2003年，第3页。

② United Nations, Economic and Social Survey of Asia and The Far East, 1969, p.4; United Nations, Economic Survey, 1976, p. 3 ; and World Bank, World Development Report, 1982, p.111，转引自黄绍伦著，张秀莉译《移民企业家：香港的上海工业家》，上海古籍出版社，2003年，第3页。

③ 卢受采、卢冬青：《香港经济史公元前约4000—公元2000年》，人民出版社，2004年，第193页。

④ 李培德：《香港华商史研究的再探讨》，《明报月刊》2001年第34卷1期；李培德：《略论香港企业史研究》，张忠民、陆兴龙主编《企业发展中的制度变迁》，上海社会科学院出版社，2003年；李培德：《香港企业史研究概览》，《史林》2008年第2期。

⑤ 张晓辉：《香港华商史》，明报出版社有限公司，1998年；黄绍伦著，张秀莉译《移民企业家：香港的上海工业家》，上海古籍出版社，2003年；李培德：《继往开来——香港厂商75年（1934—2009）》，商务印书馆（香港）有限公司，2009年。Ng wai-nam Dennis: Unaccompanied minaors and succession in ouerseas Chinese family business in Hong Kong, University of London, 1999; Business groups in adynamic environment: Hong Kong 1976—1986, Gary Hamilton (ed.) Business networks and economic development in East Asia and Southeast Asia Centre of Asian Studies, University of Hong Kong, 1991; K. C. Fok: Shina Sugiyama and Linda rove (eds), Commercial networks inmodern Asia, Richmond, Surrey: Curzon Press, 2001；霍启昌：香港の商業ネットワーク：宗族結合とビジネス？ パートナーシップ，杉山伸也、リンダ．グローブ編：《近代アジアの流通ネットワーク》，東京：創文社，1999；朱燕华：《香港的家族企业：现况与前景》，朱燕华、张维安编《经济与社会——两岸三地社会文化的分析》，台北：生智文化事业有限公司，2001年；黄绍伦、孙文彬：《中国家族企业：初步观察和比较研究》，费孝通主编《社会变迁与现代化：国际学术研讨会论文集》，上海大学出版社，2002年；张晓辉、胡曼：《新中国成立前后内地企业家迁港及回归现象概论》，《中共党史研究》2005年第3期；卢受采、卢冬青：《香港华资的历史、现状与前景》，《南开学报》（哲学社会科学版）1996年第6期；王东峰：《香港华人家族企业的传统管理与现代化》，《东南亚研究》1997年第6期。

析具体家族企业经验的个案研究[1]。但总体而言，对香港经济腾飞时期企业家所扮演角色及其经营理念的研究仍有待加强。有鉴于此，本研究旨在探讨1949年以来，长达半个多世纪，在香港制造业建立发展与转型历史进程中，唐翔千及其家族企业的延续发展与转型的复杂历史过程，并力图发掘和总结出唐翔千的积极贡献及其企业家精神，从一个侧面深化学术界对于香港和内地当代工商企业发展史与企业家精神的认识。

一、唐翔千与战后香港制造业的起步

第二次世界大战结束后，中国内地企业的南迁为香港经济创造出新的活力。到1947年，市内外交通都已畅通，水电供应均恢复如常，港英政府的财政收支也开始出现盈余。据香港特区政府统计处的数据，1947年香港本地生产总值15.35亿港元，人口175万人，人均产值877港元。1949年10月，中华人民共和国成立以后，为了尽快实现战后国民经济的恢复和重建，需要进口大批物资，香港企业家便抓住英国在西方国家中率先承认中华人民共和国的机会，大力扩展香港同内地的贸易，使两地之间的贸易额在1949年、1950年、1951年分别比上年增加66%、74%和21%，占香港贸易总额的比例也分别达到23.2%、27.2%和26.5%。[2]两地贸易的高速发展，带动了香港的对外贸易，从而也就带动了香港整体经济的复兴。

---

[1] 郑宏泰、黄绍伦：《香港华人家族企业个案研究》，明报出版社有限公司，2004年；Gordon S. Red-ding: Organizational and structuralchange in the the Hong Kong and Shanghai Banking Corporation: 1950—1980, Frank H. H. King (ed.), Easternbanking: essays in the history of the Hong Kong and Shanghai Banking Corporation, London: AthlonePress, 1983, 601—628；蔡宝琼：《厚生与创业：维他奶五十年（1940—1990）》，程美宝、赵雨乐编《香港史研究论著选辑》，香港公开大学出版社；李培德：《香港商业史个案调查——中国精益眼镜公司》，中国商业史学会编《货殖——中国商业与市场研究》，第三辑，中国财政经济出版社，1999年；刘晓岚：《李嘉诚財閥グループの発展と経営戦略の研究》，硕士学位论文，京都大学，2002年。

[2] 卢受采、卢冬青：《香港经济史公元前约4000—公元2000年》，人民出版社，2004年，第197、204页。

到 1951 年，香港本地生产总值已增加到 32.22 亿港元，人口也增加到 201.5 万人，人均产值仍然增加到 1 600 港元。但此时，香港制造业仅是因转口贸易的兴旺而衍生，处于辅助产业的地位，规模小、层次低，结构亦相对简单。随后，由于西方各国对华禁运，转口贸易一落千丈。恰巧这一时期大量中国内地的从事棉纺织的企业家纷纷迁港，据黄绍伦的研究显示，1946—1957 年的十余年时间，共有 37 位棉纺织家抵达香港，[1] 同时也带来了大量的新式纺织机械与资本，为 20 世纪 50 年代后期以纺织业为代表的香港制造业的崛起创造了有利条件。另据估计 1945 年 9 月到 1949 年 12 月约有 128.5 万难民于抵达香港，[2] 比 1941 年 3 月战前的香港人口增长一倍，[3] 是香港工业发展的巨大财富。他们中的大部分穷苦人，构成了庞大的廉价劳动力来源。大部分在香港找到工作，成为工厂劳工、服务行业的非熟练工人或个体的工匠和小贩。他们离乡背井，成为稳定的定居工人，而不是季节性的移民。此外，由于香港地域狭小、资源缺乏，因此，当地纺织业便形成了出口导向型的工业模式，即主要从海外大量进口棉花，加工成纺织品，然后销往英、美、澳大利亚和东南亚等地。

恰逢此时，唐翔千萌发了自主创业的想法，并得到其父唐君远的大力支持。于是，1953 年唐翔千便同周文轩等人合伙租赁了一家名为五洲布厂的机器和厂房，正式迈出了自主创业的步伐。由于通过唐君远的关系，获得了稳定可靠的销售渠道，布厂生产的产品很快便打入印度尼西亚市场，第一年便获得了投资额的两倍巨额利润。[4] 可惜好景不长，业主受到巨额利润的诱惑，很快废

---

[1] 黄绍伦著，张秀莉译《移民企业家：香港的上海工业家》，上海古籍出版社，2003 年，第 15 页。

[2] E. Hambro, The Problem of Chinese Refugees in Hong Kong (Leyden), p.148，转引自黄绍伦著，张秀莉译《移民企业家：香港的上海工业家》，上海古籍出版社，2003 年，第 19 页。

[3] Podmore, D., The Population of Hong Kong in Hopkins (ed), Hong Kong, pp.24—25，转引自黄绍伦著，张秀莉译《移民企业家：香港的上海工业家》，上海古籍出版社，2003 年，第 19 页。如此多的移民

[4] 蒋小馨、唐晔：《唐翔千传》，上海人民出版社，2016 年，第 99 页。

止了与唐翔千等人的租赁合同。

唐翔千并未因此气馁，转而致函唐君远，希望得到父亲在资金、经验等各方面的支持。唐父对其"愈挫愈勇，不愿言败"的精神深感宽慰，当即表示遇到资金方面的问题，可找信昌洋行经理戈麦斯帮忙解决；经验方面，"虽鞭长莫及，然昔日吾之得力下属避险在港"，"可悉数用之"。①原来，唐君远很早便未雨绸缪，购买信昌洋行的股票，为子孙创业积累了大量的资本。唐翔千在获得了这笔总额折合港币180万元的启动资金后，便通过拍卖最终以150万元的价格购得李升伯在当地所建的纱厂厂房及机器设备，更名为华侨纱厂，并担任总经理。不久之后，唐翔千在父亲的诸位旧下属的鼎力支持下，成立了华侨布厂，建立了自己的创业团队，促使企业运营逐渐走上了正轨，布厂迅速凭借着优良的产品质量，在业内赢得了良好的口碑，吸引了源源不断的新客户，销售渠道亦随之不断扩宽。

二、唐翔千与香港制造业的蓬勃发展

由于一批沪、苏、浙籍棉纺织企业家在香港开设了多间较大型的纺织厂，使得香港的纺纱生产能力在1947年至1954年间增加了10倍。而从1955年至1962年，纺纱生产能力又增加了1.5倍。截至1962年底，香港共有纱厂35家，纱锭60万枚，雇工19 000多名，年产棉纱60万包，价值约5亿港元。与此同时，香港还有大小布厂263家，拥有布机2万多台，雇工25 600多名，大小染厂146家，雇工5 200多名，针织厂307家，雇工113 400多名。②凭借父亲唐君远的人脉关系和自身的努力，这一时期唐翔千也迅速崛起为香港纺织业企业家中的佼佼者。

到1959年，唐翔千又合资创办中南纱厂，并以每年10%—20%的增速迅速

① 蒋小馨、唐晔：《唐翔千传》，上海人民出版社，2016年，第104页。
② 卢受采、卢冬青：《香港经济史公元前约4000—公元2000年》，人民出版社，2004年，第216页。

壮大。20世纪60年代中期，在历经十余年的不懈奋斗与拼搏之后，唐翔千在香港创立了覆盖棉纺、毛纺及针织成衣业的大型企业集团。[①]

在香港纺织业蓬勃发展期间，外在的诸多隐患也逐渐显现。实际上，由于香港纺织品物美价廉，对英国本地纺织企业造成了一定程度的冲击。因此，早在1958年8月，英国兰开夏工业总会便派代表团来港，要求港英政府限制对英国输出纺织品，以减轻对兰开夏纺织业的威胁，港英政府遂指令纺织业界组织来自香港总商会、香港出口商会、香港中华厂商联合会、香港纱厂公会、香港布厂商会、香港布业公会、香港制衣业总商会、香港印染厂商会等各大组织的谈判代表团赴英谈判。经过四个月的多轮谈判，双方终于达成协议。自1959年2月1日起，实施为期三年的纺织品输出限制，分别为：布匹1.04亿方码，成衣6 400万方码，只限产品原料为全棉之部分（即含棉量达一半或以上），其他产品则不受限制；限制数量按年递增不可多过1%，以后每三年检讨一次。不过，一波未平，一波又起。1961年，紧随英国之后，美国又提出相同之要求，逼使港英政府签订香港成衣输美协议，限制64种全棉产品。[②]

纺织品配额制度一度对香港纺织业的发展造成严重影响。20世纪60年代末，香港纺织品出口受阻，欧美公司便纷纷在香港设立办事处直接订货，这促进了香港成衣业的蓬勃发展，使香港很快成为世界知名的服装出口地之一。到1970年，香港服装出口总值已经达到43.3亿港元，占全部港产品出口总值的35%。当年制衣业雇用人数比纺织业多出两倍，成为制造业中的最大行业。期间，唐翔千亦顺势而为，抓住这一有利时机，于1969年独资成立香港半岛针织有限公司，生产羊毛衫成衣，创立了自有品牌，并借此开拓海外市

---

① 上海唐君远教育基金会、上海美维科技有限公司编《唐翔千创业之路》，内部刊物，2008年，第45页。
② 李培德：《继往开来——香港厂商75年（1934—2009）》，商务印书馆（香港）有限公司，2009年，第170页。

场。①与此同时，为了增强企业抵御海外市场风险的能力，唐翔千与周文轩、周继忠两兄弟以及安子介等香港纺织界的代表联合各自旗下的纺织、成衣企业共同开设了南联实业有限公司。唐翔千在担任公司常务董事、副总经理等职务的同时，还积极参与筹划，并最终成功促成公司股票于当年在香港上市。在历经多次风浪，该公司发展壮大，并收购及吸纳其他有关企业参加，组成了集纺纱、漂染、织布、针织、制衣、贸易一条龙的拥有几十个企业的香港最大的纺织集团。②此外，为了摆脱纺织品配额制度的限制，唐翔千甚至还曾积极寻找海外生产基地，并最终于1974年创建非洲毛里求斯亚非毛纺织有限公司。③

由于香港纺织品并未获得欧洲共同市场普及特惠税优待，直接损害了港产纺织品在国际市场竞争中的利益，唐翔千就此以香港纺织业同业公会代主席的名义同到访的法国纺织业代表团团长沙维格兰交换意见，以期解决这一问题。④20世纪70年代中期，随着石油危机的加剧，世界经济陷入动荡，棉纺业同样面临严峻的供求矛盾，香港面临各地区纱布倾销巨大压力。唐翔千便以纺织公会的名义，积极向香港工商署寻求政策的支持，称香港应根据《日内瓦多边协定》对纺织品输出国家的输出额进行必要的限制，而不被空洞的"自由贸易"原则所束缚。工商署署长麦理觉对此表达了相对乐观的看法，称"国际纺织品贸易的新协定，将可保障本港参与世界市场的权利"，香港纺织业将取得比过去更大的成绩。⑤

---

① 上海唐君远教育基金会、上海美维科技有限公司编《唐翔千创业之路》，内部刊物，2008年，第46页。
② 上海唐君远教育基金会、上海美维科技有限公司编《唐翔千创业之路》，内部刊物，2008年，第47页。
③ 上海唐君远教育基金会、上海美维科技有限公司编《唐翔千创业之路》，内部刊物，2008年，第48页。
④ 《法港纺织代表再次交换意见》，《工商晚报》（香港）1974年5月15日，第8页。
⑤ 《麦理觉论新纺织品协定可保障香港利益唐翔千指出受双重压迫》，《华侨日报》1974年6月4日，第3张第1—2页。

表1　1969—1974年香港进出口品类与货值统计表（单位：百万港元）[①]

时间	品类与货值					
	纺织品和杂项制品			棉纱和棉线		
	进口（A）	出口（B）	B/A	进口（A）	出口（B）	B/A
1969年	2 450	1 120	45.71%	755	114	15.10%
1970年	3 012	1 277	42.40%	919	140	15.23%
1971年	3 450	1 398	40.52%	1025	157	15.32%
1972年	3 811	1 551	40.70%	1 085	127	11.71%
1973年	4 850	2 352	48.49%	1 629	412	25.29%
1974年	3 957	2 388	60.35%	1 118	425	38.01%

　　由表1所示，1969至1974年间，纺织品和杂项制品出口与进口的比值介于40.52%—60.35%之间，棉纱和棉线出口与进口的比值则介于11.71%—38.01%之间。显然，无论是香港纺织业的半成品还是成品，其出口货值均远低于进口。换句话说，这一时期香港纺织企业一直都面临着海外市场的激烈竞争。

　　为了摆脱市场危机，挽救纺织业，香港棉纺织业同业公会主席的唐翔千可谓绞尽脑汁。一方面，他积极组织香港纺织业访问团前往匈牙利、捷克、罗马尼亚及波兰等东欧国家的主要城市，与当地商会和国营贸易机构商讨双方贸易发展，以拓宽港产纺织品的销售渠道。[②]通过调查发现，东欧各国纺织品需求种类各异，匈牙利需要纱布及各种制衣，捷克则专重针织品，波兰倾向于购买胚纱与胚布。[③]这边为香港纺织企业调整生产结构提供了方向与目

[①]《棉纺业公会主席唐翔千表示棉纺业虽受到压抑劳资合作可度难关，近期订单较多暂仍未扭转恶势》，《工商晚报》（香港）1974年12月22日，第7页。

[②]《本港纺织品输东欧欲图发展有待努力棉纺业团唐翔千畅谈观感》，《华侨日报》1975年10月18日，第3张第2页。

[③]《棉纺业访问团返港指出了解东欧市场需要纺织品去销有可为唐翔千认为应致力双边贸易》，《工商晚报》（香港）1975年10月18日，第7页。

标。另一方面，自东欧返港之后，他又马不停蹄地与香港工商署署长左敦商讨对策，提出优先买"港货"的请求，表示工商署应力促政府统一筹划各部门所需纺织品的招标工作，为本港纺织企业提供生产订单，[①]以此维系香港纺织业的生存。

可惜好景不长，翌年随着棉纺业市场需求的好转，香港棉纺业也迎来复苏。但据悉此时香港进口棉纱贮存量约为15万包，与此同时，每月运来的棉纱数量已几乎相当于香港棉纱产量的一半，这势必将引发本地棉纱市场的混乱。因此，唐翔千再次呼吁港英政府关注进口棉纱的低价倾销问题。[②]而此时香港财政司司长夏鼎基坚持"积极不干预主义"，认为"在大多数情况下，试图计划调配私营部门拥有的资金并挫败市场势力的活动，是徒劳无益的，而且会损害经济增长率。因为市场势力在开放经济中是难以预测的，更不用说加以控制了"，[③]但"当遇到对整体经济有重大不利影响的问题时，就要采取积极措施进行必要的干预加以解决"。[④]因此，夏鼎基对此予以驳斥便不足为奇了。他首先对港英政府面对棉纺业所面临的价格竞争，放弃自由贸易，牺牲布匹及成衣对外的竞争地位的做法持怀疑态度；其次，他还看好棉纺业通过积极提升生产技术以应对海外市场价格竞争的前景。最后，他宣称港英政府"将不会给予它任何与本港财政及经济政策推动力相反的任何特别援助"，除非有足够证据证明某些供应商正从事不公平的贸易勾当，即据贸易关税总协定是不公平的而并非纯是价格竞争性的问题。[⑤]

---

① 《棉纺会主席唐翔千要求政府部门应统筹优先买港纺织品》，《工商日报》（香港）1975年10月30日，第8页。
② 《棉纺业公会主席唐翔千昨透露外地棉纱在港低价抛售本港棉纱业受严重影响》，《大公报》（香港）1976年3月30日，第1张第4版。
③ 夏鼎基：《香港政府某些政策的制定》，戴维·莱恩布里奇：《香港的营业环境》（英文版），牛津大学出版社1980年出版，转引自卢受采、卢冬青：《香港经济史公元前约4000—公元2000年》，人民出版社，2004年，第155页。
④ 武为群、杨鸭：《香港经济与金融》，中国金融出版社，1992年，第8页。
⑤ 《棉纺业公会主席唐翔千昨透露外地棉纱在港低价抛售本港棉纱业受严重影响》，《大公报》（香港）1976年3月30日，第1张第4版。

表2　1962年和1975年香港和台湾地区及韩国主要工业品、纺织品与成衣出口额比较表
（单位：十万美元）

年份	国家或地区								
	香港			台湾			韩国		
	主要工业品出口额	纺织品	成衣	主要工业品出口额	纺织品	成衣	主要工业品出口额	纺织品	成衣
1962	4 179	1 033	2 007	499	330	111	46	22	11
1975	46 925	4 333	20 360	38 263	6 480	8 884	32 006	6 489	11 321

资料来源：莫凯：《香港经济的发展和结构变化（增订本）》，（香港）三联书店有限公司1997年版，第162页。

通过表2可知，首先在纺织品出口数额方面，1962年香港的数额分别是台湾和韩国的3.13倍和46.95倍，到1975年香港出口数额虽然较1962年增长超过3.19倍，但分别仅相当于当年台湾和韩国出口数额的66.87%和66.77%。其次而在成衣出口数额方面，1962年香港的数额分别是台湾和韩国的18.09倍和182.45倍，到1975年香港出口数额较1962年增长10.14倍，仍分别为当年台湾和韩国的2.29倍和1.80倍。再次在纺织品和成衣在各地区主要工业品出口所占比重方面，香港纺织品出口占比从1962年的24.72%下滑至1975年的9.23%，成衣出口占比则从48.03%小幅跌至1975年的43.39%；台湾纺织品出口占比从1962年的66.13%下滑至1975年的16.94%，成衣出口占比则从22.24%提高至23.22%；韩国纺织品出口占比从1962年的47.83%下滑至20.27%，成衣进口占比则从23.91%提升至35.37%。从总体来看，1962至1975年，虽然香港制造业也取得了不错的成绩，但与此同时，台湾和韩国制造业取得了长足进步，逐渐成为香港在东亚地区的主要竞争对手，甚至在纺织品出口方面一举超过香港，在成衣出口方面也给香港带来了一定的竞争压力。另一方面，由于受到纺织品配额的影响，这一时期香港纺织品与成衣两大类出口占比的变化便体现了以纺织业、成衣业为代表的香港制造业着手布局和实施产业转型升级的明证，而唐

翔千从纺织业起步，通过延伸产业链，迈入成衣制造业，在一定程度上抵消了纺织品配额限制的消极影响，成为这一时期香港纺织行业具有较大影响力的企业家之一。

三、唐翔千与香港制造业的转型升级

在历经20世纪50年代中期至70年制造业的高速增长以后，香港基本实现了工业化进程。如上所述，随着传统制造业成本的升高、海外市场竞争的增大以及欧美国家纺织品配额限制的局限，以纺织品、成衣制造为主体的香港传统制造业亟待转型升级。

表3　1970—1980年香港主要产品出口额表（单位：百万港元）

年　份	香港主要产品出口总额	成　衣	纺织品	电　子	钟　表
1970	12 347	4 333	1 277	N.A	135
1971	13 750	5 464	1 398	1 037	175
1972	15 245	6 113	1 552	1 259	202
1973	19 474	7 454	2 352	1 656	293
1974	22 911	8 752	2 737	2 041	510

表4　1970年和1980年香港主要产品出口额比较表

年　份	香港主要产品出口总额	成　衣	纺织品	电　子	钟　表
1980比1970增长%	452.1	436.3	255.1	610.5	4557.8
1970—1980平均年递增率%	18.6	18.3	13.5	24.3	46.8
1975	22 859	10 202	2 145	1 913	644
1976	32 629	14 288	3 051	2 742	1 208

续　表

年　份	香港主要产品出口总额	成　衣	纺织品	电　子	钟　表
1977	35 004	13 908	2 696	3 438	1 694
1978	40 711	15 709	2 869	3 707	2 734
1979	55 912	20 131	4 065	5 175	4 354
1980	68 171	23 258	4 535	7 325	6 288

　　如表3和表4所示，虽然相比1970年，1980年的成衣、纺织品出口额分别呈现出436.3%和255.1%的增长，但是不仅远低于电子产业和钟表出口额610.5%、4 557.8%的增长幅度，也低于港产品总额的增长幅度（452.1%）。这一时期成衣业依旧是港产品出口的中坚力量，而电子产业、钟表等精密制造业则呈现出迅速发展的态势。电子产业也成为这一时期港产品出口增长仅次于钟表业的新兴制造业代表性行业之一，为此后唐翔千由劳动密集型的纺织、成衣业跨界进入技术密集型的电子产业，顺利实现家族企业内部的产业转型升级埋下了伏笔。

　　此外，香港制造业的转型升级也可以从香港获得外资的变化趋势中发现端倪。

表5　1971—1981年香港制造业吸引外资金额表（单位：百万港元）

行　业	1971年	1975年	1981年
电子业投资额	264.7	587.5	2 671.2
纺织制衣业投资额	160.9	253.1	8 68.8
投资总额	759.5	1 694.9	7 023.1

资料来源：陈可煜：《香港经济一瞥》，中国展望出版社1986年版，第183页。

　　从表5中不难发现，电子业在香港制造业吸引外资金额占比在上述三个时间均保持在三成以上，1981年相比1971年由34.85%小幅提升至38.03%，而纺织制衣业的占比则呈现逐渐下滑的趋势，由1971年的21.18%下降至1981年的12.37%。

表6　1980年由香港输出美国包括配额价的纺织品价格

配额分类	平均配额价（每件计）（美元）	入口价（每件计）（美元）	平均配额价占入口价（%）	入口数量（件）	入口价值（百万美元）
333/334棉外套	1.30	10.68	12.2	1 704 120	18.2
335男成人及男童外套	3.34	12.33	27.1	3 787 510	46.7
338/339棉织男衬衫及女衬衫	0.26	2.80	9.3	44 285 714	124.0
340男成人及男童衬衫	0.42	3.66	11.5	30 027 322	109.9
341女棉衬衫	0.06	3.44	1.7	22 529 070	77.5
345棉毛衫	1.67	6.11	27.3	3 698 854	22.6
347/348棉裤	1.73	5.26	32.9	74 334 601	391.0
445/446毛衫	3.34	7.22	46.3	15 941 828	115.1
641人造纤维女衬衫	0.85	5.41	15.7	8 927 911	48.3
总入口价值					953.3

资料来源：李培德：《继往开来——香港厂商75年（1934—2009）》，商务印书馆（香港）有限公司，2009年，第171页。

备注：入口数量乃笔者根据入口价值与入口价之间的比例关系换算而成，数据精确到个位。

　　表6中的棉外套等9种港产输美的纺织品中，平均配额价占入口价比值较高的为男成人及男童外套（27.1%）、棉毛衫（27.3%）、棉裤（32.9%）和毛衫（46.3%），上述成衣制品入口价值合计为5.754亿美元，占总入口价值的60.36%。由此可见，这一时期外资投资方向的变化亦可以在一定程度上反映香港制造业转型的大体趋势。

更何况，在此期间欧美国家对香港纺织与成衣业的纺织品配额的限制愈发严格。据悉1980年香港各种成衣产品中，毛衫出口量可占美国总配额的80%，台湾、韩国则共占20%。[①]由香港输出美国包括配额价的纺织品价格的平均配额价占入口价的比值最高的恰好便是毛衫。而当年上述9种纺织品这一比值的平均占比则为20.44%。换句话说，纺织品配额的存在不仅严格限制了香港输美各类纺织品的数量，也大幅推高了此类商品的售价，在一定程度上影响了其在美国市场的竞争力。

在就任香港工业总会主席之后，唐翔千也不遗余力向欧美外商推介香港和中国内地。20世纪80年代初，唐翔千在会见来访的英国工商界行政首脑时，在获悉对方有意在香港投资，尤其希望探讨同中国贸易的庞大潜力时，便提出"香港不独可以成为东南亚地区的贸易基地，也可以成为各国同中国建立通商关系的基地。"至于投资形式则包括同香港工商人士合资经营。唐翔千强调，香港金融服务优良，通信设施完备，航运服务周全，地理位置适中，此外，香港不仅人口众多，消费能力强，而且每年还有多达二百万之众来港游客，市场潜力巨大，堪称亚太地区的理想通商基地。[②]

然而，改革开放初期，外界各方似乎对中国大陆的发展环境和政策持续性始终抱着怀疑的态度。当时学者黄绍伦便明确指出"在可预见的将来，中国的开放政策不可能吸引太多上海纺织家回到祖国。他们大部分人是实用主义者，不会轻易被民族主义的吸引打动。作为移民，很少有亲近的家庭成员留在中国。作为谨慎的工业家，他们还不确信中国政府的改革政策将持续下去。他们也确切意识到从合资中获得的经济利益顶多是暂时的。这些合资的合同通常维持四到五年，合同结束后工厂将归中国政府所有"。[③]此外，海外舆论亦并不看好香港企业家对中国内地的投资，称中国内地拥有土地和廉价劳动力，一旦内

---

① 《工业总会主席唐翔千建议集中发展新产品》，《工商日报》（香港）1981年6月21日，第7页。
② 《本港地理条件优良可成中国外贸基地，工业总会主席唐翔千有此见解》，《大公报》（香港）1981年1月17日，第3张第12版。
③ 黄绍伦著，张秀莉译《移民企业家：香港的上海工业家》，上海古籍出版社，2003年，第171页。

地企业获得来自香港的设备与技术之后，香港将无法与之竞争。[①]

　　但是，外界的揣测似乎并未动摇唐翔千投资中国内地的决心和信心。其实，1979年初唐翔千便在探访新疆之后便已下了在当地投资建厂的决心。一方面，通过对新疆的一系列考察，虽然当地一贫如洗，但是却拥有生产上等羊绒等高级纺织制品的生产原料，因此唐翔千非常看好中国大陆的发展潜力；另一方面，中国大陆所生产的纺织品也并不会受到纺织品出口配额的影响。[②]仅仅经过二十个月的时间，由唐翔千大力倡导的新疆天山毛纺厂便建成投产，副董事长和总经理也由唐翔千担任。该公司一开始主要由新疆地方政府负责技术引进的相关部门与香港半岛针织厂有限公司、香港国际棉业有限公司、日本东洋纺系工业株式会社等方面中外合资兴建。合营公司注册资本为800万美元，双方投资比例为新疆地方政府方面占51%，外资占49%。公司下属三个工厂，包括已有的天山针织一厂、二厂以及新建的天山毛纺厂。新疆地方政府负责兴建厂房，外资则负责引进技术设备及向国外推销公司产品。该公司计划年产羊绒纱、羊毛纱464吨，羊绒衫和羊毛衫72万件。经过试产，公司已开始向市场成批量的投放羊绒衫和羊毛衫。[③]这种中、日、港三方合作的模式，不仅使世界先进的技术设备和管理经验在中国内地生根发芽，而且也可以使企业利用香港所拥有的广泛国际贸易联系，适时根据市场变化采取灵活多样的经营销售方法，由此为企业产品的持续数十年的畅销奠定了坚实的基础。[④]

　　相比之下，这一时期香港纺织业发展便相形见绌，不仅受到出口配额的限制，配额项目也相对集中，导致出现香港纺织品及成衣出口配额大量剩余的现象。1980年香港纺织制衣业出口总值虽然增长了16%，但实际上出口限额

---

① 刘：《中国的运动可能扼杀本地工厂》，《南华早报》1981年11月26日，转引自黄绍伦著，张秀莉译：《移民企业家：香港的上海工业家》，上海古籍出版社，2003年，第171页。
② 唐翔千：《当年我为什么到新疆投资（续）》，《沪港经济》2000年第4期。
③ 《新疆与港日合资经营天山毛纺厂昨投产唐翔千倡设并兼总经理》，《大公报》（香港）1981年10月4日，第1张第3版。
④ 唐翔千：《我为"天毛"而自豪》，《国际经济合作》1991年第7期。

不增反降，此项出口配额使用率仅为74%，远低于当年台湾和韩国90%的配额使用率。①

唐翔千对大陆纺织业的投资很快便获得了丰厚的回报。据悉，在由唐翔千于1981年主导创办的上海第一家合资企业——沪港合资上海联毛纺织有限公司初创的五年时间中，公司累计销售金额1.775 58亿元，获纯利润2 522.9万元，创汇1 684.6万美元，经营性外汇顺差638万美元，其中的520万美元已用于扩展生产规模和再投资。当年该企业固定资产总值达3 370.3万元，为开办时固定资产总值的5倍。作为香港投资方的唐翔千的收益也已超过投资总额。该公司当年年底还完成第二期工程建设，拥有羊毛衫和呢绒的纺、织、染全套生产线，能够实现年产毛纱1 000吨、毛衫150万件和呢绒120万米的生产规模。与此同时，该公司坚持技术革新，不断研发新产品，其生产的丝兔毛混纺特色产品和高比例兔毛产品远销欧、美、日市场。②

由此可见，通过采取中外合资的新经营形式，唐翔千逐渐开始意识到将劳动密集型的纺织业的生产环节转移到中国内地是大势所趋，香港则继续从事成衣服装品牌的设计与研发工作。20世纪80年代，唐翔千相继成立新疆天山毛纺织品有限公司、上海联合毛纺织有限公司、上海百乐毛纺织有限公司、广东联发毛纺织有限公司和新疆塔城精纺厂的举措便是其家族企业实施战略转移的最好明证。③

唐氏家族企业在香港地区的转型升级并未将视野局限于纺织业，进入20世纪80年代中后期，由于香港制造业中劳动密集型工业大规模迁往中国内地及东南亚等劳动力低成本地区，留在香港的制造业则加快技术升级和工业转型。作为新兴的技术密集型的电子业逐渐成长为香港制造业产值中仅次于制衣业的重

---

① 《工业总会主席唐翔千建议集中发展新产品》，《工商日报》（香港）1981年6月21日，第7页。
② 《沪港合营毛纺厂业绩佳 "联毛" 创办五周年港方收益超投资额唐翔千表示与上海合作有前途》，《大公报》（香港）1986年8月5日，第1张第3版。
③ 上海唐君远教育基金会、上海美维科技有限公司编《唐翔千创业之路》，内部刊物，2008年，第37页。

要产业。于是唐翔千审时度势，决定开拓其企业集团发展的新方向——创建美维科技集团有限公司，大力进军电子产业。由于电子产业技术更新快，缺乏运作经验，于是唐翔千一开始便与美国MICA公司合营成立美加伟华（远东）实业有限公司，在香港制造覆铜板。通过合营，唐翔千企业获取了先进的技术与管理经验，并于1989年收购全部股权，成为独资企业。此后，通过与香港日立的合作不断扩大电子基材生产规模，并通过兼并多家同类企业，迅速在激烈的市场竞争中站稳脚跟，成为香港电子产业中的一支生力军。[①]

在中国大陆改革开放的现代化浪潮中，唐翔千积极响应国家招商引资政策，投身到大陆经济社会建设的大浪潮之中，不仅在将被香港视为劳动密集型的"夕阳产业"的纺织资本通过向中国内地转移的过程中重获新生，而且积极投资发展大陆电子产业，不遗余力地将香港经验移植到中国内地。20世纪80年代中期，随着电子产业蓬勃发展，唐翔千敏锐地觉察到覆铜板作为电子工业发展配套基材，符合国家需求，市场前景广阔，投资回报比客观。于是，他便在广东东莞投资创办广东生益科技股份有限公司，设计生产能力为年产覆铜板66万平方米。此外，唐翔千还依靠其经营香港美加伟华公司的丰富经验与雄厚技术力量，进行技术移植，并取得了跨越式发展。公司从东莞一地逐步扩展到苏州、咸阳，年产量呈现出几何级数式的增长，从1985年的66万平方米猛增至2007年的3 700万平方米；产品结构也实现了优化，由单一的通用产品发展为多品种多规格以及绿色产品。1998年，生益股份成为国内第一家，也是最大的电子基材类上市公司，并于2005年跻身覆铜板行业全球前十位。在不到二十年的时间中，企业的净资产总值比首期投资增长了24倍，总市值比投资额增长了400倍。一批年轻员工随着企业一起成长，成为企业的技术和管理骨干，实现了他们的人生价值。他们的年收入及生活水平也获得大幅提高，在当地都

---

① 上海唐君远教育基金会、上海美维科技有限公司编《唐翔千创业之路》，内部刊物，2008年，第60—66页。

是"优质生活一族"。[1]据统计，在1985至2007年的二十余年时间中，唐翔千先后在香港、东莞、上海、深圳、苏州、咸阳、广州等多地创建电子材料的高科技公司有17家之多（见表7）。正如，唐翔千在谈到古稀之年回上海重新创业的缘由时，称除了乡缘和上海科技实力雄厚等因素之外，中国要赶超世界先进国家，需要建设高科技产业是支撑其重新创业的至关重要的因素。[2]唐翔千正是凭借着这种心怀祖国的伟大抱负和创新精神，不仅有力地推动了中国内地的改革开放的历史进程，也为此后国内经济结构的转型与升级开拓出新的发展路径。

表7　唐翔千创办企业一览表[3]

纺织成衣行业		电子材料行业	
创办时间	企业名称	创办时间	企业名称
1953年	香港五洲布厂	1985年	美加伟华（远东）实业有限公司
1955年	香港华侨布厂	1986年	东方线路有限公司
1957年	香港华侨纺织有限公司	1986年	多层线路板有限公司
1959年	香港中南纱厂	1987年	东莞生益覆铜板有限公司
1964年	香港中南针织厂	1991年	东莞生益电子有限公司
1964年	香港毛纺厂	1997年	上海美维电子有限公司
1967年	台湾协星针织厂	1997年	美维国际贸易（上海）有限公司
1969年	香港南联实业有限公司	1997年	清溢精密光电（深圳）有限公司

---

[1] 唐翔千：《〈永攀高峰的上海男孩和女孩〉序》，蒋小馨、唐晔著：《唐翔千传》，附录二，上海人民出版社，2016年，第389页。

[2] 上海唐君远教育基金会、上海美维科技有限公司编：《唐翔千创业之路》，内部刊物，2008年，第68页。

[3] 上海唐君远教育基金会、上海美维科技有限公司编《唐翔千创业之路》，内部刊物，2008年，第37页。

续　表

纺织成衣行业		电子材料行业	
创办时间	企业名称	创办时间	企业名称
1969年	香港半岛针织有限公司	1999年	美龙翔微电子科技（深圳）有限公司
1974年	非洲毛里求斯亚非毛纺织有限公司	1999年	上海美维科技有限公司
1980年	新疆天山毛纺织品有限公司	2001年	美维创新科技（上海）有限公司
1981年	上海联合毛纺织有限公司	2002年	苏州生益科技有限公司
1985年	上海百乐毛纺织有限公司	2004年	东莞美维电路有限公司
1985年	广东联发毛纺织有限公司	2005年	上海凯思尔电子有限公司
1989年	新疆塔城精纺厂	2006年	广州美加伟华电子材料有限公司
1989年	美国TSE成衣品牌公司	2006年	广州美维电子有限公司
		2007年	苏州美维爱科电子有限公司

改革开放以后，唐翔千不仅自己在中国大陆各地大力投资兴办实业，也充分利用香港工业总会主席、香港沪港经济发展协会创会会长等多重身份游走于香港与内地之间，参与打造出沪港合作等新模式，为中国内地大力吸引港资，积极顺应香港产业结构的调整，承接香港制造业资本向内地的转移，从而为推动内地制造业的快速发展做出了卓越贡献。据相关统计数据显示，制造业在香港本地生产总值中所占比重从20世纪70年代到90年代呈现出长期下滑的显著趋势，具体来说，其比重在1970年可达30.9%，到1980年便缓慢下降至22.8%，到1996年加速萎缩到仅为7.3%。[①]另据时任全国政协常委唐翔千的说法，自从中国推行对外开放政策，充分利用外商投资，加快内地经济发展

---

① 卢受采、卢冬青：《香港经济史公元前约4000—公元2000年》，人民出版社，2004年，第193页。

以来，十年间港澳在中国投资三资企业的金额和项目均居首位，投资项目达13 421个，协议金额达178.74亿美元，占中国吸收外资总额的70.8%。这些投资大多数集中在和香港毗邻的珠江三角洲。目前，珠江三角洲地区为港商加工的劳工已有200万人。据专家估计，每个劳工每年可为港商创造1 000美元利润，而该地区亦因此而成为全国最先富裕起来的地区，每年为外商加工的收益达三亿美元以上。[①]

四、结语

20世纪中叶，唐翔千先生在香港建立纺织企业，继承并光大了民国时期无锡、上海等地唐氏家庭企业的血脉与传统。作为企业家，20世纪50年代中期以来，唐翔千通过先进的管理理念与灵活的经营策略，努力提升产品附加值，实现了自身企业的快速发展，形成了集纺纱、织布、针织、成衣制造与品牌研发的体系化的大型企业集团。到20世纪80年代以后，唐翔千在保持原有发展路径的基础上，又紧跟世界经济发展潮流，奋力进军电子科技等高新技术行业，并积极拓展中国内地及海外的市场与企业经营活动，将自身成功经验移植到中国内地，成功实现了唐氏家族企业进一步发展与转型实现了自身企业集团的转型升级。作为曾经担任过全国政协常委、香港棉纺业公会主席、香港工业总会主席、香港总商会副主席和香港沪港经济发展协会创会会长等一系列重要职务的工业界领袖人物，先是努力寻求港英政府对香港棉纺业的政策支持以抵消纺织品配额的限制；改革开放以后，又利用自身的多重身份积极游走于香港与内地之间，参与打造出沪港合作等新模式，为中国内地大力吸引港资，积极顺应香港产业结构的调整，承接香港制造业资本向内地的转移，从而为推动内地制造业的快速发展做出了卓越贡献。这彰显出唐翔千主动求变谋发展的魄力

---

① 唐翔千：《中国继续对外开放与香港过渡期的稳定》，《中国工商》1990年第5期。

与企业家精神，以及香港与祖国内地经济发展密切联系，亦是香港传统制造业发展与转型等一系列复杂历史进程的一个缩影。

Tang Hsiang-chien and the transformation and development of Hong Kong's manufacturing industry

Qiu Xiaolei, Yuan Weipeng

Abstract: In the middle of the last century, Tang Hsiang-chien established a textile enterprise in Hong Kong, inheriting and expanding the blood and tradition of Tang's enterprises in Wuxi, Shanghai, and other places during the Republic of China. As an entrepreneur, since the mid-50s of last century, Tang Hsiang-chien through advanced management concepts and flexible business strategies endeavored to improve the added value of products, achieved the rapid development of his enterprises, formed a set of spinning, weaving, knitting, garment manufacturing and brand research and development of systematic large-scale enterprise group. After the eighties, on the base of maintaining the original development path, but also closely following the trend of world economic development, he strived to enter electronic technology and other high-tech industries, and actively expanded the Chinese Mainland and overseas markets and business activities, transplanted his own successful experience to the Chinese Mainland, successfully realized the development and transformation of the Tang's business and further realized the transformation and upgrading of his enterprise group. As an industry leader who has held many important positions, Tang Hsiang-chien first sought policy support from the Hong Kong and British governments for Hong Kong's cotton textile industry to offset textile quotas. After the reform and opening up, he used his multiple identities to actively travel between Hong Kong and the Mainland, participated in creating new models such as "Shanghai-Hong Kong cooperation", vigorously attracted Hong Kong capital for the Chinese Mainland, actively adapted to the adjustment of Hong Kong's industrial structure, and undertook the transfer of Hong Kong's manufacturing capital to the Mainland, thus made outstanding contributions to promoting the rapid development of the Mainland's manufacturing industry. This demonstrates Tang Hsiang-chien's courage and entrepreneurial spirit in seeking change and development, as well as the close connection between Hong Kong's economic development and the Mainland of the motherland, and is also a microcosm of a series of complex historical processes such as the development and transformation of Hong Kong's traditional manufacturing industry.

Key words: Tang Hsiang-chien, Hong Kong manufacturing industry, Transformation and upgrading, Historical contribution

和衷共济：

主持香港棉纺业同业公会、香港工业总会时期的唐翔千

王昌范 [①]

摘要：唐翔千任职香港棉纺业同业公会和香港工业总会主席期间，正是香港经济发展从经济多元化向"大香港经济"全面发展的转型时期，棉纺业和制造业遇到前所未有的困难，纺织品受欧共体配额限制、地价上涨、投资工业资本转移、银行贷款紧缩的影响，原料、用电、工价、航运费用等成本增高，引起就业率下降，工业投资信心丧失等问题。面对严峻的局面，唐翔千以棉纺业同业公会这个民间商会和工业总会这个半官方组织的名义，屡次向港英政府呼吁支持棉纺业等制造业，加强会员厂商与银行界的联系，争取长期低息贷款，寻找替代美棉的原料以减低成本，成立香港内地工业合作委员会，促进香港与上海等地的经济建设，向跨国公司、厂商介绍内地改革开放政策，引导会员厂商以先进科技改善产品品质，提振制造业信心，稳定就业率。他以商会领袖的责任担当、良好的政商关系、高瞻远瞩的国际视野、扎实的会员基础，发挥商会桥梁、纽带、信息、网络等作用，为香港经济腾飞、为内地经济健康发展做出了积极贡献。

关键词：唐翔千，香港棉纺业同业公会，香港工业总会，沪港，经济作用

---

① 王昌范，上海市工商业联合会原调研员。

上海总商会起源于1902年的上海商业会议公所，[①]历经时代变迁和政权更迭，发展为上海市工商业联合会。香港有"四大商会"之说，最早有1861年成立的香港总商会，后有1900年成立的香港中华总商会、1934年成立的香港中华厂商联合会、1938年成立的九龙总商会[②]。"不过，当香港工业总会于1960年出现后，九龙总商会的位置被摒除。"[③]香港"四大商会"即为香港总商会、香港中华总商会、香港工业总会、香港中华厂商联合会。

商会论域广泛，把商会作为中介组织是社会学的论题，商会与会员企业之间的关系是经济学范畴的论题，商会法与商会内部制度涉及法学的概念。本论题主要研究和探讨商会与政府、与会员企业之间的关系，以及在香港经济多元化时期（1971—1980年）、"大香港经济"全面发展时期（1981年1月—1997年6月）[④]和对应的内地改革开放初期商会所发挥的功能，研究商会领导人物面对转型时期所遇到的前所未有的困难如何化解，如何处置，如何提振制造业信心，如何突显香港棉纺业等制造业在香港经济发展中的基础工业优势，稳定就业率，稳定经济社会发展等。

一、任职香港和内地商会，创办实业，与香港工业化时代齐驱并进

唐翔千（1923—2018年），为江苏无锡人，爱国毛纺织实业家唐君远长子，著名香港工业家，其产业包括棉纺、毛纺、针织、制衣、现代电子科技类元件等。唐翔千在沪港两地多个商会任职：香港棉纺业同业公会1969—1971年、

① 上海市工商业联合会，复旦大学历史系编《上海总商会组织史资料汇编》（上），上海古籍出版社，2004年，第45—46页。
② 李培德：《1960年代香港华人商会的政治分析——以香港中华厂商联合会与香港工业总会为个案》，《华中师范大学学报》（人文社会科学版）2013年第3期。
③ 李培德：《1960年代香港华人商会的政治分析——以香港中华厂商联合会与香港工业总会为个案》，《华中师范大学学报》（人文社会科学版）2013年第3期。
④ 卢受采、卢冬青：《香港经济史》，人民出版社，2004年，第2—3页。

1972—1974年副主席，1974—1976年主席，[1]1980年（或1976年后即任）名誉主席[2]；香港工业总会1975年、1979年副主席，1980—1984年主席，1985年后名誉主席。此外，唐翔千还任香港总商会副主席、香港玩具总商会永久名誉会长、江苏旅港同乡会联合会名誉会长、香港无锡商会荣誉会长[3]等职。在中国内地的受聘和任职有：1980—1984年上海市工商联顾问，1988—1993年中华全国工商业联合会执委、常委。[4]尚有暂未见知的商会任职。一般任职某地商会主席，均誉为商会领袖。纵观唐翔千在沪港两地商会任职和地位，完全有理由定义唐翔千为香港工商界的领袖人物之一，他也是改革开放之后内地最早接待的香港工商界领袖之一，是上海、无锡两地工商界具有影响力的香港工商业领袖人物。

在唐翔千任职的众多商会职务中，有两个香港商会尤为重要，一个是香港棉纺业同业公会，另一个是香港工业总会。香港棉纺业同业公会成立于1955年，其前身为1947年纱厂业主组织的联谊会，联谊会由南洋纱厂董事兼总经理荣鸿庆主持，以促进各厂友谊及商讨一切有关共同利益问题为主旨。后因工厂数目与日俱增，由13家棉纺厂发起，于1955年向港英政府申请注册。复有两家厂加入，时会员15家，其会员厂纱锭总数为30.6万枚，布机总数为4 400台。公会经常事务由每年大会推选的理事会负责办理。理事会推选出正副主席各1人，指定业务、财务、厂务、原棉、体育各组成员，并为筹订纺织业之技术训练计划与香港理工学院合组技术训练组。1955—1980年先后26任主席有11人担任，他们是王启宇、杨胜惠、李震之、李楸、王统元（王启宇第二子）、

① 香港棉纺业同业公会编《纺织手册》，1980年，附录（丙）。
② 上海唐君远教育基金会、上海美维科技有限公司：《唐翔千创业之路》，内部刊物2008年，第87页。
③ 上海唐君远教育基金会、上海美维科技有限公司：《唐翔千创业之路》，2008年12月，第79、88页。
④ 《中国工商业联合会50年概览》编辑委员会：《中国工商业联合会50年概览》（上），中华工商联合出版社，2003年9月，第802—805页。

刘汉栋（刘国钧之子）、安子介、吴文政、唐翔千、陈元钜、陆菊森。[①]香港工业总会于1959年由港督葛量洪委托周锡年、钟士元、黄克兢、丁熊照等工业界及社会知名人士负责筹建，1960年根据香港法例第381章《香港工业总会条例》成立，是半官方性、非营利性、组织独立性、成员自愿性的民间商会组织。根据2010年资料显示，该会会员4 000多家，形成27个工业分组、9个工业协会，"会中有组、组中有会"的组织结构。[②]理事会每年举行年会，每2年选举一次，理事会主席一正一副，先后有钟士元、丁熊照、安子介、唐翔千、唐英年等著名工商界人士担任过主席。

香港经济有着悠久的历史，特别是第二次世界大战以后，香港经济发展很快，成为举世公认的国际贸易、金融、航运和信息中心，成为亚洲重要的国际都会。二战以后香港产业结构发展变化经历了四个阶段：1945年9月到1951年，香港以对外贸易为龙头，带动各行各业，迅速治愈战争的创伤，恢复了亚洲重要转口港的地位，被称为战后恢复时期；1952年到1970年，香港逐步实行了工业化，成为新兴的工业城市，被称为工业化时期；1971年到1980年，香港金融、旅游、房地产和运输业等服务行业发展迅速，实现了经济多元化，被称为经济多元化时期；1981年到1997年6月，香港本地产业结构由服务业与制造业并重变为以服务业为主，并加大对中国内地、东南亚、美洲、欧洲、澳洲等多个地区的投资，被称为"大香港经济"全面发展时期。[③]

唐翔千1950年学成回到上海，在中国实业银行任职后，因熟悉外汇业务而被派到香港分行，[④]1951年11月11日在中环香港大酒店与尤淑圻举行婚礼。[⑤]也就是说，1950—1951年11月之间唐翔千已在香港。他经历了香港战后恢复

---

① 《纺织手册》，1980年，附录（甲）。
② 吴巧瑜等：《香港民间组织社会治理功能研究：基于香港工业总会的个案分析》，《武汉大学学报》（哲社版）2011年第4期。
③ 吴巧瑜等：《香港民间组织社会治理功能研究：基于香港工业总会的个案分析》，《武汉大学学报》（哲社版）2011年第4期。
④ 《唐翔千创业之路》，第44页。
⑤ 上海爱建集团股份有限公司编著《唐君远与唐氏家族传奇》，今日出版社，2018年，第295页。

时期的末端，而完整地经历了香港工业化时期、经济多元化时期和"大香港经济"全面发展时期。1953年唐翔千辞去中国实业银行公职，在周文轩、安子介等人的鼓励和帮助下，合资10万元，创办有104台布机的五洲布厂。以此为起点，1955年开办华侨布厂，1959年合资创办中南纱厂，任董事长、总经理，1964年合资创办中南纺织有限公司、中南针织厂和香港毛纺厂等。[①]在香港工业化时期，唐翔千所主持的中南纱厂跻身于香港大型纱厂行列。

二、发挥棉纺业在香港经济多元化发展中的优势，吁请政府、银行援助，维护会员利益

1974—1976年，唐翔千出任香港棉纺业同业公会主席，该会每年7—8月举行周年全体会员大会推选理事，然后由理事会选出正副主席。1974年上半年唐翔千实际已经代理前任主席吴文政的职务。概括唐翔千在其任期间所发挥的作用，有以下方面。

1. 呼吁政府出面干预，争取特惠税优待，挽回棉纺业损失

香港纺织业被称为"香港工业化的领头雁"和"全世界最现代化的纺织业之一"。[②]纺织业包括棉纺、印染、毛纺织、丝织、针织、成衣等行业，其中棉纺业是基础，地位显赫，占绝对优势。1957年香港纱厂已有36万锭。1962年底，有纱厂35家，60万锭，雇工1.9万多名，年产棉纱60万包，价值约5亿港元。1967年有76.7万锭，1971年达到历史最高纪录100万锭。此后随着气流纺纱迅速发展，纺锭有所减少，1978年一季度下降为88万锭。[③]

唐翔千代理主席不久，即遇到香港纺织品不获欧洲共同市场（以下简称"欧共体"）普遍特惠税优待，在邻近国家竞争下，香港棉纺业受到了重大损

① 《唐翔千创业之路》，第45页。
② 港英政府：《香港1955》，政府新闻处1955年出版，第53页，转引卢受采、卢冬青著：《香港经济史》，人民出版社，2004年，第216页。
③ 《香港经济年鉴》，香港经济导报社，1978年，第85页。

害。曾经受到《兰开夏条约》影响的香港纺织品，由港英政府"自动限制"了多年。1974年英国加入欧共体后，香港对英国的贸易配额并入欧共体内一齐计算。[①]此时恰逢法国纺织代表团访港，香港棉纺业理事会与该团会谈，唐翔千言明立场，认为欧共体如果不给香港棉纺业优惠待遇，对"本港经济繁荣影响甚大"。身为代主席的唐翔千在会谈后，再次与该团团长沙维格兰交换意见，[②]为香港纺织业争取利益。同时，唐翔千分析原因，该年（1974年）棉纺业普遍衰落，台湾地区、印度尼西亚、泰国纱锭增加2—3倍，难免因生产过剩而积压，因为香港采取自由贸易政策，顿成削价倾销之目标，致使香港纺织业成本增加，处于内外双重煎迫之境。他认为："香港经济因香港为自由港，而继续以自由放任为政策，使纺织业受到外来无休止倾销的摧残，则等于作茧自缚，而迄今香港尚未运用商请输出国家自制的应有的权利，但香港对世界无数纺织品输出国家则早已按照其要求自限港制纺织品的输出，此种单面的牺牲，自属不公，但望今后本港当局在这方面能协助纺织业将局势加以扭转。"[③]他的这番建议直接向港英政府工商署代理署长麦理觉、代理副署长潘达及各部门表达，试图通过港英政府出面干预。

这一典型例子仅仅是唐翔千多次呼吁、建议之中的一次，引起港英政府的重视。1974年香港纺织品出口额不跌反升，由1973年的23.52亿港元增加到27.37亿港元[④]，增长16.36%。

2. 凭借与银行良好关系，争取长期低息贷款，与会员厂商共渡难关

企业与银行的借贷关系是双向互利的关系，但是在世界性能源恐慌、通货膨胀、银根紧缩及利息剧升情势下，香港棉纺业遭遇了暂时性困难，在这样充满风险的时刻，不是家家银行都能伸出援手的，因为银行必须承担坏账的风险。银行贷款条件是企业要有一定信誉，与银行有良好关系，还需要有同业组

① 卢受采、卢冬青著：《香港经济史》，人民出版社。2004年1月，第227页。
②《法港纺织代表再次交换意见》，《工商晚报》（香港）1974年5月15日，第8页。
③《唐翔千谈自由港政策，棉纺业受双重压迫》，《工商晚报》（香港）1974年6月5日，第8页。
④ 卢受采、卢冬青著：《香港经济史》，人民出版社。2004年1月，第234页。

织予以保证。1974年9月，唐翔千寻求银行界支持，在棉纺业同业公会与恒生银行接洽中，他请求援助："（本业）不得不酌量减产，以免存纱过分堆积，但仍重视就业问题，尽可能维持生产，因此希望恒生银行今后予本业以更大的支持。"①当然，唐翔千并不是直白地、生硬地请求恒生银行的贷款，而是以香港棉纺业同业公会的名义邀请恒生银行高管"欢宴"，这种形式既是一种朋友般轻松氛围中的交流，又是一种以近乎"摊牌"的姿态请求援助。恒生银行董事长何善衡答曰："银行对工业应尽力协助，责无旁贷。"他说："棉纺业为本港中坚工业，目前困难必能如过去一样，予以克服，以奠定本港的一般经济基础。相信雨过天晴，为期不远。"②在场有恒生银行副董事长何添、董事兼总经理利国伟、副总经理文国鎏、林秀樑等，他们应允棉纺业同业公会的请求，给予棉纺业会员厂商长期低息贷款，支持棉纺业渡过难关。

得到低息贷款后，"棉纺厂在过去18个月内，饱经艰苦，但并无长期停产及大量解雇情事，均能运用从前培养之实力，以化险为夷"③，这是汇丰银行总经理包约翰在棉纺业同业公会1975年5月23日举行的招待会上对棉纺业的评价，实际上也是银行界对于唐翔千主持的棉纺业同业工会对会员厂商走出困境所发挥作用的肯定。唐翔千说："本港棉纺业有如其他工业，在努力克服经济危机的过程中，蒙各大银行以同舟共济的精神，将利息率大幅降低，使一般工商业能减轻业务成本，得以勉强渡过难关。"这是唐翔千出任棉纺业同业公会主席的第二年，他领导商会的才能初见端倪，他与会员厂商共同走出了面临的暂时困境。银行方面表示"自乐于致力于协助工业之发展，目前利息已降至极低水平，银根松（动宽）裕，海外汇港款项仍极畅旺"。④汇丰银行这番表态可以看出银行这个"输血造血"金融机构对唐翔千的信任，对棉纺业同业公会的信任，为棉纺业往后的发展铺平了道路。

---

① 《棉纺业公会昨欢宴恒生银行何善衡等》，《工商晚报》（香港）1974年9月10日，第8页。
② 《棉纺业公会昨欢宴恒生银行何善衡等》，《工商晚报》（香港）1974年9月10日，第8页。
③ 《棉纺业转危为安，不料又将加电费》，《华侨日报》（香港）1975年5月24日，第3张第1页。
④ 《棉纺业转危为安，不料又将加电费》，《华侨日报》（香港）1975年5月24日，第3张第1页。

3. 寻求替代美棉原料，带头使用内地等原棉，减低会员厂商生产成本

香港发展棉纺业，原料主要依赖进口。1973年，唐翔千受上海市委统战部（"文化大革命"期间，市工商联停止活动，这里指的统战部应为市革委会统战小组）邀请，以香港棉纺业同业公会名义组团访问内地。①当时香港棉纺业几乎全部使用美国棉花，因为"美棉是世界产棉国家中分级实施最进步及严格的"②，唐翔千了解到内地棉花也有出口，便想到帮助国家将棉花出口换汇。他与国家纺织品进出口公司总经理王明俊商谈进口内地棉花事宜，又亲自跑到安徽、湖北等产棉区进行考察。在安徽芜湖棉花地里，唐翔千亲自采摘棉花试搓捻，感到棉花虽然纤维粗了一些，但是为长纤维，质量也很好。回港后，接到内地寄来的棉花样品，唐翔千马上组织检验、试用。结果发现内地棉花的长度、色度都不错，只是未分拣干净，杂质多了些。将这个检验结果反馈给内地后，唐翔千仍不放心，他又亲自跑到了湖北等产棉区，叮嘱将棉花分拣干净。他还专门改进了香港厂里的生产工艺，以适应内地棉花的特点。几经谈判，国务院特批每年3 000吨棉花的指标，1974年后内地棉花开始输入香港。"唐翔千成为香港棉纺业使用内地棉花的第一人。"③

往来于内地考察棉花原料的同时，唐翔千抓住种种机遇为会员厂商提供优质棉花原料信息。巴基斯坦是亚洲主要的产棉地之一，"其品种大部是由美种移植，只少数为土种，极少部分则为埃及种轧棉，丝光良好、富光泽、强力优良"④，但是"巴棉"输出商家不履行合约，1973年造成港商6 000余万港币损失。1974年7月，"巴棉"管理机构的首长哈辛及总经理胡逊到港，与棉纺业同业公会举行会谈，⑤无奈会员厂商还是忧心忡忡。唐翔千当晚再次开会研究"巴棉"输入香港的技术问题，以消除会员厂商购"巴棉"的

---

① 《唐君远与唐氏家族传奇》，第298页。
② 《纺织手册》，第95页。
③ 《唐君远与唐氏家族传奇》，第299页。
④ 《纺织手册》，第51页。
⑤ 《设法消除本港疑虑，巴棉机构首长访港》，《工商晚报》（香港）1974年7月18日。

顾虑。因为价格和运输成本上的优势，之后，"巴棉"成为输港的优质原棉之一。

三、面临香港经济转型时期的内外忧患，审时度势，发挥商会优势，提振信心，促进香港和内地共同发展

唐翔千 1980—1984 年出任香港工业总会主席期间，恰逢中共十一届三中全会召开之后，迎来了改革开放的春天。1980 年 6 月，唐翔千在香港工业总会举行的第 20 届会员大会后召开的理事会上当选为主席。得知这一信息，上海市工商联主委刘靖基即刻致电祝贺：

> 香港马头围道香港工业总会唐翔千先生：欣悉阁下荣任香港工业总会主席，特此祝贺，愿今后加强联系，共同合作，推进港沪两地工商界为在贯彻实行祖国统一大业以及四化建设工作中做出积极贡献。[①]

6 月 27 日刘靖基的贺电主要有两点：一是加强联系，二是共同合作，以推进沪港两地工商界在贯彻实行祖国统一大业和四化建设工作中发挥积极作用。概括唐翔千在其任期间所发挥的作用，有以下方面。

1. 成立香港内地工业合作委员会，促进内地与香港工业的互相交流

为加强香港与内地的联系，1981 年香港工业总会成立了香港内地工业合作委员会，这是唐翔千审时度势的决策。香港工业总会秘书处全部工作人员 200 人，分为签证、财务、行政及人力资源科等，服务 4 000 余家会员，组织结构"会中有组、组中有会"[②]，章程容许成立这样的委员会。

---

① 上海市工商业联合会档案：全宗号 C48，目录号 21，案卷号 186，第 1 页。
② 吴巧瑜、王文俊、周潭：《香港民间组织社会治理功能研究——基于香港工业总会的个案分析》，《武汉大学学报》（哲社版）2011 年第 4 期。

　　基于对香港工业长远发展宏观谋划的责任，唐翔千敏锐得出"香港工业前途于中国（内地）密切关系"①的结论。他认为："香港繁荣与安定始终基于健全的工业发展，如何推动辅助工业向适当的方向发展，将是香港最值得关注的课题。事实上香港工业发展正处在调整阶段，近年内地采取经济开放政策，欢迎海外投资，为香港工业发展提供新方向。尤其是边境开辟经济特区，为香港工业提供辅助生产服务。"②1981年6月20日，唐翔千在香港狮子会西区举行的例会上演讲时发表了上述观点。他说，内地与香港工业合作现在已不断增加，"以纺织业来说，本港的纱厂商和布厂商在内地设厂，生产胚纱胚布，供应本港漂染制造业使用，本港的工厂则转而生产高质布料。以玩具业来说，有些工厂已有简单的部件装配改在深圳进行，减低工资成本，至于其他电器、电子工业亦纷纷转往内地加工，本港的工厂则集中在比较复杂的工序和设计方面"③。他介绍与内地合作工业生产的四种方式：补偿贸易、来料加工、进料加工、合营。他明白"跟内地合作工业生产可能碰到很多困难，这一方面是由于内地刚开始与海外厂商的合作经验与管理能力尚有不足，不过这种情况将会逐步改善，另一方面是合作方式本身存在的问题"④。从唐翔千的言辞里可知，他非常理解改革开放初期内地经济的实际情况，许多合资经营项目谈判所遇到的问题，他在内地合作交流中已经遇到过、经历过，实际上他是在谈自己的心得，内心也流露出爱国爱乡的情感。

　　香港内地工业合作委员会成立后，组织厂商与内地互相引进贸易考察、交流经验，并且搜集有关资料供给本港厂商，务求促进内地与香港工业的"共同

① 《工业总会主席唐翔千强调：香港工业繁荣与否与中国合作有前途》，《华侨日报》（香港）1981年6月21日，第2张第3版。
② 《工业总会主席唐翔千强调：香港工业繁荣与否与中国合作有前途》，《华侨日报》（香港）1981年6月21日，第2张第3版。
③ 《工业总会主席唐翔千发表演讲：港商投资内地越来越多，经济特区提供辅助生产，减轻港产品成本有利出口竞争》，《大公报》（香港）1981年6月21日，第2张第4版。
④ 《工业总会主席唐翔千发表演讲：港商投资内地越来越多，经济特区提供辅助生产，减轻港产品成本有利出口竞争》，《大公报》（香港）1981年6月21日，第2张第4版。

利益"①。而唐翔千以香港工业总会主席名义多次访沪，以上海市工商联出面接待的为例，1983年、1985年各有3次。② 1983年10月1日，市工商联在华侨饭店宴请，在座有统战部张承宗、马韫芳，纺织工业局张惠发，市工商联唐君远、杨延修、丁忱、陈铭珊、郭秀珍。同年11月9日，唐翔千夫妇陪同香港渣打银行白郎夫妇访沪，考察投资环境，市工商联在锦江饭店宴请，市政府顾问忻元锡、统战部部长张承宗，上海渣打银行经理唐乐新夫妇，市工商联唐君远、丁忱、陈铭珊、郭秀珍出席。同年12月13日，市工商联与爱建公司宴请陪同香港智马有限公司前来洽谈业务的唐翔千，统战部张承宗、马韫芳，爱建公司张先成、陈武卿，香港智马有限公司何建昌、朱慧馥，市工商联刘靖基、杨延修、郭秀珍等出席。③

2. 展现香港和内地广阔的市场前景，引领港商和跨国公司投资内地

1981年1月，由香港贸易发展局主办、英国航空公司协办的英国工商要员访港团与香港工业总会会谈时，唐翔千向英国工商界介绍中国内地改革开放的情况。他说："投资形式很多，其中包括可以同那些深刻了解中国的香港工商人士联合经营。""香港金融服务优良、通信设施完备、航运服务周全、地理位置适中，堪为亚洲远东地区的理想通商基地。"④ 他提示："法国和意大利两国都有很多商家在香港设立了经销处，香港市场潜力雄厚，不容低估。香港人口众多，消费力强，加上每年来港游客多达200多万之众，他们是不可忽视的购物者。"他的提示有两层含义，一是必须为各国投资者介绍香港经济发展的优势，为会员厂商与各国厂商合作经营发展提供机会；二是吸引跨国公司、厂商合作者、投资者，因为香港背靠中国内地，而内地有广阔的市场发展前景，"本

---

① 《工业总会主席唐翔千发表演讲：港商投资内地越来越多，经济特区提供辅助生产，减轻港产品成本有利出口竞争》，《大公报》（香港）1981年6月21日，第2张第4版。

② 张亚培主编《上海工商社团志》，上海社会科学院出版社，2001年，第514页。

③ 上海市工商业联合会档案：全宗号C48，目录号20，案卷号432。

④ 《本港地理条件优良，可成中国外贸基地，工业总会主席有此见解》，《大公报》（香港）1981年1月17日，第3张第12版。

港地理条件优良，可成内地外贸基地"。[①]这是唐翔千发言的主基调，也是他的用意。

在向欧美跨国公司介绍的同时，唐翔千或亲自率团，或介绍香港商界人士赴内地考察投资，仅上海市工商联出面接待的有：1980年10月香港远东集团董事长邱德根访沪，同年12月香港新鸿基证券有限公司董事长冯景禧一行12人访沪，新鸿基与上海投资信托公司签订合作协议，投资建设联谊大厦、雁荡公寓，该项目吸引众多跨国公司投资，如花旗银行、三洋电机、新鸿基、法国达飞轮船有限公司等；1981年5月，接任唐翔千担任香港棉纺业同业公会主席的陈元钜访沪，同年6月香港廖创兴银行行长廖烈文、香港申新联合集团有限公司董事长陆达权一行18人访沪，同年9月香港联成轮船公司董事长包玉刚、香港东方石油公司董事长刘浩清访沪；1982—1984年，上海市工商联接待费彝民、简悦强、安子介、胡应湘、查济民、王宽诚、丁宁寿、叶谋遵、马文辉、何世柱、包玉刚、胡文翰、郑裕彤、李兆基等[②]，他们或投资，或捐资，其中唐翔千合资创办联合毛纺厂，陆达权与法国比德曼公司、上海服装公司合资创办友谊服装厂，香港环球集团与爱建公司等合资创办上海环球玩具公司等。[③]

3. 面临工业内外忧患，提请政府重建投资条件，提高品质，稳定就业

20世纪80年代初，香港地产、股票、期货一度飙涨，市场丰厚的利润，吸引了不少只专注投机的资本，形成了一股歪风。这种投机活动不独吸引了其他行业的资本和专门人才，也吸引了从事制造业的厂商的注意力。对于这样的情形，唐翔千在1981年9月香港工业总会"欢宴"财政司彭励治时，呼吁港英政府"应该认真设法重建有利的投资条件，吸引工业投资，教育大众，重振人们的勤劳精神，管制不健全投机活动，积极表现港（英政）府真正有

---

① 《本港地理条件优良，可成中国外贸基地，工业总会主席有此见解》，《大公报》（香港）1981年1月17日，第3张第12版。
② 张亚培主编：《上海工商社团志》，上海社会科学院出版社，第512—514页。
③ 张亚培主编：《上海工商社团志》，上海社会科学院出版社，第516—517页。

意使制造业继续兴盛的决心"。① 他指出："虽然金融业近乎奇迹的增长以及它对本港生产总值的贡献，值得我们自豪，但是，我们绝不能对制造业的逐渐萎缩视若无睹，置若罔闻，因为从雇用劳工人数和赚取外汇能力而言，制造业始终是本港社会经济中的中流砥柱。"② 他说，香港工业总会向企业家介绍先进科技，提供更多技术服务，以协助制造商增加生产和改善产品品质。我们也不应只顾经济增长，而应当争取每一行业的健全表现，维持各行业全面平衡。他指出："本港工业已受到了内发和外来的忧患交煎，这是大家有目共睹的，这种情况已令有识之士忧心忡忡，但是本港工业发展的致命伤并不是在于此，而在于企业家对于制造业前途和盈利能力大失信心。因此官民齐心协力，重振工业发展的信心，实在是当务之急。"③ 他比较邻近国家和地区的经济表现，以及政府支持工业发展和工业合作的计划，认为他山之石可以攻玉。唐翔千说："我们希望在港（英政）府的支持下，扩展基础设施，把香港建设成为一个更健全和统一的社会经济体系。"虽然彭励治在回应唐翔千吁请时否定囤积土地，并为高地价政策辩护，但是他肯定制造业在香港经济中的积极贡献，"制造业在本港外汇收入上占有重要比重，达到25%，而雇佣劳动人口也达到了37%。"④ 彭励治表态说："我们不应对制造业失去信心，动摇信念。"可以看出，唐翔千对于香港经济转型时期出现的高地价问题是直言不讳的，他以制造业在香港经济中创汇和提供就业的事实，取得港英政府的支持。如果当年香港人口以500万计算的话，37%就有近180万，他绝对得到了180万劳动者的人心。

① 《唐翔千抨击投机歪风，呼吁当局采取行动遏止》，《大公报》（香港）1981年9月5日，第1张第4版。
② 《唐翔千抨击投机歪风，呼吁当局采取行动遏止》，《大公报》（香港）1981年9月5日，第1张第4版。
③ 《唐翔千抨击投机歪风，呼吁当局采取行动遏止》，《大公报》（香港）1981年9月5日，第1张第4版。
④ 《唐翔千抨击投机歪风，呼吁当局采取行动遏止》，《大公报》（香港）1981年9月5日，第1张第4版。

结　语

商会是社会经济发展的一个枝节。顺着这个枝节追寻、研究，可以看到社会经济发展的每股潮流、每朵浪花，可以分析出社会经济从外部到内部、从动态到静态、从整体到细节的微妙变化，这种变化实际上反映了社会经济结构的一次次糅合，这种糅合的结果是促进社会经济发展。内地和香港均有相当发达的商会组织，有综合性的、业缘性的、地缘性的，林林总总构成了社会经济靓丽的风景线。

在主持香港棉纺业同业公会两年多时间里，唐翔千承担起率领棉纺业走出困境的历史使命，除上面说到的情况以外，棉纺业还遇到电费涨价、劳动力成本增加、政府税赋增加、船公会提高运输费、出口配额限制等诸多难题，唐翔千团结棉纺业同业公会会员厂商克服一个又一个困难，化解一个又一个难题，顽强走出困境，为香港棉纺业积蓄了继续发展的实力。以1980年棉纺业同业公会会员厂纺锭数统计，总数75.53万锭，其中南丰（陈廷骅）10.40万锭，中南（唐翔千）5.59万锭，南洋（荣鸿庆、荣智权）5.25万锭，香港中央（吴文政）5.21万锭，大兴（陈元钜）3.49万锭，南海（唐骥千）3.44万锭，东南（刘汉栋）3.68万锭，华达（郭正达）2.15万锭……① 显然，纺锭没有明显减少，棉纺业为出口创汇，为保持稳定的就业率，为香港经济持续繁荣发展打下了坚实的基础。

在主持香港工业总会的4年时间里，1981年香港人均本地生产总值达到4 100美元，居亚洲"四小龙"之首。② 这时也正是香港从经济多元化向"大香港经济"全面发展的转型时刻，制造业遇到前所未有的困难，纺织品受欧共体配额限制，银行贷款期短息高，原料、用电、工价、航运费等成本增高，引起

① 《纺织手册》附录（巳）。
② 《香港经济史》，第250页。

地价上涨、投资工业资本转移，致使就业率减少。面对严峻的局面，唐翔千以香港工业总会的名义，屡次向港英政府呼吁支持制造业，成立香港内地工业合作委员会，促进香港工业向内地转移，向跨国公司、香港厂商介绍内地改革开放政策，引导会员厂商以先进科技改善产品品质，提振制造业信心，稳定就业，稳定社会，和衷共济。他以良好的政商关系、高瞻远瞩的国际视野、扎实的会员基础，积极发挥商会桥梁、纽带、信息、网络等作用。在离任后的2008年，香港工业总会授予唐翔千"香港杰出工业家"称号，表彰他"爱国爱港，一生致力于民族工业的振兴与发展，为香港经济发展和顺利回归做出的积极贡献"，[①]这是对他恰如其分的评价。

Tang Hsiang-chien, who presided over the Hong Kong Cotton Textile Association and the Hong Kong Federation of Industries, tried to work together with one heart

Wang Changfan

Abstract: When Tang Hsiang-chien served as the chairman of the Hong Kong Cotton Textile Association and the Hong Kong Federation of Industries, it was during the transition period of Hong Kong's economic development from economic diversification to the comprehensive development of "Greater Hong Kong Economy". The cotton textile industry and manufacturing industry encountered unprecedented difficulties. Textiles were affected by the quota restriction of the "European Community", the rise of land price, the transfer of investment and industrial capital, and the tightening of bank loans. Raw materials, electricity, wages, shipping costs

---

① 徐匡迪：《我敬重的唐翔千先生》，蒋小馨、唐晔著：《唐翔千传》，上海人民出版社，2016年，第2页。

and other costs, resulted in a decline in employment, industrial investment confidence and other problems. In the face of the dire situation, Tang Hsiang-chien, in the name of the Cotton Textile Association, a non-governmental chamber of commerce, and the Federation of Industries, a semi-official organization, repeatedly appealed to the British government of Hong Kong to support the cotton textile industry and other manufacturing industries, to close the ties between member manufacturers and banks, to obtain long-term low-interest loans, to find alternatives to American cotton to reduce costs, and to set up the "Hong Kong-Mainland Industrial Cooperation Committee". To promote economic development of Hong Kong, Shanghai and so on, he introduced the Mainland's reform and opening up policies to multinational companies and manufacturers, guided member manufacturers to improve product quality with advanced technology, boosted manufacturing confidence and stabilized employment. With his responsibility as a leader of the chamber of Commerce, good relationship between government and business, far-sighted international vision and friendly membership base, he played the role of the chamber as a bridge, link, information and network, making positive contributions to the economic take-off of Hong Kong and the healthy economic development of the Mainland.

Key words: Tang Hsiang-chien, Hong Kong Cotton Textile Association, Hong Kong Federation of Industries, Shanghai and Hong Kong, Economic role

大道至简：

浅探唐翔千"三共享"管理思想

刘述峰 ①

摘要：股东、社会和员工的"三共享"理念是企业基业长青的基本保障之一，是调动企业三个利益攸关方尤其是员工的积极性和关心企业经营质量的有效手段。本文介绍了唐翔千先生"三共享"尤其是"员工共享"的理念、管理逻辑以及在广东生益科技股份有限公司的实践结果，着重说明了唐先生"三共享"/"员工共享"的管理思想是有效促进企业良性发展，激发企业巨大内生动力，推动企业可持续发展的易懂可行的管理思想。

关键词：唐翔千，三共享，员工共享，管理思想，内生动力，企业可持续发展，基业长青

一、唐翔千工业思想及"三共享"理念

唐翔千一生均在从事工商业活动，深谙管理之道。他拥有广博的学识，丰富的阅历。在情趣上，对古玉、瓷器、字画均有心得。也正因为涉猎众多，加之缜密的思维，睿智的眼光，使他孕育了深邃的思想，所以也让他对许多事物

---

① 刘述峰，广东生益科技股份有限公司董事长。

具有独到见解。唐翔千依托以上优秀的品质，加上专注的气质，坚韧的毅力，持续不断的努力，他所投资的企业均获得了成功。即使有时他投资的企业遇到了困难和挫折，只要他亲自出手，每每能让这些企业迅速渡过难关走上正途，笔者也常常惊讶于其不可思议的回天之力。笔者因工作关系受教于他35年，一直在观察、收集其成功之道。在治理企业方面，他深谙管理理论和企业治理的原理，而且都用最简明的表述来阐述这些原理。他有许多至理名言均是些大白话，当初笔者听之均不以为然，但历经了30多年，在工作中反复揣摩与实践，才倍感其管理学理论之深。

唐先生的管理思想很直白，如"做好一件产品不难，难的是做好每一件产品"——强调的是产品生产过程中的一致性和稳定性，强调的是生产过程中减少产品品质的波动。又如"我们做的东西又便宜又好，谁会跟我们过不去呢？"——强调的是商品的性价比，是客户至上，一件商品好不好，客户愿不愿意买，不是由自己说了算，是客户决定的，客户的选择就是标准，要时时处处让客户满意。再如"搞工业虽苦，但只要功夫到了，就会常做常有"——强调一旦确定了一个产业，就要坚持做下去，要有工匠精神，要精益求精，而不能朝三暮四，工业产品是有客户黏性的，是可以培养出客户忠诚度的，是一项可以长期干下去甚至可以托付终身的事业。据笔者所知但不限于此的是：他也曾在1993年全国政协八届一次会议上做《向产品质量要经济效益》的发言，那时中国经济刚开始起步，是一个追求产量而忽视质量的年代，但唐先生很有预见性地发出了质量为王的呼吁；在1996年全国政协八届四次会议上做了《抓好企业文化，完善社会主义精神文明体系建设》的发言，那时社会开始追逐和崇尚有钱人，将有没有钱视为是否成功的标志，唐先生已高度关注企业文化、精神文明对企业发展及对社会发展的重要性；在1999年全国政协九届二次会议上做《引导私营、个体经济走实业化发展的道路》的发言，被收录在全国政协大会发言精选的《国是建言》[①]。

---

① 范西成：《国是建言第1辑全国政协九届二次会议大会发言精选》，中国文史出版社，1999年，第198页。

我们从今天党和国家对实体经济的高度重视即可见唐先生的远见卓识。当我们今天去读这些语录或文章时，不能不佩服唐先生一以贯之的工业思想、管理理念，不能不佩服他的先见之明。唐先生的工业思想既体现其工业强国的理念，也充满了管理的智慧，内涵十分丰富，尤其是关于"三共享"的阐述和实践。

唐先生在他几十年的工商业实践中，切实感受到一个企业要做到可持续发展、基业长青，其中一个要素就是一定要与三个关键利益方分享公司的经营和发展成果，这三个利益方就是股东（投资方）、社会（企业所在地）、企业员工。

股东共享是不言而喻的，作为投资人自然是要得到合理的投资回报。唐先生认为股东尤其是投资实体经济的股东，分享企业发展成果可分为两个方面：一是在企业初创期，为了推动企业发展，扎牢企业的根基，须经常把利润不分红留在企业充作流动资金，或将利润分红后转作股本再投入公司，以增强企业快速发展的实力；二是在企业进入稳定期后，他主张股东分享的一个重要的形式就是让股东可以经常得到现金分红，而非仅仅是资产的账面增值。唐先生认为投资实业的股东们，由于不断地投入，其"身家"（资产）往往只是一身的"机器"——固定资产，而他们也是很需要现金以用作其他用途的，如投资其他行业甚至对高科技产业做风险投资，或者是用于科研或教育捐赠等慈善事业。唐先生在他功成名就后，每年都会将他的大量"收入"捐赠教育或做慈善，这些均是以现金去实现的。同时，分现金也可以让股东对其投资有体验感和收获感，极大地坚定其长期投资的信心。反观有不少盈利非常好的企业，虽然年年赚钱，但从不分红。公司希望将全部利润留在公司，这个想法虽然没有错，但股东长期投资只能得到账面回报而没有实质收益，会引发投资人与公司的矛盾。笔者所在行业就曾有一家企业长期高盈利但从不分红，投资人因得不到实质收益，便将公司低价售予了金融资本。在金融资本追求高回报而未遂时，又卖给了其他机构，几经转手，最终该公司在动荡中走向了衰败，不能不说是一个惨痛的教训。生益科技自1998年上市以后，坚持以可持续发展为原则，由上市时的净资产3.2亿元发展到2021年的130.96亿元（其中除33.2亿元是从资本市场募集的外，其余均是用盈利转自有资金投入的），同时，坚持每年将盈利的30%—60%拿来分红，不算上市前的分红，从1998年上市到2021年的23年内从未间断过，合计分红83.64亿元（含税）。盈利转资本与分红比例为54%：46%，分红比例极高，让股东实实在在得到了实惠，极大地坚定了股东的投资信心。公司的三大创始人持有生益科技股份逾36年基本不变即是一个证明。

社会共享就是要让企业投资的所在地可以分享到企业投资带来的好处。一个企业到任何一个地方投资，各地方都是十分欢迎的，甚至给予企业很多优惠。地方各级政府及当地人民为企业提供了土地，还为企业提供了众多的公共服务，当然是期待企业的运行可以为地方带来经济效益。如果他们得不到GDP和税收，甚至利益受损（如环境被污染等），政府和人民就不可能支持企业，那企业又怎可能长期在一个地方生存、发展下去？因此，唐先生到各地投资，每一个地方的企业均是独立法人，均是财务独立核算单位，绝不把各地的企业搞成成本中心，绝不截留划转该地方企业的利润。今天看来，唐先生的决策是非常有先见之明的。中国改革开放初期，不少跨国企业将其在内地的投资企业（虽然也是独立法人）作为成本中心，利润截留在总部注册地甚至国外。这样做当然可以享受最佳的成本、财务控制便利甚至税收好处，使得企业利益最大化，但其投资所在地就不能分享企业发展带来的好处，假以时日地方政府对企业的热情和支持就会下降，一些土地资源紧张的地方还会因环保、安全方面的考量限制企业的发展，在用电、用水、用工等方面降低对企业的支持力度，在这样的环境下，企业是不可能长期稳定发展的。一个企业守法经营，依法纳税，造福一方人民，地方政府就一定会不遗余力地支持企业，当地人民也会与企业友好相处，这样的企业就可以在一地安心经营而无后顾之忧。生益科技遵循唐先生与地方共享企业成长的理念，在每一地的投资企业均充分考虑地方的利益，得到政府的积极回应。如陕西生益一直以出口为主，近20年均是陕西省十大出口企业，为内地出口创汇做出了不小的贡献。同时，陕西生益也一直是咸阳市十大纳税企业，为当地经济的发展做出了特殊贡献。因此，当地政府对企业大力支持，定制了特殊政策，凸显了企业与地方共生共享的良好关系。与地方共享成长成果既为地方发展做出了贡献，又为企业的可持续发展创造了良好的条件。陕西生益从当时年产60万—70万平方米的规模，经22年的发展，现在已经成为一个拥有年产3 000万平方米规模的企业，这与地方政府的大力支持是分不开的。

再就是员工（包括企业管理者和一般员工，以下无特别注明，均简称"员工"）共享企业成长的成果，这是每个企业都会强调但也是最难以兑现的。让员工共享，得有具体可行的制度和措施。唐先生的做法就是两点，一是在企业年终的税后纯利中计提10%给全体员工发奖金。奖金额每年并不固定，依当年的盈利情况而定，多赚多发，少赚少发，不赚不发。二是企业在可以承担当年成本的情况下，争取年年给员工加薪（生益科技30多年的实践是，除了3年外，基本上年年加薪）。

由于员工能否加薪与公司能否以盈利来消化加薪成本有正相关性，以及员工总收入与依盈利计提的奖金多寡相关，员工本能上就十分关心公司每年的经营业绩，十分期待公司能够多盈利。公司可以年终奖调节员工总收入，将每年加薪控制在一个合理的幅度，从而控制薪酬成本的上升幅度。因为根据共享制度员工可以预先得到心理暗示，即每年都能加薪，因而可以产生一定安全感和满意度，对每年加薪幅度的期望值也不会太高，这就可以有效抵销员工对加薪幅度有限所产生的负面情绪（如果企业隔很多年加一次薪或依企业盈利多寡来决定加薪与否，则会使员工对每次来之不易的加薪产生很高的期望值，有时加薪幅度与员工期望偏差过大时，非但不能产生正激励作用，还会产生负激励作用）。持续稳定的加薪既可以控制企业成本上升，又能兼顾员工所得。

二、"三共享"之"员工共享"理念的管理逻辑——调动关键利益方员工的积极性必须使其共享发展成果

在几乎所有的企业实践中，企业家都会遇到一个困境，就是自己创业时

亲力亲为管理、运营的企业，随着企业家年龄增长及知识老化，或企业技术升级、规模扩大后，企业家的管控能力下降和管控强度逐渐减弱，企业发展就会停滞乃至出现衰退。对此企业家大多试图用两个方法来解决：一是靠子承父业来延续，子承父业的利弊已有无数论文分析，本文不再赘述；二是依托职业经理人团队形成的现代企业制度来解决。现代企业制度虽好，但如何让企业里的管理者和一般员工都能像投资者一样去关注企业的成长和收益，绝大多数人是"不在其位，不谋其政"，这是常识也是人性使然。"三共享"之"员工共享"，就是希望通过每年的加薪和依据不同年份净利润的变动按固定比例计提奖金来化解这一矛盾。如某一年公司净利润是1亿，则计提1 000万，如员工1 000人不变，每人平均奖金1万元；若下一年净利润8 000万，计提800万，则每位员工平均8 000元；再下一年净利润1.5亿，计提1 500万，则每位员工平均为1.5万。由于每年奖金总额是不同的，员工到手的奖金也是变动的，这样打破了某些企业盈利目标年年加码才能获取奖金的做法，也打破了某些企业常年不论经营结果均计提某个固定奖金额的做法。任何企业都不可能利润年年增长，企业利润有增长期，也有平缓期甚至下降期，这既与企业不同发展期的投入有关，也与不同年份的经营环境有关，而以上因素均是企业的员工不可控的（即使企业家自己管理、经营，也无法回避这一点）。而员工可控的就是在一个给定的条件下，充分发挥自己身为专家、专才、能人的潜力，靠主观能动性去尽职尽责地为公司争取到最佳的经营业绩，这样员工们也就可以争取到最佳的收益分享。因奖金多寡是随利润波动的，可以让员工产生极强的体验感，从而促使员工对公司经营、管理等方面予以高度关注并产生极强的主动参与欲望。企业的员工经若干年的亲身体验后，就会产生一种认同感，认同公司与他们之间的一种共享关系，管理人员就会竭尽所能去提升管理效率、削减成本、增加收益，而一般员工也会因为共同的目标自觉地接受公司的管理，并参与到公司提倡的改善管理、提升技术、提升效率、增加效益的活动中。比如许多公司都会通过不断优化作业流程，实施减员增效，但此举也会让在岗员工增加工作量甚至有下岗之虑而不愿配合。但在生益科技，由于奖金与在岗人数呈反比，实施时的阻力就较小。公司推动节能增效时，员工因为可以分享降本增收的成果而积极参与。一句话，员工共享的制度将公司的收益与个人利益捆绑，让员工由被动执行转变为主动投入，从根本上改变了员工和投资人之间的关系，也改善了管理者与一般员工的关系，让员工认同公司正在发生的一切事情都与自己有关，从而产生强烈的参与动力。

三、"三共享"之"员工共享"理念的成功实践——以生益科技的发展为例

生益科技推广"三共享"之"员工共享"理念始于1991年，至今已超过30年，在实践过程中已将其制度化，例如将按当年利润10%计提奖金（后比例有所调整）列入了公司章程，以确保这一制度的实施。

"员工共享"的核心是希望员工关心企业、认同企业，并将企业的兴衰与自己的个人命运结合起来，将投资者（老板）与员工联合成一个整体，拧成一股绳。由于第一代投资人年事渐高，电子行业快速的技术进步，以及激烈的竞争要求公司管理更趋专业化等，从1994年后，公司的股东就不再参与生益科技的日常管理，仅参与决策，公司的管理和运营就交给了职业经理人的管理团队。近30年来，管理团队一方面抓住机遇说服股东增资扩充企业规模，以应对不断扩大的市场，另一方面主动将公司打造成行业的领先者。管理团队自觉以国际标准要求自己，在管理团队的主导下，1993年公司在国内覆铜板行业率先实现了ISO9000质量管理体系认证，随后又陆续完成了系列认证。1995年根据技术发展和竞争态势制定了第一个"企业五年技术发展纲要"，生益科技在技术上开始起飞。37年前生益科技用了约60万美元，买了美国一个配方，生产一个品种的产品，现在生益科技自主开发了几乎全系列的硬、软覆铜板14个大类112个品种，是全球产品种类和型号最齐全的企业，而当年买来的配方产

值现在仅占总产值的1%，现正实施第六个"五年纲要"。1998年促成公司登陆上海证券交易市场，成为国内覆铜板行业首家上市企业。1999年导入、切换ERP系统，在行业首创信息化、智能化管理，在此方面领先同行十数年。2008年开始制定公司的"五年发展战略"，从2010年开始实施第一个"五年战略"，至今正在实施第三个"五年战略"，之前的两个"五年战略"均圆满实现，企业规模从年产不足4000万平方米达到了1亿平方米。2009年在行业首家通过卓越绩效认证，获得第二届"广东省长质量奖"。2009年制定实施公司第一个"五年专利战略"，现实施的是第三个"五年专利战略"（战略期内已申请注册了2133件专利，其中发明专利1745件）。2011年通过国家高新技术企业认证。2017年获得国家企业工程技术中心认证（是行业内唯一获得认证的国家级工程技术中心）。2019年成立企业集团，等等。依托管理团队出色的管理和技术能力，公司在国内创造了无数第一，也获得了无数荣誉，企业规模扩大到初创时的152倍，营业额增长200倍，成为世界行业排名第二的知名企业。公司还投资并分拆了两家子公司——江苏联瑞新材料有限公司和生益电子股份有限公司，在科创板上市（市值比投资初期分别增长了40倍和5倍），还投资了7家公司（万容、绿晟、巨湾、蛮酷、佛智芯、星顺、安智杰），并正在培育其中的若干企业登陆资本市场，这些公司将为股东带来更大的资本增值。因为"三共享"较好地解决了出资者与员工之间的关系，实施30年来极大地激发了管理团队的职业精神，他们将企业视为实现自己职业价值之地，因而发挥了极大能动性，推动了企业发展，实现了投资者出资，专业管理人员既有授权又有约束的现代企业治理模式。

"三共享"的分配机制也极大地推动了职业经理人的培育、成长，并约束了企业职业经理人的行为。因为"三共享"是公开的制度，在长期实践中公司又毫不走样地兑现了，让管理团队产生了强烈的信任感、安全感，这就让许多有志从事实业的年轻人可以安心地规划自己的职业路线，努力成长为各类人才。30余年来，除个别专业人才外，公司绝大多数管理人员均是从自己的员工中培育出来的，而且大量派往新创企业，极大地满足了企业发展的需要，现已完成了第二代管理团队的无缝交接。管理团队不仅以高度的道德水准要求自己，还以高度的专业性和责任心去工作。因为凭努力工作可以获得体面收入，他们产生了极大自觉性、自律性。几十年来，公司尚未发现管理人员尤其是高管渎职行为。加之共享收益不是一时而是一个长期的持续行为，这也促使了管理团队本能地去追求长期效益而非短期效益。如2001年，虽然股东同意广东生益加薪15%，但由于当年经营环境急剧转差，收益下降，为了确保公司净资产收入可以达到6%，从而符合证监会规定的资本市场继续融资的资格，管理团队决定不为自己加薪。又比如陕西生益原资产规模只有不足3亿，每年利润五六千万，按既定的分配原则，管理团队的收益已经较好。但为了企业的长远利益，他们宁肯牺牲短期收益，也要投资扩充企业规模，为此，他们有三四年的个人收益没有增长。公司的利益最大化，让员工得益的同时也实现了企业投资人和地方利益的最大化。管理团队还以高度的责任心、专业性履行职责，在30年的所有重大决策中，基本没有出现失误，与股东建立了高度的互信，从而也巩固了"三共享"制度。

在生益科技最能体现"三共享"效果的，还有已经开展了24年的"持续改善""合理化建议"活动和开展了14年的"精益生产"活动。这些活动又先后在陕西生益、苏州生益、常熟生益、江西生益、江苏生益推广，最长的实施了22年，最短的（新公司）实施了2年。这是一项需要广大基层员工广泛参与的活动，是一项需要广大基层员工们一代代人持续接力参与的活动。整个集团22年累计成立了5 127个改善小组，各种改善小组每个少则五六人，多则十数人，以平均10人计，全集团共有5万多人次参与这项活动。20年来平均每年有超过2 500名员工参与这些活动，占集团员工数的28%以上。同期员工向公司提出的"有效合理化建议"合计37 930条，以20年平均每年1 896条/人次算，占公司员工平均数的21%。公司最近14年已打造了51个精益工序，正在打造的精益工序还有37个，参与员工3 712人次。这些活动为集团贡献了直接经济效益合计 6 6571.81 万元，20 年平均每年为 3 328.59 万元，若再加上间接经济效益，其产生的整体效益十分惊人。在每年的总结表彰大会上，公司都会反复强调：我们应该通过节能增效来创造价值，并用此增值的一小部分来为我们加工资。换句话说，30 年的加薪并没有减少投资人的应得收益，加工资的成本基本上为员工自己创造的收益（包括扩容、增容、研发高附加值新产品、导入先进管理模式、各类节能改善活动等）。员工们会认为增加收入提升生活水平是自己创造的结果而非别人的施与，从而产生强烈的自主感、自豪感和成就感。在我们访问很多通过这些活动为公司做出突出贡献的员工时，他们都高度认同公司的制度和文化，认同公司为他们提供的工作和环境，认为自觉参与提升公司竞争力水平是他们应尽的责任并以此为荣。正是与员工共享收益的管理制度让员工产生了强烈认同感，从而迸发出了巨大能量。

截至 2022 年，生益科技成立已有 37 年，投产已有 35 年，企业建立之初只有不足 200 人，至今一共有 92 名员工先后获得公司颁发的 30 年贡献金质奖章。这些人的平均年龄为 52 岁，其中有 48 人为一线的普通生产工人。只有高度认同公司、相信公司，员工才能为公司服务 30 年，可以说生益科技就是他们的一生价值的体现。

生益科技虽是一个企业集团，但总公司与各子公司均自负盈亏，各自对经营结果负责，自然也就依照自己的经营成果来决定每年是否加薪、能否计提及计提多少奖金，不搞大锅饭。如有一家子公司，某年因经营失误及其他原因经营亏损，其后两年既不能加薪，也没有计提奖金，同期其他公司业绩良好，计提奖金和加薪数目均不小，这就形成了巨大的反差。然而，这不仅没有挫伤该公司员工的积极性，反而极大地激发了其上下一致的决心。经调整公司扭转了局面，重新盈利。经此一役，整个集团都受了一次极好的"员工共享"教育。

"员工共享"的理念不仅在生益科技的成长中发挥了巨大的作用，而且在生益科技实施兼并时也产生了巨大的效应。在一般的企业购并中，最大问题就是能否整合不同文化，以最短的时间消弭被购企业与新股东的隔阂，从而让被购企业为收购企业增值。生益科技收购的陕西生益是一家老国企，生益科技入股控股的联瑞新材是一家与生益科技主营业务产品完全不同的民营公司，生益科技收购的生益电子是一家原外资控股企业。三家公司是三种企业类型，也是企业文化完全不同的公司。老国企一方面具有很强的历史优越感，但又在市场经济的现实面前有很强的失落感，员工们缺乏工作热情。民企实施的是员工计件工资，员工与企业的关系完全是给钱干活、看钱出力。外企员工讲究服从，依章办事，你指令我执行，你决策我落实，你给钱我干事，完全没有自主意识。虽然三家企业情况完全不同，但我们在这些公司推行和实施了"三共享"尤其是"员工共享"制度后，他们基本上用了3年的时间就完全脱胎换骨了，员工变得有强烈的"主人"意识，以高度的责任心推动本企业的发展。经过20年的努力，陕西生益先是将年产60万—70万平方米的复合基板做成了世界知名品牌，而后又进入FR-4领域，现在已是一家年产近3 000万平方米、国内排名前十的覆铜板企业。联瑞新材经过18年的努力，由一家年产量3 000吨、年产值千万元的小企业，发展成了年产6万吨、产值5亿、利润过亿的科创板上市企业，是国家首批"专精特新"小巨人企业、国家第六批单项冠军示范企业、国家知识产权优势企业。

"三共享"之"员工共享"理念在生益科技的实践中展现了强大的能量，公开的、明确的分配制度让员工明白自己的努力可以得到的收益，也让员工尤其是管理人员高度自律，不去寻求不当收入，确保了公司风清气正。

四、"三共享"理念的现实意义

"三共享"的本质就是回归"常识"，就是要回答和解决企业在设立、成长过程中，各个重要利益方的诉求是什么，他们追求的利益是什么，如何平衡各方利益等问题。在回应各方利益诉求时，还有一个需十分注意的细节就是，要将"三共享"理念转化为公司的制度加以固化，而规则一旦确定，就不能随意改变。如"员工共享"确定了奖金计提依每年利润的多寡而定，计提比例一旦确定，则不论某年收益如何巨大也要按规定计提而不能调减。若股东随意或频繁改动规则，则会让员工产生强烈的不信任感，从而失去了制度本身应有的效力。规则不改才可以形成习惯，而习惯的养成就成了文化，一以贯之的规则成为一种信用，才能让员工放心地拼搏。这个制度将经营成果的关注者由某一方转换成三方，尤其是员工们的高度关注。这样的机制就可以产生、提升职业经理人队伍，保证了公司能由专业人员去管理，从而保证了公司在现代企业制度下长治久安。"三共享"理念在长期的实践中已制度化，成为一种文化，对生益科技集团的发展影响至深。"三共享"机制让各利益方不必也不可能通过公司去谋求单方利益，其结果就是股东支持公司、政府支持公司、员工支持公司三个利益方的力量拧成一股绳，公司成了三方均极力维护的实体，而三方又依规则共享公司收益。如此一来，就形成了良性循环。这个由三方共同推动的增长是可持续的增长，从而企业可以实现基业长青。

"三共享"的理念，也十分契合我们国家国民经济和社会发展"十三五"规划中提出的"五个发展"理念之———"共享发展"[1]的精神和内涵。"共享发展"实现的核心是社会收入分配制度的公平与合理，企业的初次分配是社会收入分配的基础，劳动者、企业出资人和政府三方之间的初次分配制度安排须科学与合理，对于社会收入二次分配的公平实现具有重要的作用[2]。唐先生"三共享"理念在生益科技的实践，充分证明了企业发展可兼顾投资人（股东）、政府以及员工的利益，"三共享"理念对推动企业治理、推动企业可持续发展也是卓有成效的。这一实证可以为"共享发展"规划的实现方式提供一份有价值的研究样本。

---

① 李计平：《共享发展理念下全面建设社会主义现代化国家的理论意涵》，《理论研究》2021年第3期，第60页。

② 郭正模：《"共享发展"理念下企业层面的分配与三方利益分享机制探讨》，《决策咨询》2018年第二期，第1页。

Greatness in Simplicity

— Discussion on Tang Hsiang-chien's "Sharing with Three" Management Creed

Liu Shufeng

Abstract: The concept of "Sharing with Three", namely sharing with shareholders, government and employees, is one of the basic guarantees for the prosperous and sustainable development of an enterprise. It is also an effective means to motivate the three stakeholders of the company, especially employees' initiative and company's quality. This paper introduces the idea and management logic of Tang Hsiang-chien's "Sharing with Three" creed, especially "Sharing with Employees" creed, and its practices in Shengyi Technology Co., Ltd. (hereinafter referred to as SYTECH), from which can be seen that this management creed is easy-to-understand and feasible, well promoting company's healthy development, inspiring its endogenous drive and advancing sustainable development.

Key words: Tang Hsiang-chien, Sharing with Three, Sharing with Employees, Management creed, endogenous drive, company sustainable development, prosperous and sustainable development

时代转型与合作共赢：

唐翔千首创沪港合资企业的历史考察

廖大伟① 王仰旭②

摘要：改革开放后，首家沪港合资企业上海联合毛纺织有限公司的创办，是时代际遇下港商与上海相关部门坦诚合作互利共赢的历史抉择。唐翔千心系祖国，内地改革开放欢迎侨胞投资的真诚与恳切，孕育和促成了上海联合毛纺织有限公司的诞生。沪港合资办厂的尝试，既为上海引进资本、技术和管理树立了范例，摸索了经验，又为上海实现城市转型提振了信心，更加强了香港与内地的经贸合作。

关键词：**唐翔千，沪港合资，时代转型，合作共赢**

所谓合资办厂，主要是指两家及两家以上的企业或单位共同投入资本创办工厂，并且共同承担经营过程中的盈亏、支出及风险等。合资办厂为投资者的互动交流提供平台，有利于彼此取长补短、互利共赢。中国改革开放以来的历史经验表明，吸引外资来合资办厂是加快社会主义现代化建设的重要途径。一般而言，合资办厂必然会带动落后地区的经济发展和生产、技术、人才与管理方面的进步，而落后地区的经济发展也会促进合资办厂和生产、技术、人才与

---

① 廖大伟，上海大学历史系教授。
② 王仰旭，上海大学历史系博士研究生。

管理的良性提升，它们之间是相互依存、互为因果的关系。改革开放初期是中国由计划经济向市场经济转型的重要阶段，上海作为中国改革开放的桥头堡，四个现代化建设的开路先锋，需要吸引外资合资办厂来提升城市地位。1981年，香港纺织大王唐翔千首创沪港合资企业，为上海经济转型，扩大国内国际影响力创造良好开端。然而，关于这一领域的研究迄今尚不充分。[①]事实上，这一沪港合资办厂不仅对沪港经贸史研究具有学术价值，而且对中国式现代化道路的探寻亦具有历史与现实意义。

一、经济转型与开拓市场：沪港合资办厂的时代背景

实现中华民族伟大复兴，谋求祖国繁荣富强是近代以来许多仁人志士孜孜以求的目标。他们中有许多人主张从西方发达国家和地区引入外资，来助推中国的现代化进程。在新中国成立的前30年里，国家实行高度集中的计划经济，虽然实现了经济上的独立自主，并在军工部分领域实现重大突破，然而长期的封闭式发展使中国在世界经济中的地位不升反降，片面强调自力更生、闭门造车的错误做法不利于中国经济发展。

1978年，中国共产党十一届三中全会吸取了长期封闭造成经济落后的历史教训，把对内改革和对外开放确定为国民经济发展的基本方针，掀开中国现代化建设的新篇章。中央政府根据这一方针，将利用外资作为实现中国经济转型的一个重要突破口。

在改革开放初期，邓小平首先把利用华人、华侨的资金和技术作为中

---

① 李玉琴、王耀华：《要扶植中外合资企业——上海联合毛纺织有限公司调查中的启示》（《上海企业》1985年第3期）曾提及1981—1983年"联毛"成立初期的发展概况，充分肯定"联毛"的发展策略，并指出其存在的问题；蒋小馨、唐晔：《香港商业巨子唐翔千》（《沪港经济》2015年第1期）对"联毛"从创办到上市的整个过程做了回顾，高度赞扬了唐翔千回报祖国的企业家精神。但上述研究成果侧重于"联毛"创办后的发展及取得的成就，并没有对其创办前的时代背景、谈判过程及创办后的时代意义展开加以论证。

国社会主义现代化建设事业的一个重要组成部分。[①]他表示："我们现在搞建设，门路要多一点，可以利用外国的资金和技术，华侨、华裔也可以回来办工厂。"[②]"我们欢迎华侨、侨眷都回来走走。一是了解我们的国家，二是看看有什么事情可以参与，可以尽力。我相信在国外的华侨、侨眷是会热心支持我国的建设事业的。"[③]他提出引进华人、华侨及港澳台同胞的资金和才智，吸引他们参与中国社会主义现代化建设等战略方针。在邓小平富有凝聚力的号召下，一些香港企业家将投资目光投向内地，其中包括香港纺织大王唐翔千。[④]

　　彼时，受国际石油危机的影响，香港经济亦处于萧条时期。作为香港主要产业之一，纺织业呈普遍衰落之趋势，而邻近各国及地区，诸如韩国、印度尼西亚、泰国、台湾地区等纱锭增加2至3倍，难免因生产过剩而将积压之纱布向采取自由贸易政策的香港倾销。同时，本港纺织业成本增加，使之处于内外双重煎迫之境。[⑤]究其原因，在于香港于1842年被英国占领之后，被移植自由放任的经济模式，容易受到国际经济危机的冲击。[⑥]当时出任香港棉纺业同业公会主席的唐翔千对此感到担忧，认为当局继续奉行自由放任政策，等于作茧自缚。[⑦]此外，随着香港经济的发展，电力、劳工、租金、机价、信贷、设备等成本费用节节攀升，厂商要维持生存和竞争力，实在是难上加难。[⑧]到了20世纪70年代末，高地价、高工资、高利率导致香港经济环境不利，迫使工业走

---

① 尹永纯：《改革开放以来中国利用外资的历史考察（1978—2005）》，博士学位论文，中共中央党校，2006年，第52页。

② 邓小平：《邓小平文选》第2卷，人民出版社1994年，第156页。

③ 邓小平：《争取整个中华民族的大团结》，《邓小平文选》第3卷，人民出版社1994年，第162页。

④ 唐翔千，1923年出生于江苏无锡，1945年毕业于上海大同大学，曾任香港南联实业有限公司执行常务董事暨中南纺织有限公司、半岛针织有限公司、中南针织有限公司、亚非毛纺织有限公司首席常务董事，被誉为香港纺织界办厂最多最全的"全能冠军"。

⑤ 《唐翔千谈自由港政策棉纺业受双重压迫》，《工商晚报》1974年6月5日，第8版。

⑥ Evan Gibson. "A Regulatory Design for Financial Stability in Hong Kong", *Hong Kong, 1841—1997*, 2022, p.3.

⑦ 《唐翔千谈自由港政策棉纺业受双重压迫》，《工商晚报》1974年6月5日，第8版。

⑧ 《香港工业总会主席唐翔千表示厂商困难日益加深港府应予大力支持盼减各种压力重振制造业信心》，《大公报》（香港）1982年1月19日，第12版。

向投机。当时香港经济界有句谚语："生意淡薄、不如赌博"，正是对港英政府一贯推行的自由主义经济政策致使香港经济日益恶化的讽刺。①而改革开放后的中国内地，有着充裕的劳动力、土地、原料等资源。尤其是上海，作为改革开放的排头兵，技术基础强，配套条件好，海上交通运输方便。唐翔千决定来内地发展实业，不仅为香港企业探寻一条出路，更是为实现父亲唐君远"实业救国"的夙愿。唐君远曾对唐翔千说："唐家也要为上海'四化'建设做出点贡献，建一个工厂，引进点设备。现在，人民政府把我们这些工商界人士看作自己人，我们就要像个自己人的样子"，②"你要带头回来投资，办点实业，引进先进设备，为国家做点贡献，如果亏本就算孝敬我好了"。③ 1979年10月20日，唐翔千带领香港工商界代表团访问上海，时任上海市市长的汪道涵向唐翔千表达在沪投资办厂的邀请，双方一拍即合，拉开沪港合资办厂的序幕。

二、创办"联毛"：唐翔千与上海市纺织工业局的合作结晶

在国际上，一些发展中国家的经验证明，积极引进外资、技术和设备，与外商合办企业，是扩大外贸出口、加速现代化建设的一条重要途径。以上海纺织业为例，20世纪70年代末80年代初，上海纺织企业将原来自给自足的经营方针转移到出口创汇上，围绕出口任务，挖掘生产潜力。当时的毛纺织品在国内外市场上都比较紧缺，为了充分利用外资引进设备，以提高国内技术水平和产品质量，上海市纺织工业局决定扩大出口产品生产能力，促进上海毛纺工业的发展。④ 1979年唐翔千来沪时提出合资办粗纺毛纺厂和羊毛衫厂，上海市纺

---

① 小评：《唐翔千论工业前景》，《华侨日报》1981年7月1日，第2版。
② 蒋小馨、唐晔：《香港商业巨子唐翔千》，《沪港经济》2014年第12期，第71页。
③ 上海市政协文史资料委员会、上海市政协港澳台侨委员会编：《我与上海·香港卷》，上海人民出版社2016年，第189页。
④ 《上海市纺织工业局关于与香港唐翔千先生合资经营粗纺毛纺厂的方案》（1979年12月13日），上海市档案馆档案，档案号：B134/7/400/9。

织工业局调整过往对外资高度管制的政策，本着平等互利、友好协商的原则，与唐进行谈判。①

在谈判伊始，唐翔千提出，合营厂是一个新的尝试，在上海还是第一个，在创办过程中会遇到许多问题，需要从各方面协作支持，疏通渠道，因此希望由上海市纺织工业局出面作为甲方，这样有利于工作开展。②这一建议得到上海市纺织工业局同意。③经过第一轮谈判，双方在合资企业生产品种和规模、投资总额与股份比例、合资企业形式与经营方式、合资企业经济效果概算、合营企业产品配额问题、合营企业期限、合营企业的人民币来源、土建材料和施工力量等方面提出设想方案。该方案确立以董事会为最高权力机构，推行董事会领导下的总经理负责制，通过引进外资和先进设备，以促进国内毛纺工业的发展，跳出现行经营渠道，实行供、产、销全面合作，扩大出口，多创外汇，④并于1979年12月13日以沪纺出（79）第1058号文报告给上海市出口办。⑤

到了1980年，唐翔千与上海市纺织工业局在香港、上海分别进行三轮洽谈，签订了一次会谈纪要。同年8月28至30日，唐又专程来沪，双方再次就合资办厂进一步洽谈，于1981年2月3日签订合同和章程，4月6日报送上海市外国投资工作委员会审批。⑥根据合同，唐翔千领导的香港联沪毛纺织有限公司与上海市纺织工业局毛麻公司合资建立上海联合毛纺织有限公司（以下简称"联毛"），

① 《中国人民建设银行上海市分行罗如城、上海财政局二分局五所金仁裕、华东纺织工学院马列主义教研室束金中关于上海联合毛纺织有限公司的调查报告》（1981年11月23日），上海市档案馆档案，档案号：L1/4/281/20。

② 《上海市纺织工业局关于与香港唐翔千先生就在上海合资建厂达成协议经过情况的请示汇报》（1981年9月9日），上海市档案馆档案，档案号：B206/2/567/106。

③ 《上海市纺织工业局关于与香港唐翔千先生就在上海合资建厂达成协议经过情况的请示汇报》（1981年9月9日），上海市档案馆档案，档案号：B206/2/567/106。

④ 《上海市纺织工业局关于与香港唐翔千先生就在上海合资建厂达成协议经过情况的请示汇报》（1981年9月9日），上海市档案馆档案，档案号：B206/2/567/106。

⑤ 《上海市纺织工业局关于与香港唐翔千先生就在上海合资建厂达成协议经过情况的请示汇报》（1981年9月9日），上海市档案馆档案，档案号：B206/2/567/106。

⑥ 《上海市纺织工业局关于与香港唐翔千先生就在上海合资建厂达成协议经过情况的请示汇报》（1981年9月9日），上海市档案馆档案，档案号：B206/2/567/106。

其经营目的是建设具有世界先进水平的兔羊毛分梳、染色、粗疏、毛纺、编织整理的技术装备，生产在国际市场上具有竞争能力的毛纱、兔毛衫和羊毛衫，产品以外销为主，通过高效率的经营管理，谋求取得双方满意的经济效益。[1]在合营方式上，上海市纺织工业局毛麻公司以厂房、国内专用设备、通用设备、公用设施等价款作为投资；香港联沪毛纺织有限公司以先进的进口粗梳毛纺设备等价款作为投资，投资总额为600万美元。其中，甲方投资360万美元，占60%；乙方投资240万美元，占40%，合营期限为15年。[2]在生产规模和销售上，"联毛"配备粗疏毛纺设备6套，4 508枚走锭精纺机及400台羊毛衫电动横机，平均年产兔羊毛纱150吨；公司的产品以外销为主，外销比例投产第一年为60%左右，投产后3到4年内达到总产量的85%以上。[3]在组织管理上，"联毛"下设4个分厂和1个办事处，即粗纺毛纱厂、第一毛针织厂、第二毛纺织厂、机修厂和联合毛纺织有限公司驻香港办事处，合营公司所属各工厂设厂长1人，副厂长1人，负责组织领导工厂的生产经营活动。[4]在其他细则上，"联毛"各种税收按中华人民共和国税法规定办理，并按规定申请减免优惠待遇；公司职工的录用、解雇及工资和福利待遇等，均依照中华人民共和国劳动管理规定以及合营公司与工会双方订立的集体劳动合同办理；公司每年向中国政府缴纳场地使用费，收费标准按中国政府有关规定执行，定为每年每平方米10美元，摊入产品成本。[5]

上海市外国投资工作委员会根据国务院国发〔1980〕315号文件精神，经

① 《上海市工商联合会和中国民主建国会上海市委员会协助上海市纺织工业局与香港唐翔千合资建立联合毛纺织品有限公司的洽谈情况以及合同章程》（1980年8月31日），上海市档案馆档案，档案号：C48/3/86。
② 《中华人民共和国外国投资管理委员会关于批准合资举办"上海联合毛纺织有限公司"的通知》（1981年5月27日），上海市档案馆档案，档案号：B1/8/193/6。
③ 《中华人民共和国外国投资管理委员会关于批准合资举办"上海联合毛纺织有限公司"的通知》（1981年5月27日），上海市档案馆档案，档案号：B1/8/193/6。
④ 《中华人民共和国外国投资管理委员会关于批准合资举办"上海联合毛纺织有限公司"的通知》（1981年5月27日），上海市档案馆档案，档案号：B1/8/193/6。
⑤ 《中华人民共和国外国投资管理委员会关于批准合资举办"上海联合毛纺织有限公司"的通知》（1981年5月27日），上海市档案馆档案，档案号：B1/8/193/6。

过综合考量，认为"联毛"是上海市纺织行业中第一个合资经营企业，引进的技术、设备适合我国需要，符合国民经济的调整方针，不仅在技术和经济上是有利的，还会促进港商和华侨到上海投资。①最终，上海市外国投资工作委员会同意"联毛"的办厂申请，并请中华人民共和国工商行政管理总局核准予以登记，发给合营企业营业执照。

1981年7月26日，唐翔千拿到了国家工商局颁发的"沪字第00001号"营业执照，上海第一家沪港合资企业——上海联合毛纺织有限公司终于诞生，8月4日正式开业。时任上海市人大常委会副主任、中共上海市委统战部部长张承宗对唐翔千开办"联毛"表示赞赏。他说："这是上海的第一家合资企业，唐先生开了一个很好的头，希望香港更多的工商界朋友来上海进行经济、贸易和各方面的合作。"唐翔千则表示："我开了一个头，我一定把这个企业搞好。"②

三、困难中的改革 ："联毛" 在中国的发展历程

"联毛"创立伊始，便紧紧依靠全体职工，一边抓基础建设，一边抓生产发展，在沪港双方的共同努力下，到1982年6月底，生产总值为1 181万元，生产各种毛纱58万磅，其中出口毛纱35万磅，占60%。③"联毛"除大量生产16支羊毛纱外，还纺出了24支兔毛纱，且条干均匀，质量较优，得到内外销客户的好评。并且，"联毛"在经营管理上突破国营厂吃"大锅饭"的分配办法。④但是由于该公司还处于创业初期，外销渠道尚未完全打开，又受国际市

---

① 《中华人民共和国外国投资管理委员会关于批准合资举办"上海联合毛纺织有限公司"的通知》（1981年5月27日），上海市档案馆档案，档案号：B1/8/193/6。
② 《沪统战部长会见唐翔千赞赏办成上海首家合资企业》，《大公报》（香港）1981年8月4日，第4版。
③ 《上海联合毛纺织有限公司工作汇报》（1982），上海市档案馆档案，档案号：L1/4/283/53。
④ 《上海联合毛纺织有限公司工作汇报》（1982），上海市档案馆档案，档案号：L1/4/283/53。

场不景气和配额限制的影响，毛衫外销比例较小，未能达到原定规划第一年60%出口的要求，再加上生产规模仅达原计划的一半，因此该公司自开业到1982年7月共亏损1 881.3万元。①究其原因，在于国际市场毛衫竞争激烈，配额受到限制，只达到原定生产规模的50%；再加上"联毛"外汇流动资金全部靠银行贷款，利息支出较大。

在"联毛"极度困难时期，国家对关税、工商税、所得税、土地使用费等给予不同程度的优惠；支持其兴办原料基地，并给予工贸合一的经营自主权，使其能够参加一年一度的上海外贸洽谈会和春秋两季的广州交易会，来拓展外销渠道，让世界了解"联毛"。同时，银行和信托公司也给予一定的资金贷款，给予金融上的帮助。②

与此同时，"联毛"充分发挥合资企业自主经营的灵活性，改革经营管理，开拓经营之道，具体措施如下：

首先，在原料供应上，"联毛"调整以往从国外引进兔羊毛的策略，与上海市郊川沙县合资开办了联川兔毛开发公司，建立了兔毛原料基地，并与内蒙古东胜纺织公司建立合作关系，取得了羊绒原料来源，③从而解决公司在开发产品上的原料供应问题。

其次，在生产效率上，由于沪港双方的利益是密切相关的，所以港方对提高经济效益，改变以往在分配上吃"大锅饭"、搞平均主义的状况非常重视。双方协商一致，结合国内的实际情况，在"计分考核，按分计奖"办法的基础上，于1981年第四季度起对毛针织厂横机车间和成衣车间实行计件工资制，并对已顶岗的752个职工的工资进行了初步改革，把原来268种等级工资制度简化为两个10级，即干部和工人各为10个等级，实行"定岗定资"，使员工的平

---

① 《上海联合毛纺织有限公司工作汇报》（1982），上海市档案馆档案，档案号：L1/4/283/53。
② 《沪港合营毛纺厂业绩佳 "联毛" 创办五周年港方收益超投资额》，《大公报》（香港）1986年8月5日，第3版。
③ 《香港企业家唐翔千说与上海合作获益，上海联合毛纺织公司成就其大》，《华侨日报》1986年8月5日，第2版。

均工资增加15.61%。[①]此外，对于"联毛"冗员太多的问题，唐翔千采取有效的措施，推出一个"大篷车"项目，把原本无所事事的员工组织在一起，安排他们做工厂配套性的活儿。"大篷车"项目少时有100多人，多时达到好几百人，改变了原来国营厂"一杯茶一支烟，一张报纸看半天"的磨洋工情况，使得原来的消极因素变为积极因素，厂里吃闲饭的人少了，企业运营的效率高多了。[②]再次，在降低成本上，"联毛"通过引进国外先进纺织技术来改进生产。根据合约规定，"联毛"的机器由港方提供，为此，唐翔千从香港带来3套粗梳毛机、3台走锭精纺机、部分成衣染色整理设备以及100台国产电动横机等配套设备。[③]就性能而言，引进的3套梳毛机，搓条皮棍摩擦力大、不粘耐磨、运转平稳、噪声很少、毛条不匀率低；引进的3台走锭精纺机，虽然劳动强度较高，劳动生产率较低，但生产出来的毛纱质量好，用这种毛纱编织出来的毛衫，手感柔软，受到消费者的欢迎。[④]当时，"联毛"用这些设备生产出来的毛纱，质量技术指标都超过上海市纺织工业局颁发的标准。用该毛纱织成针织样品，经由日本纺织检查协会检查所测试，结果证明毛纱质量"不比日本产品逊色"。[⑤]此外，为让"联毛"技术人员学习并掌握国外先进纺织技术，唐翔千经常组织日本、香港地区的纺织专家指导技术工作。在他们的帮助下，"联毛"的技术人员经过反复试验，合理选用染料，在保证产品质量的前提下，终于用国产染料代替价格昂贵的进口染料。[⑥]

最后，在提高质量上，唐翔千高瞻远瞩地为"联毛"确立三条产品原则。一是坚持品质第一，力争产品出口合格率达到100%。"联毛"产品兔毛含量达到40%以上，有些甚至高达70%，为绝大多数同类产品一倍以上，而且毛质

---

① 《上海联合毛纺织有限公司工作汇报》（1982），上海市档案馆档案，档案号：L1/4/283/53。
② 蒋小馨、唐晔：《香港商业巨子唐翔千》，《沪港经济》2015年第1期，第75页。
③ 《上海联合毛纺织有限公司工作汇报》（1982），上海市档案馆档案，档案号：L1/4/283/53。
④ 《上海联合毛纺织有限公司工作汇报》（1982），上海市档案馆档案，档案号：L1/4/283/53。
⑤ 《上海联合毛纺织有限公司工作汇报》（1982），上海市档案馆档案，档案号：L1/4/283/53。
⑥ 上海经济研究中心办公室等编：《上海经济研究资料·利用外资》，上海人民出版社1985年，第167页。

轻软、毛色华丽、毛感超强。二是实行品牌战略。公司为不同产品登记了6个
"联合牌"注册证，并在上海创造了品牌推广的"三个之最"：最先开设"联合
毛纺"连锁店，引来顾客川流不息；最先成立时装表演队，在时装发布会上走
秀大获成功；最先用企业名称赞助运动队，举办"职工杯"桥牌赛深受欢迎。
三是重视时尚元素。"联毛"在香港建起了样板房，将海外最时尚的款式带回
上海，因此产品非常热销，供不应求。那时，提货的三轮车常常就停在"联
毛"厂区里，货品搬上车时还是热乎乎的。①

　　实践证明，这些措施调动了职工的生产积极性，产量、质量、成本、品种
都有明显的改进。如新产品夹丝兔毛衫深受国内外消费者的欢迎，外销一次订
货5 640件，市内各大百货商店也竞相选购。②通过改革经营方式，"联毛"在
经营上逐步明确了合资企业是工贸合一的经济实体，其在外销尚有困难的情况
下，认真开拓渠道，积极开展建立内销网点的工作，充分发挥自购自产自销的
全能优势。

　　从1982年下半年起，"联毛"扔掉了亏损的帽子，利润由负数变成了正
数；1983年起，公司的盈利以40%的速度递增；1984年已全部收回了600万
美元的投资；③1985年，"联毛"完成第二期工程建设，形成了羊毛衫和呢绒的
纺、织、染全套生产线，生产规模为年产毛纱1 000吨、毛衫150万件和呢绒
120万米；到1986年，"联毛"累计销售金额17 755.8万元，获纯利2 522.9万
元，创汇1 684.6万美元，经营性外汇顺差638万美元，其中的520万美元已用
于扩展生产规模和再投资，企业固定资产总额已达3 370.3万元，为1981年开
办时固定资产总值的5倍。④

　　"联毛"在中央政府的支持和唐翔千的努力下成为沪港合作的典范。"联

① 蒋小馨、唐晔：《香港商业巨子唐翔千》，《沪港经济》2015年第1期，第75—76页。
②《上海联合毛纺织有限公司工作汇报》（1982），上海市档案馆档案，档案号：L1/4/283/53。
③ 蒋小馨、唐晔：《香港商业巨子唐翔千》，《沪港经济》2015年第1期，第76页。
④ 香港企业家唐翔千说与上海合作获益，上海联合毛纺织公司成就甚大，《华侨日报》1986年8
月5日，第2版。

毛"于1987年荣获"上海市名牌产品"称号，1989年被评为"全国十佳合资企业"，连年获得"上海市出口创汇先进企业"的荣誉称号。① 1990年，"联毛"改名为上海联合纺织实业股份有限公司，这是上海首家带有股份制性质的集团性公司。到了1996年，上海联合纺织实业股份有限公司被当时上海在海外最大的综合性集团公司上实集团收购，至此"联毛"完成了帮助上海引进资金、技术、人才与市场运营经验的历史使命。

四、承启与引领：唐翔千首创沪港合资办厂的时代意义

作为改革开放后香港第一批赴内地投资的企业家杰出代表，唐翔千首创沪港合资办厂的壮举，既对中国刚启动的改革开放和经济建设产生了深远的影响，又为日后沪港两地间的经济互动积累了必要的经验，更让世界看到来中国投资的发展机遇，其时代意义主要表现在以下几个方面：

首先，唐翔千首创沪港合资办厂，有利于加快上海的经济发展，促进上海从工业城市向国际化大都市的转型。在计划经济时代，上海在"全国一盘棋"的思想指导下，建设成一个先进的工业和科学技术基地，支援全国的生产建设事业。到了改革开放时代，上海的经济发展面临严峻挑战，主要体现在产业结构不合理，工业比重过大，管理循规蹈矩、安于现状等，这些因素成为阻碍上海经济发展的绊脚石。

"联毛"的成立有利于上海摸索出一条与市场化相适应的规章制度，在调整产业结构的同时，引进先进的技术设备和管理模式，不断提高产品质量，来符合国际市场的消费需求。在上海市政府的支持和唐翔千的努力下，"联毛"仅用10余年时间，就从一个规模较小的合资厂转型为一家具有国际影响力的上市企业，其发展轨迹正是改革开放后上海大踏步迈向国际化大都市的缩影。

---

① 蒋小馨、唐晔：《香港商业巨子唐翔千》，《沪港经济》2015年第1期，第76页。

　　其次，唐翔千首创沪港合资办厂，有利于改善香港经济发展，加强香港与内地的经贸合作。香港自1842年被割让给英国以后，就一直实行西式的自由经济政策，尽管这一政策使香港的经济走向繁荣，但接踵而至的是周期性经济危机。特别是20世纪70年代后，港英当局刻意扶助和推动金融业的发展，推行"高地价、高工资、高利率"政策，加重了香港的工业负担，削弱了劳动密集型工业优势，影响了企业界对工业的投资意向，最终降低了香港工业产品在亚洲乃至国际市场上的竞争力。面对日益恶化的发展环境，香港企业家酝酿向海外劳动密集型的国家和地区转移产业。恰逢改革开放之初，内地凭借其在劳动力、土地、原料等方面的优势，加之对吸收经营管理、生产、包装、设计等市场化元素和现代化技术的渴望，[①]让香港企业家看到赴内地进行工业投资的希望。作为改革开放后首批来中国内地投资的香港企业家之一，唐翔千敏锐地意识到：内地在原料，劳动力和土地方面的巨大潜力，正好与香港的经验、经营管理技巧和科学技术优势互补，香港与内地合作双方均可受惠，这种合作可使香港再度发挥转口港的作用，从中获得额外利益，[②]于是，他毅然选择将投资重心向内地转移，与上海市纺织工业局合资创立"联毛"公司。

　　事实证明，唐翔千的决策非常成功，1981年"联毛"刚成立时，投资规模仅600万美元，年生产能力为各类毛纱350吨，13万米粗纺呢绒；到1989年准备上市时，其注册资本已达到1 440万美元，已具有年产毛纱2 100吨、羊毛衫14万打、精粗纺呢绒240万米、各类时装90万件（套）的生产能力。[③]"联毛"在内地的发展壮大、开枝蔓叶，离不开改革开放的政策，离不开内地广阔的发展市场，更离不开中国共产党对发展经济一以贯之的政策支持。"联毛"的成

① 《香港工业总会主席唐翔千表示厂商困难日益加深港府应予大力支持盼减各种压力重振制造业信心》，《大公报》（香港）1982年1月19日，第12版。
② 《港与内地互惠合作，将使双方同得利益，唐翔千认为今后宜尽量发掘合作潜力》，《大公报》（香港）1982年6月13日，第5版。
③ 《总经理唐翔千在沪宣布联合毛纺集团公司将组建成控股企业唐氏称港商界投资内地促进自身发展》，《大公报》（香港）1989年11月3日，第2版。

功如同一盏明灯，让更多的港资企业看到来中国投资的曙光，承启中港之间的经贸互动。正如唐翔千所言："香港与内地的经济是互动依存的，香港工商业者投资内地，也促进了自身的发展。"①

最后，唐翔千首创沪港合资办厂，有利于展示中国特色社会主义经济制度的先进性与优越性。1978年，中国主动打开国门，以开放、包容的态度吸引外资，在平等互利的基础上加快社会主义现代化建设。因此，上海市纺织工业局在与唐翔千谈判合资办厂的过程中，根据《中华人民共和国中外合资经营企业法》，坚持以公有制为主体，多种所有制经济共同发展的办厂原则，即中方投资占60%，董事会人数过半，且董事长由上海市纺织工业局派人担任。②"联毛"创办的第一年就出现较大亏损，使企业面临很大的困难，职工人心浮动，担心企业办不下去；社会上议论纷纷，对上海是否要办合资企业表示异议。当时国务院、国家经委、外经贸部、上海市委、市政府和政协的领导同志多次亲临"联毛"调查研究，给企业以有力的支持和帮助，特别是国务院利用外资工作会议的召开和《中华人民共和国中外合资经营企业法实施条例》的颁布，以及中央有关文件的下达，给合资企业开创新局面提供了必要的条件和较大的优惠。如国家免除企业的工商营业税；降低场地使用费；纺织工业部先后拨给羊毛原料800吨；各省市外贸、银行、税务等单位也给予大力支持，③这一系列举措节约了"联毛"的开支，解决了公司的原料、贷款和产品销售等问题。最终，"联毛"在国家的政策支持与物质帮助下，扭亏为盈，解放和发展了生产力，体现了中国特色社会主义经济制度的先进性与优越性。

无独有偶，20世纪80年代的苏联因经济滞胀而痛感计划经济体制带来的

---

① 《总经理唐翔千在沪宣布联合毛纺集团公司将组建成控股企业唐氏称港商界投资内地促进自身发展》，《大公报》(香港)1989年11月3日，第2版。
② 《上海市工商联合会和中国民主建国会上海市委员会协助上海市纺织工业局与香港唐翔千合资建立联合毛纺织品有限公司的洽谈情况以及合同章程》(1980)，上海市档案馆档案，档案号：C48/3/86。
③ 上海经济研究中心办公室等编《上海经济研究资料·利用外资》，上海人民出版社1985年，第165页。

弊端，亦在尝试从计划经济向市场经济转型。但与中国不同的是，苏联并没有把握好社会主义与市场经济之间的关系，放弃了公有制，按照西方的经济模式，力图一夜之间完成向市场经济的过渡。然而这一进程不仅未能实现预期目标，反而让外资趁机攫取国家资产，并且诱发严重的政治危机和社会动荡，最终导致国家解体。中国与苏联在市场化转型上的同途殊归，从侧面反映出一个国家寻求发展方向时必须要从实际出发，找到一条既适合自己国情，又符合时代要求的发展道路。

习近平总书记在二十大报告中指出："中国人民和中华民族从近代以后的深重苦难走向伟大复兴的光明前景，从来就没有教科书，更没有现成答案。……我们要坚持对马克思主义的坚定信仰、对中国特色社会主义的坚定信念，坚定道路自信、理论自信、制度自信、文化自信，以更加积极的历史担当和创造精神为发展马克思主义作出新的贡献，既不能刻舟求剑、封闭僵化，也不能照抄照搬、食洋不化。"[①]尽管"联毛"在成立之初经历亏损，但其既没有裹足不前，重回之前的计划生产模式，更没有全盘私有化，照搬西方的自由经济模式，而是在中国共产党领导下的中国式现代化发展道路上步稳行远，屡创辉煌。沪港合资创办"联毛"，用实践来诠释了中国特色社会主义为什么好，中国特色社会主义为什么行，坚定了走中国式现代化道路的信念。

五、小结

20世纪70年代末，中国内地与香港同处于经济发展的十字路口，双方均在探索中思考变革，寻求一条适合自身发展的经济道路。前者认识到长期闭关自守的危害性，希图打开国门，吸引外资，改变经济落后的现状；后者则在长期自由放任的产业环境中饱受经济危机的摧残，加之日益增长的生产成本以及

---

① 习近平：《高举中国特色社会主义伟大旗帜为全面建设社会主义现代化国家而团结奋斗》，人民出版社2022年，第19页。

其他地区的产品竞争，导致大部分劳动密集型产业向外转移。时代的际遇让香港工商界富有远见卓识的企业家发现来内地合资办厂的契机。他们与内地既有着浓厚的亲缘关系，又有着共同的语言和风俗习惯，熟悉内地的人情世故。他们义无反顾地携带资金、人才、技术与管理经验，率先来内地投资，为内地招商引资，开创改革开放的新局面做出了宝贵的贡献。唐翔千首创沪港合资办厂不仅见证了中国社会主义经济体制从计划到市场的嬗变，更结合了沪港两地的资源优势，充分发挥合资企业自主经营的灵活性，改革经营管埋，开拓经营之道，成功摸索出一条具有中国特色的中外合资企业发展之路。"联毛"在中央政府的支持和唐翔千的努力下成为沪港合作的企业典范，时任上海市市长的江泽民对"联毛"取得的成就称赞道："'联毛'的成功，不仅从实践上证明了我国政府所制定的对外开放政策的正确，也为上海利用外资的工作提供了有益的经验。"[①] "联毛"让中国找到融入世界市场的抓手，同时也让世界看到来中国投资的机遇，促进了中国与世界的经贸互动。

Times Transformation and Win-Win Cooperation:

Tang Hsiang-chien's Historical Investigation of the First Shanghai-Hong Kong Joint Venture

Liao Dawei, Wang Yangxu

Abstract: The establishment of Shanghai United Wool Textile Co., Ltd., the First Shanghai-Hong Kong Joint Venture after the Reform and Opening-up, is a Historical Choice for Hong Kong businessmen to cooperate frankly with relevant departments in Shanghai under the circumstances of the times for Mutual

---

① 《沪港合营毛纺厂业绩佳 "联毛"创办五周年港方收益超投资额，唐翔千表示与上海合作有前途》，《大公报（香港）》1986年8月5日，第3版。

Benefit and Win-Win Results. Tang Hsiang-chien was committed to serving the Motherland on Mainland. The sincerity and earnest of Mainland's Reform and Opening-up to the outside world to welcome Overseas Chinese to invest gave Birth to and contributed to the Birth of Shanghai United Wool Textile Co., Ltd. The attempt to establish a Joint Venture Factory between Shanghai and Hong Kong not only set an example and explored experience for Shanghai to introduce capital, technology, and management, but also boosted confidence in Shanghai's Urban Transformation and strengthened Economic and Trade Cooperation between Hong Kong and Mainland.

Key words: Tang Hsiang-Chien, Shanghai-Hong Kong Joint Venture, Times transformation, Win-Win Cooperation

唐翔千对上海引进外资与
企业改革的独特贡献

范永进 [①]

摘要：唐翔千对上海引进外资与企业改革做出了许多独特贡献，具体表现在十个方面：一是成为改革开放初期上海引进外资的开路先锋，发挥引领作用；二是成立具有投资功能的控股集团公司，进行突破性试点；三是首次将中外合资企业改制上市，在国内资本市场开创先河；四是打破计划经济下国营企业产供销分离的局面，开创产供销公司经营一体化模式；五是引领产品升级、技术创新，努力开拓内外销售渠道；六是对国内管理体制改革和企业机制转换起到积极推动作用；七是为外商投资相关法规的健全提供鲜活的案例，产生倒逼效应；八是发挥统战作用，身体力行促进沪港联动，为筑巢引凤牵线搭桥；九是弘扬"爱国建设"宗旨，代代相传，接续接力；十是体现企业家精神，彰显中华民族家族家风优良传统。

关键词：唐翔千，改革开放，上海，引进外资

1978年12月，中国共产党十一届三中全会召开，正式确立改革开放的政策，这一重大决策迅即引起了国际社会的广泛关注。正当外国投资者对中国的

[①] 范永进，上海爱建集团股份有限公司党委书记、监事会主席，自20世纪80年代中期起在上海市外经贸委、外资委、证管办工作，曾任上海重组办主任、金融办副主任等职，这期间与上海联合毛纺织有限公司有许多工作交集。

改革开放政策议论纷纷、顾虑重重之时，海内外炎黄子孙却归心似箭，他们满怀着对祖国的热爱与思念，以及报效祖国的美好宏愿纷至沓来。咫尺之遥的香港企业家更是成为外商投资内地的引路人和先行者。

1979年9月22日，中国改革开放后首家民营企业——上海市工商界爱国建设公司（爱建集团的前身）在老一辈工商界爱国人士刘靖基、唐君远等人的倡议下，集资认款5 700余万元宣告成立。公司主要创办人唐君远之子唐翔千勇立潮头，与爱建公司共同成立了首家沪港合资企业——上海联合毛纺织有限公司。他不仅打造出了香港纺织业的半壁江山，更亲聆了邓小平"香港50年不变"的承诺，用一颗赤子之心成为改革开放后上海"中外合资第一人"，对上海改革开放与引进外资事业做出了独特的贡献。

一、成立沪上第一家中外合资企业

爱建公司成立后，在改革开放的初期创造了许多"第一"。爱建创造的诸多"第一"中，上海联合毛纺织有限公司就是唐君远嘱托儿子唐翔千带头投资的。当时的唐翔千在香港已拥有中南纺织有限公司、半岛针织公司、南联实业有限公司等多家企业，已是香港很有影响的实业家，并担任香港工业总会主席、香港中华总商会副会长等职。唐君远明白当时的香港工商界朋友担心内地政策多变，对于到内地合作顾虑重重。有位老朋友对唐君远说："到内地去投资，只要翔千先生带个头，我们就会跟上来。"唐君远深知在这样的情况下，千言万语不如一个榜样。于是他对唐翔千说："要带头回来投资，办点企业，引进点先进设备，为国家做点事情。如果蚀了本，就算孝敬我的好了。"他淡淡的几句话，蕴含着报效祖国的赤诚之心。果然，唐翔千在深圳做成第一批补偿贸易，在新疆建成了全国纺织业第一家合资经营的天山毛纺织厂，在上海办起第一家沪港合资企业——上海联合毛纺织有限公司，这三个"第一"是晚年唐君远最引以为傲的。

伴随着党中央改革开放重大决策的宣布，上海逐渐打开对外开放之门。一方面上海的各行各业开始积极筹划、探索对外合作的新途径，另一方面外商开始到上海这个充满潜力的大城市考察投资环境，寻求投资机会。1979年10月20日，香港工业总会主席唐翔千带香港代表团访问上海。他牢牢记住了父亲唐君远的嘱托。时任纺织工业局局长的张惠发与副局长王金麟一同接待香港代表团，并就沪港合作问题展开了积极讨论。唐翔千表明了愿响应改革开放号召，投资上海，建设上海，为祖国发展建设出力的心意。上海市纺织工业局也希望积极吸引外资，引进先进技术与管理方法，给上海落后的纺织工业注入新的活力。由此，双方达成了合资建厂的初步意向。经过后续详细商谈，1980年1月，沪港双方就合资建厂问题达成协议：合资企业注册资本600万美元，中方出资360万美元（其中，爱建公司占10%），占60%，港方出资240万美元，占40%（其中，香港华润公司占10%）。拟定合资企业名称为上海联合毛纺织有限公司（以下简称"联毛"）。

1980年8月31日，唐翔千和上海市纺织工业局正式签署了成立合资公司的合同和章程，选址浦东陆家嘴，利用原上海麻纺厂的人员和厂房，从国外引进先进设备，着手筹建新厂。浦东当时尚未开发开放，唐翔千无疑又当上了"第一个吃螃蟹的人"。

万事开头难。那是改革开放初期，1979年7月《中华人民共和国中外合资经营企业法》刚刚颁布，中外合资法律法规体系尚未健全，且没有先例可循，想要在上海成立第一家合资企业实为不易。在沪港合作协议签订不久，美国突然单方面宣布对我国羊毛衫出口实行配额制度。在当时，配额由对外贸易部统一掌握分配，主要用于国营企业出口产品，对合资企业尚无给予配额的先例。配额制度限制了出口需求最大的美国市场，这对正在创建的"联毛"而言犹如晴空霹雳。但是沪港合资双方并没有气馁，上海市纺织工业局在市领导和市进出口办的支持下，多次派工作人员李玉琴①前往北京，向当时的国家进出口委

---

① 李玉琴，曾任上海联合实业股份有限公司襄理，于1997年退休。

和纺织品总公司反映情况，要求给予上海第一家合资企业一定的照顾，以争取更多的港澳同胞前来大陆投资。在多次反映与积极争取后，"联毛"获得少量配额。由于配额有限，"联毛"仍面临着产品出口难题，沪港合资双方多次协商后，一致决定"联毛"本着自力更生的原则，争取多出口非配额地区，并将一定比例产品用于内销市场。配额问题带来的困难令"联毛"项目的合同章程审批一再拖延，直至1981年5月，"联毛"项目终于获得批准。

1981年6月13日，香港《大公报》这样报道：①

上海最近成立了一家同香港合资经营的上海联合毛纺织有限公司，它将主要生产供出口的兔羊毛纱、兔毛衫和羊毛衫。

这家公司由上海市纺织工业局毛麻公司和香港联沪毛纺织有限公司，在平等互利原则基础上经过友好协商合资建立。公司将陆续开设粗纺毛纱厂、第一毛针织厂、第二毛针织厂、机修厂和联合毛纺织有限公司驻香港办事处。目前已建成一个毛针织厂，并生产出兔、羊毛衫2 000多打。

所获利润总额将按我国有关规定缴纳税金后，提取储备基金、企业发展基金和职工奖励及福利基金，然后按双方投资比例进行分配，经营期限暂定为15年。

这个合资公司归双方协商组成的董事会领导，上海市纺织工业局局长张惠发任董事长，香港联沪毛纺织有限公司的唐翔千任副董事长。

1981年7月26日，唐翔千领取了具有历史意义的中华人民共和国国家工商行政管理局颁发的"工商企合沪字第00001号"营业执照，正式成立沪港合资的上海联合毛纺织有限公司。"联毛"成为第一家沪港合资经营、第一家落户浦东开发区的合资企业，后又发展成为第一家中外合资控股集团公司、第一家

---

① 《沪港组建毛纺公司唐翔千任副董事长上海联合毛纺织公司成立》，《大公报》（香港）1981年6月13日，第3版。

中外合资上市股份公司，是上海对外开放和引进外资的先驱代表。

1981年8月4日，上海市委副书记陈锦华、市委统战部部长张承宗出席"联毛"开工典礼并剪彩。上海第一家中外合资企业——上海联合毛纺织有限公司正式成立并开工投产。

"联毛"成功投产，唐翔千却冷静地提出："办企业不可能一帆风顺，轻而易举就获得成功的。"他确立了四大经营原则：坚持品质第一，产品出口合格率达到100%；改善经营管理，迅速引进优种长毛兔，合作创办兔毛基地；努力创造品牌，开发高级兔毛产品，创造出品牌新、质量高、交货快、服务好的"联毛"产品；积极开拓市场，每月推出几十种新产品供客户挑选，使产品尽快打入美国、日本、意大利、法国、德国、新西兰和中国港澳市场。"联毛"1981年正式开业，1982年已经扭亏为盈，1984年全部收回投资，1991年固定资产增加10倍，1993年公司股票在上海证券交易所上市。一时间，新颖的"联合"牌高级毛衫畅销大江南北，遍及世界各地。国务院副总理乌兰夫、薄一波、陈慕华和纺织部部长郝建秀都曾前往"联毛"视察参观①。

在内地赚的钱，唐翔千一分也没有带回香港，而是将此投入扩大再生产，相继又成立了10家毛纺、制衣企业。

1984年6月22日，邓小平在人民大会堂接见了时任香港工业总会主席唐翔千、香港总商会主席唐骥千、中华厂商联合会会长倪少杰一行8人。邓小平握住唐翔千的手，笑呵呵地说："我知道，你就是香港来内地投资的'00001号'！"唐翔千回答说："惭愧，惭愧！十分感谢邓主席的接见。看到您红光满面，身体这么好，从心底里感到高兴，相信香港人也都和我一样的心思——祈望您身体健康，长命百岁！"这场会面，唐翔千亲耳聆听了邓小平对香港回归和"一国两制"的构想，临别时，邓小平握着唐翔千的手，再次强调："放心吧，50年不变——不会变的！"

---

① 上海爱建集团股份有限公司编《唐君远与唐氏家族传奇》第1版，今日出版社，2018年，第302页。

二、成立沪上第一家控股集团公司

"联毛"成立后，在市场经济的大潮中，以品种新、质量高、价格廉、交货快、服务好为企业经营方针，利用多种渠道、多种形式和各种机会创牌子、树信誉。凭借着沪港双方的通力合作，"联毛"大力投产，广拓销路，日益壮大。至1985年底，"联毛"累计获利2 039万元，除去中外双方分红，其余全部用于再投资，经营范围超越合同规定，涉及商业、服务业与对外投资等。

1986年8月5日，唐翔千先生在接受《华侨日报》记者采访时说道：①

> 国家制定的开放政策和扶持合资企业的一系列方针政策，可使合资企业获得发展，而且经济效益越来越好。

固定资产　提高五倍

唐翔千是为庆贺上海联合毛纺织有限公司开业五周年专程来沪的。他接受采访时以下列事实作为上述观点的依据。

这个公司自1981年8月4日开业以来，五年间，累计销售金额17 755.8万元，获纯利润2 522.9万元，创汇1 684.6万美元，经营性外汇顺差638万美元，其中的520万美元已用于扩展生产规模和再投资。目前，企业固定资产总值已达3 370.3万元，为1981年开办时固定资产总值的5倍。公司原计划投资回收期为7年，现按实得利润计算，回收期为3.58年，若包括折旧基金在内计算，投资回收期仅为三年，比原计划短一半时间。港方的收益已超过投资总额。

二期工程　进展甚佳

公司壮大了经济实力，已在1985年底完成第二期工程建设，形成了羊

---

① 《香港企业家唐翔千说 与上海合作获益 上海联合毛纺织公司成就其大》，《华侨日报》1986年8月5日。

毛衫和呢绒的纺、织、染全套生产线，生产规模为年产毛纱1 000吨、毛衫150万件和呢绒120万米。公司还投资于香港，在香港开办了香港百乐织染厂。在国内它与上海市郊川沙县合资开办了联川兔毛开发公司，建立了兔毛原料基地；并与内蒙古东胜纺织公司建立合作关系，取得了羊绒原料来源，从而保证公司开发出丝兔毛混纺特色产品和高比例兔毛产品，远销欧、美、日市场。

唐先生宣布："公司开业第一个五年取得了较好的经济效益。在第二个五年中，公司要扩大出口创汇、提高经济效益，取得进一步发展，确保实现创汇3 000万美元，力争40 000万人民币。"

培训职工　人数增加

记者获悉，这个公司已先后接受中国10多个城市的工厂企业来此培训职工，并多次派出技术人员到各地去进行技术培训。唐翔千先生的胞弟、坐镇上海的公司副总经理唐仑千先生说："能为祖国毛纺织工业的发展做出贡献，也是合资企业的光荣责任。"

为进一步扩大投资，且加强对各投资单位的管理协调，"联毛"董事会决定将其发展为控股集团公司。但是，在国内改革开放进程中，有关控股公司的法律法规尚未建立。1985年至1987年间，"联毛"多次向国家外经贸部和相关单位提出申请，都未能获得批准。此时，上海市外经贸委看到了创新与突破的重要性，于1986年至1987年批准以"联毛"为基础成立上海联合纺织（集团）有限公司进行试点，获取控股集团公司经验，将"联毛"改为二级法人单位，不具独立法人资格。

在当时，因国家对成立控股公司控制十分严格，对中外合资企业更是如此，所以联合实业分两步走。首先在上海市外经贸委与外资委的支持下，在"联毛"的基础上成立了上海联合纺织（集团）有限公司这一法人单位，但"联毛"在这一时期内不具有独立法人资格。之后，"联毛"经自身努力及上海市外资委等有关机构支持，多次向外经贸部提出申请，最终获批成立独立的集团公司。1990年，根据外经贸部批文，上海市外资委批复"联毛"恢复独立法人资格。

1989年10月外经贸部外资司领导来沪检查工作时，曾到"联毛"与联合纺织（集团）有限公司了解情况。"联毛"向领导汇报了自身的发展情况并提出了单独成立控股集团公司的请求。外经贸部表示要求"联毛"再行向外经贸部申报相关方案供其研究。在有关单位的帮助下，"联毛"再次编写方案提交外经贸部，后经外经贸部反复论证、研究后，决定同意"联毛"与上海联合纺织（集团）有限公司分别为独立法人。在向国家工商局申请注册登记上海联合纺织（集团）有限公司时，因"集团"一词已被社会泛化使用，工商行政管理局要求改名。公司遂决定改名为上海联合纺织实业有限公司（以下简称"联合实业"）。上海第一家控股集团公司就此诞生。

1989年11月3日，香港《大公报》这样报道：[①]

> 上海第一家合资企业——联合毛纺织集团有限公司将发展组建成为带有股份制性质的上海首家控股联合集团公司，从而获得更大的经营活力。
>
> 这一信息，是这家公司总经理唐翔千今天在这里透露的。
>
> 今天，联毛公司在新锦江大酒店举行酒会，庆祝沪港经济发展协会成立五周年，并祝贺上海联合毛纺织集团有限公司被评为全国十佳合资企业。
>
> 联毛公司自1981年8月4日正式开业以来，从1983年开始，公司利润逐年以百分之四十的速度递增，创汇逐年以百分之三十二的速度上升，取得了较好的经济效益。
>
> 1987年6月，上海联合毛纺织集团有限公司成立。目前，这个集团公

---

① 《总经理唐翔千在沪宣布 联合毛纺集团公司将组建成控股企业 唐氏称港商界投资内地促进自身发展》，《大公报》（香港）1989年11月3日，第2版。

司共拥有七家企业、一家分厂和两家内联企业。联毛集团公司利用合资企业的外销渠道优势，把产品销往日本、香港等非配额地区，产品外销额已达百分之六十六。

唐翔千说，联毛现在的注册资本已达到1 440万美元，集团公司已具有年产毛纱2 100吨，羊毛衫14万打，精粗纺呢绒240万米，各类时装90万件（套）的生产能力。

唐翔千今天还说，联毛发展到今天，离不开改革开放的政策，离不开中央对上海的支持。他认为，香港与内地的经济是相互依存的，香港工商业者投资内地，也促进了自身的发展。

正如唐翔千先生所说："与上海的经济合作是很有前途的。"[1] "联毛"在发展的初期也遇到过困难，经历了艰难的初创时期，第一年曾经出现过较大亏损。在公司极度困难时期，国家对关税、工商税、所得税、土地使用费等给予不同程度的优惠；支持企业办原料基地，并给予工贸合一的经营自主权，使公司能参加一年一度的上海外贸洽谈会和春秋两季的广州交易会，让世界了解"联毛"。银行和投资信托公司也给予资金贷款。

"联毛"充分发挥合资企业的经营自主权和灵活性，改革经营管理，开拓经营渠道。1982年面世的高比例兔毛产品，高贵优雅，博得国外客户好评。由兔毛和真丝混纺织成的兔丝衫，风格别致，深受欧美女性的喜爱。

"联毛"的发展历程，正如时任上海市市长江泽民在公司五周年庆祝大会上所说："联毛公司为有志于来上海的投资者提供了有益的经验。"

"联毛"一路的发展离不开主管机构的大力支持，从进出口办到外经贸委再到外资委，虽然机构有所变化，但不变的是一贯的支持。

在1984年之前，外资审批由上海市进出口办公室负责。1984年1月1日，上

---

[1] 《沪港合营毛纺厂业绩佳　"联毛"创办五周年 港方收益超投资额 唐翔千表示与上海合作有前途》，《大公报》（香港）1986年8月5日，第3版。

海市进出口办、市外贸局和市外经局合并新设成立上海市对外经济贸易委员会，由此，外资审批由外经贸委管理。1988年6月10日，上海市外国投资工作委员会成立了，外资管理实行"一个机构、一个窗口、一个图章"的统一对外模式。

1988年上海市外国投资工作委员会的成立，标志着上海改革开放力度进一步加大。随着政府对吸引外资工作愈加重视、上海投资环境不断改善，新的外资项目不断涌入，已有项目不断拓展。"联毛"作为上海第一家引进的合资企业，在上海的改革开放中不断扩大发展，从最先成立控股公司，到率先改制进而成功上市，"联毛"始终发扬着敢为人先的精神，引领着外商投资事业。

三、成立沪上第一家中外合资上市股份公司

1988年刚成立不久的外资委高效审批联合制衣厂，为新项目筹建解决难题。1988年上旬，联合纺织（集团）有限公司为充分利用公司内部呢绒面料优势进一步向深度加工发展，引进海外款式扩大外销增加创收，决定和香港申达制衣厂合作创办联合制衣厂有限公司，选址闵行开发区。联合纺织（集团）有限公司向刚成立不久的外资委提交了项目申请。令人意想不到的是，外资委简化程序，高效办事，在不到一个月的时间里便批准建立联合制衣厂。在接下来一年左右的筹建过程中，外资委更是为企业解决了上水、下水、用电、通信等配套设施方面的各种复杂难题，使企业能够快速上马，加速投产。

1990年，中央宣布浦东开发开放的重大决策，号召外商投资浦东、开发浦东。在联合实业第一届董事会上，副董事长即港方代表唐翔千提出了响应中央号召、参与浦东开发的计划。一方面考虑到"联毛"需按浦东开发规划搬迁，另一方面考虑到联合实业可趁浦东开发的大好时机进一步扩大生产规模，唐翔千提出了把公司改组为股份制企业，向社会公开招股，更好地吸引外资，筹集社会闲散资金的意见。董事会通过了该决议。

中外合资企业改制成股份制企业，这又是沪上第一家。联合实业选择的这

条实践与创新之路，已经远远走在法律法规及相关政策的前面。中外合资企业是否允许改制、应上报哪个部门、如何制定改制方案等一系列问题，在当时都无从着手。面对各种难题，公司感到压力重重，尝试着向市政府汇报情况。值得庆幸的是，时任上海市市长的朱镕基同志对此事十分关心与重视，让上海体制改革办公室具体负责。1990年10月，上海市体改办批复同意联合实业作为中外合资企业改制为股份制的第一个试点企业。公司计划改制后向社会发行500万美元股票，向境内发行200万美元A股，折合人民币1 100万元；向境外发行300万美元B股。由于当时关于B股发行的政策法规均未出台，上海尚没有发行B股的先例，各方面阻力重重。在体改办的带领下，有关部门共同商讨制定了B股试行办法，将"电真空"（上海真空电子器件股份有限公司）和联合实业两家申请发行B股的公司报告一起于1990年12月上报北京。然而，1991年7月，中央有关部门只批复了"电真空"一家作为发行B股的试点，联合实业因中外合资的特殊性未获批准。后经联合实业向各部门反映情况，时任市委统战部部长毛经权主持有关单位进行协调会议，提出了联合实业先发A股，再去北京争取B股发行的建议。经汇报，北京有关方面亦认为联合实业宜先发行A股，待"电真空"发行B股试点成功后，再增发B股。由此，联合实业开始筹备公司A股发行事宜。1992年2月24日，经中国人民银行上海分行批准，联合实业发行1 100万A股股票，并于1992年3月27日批准上市。联合实业开创了中外合资企业改制上市的先例。

联合实业的成功改制与上市，也离不开上海外资委的支持与帮助。最先为联合实业改制带来希望的便是时任上海市市长兼外资委主任的朱镕基同志，他对联合实业改制成股份制一事十分关心和支持。在联合实业发行A、B股事宜的筹备过程中，外资委倾注了大量的精力，指导并帮助联合实业进行相关的准备工作。当时相关合同与资料的修改都是在市外资委范永进同志（现任爱建集团党委书记、监事会主席）指导参与下完成的。1991年10月，在市外资委范永进同志、中国人民银行上海分行金融处同志的陪同下，有关人员一起前往北京向中国人民银行金融司和外经贸部汇报情况，争取发行B股。在市外资委、中国人民银行上海分行等积极努力下，中国人民银行金融司与外经贸部外资司终于同意联合实业先发行A股，在"电真空"发行B股后，联合实业作为第二家试点企业增发B股。

在联合实业10 493.796万股的总股本中，上海纺织经营开发公司持有4 273.8万股，占40.72%；香港联沪毛纺织有限公司持有3 170.184万股，占30.21%；上海爱建股份有限公司（1992年9月22日由上海市工商界爱国建设公司改制为股份制企业）持有475.056万股，占4.53%；社会公众股为2 574.756万股，占24.54%。[①]

1997年6月，唐翔千顾全大局，积极参与上海资本市场的并购和上市公司资产重组，将联合实业的股份以法人股协议转让方式受让给上海实业集团（联合实业的港方发起人股东）。香港联沪毛纺织公司一次性向CITY NOTE HOLDINGS LTD.有偿转让其持有的公司发起人外资股2 623.449万股，占总股本的25%，转让后其仍持有公司5.21%股份[②]。港方股份迅速退出，体现了唐翔千当机立断、顺势而为的资本运作理念。从最初谈判到最终完成股权转让，整个过程历时仅42天。

联合实业后转变为集传统产业、高科技产业和城市基础产业三足鼎立的上实联合。

四、唐翔千的独特贡献

从上海第一家中外合资企业到第一家控股集团公司再到第一家中外合资上市股份公司，联毛公司一步一步的发展，充分印证了改革开放也是一步一步来

---

① 沈重英主编：《资产重组风云录——上海上市公司案例选编》，上海人民出版社，1999年，第46页。
② 沈重英主编：《资产重组风云录——上海上市公司案例选编》，上海人民出版社，1999年，第49页。

的，纺织行业从最开始的来料加工、补偿贸易到成就三个"第一"，合资办厂，产品自主经营，走向国际市场，都是一步一个脚印走出来的。

唐翔千对上海引进外资与企业改革做出了许多独特贡献，具体表现在十个方面：

一是成为改革开放初期上海引进外资的开路先锋，发挥引领作用。

唐翔千与上海方面合资成立的"联毛"在引进外资方面，从无到有，不断优化、探索、创新，摸着石子过河，马不停蹄地开展各项工作，争取各方支持。合资建厂直接参与市场竞争，成为当时外贸专业公司的竞争对手，能从竞争对手那里想方设法匀出配额，实属不易。唐翔千致力于打开国际市场，积极向非配额地区出口。企业良好的生存和发展状态为进一步吸引外资创造了条件。

二是成立具有投资功能的控股集团公司，进行突破性试点。

自1981年成立至1985年底，"联毛"累计获利达650万美元，折合人民币2 039万元。除去中外双方分红，其余均用于向境内与香港再投资，由此新建了4个中外合资企业、3个门市部和1个餐厅，经营范围涉及商业服务性行业和对外投资。在此基础上，唐翔千提出将"联毛"正式发展成为控股集团公司，进一步扩大对外投资，加强各投资单位管理和协调。因当时缺乏控股公司的相关规定，申请开始未获批准，但是突破性试点的探索从未停止。经过努力，终获成功。①

三是首次将中外合资企业改制上市，在国内资本市场开了先河。

联合实业作为中外合资企业中首家上市的公司，上市之路也是一波三折，需要一步一步去摸索。包括中外合资企业的改制试点是否允许，应该上报哪个部门审批，具体方案如何编制等。根据上海外资委要求，公司要按照原中外双方投资比例同比发行A股和B股。当时有关B股发行的政策法规均未出台，上海尚没有企业发行B股。联合实业编制了A股和B股同比发行方案和申请发行

---

① 范永进、陈岱松、李济生编著：《见证中国股市》，上海三联书店，2009年，第90页。

B股的报告，上报北京。最终，联合实业于1992年作为上海第一家合资企业率先发行股票，后在上海证券交易所上市。

四是打破计划经济下国营企业产供销分离的局面，开创产供销公司经营一体化模式。

改革开放初期，在计划经济背景下的上海市纺织工业局只管生产，下属国营企业属于生产单位，产品内销由国内商业公司负责，外销由对外贸易部下属的纺织品总公司负责，纺织工业企业完全与市场脱节。"希望工厂能真正参与市场，切身了解市场情况"，是当时纺织系统很多人的心声。那时许多国营企业的产供销是相互分离的，由商业公司、外贸公司等统购统销。"联毛"成立后，开创了产供销一体化经营的模式，在人员录用、公司治理等方面，引入了现代企业概念，并在实践中获得良好业绩，为现代企业制度的发展和完善起到了启迪示范作用。

五是引领产品升级、技术创新，努力开拓内外销售渠道。

1979年10月，在同上海市纺织工业局领导会面中，唐翔千就说："愿意为祖国的发展建设出力，推进上海毛纺业产品升级换代，引进国外先进技术来填补当时国内的空白，为中国产品进入国际市场做出自己的贡献。"在后来的实践中，唐翔千先生也是这样身体力行的，通过外资为上海纺织系统引进先进设备，提高产品档次，培训技术骨干，在开拓产品内外销渠道上也闯出了新路。

六是对国内管理体制改革和企业机制转换起到积极推动作用。

"联毛"从上海第一家中外合资企业到第一个控股集团公司再到第一家中外合资上市股份公司的过程，折射出我国改革开放以来中外合资、对外合作不断成熟的进程。这个历程与内地管理体制改革，与国营、民营企业的发展壮大、机制转换是同频共振的，并起到了推动、启示作用。

七是为外商投资相关法规的健全提供鲜活的案例，产生倒逼效应。

改革开放初期，虽然国家已经颁布了《中华人民共和国中外合资经营企业法》，但具体法规还不完善，许多条款细则并不明确，这给合资建厂及经营带来巨大困难。从工厂使用水电气的费用到美元兑换人民币的折价汇率，从原料的价格到企业是否拥有产品的自主定价权等，几乎每个环节都有些不大不小的难题。"联毛"最初的实践，产生了倒逼效应，提供了鲜活的案例，有利于外资相关法规的健全。

八是发挥统战作用，身体力行促进沪港联动，为筑巢引凤牵线搭桥。

2022年是党的统一战线政策提出100周年。唐氏家族的发展繁衍，充分体现了党的统一战线政策在凝聚最大最多力量、共谋祖国繁荣富强方面的作用。唐翔千的父亲唐君远既是爱建公司的主要创办人，又是杰出的工商业者。他是无锡纺织世家唐骧廷之子，是著名的民族工商业者、爱国企业家，毕生以实业振兴中华为己任。他一生追求实业报国，勤俭敬业。曾任全国政协委员、全国工商联执行委员、上海市政协副主席、市工商联名誉副主委等职务。他在晚年时，于1979年3月随上海工商界代表团访问香港，动员海外工商界人士、亲友投资内地，参与改革开放后的祖国建设。此次访港归来后，又有多次互访。1984年11月和1985年2月，上海沪港经济发展协会和香港沪港经济发展协会相继成立，张承宗担任名誉会长，刘靖基出任上海协会会长，唐翔千出任香港协会会长。此后，唐翔千在会长任上干了15年，为促进沪港经济合作做出了巨大贡献，到1999年退下来前，还为协会筹措了近2 000万元资金，其中200万是他自掏腰包。

九是弘扬"爱国建设"创业宗旨，代代相传，接续接力。

唐君远先生晚年还身体力行，与工商界同仁一起筹资创建上海市工商界爱国建设公司，为爱建公司的创立和发展做出了突出的贡献。他一生继业创业、不懈奋斗的历程，是民族工商业者随时代变迁爱国报国、矢志不渝的群体缩影。爱建老一辈树立的"爱国建设"创业宗旨值得我们永远学习和传承。"爱国建设"是创业者在历史上亲身经历过"实业救国""民主建国"的艰难探索后，于改革开放初期为爱建公司确立的宗旨，是爱建形象的金字招牌，也是自刘靖基、唐君远等老一辈创业者以来，一代代人一以贯之的价值追求、百年梦想。以唐翔千为代表的唐氏家族在创办和发展企业的实践中，也始终贯穿了爱国报国的理念，以国富民强为追求目标。

十是体现企业家精神，彰显中华民族家族家风优良传统。

唐氏家族传承500多年，枝繁叶茂，展现出中华民族优秀传统文化，家国情怀生生不息。唐君远在抗日战争时期，拒绝与日伪合作，即使被关木笼，也保持"宁为玉碎，不为瓦全"的民族气节，事迹被传为佳话。长子唐翔千率先在香港采用国产棉花、国产羊毛，克服千辛万苦在新疆创办天山毛纺厂，改革开放后创造了三个"第一"。长孙唐英年长期致力于香港繁荣和稳定，为内地发展经济竭尽全力。祖孙三代都爱国重教、造福乡梓，体现了企业家心系祖国、回报社会的精神，彰显了中华民族家族家风的优良传统。

中国改革开放的巨大成功不是一蹴而就的。改革开放的成功离不开党中央的英明决策与各级领导的大力支持，是改革开放的决策让中国走上了发展与腾飞的道路，是领导的关心与支持让试点与创新在内地遍地开花。改革开放的成功亦离不开像上海市外资委这样的服务机构，正是各部门的大胆突破与竭力推进，成就了一个又一个项目。也离不开像"联毛"这样的敢为人先者，正是沪港合资双方勇于尝试与力争创新，成就了奇迹般的重大突破。更离不开像唐翔千先生这样的实干家，正是他们将一生献给祖国的改革开放事业，以不懈争取与不断开拓的精神支撑着外资企业的持续发展，真正体现了改革开放的精髓所在。

Tang Hsiang-chien's unique contributions to the introduction of foreign capital and enterprise reform in Shanghai

Fan Yongjin

Abstract: Tang Hsiang-chien has made many unique contributions to

Shanghai's introduction of foreign capital and enterprise reform, which are embodied in 10 aspects: as the pioneer of Shanghai's introduction of foreign capital in the early stage of reform and opening up, played a leading role; established a holding group company with investment function and carried out a breakthrough pilot; firstly found a Sino-foreign joint venture to issue shares listed, setting a precedent in the domestic capital market; broke the separation of production, supply and marketing of state-owned enterprises under the planned economy, and created an integrated operation model of production, supply and marketing companies; led product upgrading and technological innovation, and strived to open up internal and external sales channels; played a positive role in promoting the reform of domestic management system and the transformation of enterprise mechanism; improved the relevant laws and regulations on foreign investment and provided fresh cases; gave full play to the role of the united front, personally promote the linkage between Shanghai and Hong Kong, and led the way for building nests; carried forward the purpose of "patriotic construction", and passed it on from generation to generation; embodied the entrepreneurial spirit and highlighted the fine traditions of the Chinese family and the Chinese nation.

Key words: Tang Hsiang-chien, Reform and opening up, shanghai, the introduction of foreign capital

改革开放后唐翔千在香港与
内地交流合作中的作用

张燕姣[①]   高红霞[②]

摘要：唐翔千是知名的爱国人士，香港工商界著名实业家，"中国共产党的亲密朋友"。改革开放后，作为首批回内地投资的港商，唐翔千以自身成功的经历带动了港商投资内地纺织工商业的潮流。唐翔千曾任香港棉纺业同业公会主席、香港工业总会主席、沪港经济发展协会港方会长、全国政协常委等职务，充分发挥自己在香港与内地所具有的多重身份，通过组织代表团互访、公开表态、参政议政等方式，为促进两地交流与合作做出了卓越的贡献。

关键词：**唐翔千，改革开放，沪港合作**

唐翔千是知名的爱国人士，香港工商界著名实业家，新华社称其为"中国共产党的亲密朋友"[③]。香港商贾云集，但能在身后获此称呼的为数不多。这与其身体力行直接参与改革开放、积极为内地建设献计献策，并致力于香港回归祖国等贡献是分不开的。唐翔千在香港与内地的发展中贡献良多，目前相关研究也较丰富，本文主要以上海市档案馆馆藏的中共上海市委统战部文件，及《人民日报》《文汇报》和香港的《大公报》《华侨日报》等报刊为主干资料，重点

---

① 张燕姣，上海师范大学人文学院专门史专业博士研究生。
② 高红霞，上海师范大学人文学院教授，博士生导师。
③《唐翔千先生去逝》，《人民日报》2018年5月13日，第4版。

探讨唐翔千在香港与内地经济交流，引领内地改革开放中所起的作用，以期对唐翔千研究有所拓展。

一、香港基业是与内地交流的基础

唐翔千出身于江苏无锡的纺织世家，青年时期曾留学国外。归国后唐翔千任职于中国实业银行，后离职转投实业，与友人一起创办了中南纺织厂、香港南联实业有限公司等企业，并将事业拓展到香港以外的台湾、毛里求斯等地区与国家。

香港创业的成功，为唐翔千之后回内地投资、实业报国打下坚实的基础。外商对我国进行投资，创办合资企业，实质上是一种资源的跨境重新配置。进行这种资源重新配置的主体的企业，作为外来企业想要在投资地站稳脚跟，就必须具备一个先决条件——有该地企业所不具备的或不能与之比拟的特殊优势。①香港创业的成功，为唐翔千积累了资金、产品生产销售以及企业组织管理方面的优势，这些优势使唐翔千有实力有底气回内地投资。

首先是资金优势。1968年，唐翔千与安子介、周文轩等人组建香港最大的棉纺织企业集团香港南联实业有限公司（以下简称"南联"）。南联上市以后，发展势头迅猛，盈利颇丰。从1969到1974年南联连年获得上千万港币的盈余，1975年南联盈利剧增，超4 000万港币，1976年盈利超5 000万港币。②南联的成功创收为唐翔千积累了大量的资金收益。而除南联外，唐翔千还有香港半岛

---

① 李金亮：《国际惯例与合资企业》，暨南大学出版社，1990年，第13—23页。
② 据1973年5月3日的《工商晚报》（第6版）报道，南联于1969年的纯利1 412万元，1970年的纯利是1 417万元，1971年纯利为1 662万元，1972年纯利是2 170万元。据1974年2月8日的《香港工商日报》（第5版）报道，南联1973年获利3 000余万。据1975年2月8日的《工商晚报》（第7版）报道，南联在1974至1975年度上半年，除税纯利仍达1 110万元。据1976年8月27日的《工商晚报》（第7版）报道，南联在1975至1976年度中，综合盈利计达港币4 930.3万元。据1977年8月27日《大公报》（第10版）报道，1976至1977年度除税后未计特别项目之南联集团盈利，高达港币5 888.6万元。

针织有限公司、亚非纺织集团等企业，这些企业的成功盈利也都为唐翔千带来可观的资金收益。

其次是产品生产销售方面的优势。这种优势主要体现在唐翔千有引进国外先进纺织设备的渠道，有多国销售渠道。经过多年创业经营，唐翔千在欧、亚、美各大洲之间拥有丰富的人际关系资源。新疆天山毛纺织品有限公司（以下简称"天毛"）与日本大阪东洋纺丝工业株式会社签订协议，引进日本小型和毛机、日本村田自动络筒机等先进纺织设备就是经过唐翔千的牵线。[①]上海联合毛纺织有限公司（以下简称"联毛"）引进具有国际先进水平的粗纺设备、美国钢结构厂房、意大利及德国的全套纺织整染设备也离不开唐翔千的搭桥。[②]除引进设备外，在"天毛"和"联毛"面临产品外销困难的问题时，唐翔千发挥自己在外销工作方面渠道多、关系熟的优势，承担了绝大部分的外销任务，使"天毛"和"联毛"的产品成功打入国际市场。[③]

最后是企业组织管理方面的优势。主要体现在唐翔千具有先进的管理思想和管理方法。计划经济时期，国营企业职工端着"铁饭碗"，吃着"大锅饭"，不注重企业生产效益和产品生产质量。"天毛"和"联毛"成立之时，国营企业旧有的生产机制已不适应市场需求，因此按照唐翔千的建议，"天毛"和"联毛"吸收香港和日本等企业机构精干、管理严格、讲求效率、重视技术和重合同、守信誉等有益经验，逐步形成自身的管理体制。由于吸收了先进的管理经验，"天毛"和"联毛"的生产经营很快走上正轨。[④]

20世纪70年代，香港纺织业面临困境需要转型，恰逢改革开放，内地低

---

① 《新疆技术引进战略研究》课题组编《新疆技术引进战略》，新疆科技卫生出版社，1998年，第240—246页。
② 胡妙凤：《从内外因的辩证关系看对外开放政策的正确性——上海联合毛纺织有限公司调查记》，《上海师范大学学报》（哲学社会科学版）1985年第2期，第144—146页。
③ 新疆对外经济贸易厅：《新疆对外经济贸易四十年》，1990年，第245—253页。李玉琴，王耀华：《要扶植中外合资企业——上海联合毛纺织有限公司调查中的启示》，《上海企业》1985年第3期，第34—36页。
④ 新疆对外经济贸易厅：《新疆对外经济贸易四十年》，1990年，第245—253页。

廉的生产成本为香港纺织业转型提供了出路，但许多港商由于缺乏与内地的联系，担心内地经济立法不全、政策多变等多重因素影响而迟疑不决。唐翔千在与内地早有联系的基础上，以及唐家祖训的影响和父亲殷切的召唤下，率先到内地投资办厂，成为纺织行业中外合资第一人。

二、中外合资引领潮流

唐翔千是推动香港与内地经济合作的先驱者。1978年10月，唐翔千在深圳罗湖区投资创办了毛纺织厂，这是国内最早与外商进行补偿贸易的工厂，也是深圳纺织工业发展的开端。[①] 1980年，唐翔千在内地投资建成第一个中外合资企业新疆天山毛纺织品有限公司和第一个沪港合资企业上海联合毛纺织有限公司。"天毛"和"联毛"等首批香港与内地合资企业，不仅促进我国相关法律政策的完善，推动我国投资环境的改善，还带动了港商投资内地纺织工业的潮流。

1978年十一届三中全会召开以后，我国实行对外经济开放政策，开始比较广泛地对外招商引资。为了更好地利用外资（也包括港台资源），1979年7月，第五届全国人民代表大会第二次会议通过并颁布《中华人民共和国中外合资经营企业法》，设立管理利用外国投资的专门机构。该法颁布后，大量外商与我国有关部门进行洽谈，但由于我国国民经济正处于调整过程中，相关法规制度还不完备，因此商谈的多，谈成的较少。截至1980年底，我国批准的中外合资经营企业共20个。[②]

对外经济开放政策刚刚实行，唐翔千就率先回内地投资创办"天毛"与"联毛"，成为纺织行业港方与内地合作的先行者。早在1972年的上海之行，唐

---

① 张朔，沈士成主编《崛起的深圳：深圳市改革开放历史与建设成就》，海天出版社，2000年，第289页。
② 季崇威：《中国利用外资的历程》，中国经济出版社，1999年，第2页。中国经济年鉴编辑委员会编辑：《中国经济年鉴1984年刊》（北京版），经济管理出版社，1984年，第Ⅴ201页。

翔千就有帮助祖国"四化"建设的想法，因此内地政策刚刚放开，唐翔千就在香港华润公司牵线搭桥之下于1979年1月中旬到乌鲁木齐，对新疆的资源进行综合考察。经过多方考察与洽谈，乌鲁木齐毛纺织厂与香港半岛纺织有限公司董事长唐翔千、香港国际棉业有限公司董事长周孝先、日本东洋纺丝株式会社社长小林龙三，于11月6日正式签订了合资经营新疆天山毛纺织品有限公司的合同。1980年6月23日，新疆天山毛纺织品有限公司正式成立，这是我国合资法公布后第一批被批准的中外合资企业，是新疆第一个利用外资的合资企业，是我国纺织行业第一个合资企业。[①]上海是唐翔千的第二故乡，为支援家乡建设，1980年在上海市信托公司的组织下，唐翔千与上海市纺织工业局达成协议，合作成立上海联合毛纺织有限公司。这是第一家沪港合资企业，由国家工商局颁发的"沪字第00001号"营业执照。[②]

（一）改善投资环境，促进招商引资

改革开放初期，对外开放政策处于试行阶段，我国涉外经济立法并不齐全，"天毛"和"联毛"等首批合资企业的经营问题，促进我国相关法律政策的完善，推动我国投资环境的改善，有利于我国招商引资。

1978年对外经济开放政策刚刚实行时，我国涉外经济立法都处于研究之中，没能及时颁布跟上开放的步伐，影响了我国的招商引资。1979年7月《中外合资经营企业法》颁布一年后，配套的《中外合资经营企业所得税法》《个人所得税法》于1980年9月才在第五届全国人民代表大会第三次会议上通过。相关的《外汇管理暂行条例》《中外合资企业登记管理办法》《中外合资经营企业劳动管理规定》等法律法规也是1980年之后才陆续颁布实施的。[③]由于涉外经济立法不齐全，外国投资者对于投资我国心存顾虑，影响了我国的招商引资。

① 新疆对外经济贸易厅：《新疆对外经济贸易四十年》，1990年，第59页。
② 上海市政协文史资料委员会，上海市政协港澳台侨委员会编《我与上海·香港卷》，上海人民出版社，2016年，第185—195页。
③ 季崇威：《中国利用外资的历程》，中国经济出版社，1999年，第7页。

　　"天毛"和"联毛"作为我国首批合资企业，其生产经营中遇到的困难与问题引起有关部门的重视，促进我国相关法律政策的完善。"天毛"和"联毛"开业头一年，都出现了亏损。"天毛"和"联毛"等首批合资企业效益不佳的问题引起了当地有关部门的重视。新疆自治区党委、上海市政协委员分别对"天毛"和"联毛"进行调查研究，形成《新疆天山毛纺织品有限公司调查报告》《在沪全国政协委员、市政委员视察上海联合毛纺织有限公司报告》。经研究，有关部门发现，造成"天毛"和"联毛"亏损的主要原因除了国际环境不景气，企业自身存在的产品销路未打开、生产技术和经营管理缺乏经验等问题外，我国相关法律政策不完备、部分单位和部门思想不够解放对合资企业进行限制也是重要原因。为此，新疆自治区党委、上海市政协分别召集有关部门商讨对策，把当地能解决的问题尽可能促成当地有关部门解决，当地不能解决的问题则向中共中央反映。针对新疆自治区党委、上海市政协反映的"天毛"和"联毛"配额、参加广交会、出口许可证、地租高等问题，外经贸部于1983年4月16日做了答复，明确合资企业可以参加广交会，并有明文规定，于1983年3月15日发给各省市有关部门。国务院也在召开关于外资工作会议后，于1983年9月20日发布《合资法实施条例》，放宽税收政策，给外资企业更大的优惠政策。如将合营期在10年以上的中外合资经营企业的所得税由免一年减两年放宽到免两年减三年；合资经营企业征收的工商统一税税率高于国内企业工商税的，按工商税率征收；合资经营企业场地使用费由每平方米10美元改为每平方米10元人民币；等等。[①]

　　投资环境影响外商的投资意愿，随着我国涉外法律政策的进一步完善，更多外商愿意到我国进行投资。投资是指经济主体为获得某种效益或达到某种目的而垫付人力、物力、财力于某项事业的一种活动。投资环境是与投资项目有

[①] 政协上海市委员会文史资料委员会编《波澜壮阔三十年》2008年第4期，第27—30页。杨一青：《新疆天山毛纺织品有限公司调查报告》，载袁文燕主编《独步人生——纪念杨一青同志文集》，新疆人民出版社，2000年，第252—263页。中国经济年鉴编辑委员会编辑《中国经济年鉴1984年刊》（北京版），经济管理出版社，1984年，第 V 201 页。

关的一切因素的总和。一个国家或地区的投资环境主要由该国或该地区的自然环境、经济环境、基础设施、法律环境、政治环境、社会与文化环境等六个方面的因素构成。投资环境影响外商投资的意愿，外资流入的速度、规模和结构。法律环境指的是东道国政府为调整投资关系而制定并实施的各项与国际投资相关的法律、法规、条例以及有关政策和措施等。外商十分重视东道国的法制环境，东道国的一些法律能直接影响到外商投资经营活动，例如在企业组建、所得税、财务问题、货币问题、人事问题、反垄断问题、劳资关系、投资限制、投资鼓励、货物运输、市场营销、进口出口、外汇管制等方面的法律和规定，会对外商投资产生重大的影响。[①]"天毛"和"联毛"等首批合资企业效益不佳问题，催生了《中外合资企业法实施条例》，促使我国涉外经济立法进一步完善，改善了我国的投资环境。《中外合资企业法实施条例》对合资企业的企业组建、人事问题、税务问题、外汇管理、财务问题等，以法律的形式给予约束与保障，提升了我国的投资安全性，增强了外商投资我国的信心。国务院针对地方政府反映的首批合资企业经营问题，召开外资工作会议，放宽合资企业税收政策，给外资企业更大的优惠政策，进一步提升我国对于国际投资的吸引力。由于对外开放政策的进一步放宽，涉外经济立法的进一步完善，1983年我国利用外资的协议金额约34亿美元，比1982年增加60%以上。1984年我国利用外资协议金额约48亿美元，比1983年增加近40%。[②]

（二）引领港商投资内地纺织工业及其他领域

改革开放初期，港商是我国吸收外资的主要对象。1979—1984年我国举办的931家中外合资企业中，港商投资了741家，投资金额占58%。1984年我国举办的1 089项中外合作经营项目中，港商投资1 053项，投资金额占88%。

---

① 李金亮：《国际惯例与合资企业》，暨南大学出版社，1990年，第37—44页。安光义、王桂霞编《投资环境论——选址设计与投资盈亏》，河北科学技术出版社，2004年，第2页。

② 中国经济年鉴编辑委员会编辑《中国经济年鉴1984年刊》（北京版），经济管理出版社，1984年，第Ⅴ 201页。中国经济年鉴编辑委员会编辑《中国经济年鉴1985年刊》（北京版），经济管理出版社，1985年，第Ⅴ 207页。

1985年我国开展的310项补偿贸易项目中，与港商合作193项项目，利用外资金额10 528万美元，占总体金额的65%。[①]

虽然改革开放初期，港商对内地多有投资，但由于国家政策的倾斜与规避投资风险的考虑，港商投资多集中于旅游酒店和商业大厦等预期收益较高的项目，工业投资相对来说较少。改革开放初期，为了积累资金以加速实现四个现代化，我国致力于发展能快速赚取大量外汇的产业。其中旅游业在当时被认为是"多快好省地收取外汇的一个重要途径"，"中央领导同志一再提出要尽一切可能尽快地把旅游事业办大办好"[②]。当时我国可以用来接待外宾的饭店、宾馆远远不能适应旅游事业大发展的需要，因此国家计划利用侨资、外资以修建饭店和兴建宾馆。于是在国家政策的支持下，港商投资多集中于旅游酒店和商业大厦等投资项目。当然除了国家政策的倾斜，投资风险也是影响港商投资倾向的重要因素。虽然十一届三中全会后，我国就开始对国营企业的管理体制进行改革，但由于改革不是一蹴而就的，需要一段时间的调整，因此在对外开放初期，"港商对于大陆工人工作效率低、质量恐无法保证等情况，印象深刻，故此对投资工业的信心已下降"[③]。加之制造业企业投资于固定资产的比例大，回收周期长，资产专用性强，具有不可逆的特征，投资风险较大，因此港商对于投资内地工业较有疑虑。[④]与投资工业信心缺乏情况相反，改革开放后港澳地区掀起的回乡潮、内地旅游热，明显反映出大陆缺乏酒店的情况，这使不少港商认为在大陆投资酒店肯定能够获利。[⑤]因此出于规避投资风险的考虑，这一时期港商投资内地自然多集中于旅游酒店和商业大厦等预期收益较高的项目。据统计，1979—1983年我国举办的364家"三资企业"中（中外合作经营企业只统计了100万美

---

① 中国经济年鉴编辑委员会编辑《中国经济年鉴1985年刊》（北京版），经济管理出版社，1985年，第Ⅴ 207页—Ⅴ 209页。
② 《发展旅游事业大有可为》，《人民日报》1979年2月17日，第2版。
③ 《投资大陆酒店的探讨》，《华侨日报》1980年6月5日，第59版。
④ 沈红波：《政府干预与银行贷款监督的有效性研究》，复旦大学出版社，2018年，第187页。
⑤ 《投资大陆酒店的探讨》，《华侨日报》1980年6月5日，第59版。

元以上的企业），港商投资了281项。其中农林牧渔业13项，占总体的5%；工业132项，占总体的47%；交通运输业5项，占总体的2%；旅游、商业、房地产及其他行业131项，占总体的47%。①虽然从统计数据看工业投资与旅游等非生产性投资基本持平，但由于小于100万美元的中外合作经营企业数量较多且多集中于旅游等非生产性企业，因此总体来说港商投资多集中于旅游酒店和商业大厦等回收周期较短、收益较高的项目，工业投资相对来说较少。

"天毛"和"联毛"等纺织工业企业短期内成功盈利，收回投资，起了很好的示范作用，增强港商回内地投资工业的信心。"天毛"和"联毛"开业之初都曾发生亏损，但在中外双方努力下，"天毛"投产第二年就扭转了亏损。1983年，"天毛"成功实现外汇收支平衡，盈利321万元。1986年底，"天毛"累计总产值1.9亿，累计销售额2.2亿，实现利润总额5 620万元，5年收回全部投资167%。②"联毛"投产第二年成功扭亏为盈。1983年底，"联毛"获利442万人民币，外汇顺差168.53万美元。1986年底，"联毛"销售额累计2.4亿，纯利润达2 900万美元，成功收回第一期工程的投资，比预计7年的回收期缩短了一半。③投资是种讲究成本与效益的经济活动，"天毛"和"联毛"短期内成功盈利，显示出投资我国极具经济效益，起了很好的示范作用。1983年起外商对我国纺织工业的投资快速增多。据统计，外商来我国直接兴办的"三资"纺织企业，1980—1982年只有5家；1983年新增30家，投资额为0.25亿美元，占我国利用外资协议总额0.73%；1984年新增76家，投资额为0.78亿美元，占我国利用外资协议总额0.16%；1985年新增134家，投资额为0.81亿美元，占我国利用外资协议总额0.13%……1988年新增518家，投资额为7.2亿美元，占我

---

① 《中国对外经济贸易年鉴》编辑委员会编《中国对外经济贸易年鉴1984》，中国对外经济贸易出版社，1984年，第Ⅳ 188—Ⅳ 203页。数据源于笔者人工统计。

② 新疆对外经济贸易厅：《新疆对外经济贸易四十年》，1990年，第248页。中国对外经济贸易年鉴编辑委员会编《中国对外经济贸易年鉴1987》，中国展望出版社，1987年，第318页。

③ 李玉琴，王耀华：《要扶植中外合资企业——上海联合毛纺织有限公司调查中的启示》，《上海企业》1985年第3期，第34—36页。学锋：《一支红杏出墙来——上海联合毛纺织有限公司的启示》，《国际展望》1987年第11期，第26—29、34页。

国利用外资协议总额13.59%。[①]20世纪80年代，香港制造业因为本地劳工短缺和生产成本不断上升，不得不另寻出路。"天毛""联毛"等首批合资企业的成功，增强港商投资内地信心。随着1984年《中英关于香港问题的联合声明》正式签署，大批港商开始将劳动密集型产业迁往内地，1985年起港商向内地投资增长速度较为迅速。[②]

　　1978年，十一届三中全会宣布中国要改革开放的公报发表后，众多爱国港澳商人立即响应国家号召，回内地投资支援祖国建设，为中国改革开放做出自己的贡献。其中，庄世平为广东经济特区的建立与发展提供支援与帮助，霍英东在广东投资中国首家中外合作的五星级宾馆——白天鹅宾馆，曹光彪在珠海建立中国第一家"三来一补"企业——香洲毛纺厂，伍淑清在北京开办中国第一家合资企业——北京航空食品有限公司，等等。庄世平、霍英东、曹光彪、伍淑清、唐翔千等第一批港商在不同行业不同领域的引领示范，带动越来越多的港商进入内地开展投资。从总体来说，20世纪90年代以前，前来内地投资的港商大多以中小企业为主，真正的大财团都按兵不动，作壁上观。1992年，在邓小平南方谈话的推动下，大中型财团和上市公司开始成为港商投资内地的主体，李嘉诚控股的长江实业集团、郑裕彤的香港新世界发展有限公司、吴光正控股的香港隆丰国际集团和九龙仓集团均在内地有超百亿港元的投资。与投资主体的改变相对应，港商的投资地区从华南沿海扩展到内陆各地，投资领域从制造业向其他行业转移，房地产投资方兴未艾，能源、交通等基础设施渐成投资重点。[③]

---

① 《中国对外经济贸易年鉴》编辑委员会编《中国对外经济贸易年鉴1984》，中国对外经济贸易出版社，1984年，第Ⅳ187页。中国对外经济贸易年鉴编辑委员会编：《中国对外经济贸易年鉴1985》，水利电力出版社，1985年，第1074页。施禹之：《WTO与中国纺织工业》，中国纺织出版社，2001年，第205页。
② 吴育频：《改革以来香港与内地经贸交往经历的几个阶段》，《华东经济管理》1996年第6期，第21—24页。
③ 吴育频：《改革以来香港与内地经贸交往经历的几个阶段》，《华东经济管理》1996年第6期，第21—24页。

三、多重身份促进交流合作

改革开放后，唐翔千在香港与内地身兼数职，这些职务使他具备了多重身份，一方面引领和促进了内地和香港的交流与合作，另一方面也对内地的改革开放在制度建设和合作模式的形成方面做出很大贡献。

中国对外开放政策实行后，唐翔千在香港、内地先后担任一些行业机构和社会机构的职务（见表1）。

表1　唐翔千主要社会兼职（1973—2005年）

香港职务	内地职务
1973年香港棉纺业同业工会主席	1980年上海市工商联顾问
1979年香港工业总会副主席	1984年上海海外联谊会理事
1980年香港工业总会主席	1985年沪港经济发展协会港方会长
1980年香港总商会副主席	1986年第六届全国政协委员
1980年香港贸发局理事	1988年中华全国工商业联合会执委、常委
1985年香港特区基本法咨询委员会委员	1988年第七届全国政协常委
1996年香港特别行政区筹备委员会委员	1993年第八届全国政协常委
1996年香港特别行政区第一届政府推选委员会委员	1998年第九届全国政协常委
	2005年上海唐君远教育基金会首任理事长

资料来源：上海唐君远教育基金会

如表1所示，唐翔千在香港与内地身兼数职，具有多重身份。

首先，他是著名的社会活动家。唐翔千曾任香港棉纺业同业工会主席和香港工业总会主席等职务，是香港棉纺织业和香港制造业行业组织的领导者，在职期间积极推动香港和内地的经贸合作，成功引入港资到内地；唐翔千曾任上海海外联谊会理事和沪港经济发展协会港方会长等职务，是社会团体的参与者或负责人，在职期间致力于加强香港与内地的信息互通与科技交流，增进两地友谊；唐翔千曾任香港特别行政区筹备委员会委员和第六届、七届、八届、九届全国政协执委、常委等职务，是国家事务的参与者，在职期间积极参与香港回归祖国和特区政府筹备工作，出谋划策，致力于香港与内地的共同繁荣。

其次，他是著名慈善家。唐翔千是上海唐君远教育基金会①首任理事长，也是该基金会的主要出资者。改革开放后，唐翔千通过上海唐君远教育基金会资助办学，支持内地科教文化事业的发展，培养改革开放急需人才。

最后，他是知名实业家。唐翔千在香港创办了中南纺织厂、香港南联实业有限公司等企业，改革开放后又回内地投资新疆天山毛纺织品有限公司和上海联合毛纺织有限公司等企业。作为知名的实业家，唐翔千带头投资内地，创新香港与内地的合作方式，拓宽两地的合作领域。

唐翔千充分发挥自己身兼数职具备多重身份的优势，促进了香港与内地的交流合作。

第一，推动香港和内地的经贸合作，成功将港资引入内地。

唐翔千接待了改革开放后第一个访问香港的上海工商界代表团，并带头组团访问上海，为打开沪港合作大门起了重要作用。1979年3月，为了进一步开展和扩大对港澳和海外侨胞的统一战线工作，以张承宗为团长、刘靖基为副团长的上海工商界经济代表团一行人访问香港，唐翔千作为东道主负责接待。作为改革开放后第一个访问的工商界代表团，此次访问打开了新时期沪港全面合作的大门。②代表团回上海后，张承宗表示："今年三月份上海工商界代表去香港访问后，对促进上海、香港之间的贸易已有所推动，如纺织业、电子业、服装业有了良好的开端。"③同年10月20日，以唐翔千为团长，吴中一、郭正达、刘浩清为副团长的香港工商界代表团访问上海，与上海有关部门接触洽谈纺

---

① 1987年，唐君远为发展教育、振兴中华，设立"唐君远奖学金"。1994年，在唐翔千及唐氏家族的不断增拨资金下，"唐君远奖学金"扩展为唐氏教育基金会，由唐宏源、唐翔千分别担任正、副会长。2005年3月，经上海市民政局、上海市社会团体管理局批准，唐氏教育基金会更名为上海唐君远教育基金会，唐翔千担任首任理事长。

② 张云：《改革开放初期沪港经济合作的开拓之旅》，《党政论坛》2018年第10期，第11—13页。

③ 《中共上海市委统战部关于邀请香港工商界访问团来沪访问计划、组织上海工商界访美初步意见》（1979年7月），上海市档案馆档案，档案号：A33/6/61。

织、服装、化工设备、电子工业、手表、相机胶卷、印刷、旅游、建筑、银行信用卡等各项合作。①香港工商界代表团在沪期间，唐翔千与中央人民政府纺织工业部初步达成协议，"同意在上海搞一个粗纺厂；改造一二个旧厂，合资经营毛纺针织厂"；郭正达向上海有关部门表示，"希望联合起来合资建厂，引进法国的最好设备"；港英政府立法局议员吴树炽"积极参加业务洽谈，谈妥了一些贸易项目"；新昌集团董事长叶谋遵向上海市政府反映，"港英政府立法局有一些议员，都想来沪参观访问，费用自理，但需要得到邀请"。②代表团互访不仅为促进沪港之间的贸易起到桥梁作用，还加强了两地官方之间的联系。此后，沪港间的合作与交流便如火如荼地开展起来。

唐翔千支持工业总会内部成立香港内地工业合作委员会，为港商投资内地提供帮助。香港厂商在与内地合作工业时，由于内地刚开始与海外厂商合作，经验与管理能力尚有不足，加之合作方式存在问题，港商碰到了不少困难。对此，唐翔千支持香港工业总会内部成立香港内地工业合作委员会，以帮助港商更好地与内地开展合作。唐翔千表示，鉴于香港与内地工业合作将会是未来本港工业发展的一个重要环节，香港工业总会最近成立了一个香港内地工业合作委员会，加强本港与内地的联系，组织本港厂商与内地互派贸易考察团，并搜集其他有关资料提供给本港厂商，务求促进内地与香港工业的共同利益。③

唐翔千公开表态支持港商投资内地，消除港商投资内地的疑虑，成功引港资入内地。对外开放政策刚开始实行时，港商对于在内地投资设厂并不踊跃，究其原因除了担忧内地政策变化外，主要是香港"一般厂商对内地发展工商业仍具戒心，忧虑内地完成四个现代化之后，会成为香港对外贸易的强劲敌

---

① 《中共上海市委统战部关于邀请香港工商界访问团来沪访问计划、组织上海工商界访美初步意见》（1979年7月），上海市档案馆档案，档案号：A33/6/61。
② 《中共上海市委统战部关于上海、香港工商界之间建立咨询机构"新兴发展有限公司章程"》（1979年8月），上海市档案馆档案，档案号：A33/7/292。
③ 《工业总会主席唐翔千发表演讲》，《大公报》1981年6月21日，第4版。

手"①。唐翔千深刻理解港商的忧虑，因此他通过公开演讲建议港商利用内地改革开放的大好时机进行企业转型。唐翔千表示："本港厂商可以利用内地开放政策，以合资经营方式将一些辅助性生产服务转移到内地制造，本港厂商则集中研究高品质技术，以发展更有竞争能力的新产品。"②唐翔千的建议是符合港商利益需求的，因为20世纪80年代初期，以劳动密集型产业为主的香港工业囿于生产成本不断上涨，已达瓶颈，亟须产业升级转型，而内地改革开放正好能给香港企业转型提供支持。唐翔千的建议也是符合内地招商引资需求的，随着港商开始大规模地把劳动密集型的行业或加工工序迁移到内地，从1984年开始，内地的珠江三角洲地区即成为香港制造业的生产基地，珠江三角洲地区经济迅速崛起。③

第二，加强香港与内地的信息互通与科技交流，增进了两地民众的互相了解。

唐翔千创办沪港经济发展协会，加强沪港两地的相互了解，促进交流合作。唐翔千是沪港经济发展协会的创始人之一。1979年，在中共上海市委第一书记彭冲的建议下，唐翔千就有建立沪港工商界联谊会以加强两地合作的想法。④1984年，鉴于中英两国对于香港问题已基本达成共识，在中共上海市委统战部部长张承宗的提议下，唐翔千、刘靖基、张承宗联合倡议成立沪港经济发展协会，并得到两地各界人士的支持。同年9月26日，为成立沪港经济发展协会，在张承宗、刘靖基和唐翔千的主持下，上海和香港经济界人士在上海举行会议。会议讨论了沪港经济发展协会章程草案以及今后工作，决议成立筹备委员会并推举张承宗、刘靖基、唐翔千为筹备委员会主任。⑤11月，上海沪港经济发展协会宣告成立。1985年2月1日，香港沪港经济发展协会有限公司也

---

① 《投资大陆设厂》，《华侨日报》1979年2月20日，第5版。

② 《工业总会主席唐翔千建议》，《香港工商日报》1981年6月21日，第7版。

③ 吴育频：《改革以来香港与内地经贸交往经历的几个阶段》，《华东经济管理》1996年第6期，第21—24页。

④ 《中共上海市委统战部关于上海、香港工商界之间建立咨询机构"新兴发展有限公司章程"》（1979年8月），上海市档案馆档案，档案号：A33/7/292。

⑤ 《沪港经济发展协会成立筹备委员会》，《华侨日报》1984年9月29日，第7版。

正式成立。^①沪港经济发展协会成立后，广交朋友，联络友情。从1984年11月
协会成立到1987年12月，沪港经济发展协会就先后接待了从香港总督到工商
经济、技术科研、文艺体育等各界人士500多批（次），开展了多种活动，增进
了上海与香港各界人士的相互了解。^②

　　20世纪80年代，由于公共传媒与通信工具的不发达，相互访问是促进两
地交流、增加两地了解的最佳途径之一。沪港经济发展协会成立后，为了增进
两地友谊，唐翔千多次组团或邀请协会成员相互访问。根据《文汇报》（上海
版）和《大公报》（香港版）的报道统计，唐翔千任职协会港方会长期间，曾
19次组团或参团访问上海，2次邀请张承宗组织上海沪港经济发展协会代表团
访问香港。^③协会成员两地互访，加强了两地联系，有助于贸易洽谈。如1985
年沪港经济代表团访问香港时，"廖创兴银行董事长廖烈文亲自拜访了张承宗，
要求能在上海设立廖创兴银行分行，并表示可提供低息贷款。"^④经过一系列接
触洽谈，1988年上海第一家侨资银行的办事处——香港廖创兴银行有限公司上

① 张承宗：《晓珠天上——往事回忆及其他》，华东师范大学出版社，1996年，第7页。
② 《沪港经济合作民间渠道拓宽》，《文汇报》1987年12月14日，第1版。
③ 数据源于笔者统计，资料来源于《大公报》与《文汇报》。1984年11月17日，唐翔千到上海
　参加沪港经济发展协会成立大会。1985年1月26日，张承宗受唐翔千邀请组团赴港参加沪
　港经济发展协会成立典礼。1985年5月8日，唐翔千参加香港经济贸易代表团到上海筹办香
　港产品展览。1985年11月17日，唐翔千到上海参加沪港经济发展协会第四次理事扩大会议。
　1986年5月16日，唐翔千到上海参加上海对外友好合作讨论会。1986年11月17日，唐翔千
　到上海参加沪港经济合作研讨会。1988年5月11日，张承宗率领沪港经济协会代表团访问香
　港。1988年11月11日，唐翔千作为政协委员受邀到沪视察。1989年7月12日，朱镕基会见
　回沪探亲访友的唐翔千及其兄弟唐骥千。1989年8月14日，唐翔千率领香港工商界人士组团
　访沪。1989年11月2日，唐翔千作为政协委员到沪视察。1989年11月3日，唐翔千出席沪港
　经济发展协会第八次理事会。1990年1月26日，徐汇海外联谊会成立，名誉会长唐翔千到会
　致辞。1991年5月27日，唐翔千到上海参加上海海外联谊会五周年庆祝大会。1992年10月22
　日，唐翔千作为政协委员视察团副团长到沪视察。1992年3月20日，唐翔千被聘请为上海市
　纺织工业局名誉顾问。1993年10月19日，唐翔千参加联合图书馆落成典礼。1993年11月30
　日，唐翔千担任浦东工商联名誉会长。1995年2月25日，唐翔千为团长的香港沪港经济协会
　访问团访问上海。1995年10月22日，唐翔千到沪参加上海海外联谊会成立十周年庆典。1997
　年11月23日，唐翔千到沪参加唐氏基金会创建十周年庆祝大会。1999年10月23日，唐翔千
　到沪参加"上海市荣誉市民"称号颁授仪式。
④ 《中共上海市委统战部同意沪港经济发展协会举办"外经贸经营管理班"去香港见习的报告》
　（1985年2月），上海市档案馆档案，档案号：A33/7/846。

海办事处在中国人民银行总会批准下设立。香港廖创兴银行有限公司上海办事处开业时，该行董事总经理、廖创兴集团董事长廖烈文率领近50人的上海考察团访沪考察贸易，亲自主持开业典礼。上海考察团的成员以潮州籍人士为主，均为香港、马来西亚、泰国金融界、贸易界、实业界的知名人士，他们的贸易考察有助于上海招商引资。[①]从沪港经济代表团访问香港与港商建立联系，到达成合作意向后港商组团访沪推动了上海的招商引资，沪港合作就是这样通过两地互访一步步推进的。

唐翔千响应政府号召筹办香港产品展览会，促进沪港信息互通与科技交流，推动两地经贸合作进一步开展。展览会是一种特别的信息交流平台，它除了以声音、文字及图像来表达某些特定事实与主题外，还以实物的形式展示在参观者（信息的接收者）的面前，甚至可以实地操作以展示性能，是一种效果显著的方式。[②]鉴于展览会在信息交流中的显著效果，沪港经济发展协会成立时，时任上海市市长的汪道涵就表示："希望协会做好两件事：一是举办展览，使上海与香港互通信息，促使上海的产品逐步接近国际水平。二是大力开展人才培训。"[③]唐翔千积极响应政府需求。1985年5月8日"香港产品八五"展览会在唐翔千的筹办下，在上海沪港经济发展协会的赞助下隆重开幕。通过为期6天的展览，沪港两地厂商建立了一定的联系和接触，双方对于产品需求、市场讯息等也有了进一步沟通和了解，这对于以后双方开展贸易或合资经营具有积极作用。另外借由此次展览，内地有关单位与多家港商达成了数项合营企业意向，香港厂商也获得了1.5亿港元的订单，双方经贸合作得到加强。[④]

---

① 《中共上海市委统战部关于香港廖烈文先生率上海考察团访沪活动安排、组团出席陈经纶中学落成典礼等问题与有关单位的来往文书》（1988年7月），上海市档案馆档案，档案号：A33/7/1207。

② 杨志主编：《香港工商与法律指南》，企业管理出版社，1996年，第694—695页。

③ 《沪港经济发展协会成立》，《文汇报》1984年11月17日，第1版。

④ 《六天展览圆满结束》，《大公报》1985年5月14日，第1版。《唐翔千先生谈沪港合作》，《文汇报》1985年5月14日，第2版。

第三，资助内地科教文化事业，培养改革开放急需人才。

唐翔千带头资助高级企业管理班，帮助培养改革开放急需人才。随着对外开放的逐步深入，我国管理人员不懂技术和外文的缺陷日益突出，培养具有外向意识的管理人才成为发展外向型经济的一项重要任务。为了帮助上海更好地发展外向型经济，沪港经济发展协会港方会长唐翔千与上海沪港经济发展协会签订了协议书，定期为上海培训各种专门人才，聘请香港专家、学者来沪讲课，组织学员赴香港短期考察，并承担他们在港期间的食宿、交通费用。①在以唐翔千为首的香港企业家的资助下，沪港经济发展协会组织的企业高级管理人员培训班通过两地合作，培养了一批具有外向型意识的管理人才，帮助解决了我国发展外向型经济过程中人才不足的问题。

唐翔千还设立基金会资助办学，支持内地科教文化事业的发展，培养改革开放所需的尖端人才。唐翔千于1987年捐资设立了"唐君远奖学金"（之后发展为唐君远教育基金会），于1989年在中国纺织大学（现为东华大学）捐资设立"唐翔千教育基金"。其中"唐君远奖学金"成立后，通过奖励优秀教师、资助贫困学生、捐赠各类教学设施等方式，为国家的教育事业和人才培育做出了卓越的贡献。"唐翔千教育基金"成立后，资助中国纺织大学与国外联合培养机械设计、材料、制造三位一体化的硕士研究生等高级专业人才，培养了改革开放所需的尖端人才。②

第四，参政议政，促进香港与内地的共同繁荣

唐翔千多次参加沪港经济研讨座谈，为加强沪港间经济、科学、技术合作交流提出了许多设想与建议。1985年以来，为打通沪港两地合作渠道，促进两地经济贸易发展，上海经济研究中心、沪港经济发展协会、上海海外联合会等组织陆续开展了上海对外友好合作讨论会，沪港经济合作研讨会，培养外向型

---

① 《中共上海市委统战部同意沪港经济发展协会举办"外经贸经营管理班"去香港见习的报告》（1985年2月），上海市档案馆档案，档案号：A33/7/846。《联合上海人才培养力量培养外向型意识管理人才》，《文汇报》1988年5月17日，第1版。

② 《在纺大设立教育基金会》，《文汇报》1989年11月4日，第2版。

经济人才研讨会，香港与上海、长江三角洲经济合作前景研讨会，沪港经济发展与合作座谈会，中国贸易投资研讨会，沪港金融合作发展研讨会，等等。唐翔千积极参加研讨座谈，为沪港繁荣发展建言献策。对于沪港科技交流，唐翔千表示"香港与内地较近，信息灵通，科学技术较发达，建议上海可以向香港投资，就高科技工业合办一些工厂，通过这一办法来培训自己的科技人才，掌握先进技术"①；对于加强沪港经贸合作，唐翔千建议上海市政府"制订具体细则，让投资者心中有底"②。他吐露，香港工业加工成本高，一定程度削弱了香港的工业基础，应该说，内地争取把这些项目引进来，正是大好时机，上海是有这种能力的③；对于沪港未来发展，唐翔千表示"世界经济发展表明，一个大城市的崛起，有赖于周围地区城市经济的发展。因此，上海未来的发展要和整个长江三角洲乃至整个长江流域的经济发展相结合"④。他认为"如果两地能够相辅相成，再加上珠江三角洲作为制造业基地的支持，两地都可以成为国际城市"⑤。

　　唐翔千还积极参政议政，在政协会议上为加强香港与内地合作建言献策，促进两地共同繁荣。1986—2003年期间，唐翔千担任了第六届全国政协委员和第七届、八届、九届全国政协常委。任职期间，唐翔千在政协会议上积极发言，强调应该加强香港与内地的交流合作。1987年在全国政协六届五次会议上，唐翔千表示："香港同内地的关系应是相辅相成的，应努力实现互相投资，互相合作，互相交流，互相培训。这样对实现'四化'、对香港的繁荣都有好处。"⑥1991年在全国政协七届四次会议分组讨论中，唐翔千表示："要加强

① 《中共上海市委统战部关于召开上海对外友好合作讨论会的筹备过程、会议安排、大会发言等情况》（1986年1月），上海市档案馆档案，档案号：A33/6/339。
② 《进一步发展沪港经济合作》，《文汇报》1986年11月7日，第1版。
③ 《香港工商名流访沪》，《大公报》1989年8月15日，第1版。
④ 《探讨两地经济发展与合作战略》，《文汇报》1995年2月25日，第3版。
⑤ Lai Renee, "Stronger HK tie will give cities international lift". *South China Morning Post*, (08，May 1997): 1.
⑥ 《议大事，抒己见，把各项工作推进——全国政协六届五次会议部分委员发言摘要》，《人民日报》1987年4月5日，第2版。

香港和内地，特别是和珠江三角洲的关系，因为香港经济的发展是以内地经济的发展为依托的，而香港经济发展也将促进内地经济的发展。"①除了在政协会议上强调香港与内地交流合作的重要性外，唐翔千充分发挥政协委员的主要职能——参政议政，向全国政协反映港商投资内地遇到的问题并提出建议，以期加强两地合作。1990年，针对内地政府部门在吸收管理外资、发挥外资效益方面的工作的问题，唐翔千于全国政协七届三次会议上提交了一份书面发言，并提出五点建议："一、改进管理体制，设一专门机构，以帮助新的投资者尽快熟悉从中央到地方的各银行、海关、税务行政管理等部门的工作方式以及有关投资环境和法规条例等，以免遇到问题时处理处处掣肘、投诉无门乃至丧失投资信心；二、政府应倡导三资企业组建以交流信息、研究市场为目标的民间团体；三、鼓励三资企业参与内地的横向经济联系；四、在管理体制中引入平等竞争的组织体系，调整出口商品的结构，扩大制成品和附加价值高的产品的比重；五、利用外资优势，让生产过程复杂、国际市场敏感的产品由三资企业来推展"②。

结　语

纵观唐翔千的一生，可以感受到他一直致力于爱国奉献、振兴民族的事务。改革开放之初，唐翔千率先回到内地投资成立天山毛纺织有限公司和上海联合毛纺织有限公司，成为国家改革开放的先锋和"沪港合资第一人"，成功带动港资参与国家经济社会发展。中共上海市委统战部副部长、上海海外联谊会副会长赵福禧总结"唐翔千在参与上海发展、促进沪港交流方面贡献了重要力量。他不仅为上海建设注入外资，还为沪港交流开启先河，为沪港

① 《全国政协七届四次会议分组讨论发言摘要》，《人民日报》1991年4月4日，第5版。
② 《唐翔千谈两地关系》，《大公报》1990年3月24日，第2版。

往来搭建平台"①。除亲自投资内地外,唐翔千还发挥其在香港与内地具有多重身份的优势,通过组织代表团互访、公开表态、参政议政等方式,以实际行动促进两地交流与合作。香港工业总会评价:"在唐翔千任主席期间,香港制造业发展迅速,海外市场蓬勃发展,生产技术不断提高。在唐博士的领导下,工业总会积极与内地同行建立对话,协助香港企业在内地发展,把握珠江三角洲的巨大商机。香港工业总会对他为工业界和香港整体经济做出的杰出贡献表示敬意。"②唐翔千积极参与香港回归祖国和特区政府筹备工作,为香港平稳过渡和长远发展献策良多。香港特首林郑月娥赞扬唐翔千是"成功商人,但不忘建设祖国,支持国家改革开放,对筹备成立香港特区贡献良多"③。唐翔千始终关心和支持内地教育事业的发展,他成立的唐氏基金会在内地助学捐款逾亿元。江苏省常委、统战部部长杨岳赞誉"唐翔千先生一生致力于教育兴邦、慈善助民,贡献卓著"④。唐翔千是港商支持内地经济建设的先驱者,他积极投身改革开放,身体力行为国家经济发展添砖加瓦。可以说唐翔千是香港和内地沧桑巨变的历史见证人、参与者和开拓者。有点遗憾的是,关于改革开放后唐翔千与内陆交流活动的记载香港报刊等有不少呈现,但由于新冠疫情原因,未能对香港所存资料应收尽收,而通过数据平台收集资料也受到限制,如此在本文中,一些问题的讨论在深度与广度方面受到影响,只能有待今后继续努力完善。

---

① 《香港内地沧桑巨变的历史见证人——追忆"沪港合资第一人"唐翔千》,《中国新闻社》2018年12月6日。

② "FHKI Saddened by the Loss of Honorary President Dr Tang Hsiang-Chien", *Washington, D.C.* (12 Mar 2018).

③ 《实业兴国的"红顶港商"》,《财新周刊》2018年4月9日,第88版。

④ 《唐翔千魂归家乡青龙山》,《大公报》2018年4月12日,第A10版。

The Role of Tang Hsiang-chien in the Exchange and Cooperation between Hong Kong and the Mainland

Zhang Yanjiao, Gao Hongxia

Abstract: Tang Hsiang-chien is a well-known patriot, a renowned industrialist in Hong Kong's business community and a close friend of the Communist Party of China. After the reform and opening up, as one of the first Hong Kong businessmen to invest back in China, Tang Hsiang-chien droved the trend of Hong Kong businessmen investing in the Mainland textile industry with his own successful experience. Having served as Chairman of the Federation of Hong Kong Cotton Weavers, Chairman of the Federation of Hong Kong Industries, Chairman of the Hong Kong side of the Hong Kong-Shanghai Economic Development Association and a member of the national committee of the Chinese People's Political Consultative Conference, Tang Hsiang-chien has made full use of his multiple roles in Hong Kong and the Mainland to contribute to the promotion of exchanges and cooperation between the two places by organising reciprocal visits by delegations, making public statements and participating in political affairs.

Key words: Tang Hsiang-chien, Reform and opening up, Hong Kong-Shanghai cooperation

投石问路：

唐翔千与改革开放初期的招商引资

赵 晋[①]

摘要：唐翔千兼具企业家、香港实业领袖、著名爱国人士三重身份，在中国改革开放初期的招商引资、体制转型过程中，发挥了难以替代的历史作用。面对数十年计划经济体制的禁锢，唐翔千披荆斩棘，百折不挠，敢于冲破藩篱，在与新疆、上海联合办厂的过程中，创造了巨大利润，构建起良性互动的产业链，取得了骄人业绩。这是企业家创新创业精神与爱国爱乡情怀的高度融合，是经济理性与责任意识的完美结合。唐翔千能够在改革开放初期"一石激起千层浪"，也反映出在那个特殊年代里，中央、地方政府的积极进取与责任担当。作为"第一个吃螃蟹的"企业家，唐翔千以一言一行，赢得了内地与香港特区政府、百姓的衷心信赖。

关键词：唐翔千，改革开放，招商引资，新疆天山毛纺织品有限公司，上海联合毛纺织有限公司

引 言

唐翔千是香港知名实业家，1923年出生于江苏无锡，是中国近代著名纺织

---

① 赵晋，华东师范大学历史学系教授。

企业家唐君远的长子。唐翔千1945年毕业于上海大同大学商学院，1950年获美国伊利诺伊大学经济学硕士学位。同年回到祖国，先在上海中国实业银行任见习主任，后被派往香港分行负责外汇业务。1953年起，唐翔千开始进入香港实业界，先后与友人合资创办香港五洲布厂、香港华侨纱厂、香港华侨纺织品有限公司、香港中南纱厂、香港中南针织有限公司、香港中南针织厂、香港毛纺厂等企业，成为香港纺织业翘楚。1968年，他与安子介、周文轩、周忠继等人组建香港最大的棉纺织企业集团香港南联实业有限公司。1969年独资创办香港半岛针织有限公司并任董事长。唐翔千也曾担任香港友好协进会副主席、香港贸易发展局理事、香港工业发展委员会委员、香港棉纺业同业公会主席、香港工业总会主席、香港总商会副主席等要社会要职。

中国改革开放后，唐翔千先后在深圳做成特区第一批补偿贸易，在新疆建成第一家合资经营的新疆天山毛纺织品有限公司并任总经理，在上海创办第一家沪港合资的上海联合毛纺织有限公司并任副董事长，在广东创建联发毛纺织有限公司并任副董事长、总经理，合计创办了6家合资毛纺织企业。在中国改革开放的大浪中，唐翔千是第一批甚至是首位将注意力投向中国内地建设的港商，亦是第一批甚至是首位将香港工商业命运同祖国内地牵连在一起的爱国企业家。他向祖国内地的投资设厂，带动了港澳台在内地设厂的浪潮，有力地推动了祖国的改革开放，是爱国实业家的光辉典范。也正因此，唐翔千受到中央政府的高度信任，自1988年起他连续当选为第七届、八届、九届全国政协常委。香港回归后，他任中华人民共和国香港特别行政区基本法咨询委员会委员，他还是香港中文大学校董及新亚书院董事会主席。

本文聚焦于20世纪70年代中后期至80年代初期，中国启动改革开放、开启招商引资大门的最初岁月，唐翔千在内地"投石问路"，创办合资企业的历史。文章将以唐翔千在内地创立毛纺企业的核心环节——新疆天山毛纺织品有限公司和上海联合毛纺织有限公司为中心，借助丰富的文献史料，细致梳理唐翔千在内地的办厂机遇和条件、困难和阻力、企业家精神和克服困难的努力、政府的支持与上海、新疆和香港三方互动等核心问题，试图从宏大的层面，反映和揭示改革开放初期，中国招商引资的艰难启动、经济体制的缓慢转型，并呈现"第一个吃螃蟹"的爱国企业家的精神特质、时代风貌与历史贡献。

一、生存境遇、使命担当与爱国情怀：改革开放初期唐翔千对新疆、上海的访问

祖国改革开放伊始，唐翔千便敏锐地觉察到这是对香港实业的重大利好。实际上，早在20世纪70年代中期，香港纺织业便遇到了发展瓶颈。1974年，"香港纺织品不获欧洲共同市场普及特惠税优待，以致在与邻近国家竞争下受到重大损害"①。6月5日，身为香港棉纺业同业公会代主席的唐翔千公开表示忧虑，"邻近各国，诸如韩国、印尼、泰国等纱锭增加二三倍，难免因生产过剩而将积压之纱布向香港倾销。香港则因采取自由贸易政策，顿成削价倾销之目标，同时，本港纺织业成本增加，使本港纺织业处于内外双重煎迫之境"②。1976年7月20日，唐翔千在谈到香港纺织业的艰难时，称"在过去十年内，棉价几度剧变，尤以一九七三年及本年更甚"，"原棉价格变动剧烈，以致国际棉花市场濒于混乱，贸易信用之完整，亦受到严重影响"。③

1980年6月25日，香港工业总会改选，唐翔千任主席。从此，整个香港工业的前途命运，都与唐翔千有了密不可分的关系，唐氏背负起更加重大的使命。④此时，不仅纺织业，整个香港的经济增长，特别是出口贸易均遭遇巨大阻力。"本港出口总值虽然有增长，但亦由一九七九年的百分之三十七升幅降至百分之二十二，事实上许多产品的实际出口数量已大为减少，展望今年，由

---

① 《法港纺织代表再次交换意见》，《工商晚报》（香港）1974年5月15日，第8页。

② 《唐翔千谈自由港政策 棉纺业受双重压迫》，《工商晚报》（香港）1974年6月5日，第8页。

③ 《唐翔千指出原棉价波动本港棉业履险如夷仍须设法扩展市场》，《工商日报》（香港）1976年7月20日，第6页。

④ 《工业总会改选，唐翔千任主席》，《华侨日报》1980年6月25日，第3张第3页。

于欧美市场情况难以乐观，本港出口前景难望好转。"① 1980年，由于"能源成本增加四成"，"香港投机风气大盛，使工业在社会经济中的角色受到冷落。工业楼宇虽多，空置楼宇比比皆是"②。"在地价、楼价、租值、工资、银行贷款利率、电费、运费、原料成本等无止境的飞涨影响下，香港工业一九八〇年的盈利机会和竞争力大打折扣。况且，市场不景也反映出制造商在一九八〇年间受到相当巨大的内外压力，这些压力持续至年底仍未见明显的解除迹象。"香港工业家"已经感觉到实在难以为继了"。③

面对香港经济特别是制造业的乏力与困境，1981年6月21日，唐翔千在香港西区狮子会午餐会发表了"香港工业前途与中国密切关系"的主旨演讲，指出："香港繁荣与安定始终建基于健全的工业发展，如何推动扶助工业向适当的方向发展，将是香港最值得关注的课题。事实上香港工业发展正处于调整阶段，近年中国内地采取经济开放政策，欢迎海外投资，为香港工业发展提供新方向。"④他呼吁："本港厂商可以利用目前中国大陆改革和开放政策，以合资经营方式将一些辅助性生产服务转移到内地制造，本港厂商则集中研究高品质技术，以发展更有竞争力的新产品。"⑤

如何与内地合作呢？唐翔千进一步指出，"目前与中国（内地）合作工业生产有四种方式：一，补偿贸易；二，来料加工；三，进料加工；四，合营。"他倾向于第四种方式——合营，"从长远利益来看，合营成为较为理想的投资方式。在合营方式下，港商与内地共同管理工厂的生产，这样港商不但可以利用内地丰富的原料和廉宜的加工服务，并可以指导它的生产，控

---

① 《香港工业总会主席唐翔千认为经济增长难如所望港府应发展制造业促进繁荣》，《工商日报》（香港）1981年2月28日，第4页。
② 《小评：唐翔千论工业前景》，《华侨日报》1981年7月1日，第2张第1页。
③ 《工业总会主席唐翔千警告投机风气打击工业制造业难保持佳绩》，《工商晚报》（香港）1981年7月1日，第7页。
④ 《工业总会主席唐翔千强调香港工业繁荣与否与中国合作有前途》，《华侨日报》1981年6月21日，第2张第3页。
⑤ 《工业总会主席唐翔千建议集中发展新产品辅助性生产转移在大陆制造》，《工商日报》（香港）1981年6月21日，第7页。

制它的品质"①。

有鉴于此，香港工业总会很快成立起香港内地工业合作委员会，"旨在加强本港与中国内地当局的联系，组织本港厂商与内地互派贸易考察团，并搜集其他有关资料供给本港厂商，务求促进内地与香港工业的共同利益"②。

彼时，唐翔千率先提出并强调与内地合作，既是出于解决香港制造业和外贸业生存窘境的现实考虑，也是其作为香港工业总会主席、香港总商会董事的责任担当，更与其身为爱国实业家唐君远长子，长期深受父亲爱国爱乡的影响所致。这种双重身份，自然要求他身体力行，躬亲垂范。

1979年1月，唐翔千便开启了他内地考察之旅。他的首选之地是新疆。这是为什么呢？实际上，早在1969年，唐翔千就独资创办起香港半岛针织有限公司，专门生产羊绒衫。在动物纤维中，羊绒属于最细软的一种，用它加工而成的衣服，穿着舒适，手感柔软，色泽艳丽，保暖性强，因此，羊绒被称为"软黄金"。20世纪70年代，人们的消费水平提高，羊绒衫的销路逐渐转旺。新疆地大物博，以盛产羊毛、山羊绒、长绒棉而闻名于世。"那里羊绒不仅数量多，质量也好，纤维细软，毛长均匀，卷曲匀密。"不仅如此，改革开放之初的新疆地方政府也"一直在酝酿如何利用资源优势，推动经济发展"。③双方一拍即合，这是唐翔千选择新疆作为首旅的原因。

在访问新疆之后的同年10月，唐翔千在1949年新中国成立后第三次来到上海。同"文化大革命"中探访双亲的情况不同，这一次，唐翔千率领着一个香港工商界访问团，专以为"四化"做贡献为宗旨。在沪期间，访问团参观了豫园、玉佛寺等，观看了文艺演出，同有关单位进行了业务洽谈。市政协和市委统战部、市工商联分别招待了访问团全体成员，唐翔千等人就内地的经济建

---

① 《工业总会主席唐翔千建议集中发展新产品辅助性生产转移在大陆制造》，《工商日报》（香港）1981年6月21日，第7页。
② 《工业总会主席唐翔千发表演讲港商投资内地越来越多经济特区提供辅助生产减轻港产品成本有利出口竞争》，《大公报》（香港）1981年6月21日，第2张第4版。
③ 蒋小馨、唐晔：《唐翔千传》，上海人民出版社，2016年，第181—182页。

设和贸易等提出了宝贵的意见。访问团还先后到杭州、苏州、无锡等著名风景区参观游览。唐翔千在无锡见到了多年不见的亲友，格外高兴。上海市委统战部部长张承宗还到苏州、无锡陪同访问团参观游览；市政协副主席、市工商联主任刘靖基始终陪同访问团。正是这次访问，坚定了唐翔千投资内地，特别是投资上海的信心。①

二、实业落地：新、沪两家毛纺厂的开办

在经历了一番详尽的考察后，1979年7月，新疆天山毛纺厂在乌鲁木齐市以补偿贸易方式投资建厂。次年由新疆方面的技术引进部门与香港半岛针织有限公司、香港国际棉业有限公司、日本东洋纺系工业株式会社签订合营合同，转为合资经营模式，成为新疆第一个中外合资企业。1981年1月1日，新疆天山毛纺织品有限公司正式挂牌成立。《人民日报》《新疆日报》和香港《大公报》等多家媒体第一时间报道了这个消息。同年10月1日正式开工投产。②新疆方面为同唐翔千合资兴建毛纺织厂也做出了很大努力，表现出极大的诚意，"地租不计，工资照国内水平，奖金略有提高，厂址由唐选择，配额在国内解决的基础上，由当地政府领导亲自参加谈判和重视支持下签订了合同"③。

建在乌鲁木齐的天山毛纺厂，包括生活区在内，占地面积为57 000多平方米。包括主厂房以及锅炉房、仓库、食堂、宿舍楼、办公楼在内，总建筑面积近30 000平方米。从设计、施工、安装到投产，前后只用了20个月时间。这样的建设速度不仅在新疆是第一次，在国内外也是比较快的。天山毛纺厂拥有

---

① 《唐翔千担任团长香港工商界结束访沪行 彭冲等曾亲切会见全体成员》，《大公报》（香港）1979年11月1日，第2张第5版。
② 蒋小馨、唐晔：《唐翔千传》，上海人民出版社，2016年，第197页。
③ 《上海市纺织工业局"关于香港查济民和唐翔千合资办棉纺织厂和毛纺织厂会谈情况"的请示汇报（报请市委统战部长张承宗同志审阅）》，上海市档案馆档案，档案号：B134/3/1804，第8页。

4 500纺锭，最初投产2 500纺锭。厂内机器大都产自日本，其余包括洗毛机、空调、锅炉等配套设备为国内所产。由于日本方面派来的技术人员通力合作，经过3个月试产，各种机器的性能良好，均已达到了当初合同规定的各项指标。厂内各族工人生产出来的羊绒纱和羊毛纱，由针织厂织成色彩鲜艳的羊绒衫和羊毛衫，很快便投放市场。

公司成立后，唐翔千担任公司副董事长兼总经理，董事长和另一名副董事长由新疆方面派人担任。翔千对毛纺厂的厂址和厂房设计以及公司发展规划均过目审定，且指派黄鑫代理他为公司总经理。从注册资本来看，共有800万美元，双方投资比例为：新疆方面占51%，港资占49%，合同期限为15年。公司下属三个工厂，除了天山针织一厂、二厂系原有外，天山毛纺厂是新建工程。合同规定，厂房由新疆方面兴建，港方负责引进技术设备及向国外推销公司产品。公司计划年产羊绒纱、羊毛纱460吨，羊绒衫和羊毛衫72万件。[①]

需要指出的是，新疆天山厂的经验给后来上海厂提供了样本。上海的工商和统战部门也不甘落后，就在唐翔千访沪前后，也已开始紧锣密鼓地商议起合资办厂的事宜来。相比新疆，上海方面的考虑更实际、更具体：一方面，鉴于"过去由于生产工艺技术上、产品设计以及贸易经营上等原因，我国羊绒衫外销价远较美国、日本等产品低，甚至个别单位提出出口羊绒衫不如出口羊绒的论调。因此有必要通过与外商合作中引进先进设备与技术，改善经营"。另一方面，上海工业部门希望通过合营，"利用对方在国际市场的信誉、商标和经营经验，以及对方的国际贸易渠道推销产品，使我羊绒衫出口价格高于我国目前的水平（扣除跳过中间商经营，提高10%计价的因素）"。这一系列想法报给中央部门后，得到相当肯定，"出口羊绒衫收汇大大高于出口羊绒原料。搞羊绒衫合资厂可能会有原料供应问题，如确能大大提高出口收汇，也有利于你市

---

① 《新疆与港日合资经营天山毛纺厂昨投产，唐翔千倡设并兼总经理》，《大公报》（香港）1981年10月4日，第1张第3版。

向有关部门反映，争取少出原料多出成品。此外还希望在谈判中，能主动与兄弟省市联系，互通情况，交流经验"①。

在上海看来，与唐翔千等港商合营，还可以解决对早已停产的上海麻纺厂等老旧工厂的厂房、设备和原料的处置问题。因此，上海市纺织工业局"认为合资办毛纺厂经济上是可行的，技术上、经营上是创新的，而且不要征地和大量土建，国内不需花大量土建投资"，②遂极力促使合营厂尽快落地。

从唐翔千的角度来看，与上海合作，同新疆侧重考虑资源有所不同，上海的地理位置优越，工业基础和熟练工人较多。此外，还有一点，是个人的情感问题。还在唐翔千踏着皑皑白雪在新疆"战天斗地"之时，其父唐君远给他去了一封信：

> "翔千，我年纪大了，但国家对我还是很重视，也很照顾我。等你把新疆的工作安排好，有机会也来上海投资吧。我们唐家要为上海建设出一把力，做出一些成绩。"③

经过四轮认真的谈判、磋商和长时间的酝酿、筹备，1981年6月12日，上海联合毛纺织有限公司（以下简称"联毛"）正式成立。这家公司由上海市纺织工业局毛麻公司和香港联沪毛纺织有限公司，在平等互利原则基础上经过友好协商合资建立，成为第一家沪港合资企业。香港方面提供毛纺专用设备粗疏毛纺锭3 544枚，价值482万美元，上海方面则提供厂房和必要的设备原材料。企业在成立之初，即已建成一个毛针织厂，生产出兔、羊毛衫2 000多打，还

---

① 《上海市纺织工业局关于与港商唐翔千先生合资经营粗纺毛纺厂方案中有关羊绒衫产品问题的意见》（1980年1月7日），上海市档案馆档案，档案号：B134/3/1976，第1—2页。
② 《上海市纺织工业局"关于香港查济民和唐翔千合资办棉纺织厂和毛纺织厂会谈情况"的请示汇报（报请市委统战部长张承宗同志审阅）》（1980年6月13日），上海市档案馆档案，档案号：B134/3/1804，第5页。
③ 蒋小馨、唐晔：《唐翔千传》，上海人民出版社，2016年，第200页。

将陆续开设粗纺毛纱厂、第一毛针织厂、第二毛针织厂、机修厂和联合毛纺织有限公司驻香港办事处。公司投资为600万美元，其中上海市纺织工业局毛麻公司投资占60%，港方投资占40%。所获利润总额将按内地有关规定缴纳税金后，提取储备基金、企业发展基金和职工奖励及福利基金，然后按双方投资比例进行分配，经营期限暂定为15年。公司归双方协商组成的董事会领导，上海市纺织工业局局长张惠发任董事长，唐翔千任副董事长。[①]

三、阻力与助力：唐翔千内地办厂的困难与解决

事实上，就在唐翔千呼吁港商寻求与内地合作的同时，也向同仁婉转地表达了不可操之过急的想法，他显然意识到在经历了数十年计划经济体制后，中国内地的市场化转型是需要时日的。他明确告诫港商同仁，在寻求互惠互利的同时，"初期的商讨和设厂过程非常复杂，历时较长，而且需要对中共的政治经济发展和办事方式有较深认识"[②]。

从唐翔千的办厂实践来看，商讨和设厂的过程，的确非常复杂。在新疆天山建厂，固然可以满足原料、土地、劳动力等在香港继续发展所需要而又难以寻觅的条件，但"那里一片荒芜，道路不通，根本谈不上供水供电"[③]。不仅如此，还要克服当地人观念上的障碍。进入生产阶段后，最大的障碍就是产品质量。唐翔千发现，由于原料处理的许多环节缺乏监管，以致质量达不到要求，最终影响到成衣的品质。他意识到，这是内地大部分行业的通病——粗放式经营。要改变几十年来形成的大大咧咧的思想意识和工作习惯，实施精细化管理

---

① 《沪港合组毛纺公司唐翔千任副董事长上海联合毛纺织公司成立》，《大公报》（香港）1981年6月13日，第1张第3版。

② 《工业总会主席唐翔千建议集中发展新产品辅助性生产转移在大陆制造》，《工商日报》（香港）1981年6月21日，第7页。

③ 《当年五访新疆办首家中外合资企业，唐翔千天山纺织厂去年收入突破两亿，最近续在北京等地洽商新投资》，《华侨日报》1990年5月3日，第10版。

是很困难的。他自己的办法是将产业链逐渐延伸到上游环节，形成了以公司为核心的牧民养殖群体，此后又组成了近 8 000 人的企业协作群，最终有效提升了成衣的质量。

新疆天山厂遇到的另一个很大障碍是政策问题。根据规定，即使企业办在国境内，因为有外资成分，购买羊绒羊毛等原料也必须支付外汇，而当时国家对外汇采用双轨制，即官方汇率和市场汇率是两种价格，一个高一个低，这直接导致了公司在第一年便出现六位数的亏损。非常庆幸的是，中央政府很快注意到了这个问题。时任国务院副总理的姚依林在一份关于天山毛纺的报告上批示："请经委、财贸会同财政、银行、物价、税务等部门研究一下，提出建议，使这个合营企业改变亏损状态，有利可得。"此后，国家相关部委派专人赴新疆调查，从而催生了国务院 1983 年第 45 号文件。根据这份文件，合资企业在国内购买原料可以用人民币付款，以减轻外汇的利息负担，且在税收方面给予了一定优惠。[①]

上海联合毛纺织有限公司在商讨和设厂过程中，遇到的分歧和困扰同样不少，甚至更多。双方从 1979 年到 1981 年先后进行了四轮会谈，就合资办厂的有关政策原则问题和合资企业有关规模、投资、品种、设备、原料来源、产品销售、经营管理方式等具体筹建方案，广泛交换了意见，并多次进行了可行性分析。双方分歧较大的一点，也是唐翔千最担心的一点，是羊毛衫的配额问题。他的意见是"在建厂初期出口 10 万打毛衫，如能解决 5 万打配额，就可行了。其余 5 万打可以通过扩大销售地区、反改款式等设法解决"。为了使配额问题得到妥善解决，唐翔千曾三次提出要市政府领导单独接见，市领导同志都因没有空未能安排。1980 年 5 月 31 日，唐翔千离沪返港前表示，他在香港等待回音，随便什么时间请他来，他可随叫随到。上海市纺织工业局也同样意识到，配额问题是关系合营厂能否办成的关键因素。所以，在唐翔千提出相关要求

---

① 蒋小馨、唐晔：《唐翔千传》，第 198 页。

后，便派人专程去北京向纺织品总公司王旺俊总经理汇报请示。①最终，同意给合资厂以照顾，同意唐的设想。"唐先生对此表示放心，并同意于八月卅日签订本协议（合营协议）。"②

在配额问题解决后，双方还有两点很大的分歧：一则是关于外汇结算价格问题。唐提出新疆天山毛纺厂已经上级批准同意按1：2.8（即1美元折2.8元人民币）结算（包括投资额结算和国内费用结算），上海也应同样对待。最初上海方面的意见是，"1：2.8结汇办法是我们国内为了鼓励出口采取的贸易外汇内部结算价格，合营企业外汇结算应仍按中国银行对外挂牌汇率结算"。唐翔千坚持不同意，并向上海市有关领导提出申请。另一则分歧是关于合营企业征收营业税（即工商统一税）的问题。唐先生提出合营企业已征收所得税，不应再征收营业税，理由是许多资本主义国家对生产工厂不征收营业税，并称天山合资毛纺厂经上级领导机关批准免征。对此，上海市纺织工业局请示上海市进出口办，并走访市税务局，答复是：合营企业同样要征收营业税，其税率视同内地同行业国营厂即毛纺税率为18%，羊毛衫为5.05%。上海市纺织工业局认为，如按上述规定纳税，则合资办厂就缺乏竞争性和吸引力，而且很难办成功，"如据本项目经济可行性初步分析，按上述税率规定缴付营业税，则投资回收率达十年以上，搞得不好还要亏本。希有关领导部门给予研究作出较为合理的规定，以鼓励合资办厂工作开展"。

最终，政府相关部委批示，"合营企业应仍按中国银行挂牌汇率1.5汇率结算，其中内销一部分，按1：1.5结算也是比较适宜的"③。这是一个双方妥协的结果，唐翔千表示接受。另一方面，最终的建厂方案，依照唐翔千的要求，不

---

① 《上海市纺织工业局"关于香港查济民和唐翔千合资办棉纺织厂和毛纺织厂会谈情况"的请示汇报（报请市委统战部长张承宗同志审阅）》，上海市档案馆档案，档案号：B134/3/1804，第2页。
② 《上海市纺织工业局关于与香港唐翔千先生就在上海合资建厂达成协议经过情况的请示汇报》（1980年9月9日），上海市档案馆档案，档案号：A33/7/283，第1页。
③ 《上海市工商业联合会关于唐翔千1980年9月中旬来沪后了解的简况和各项问题的决定》（1980年9月25日），上海市档案馆档案，档案号：C48/3/86，第1页。

再征收营业税，只征收30%的所得税。这是内地政府对翔千的很大让步，他表示"很受鼓舞"。①不仅如此，原来上海方面认为，合营厂生产方向应以外销为主，唐翔千则认为建厂初期需双方共同努力在国际市场打出品牌，开拓销售渠道，因此外销比例参照新疆天山毛纺厂做法，只能逐步扩大，即建厂第一、二年由50%逐步增加到90%。上海工业和外贸部门接受了唐翔千的意见，"在办厂头一到二年中由于品种、质量、销售渠道等方面有一段摸索过程，原则上同意在头1—2年内外销比例允许有些机动，但要以外汇进出平衡有所积余为原则"②。

当然，唐翔千也做了积极的回应与保证。"表示他曾经与（香港）华润有关领导交换意见，华润公司领导原则表示过如合营厂产品，其质量品种高于国内一般产品水平，而又是华润公司所缺少的，可同意合营厂的产品有一定数量在香港销售。"③这显然达到了内地政府期盼的"利用对方在国际市场的信誉、商标和经营经验，以及对方的国际贸易渠道推销产品"④的目的，从而实现了双赢。

除了投资设厂与生产经营的问题外，还有一些具体的事务性问题曾使唐翔千感到困惑。一是"国内的内部报刊上（唐可能是指市进出口办公室转发的《深圳市在引进外资工作中受骗上当的情况》一文）"说香港半岛针织公司将20世纪30年代"老掉牙"的机器，以老充新卖给深圳。这件事甚至还引起中央领导人的注意。二是当时新疆计委负责同志反映，新疆毛纺织厂派到香港培训的工人在香港吃不饱饭。唐翔千对这两则指责，都予以坚决否认。他解释道，事

---

① 《上海市工商业联合会关于唐翔千1980年9月中旬来沪后了解的简况和各项问题的决定》（1980年9月25日），上海市档案馆档案，档案号：C48/3/86，第2页。
② 《上海市纺织工业局关于与香港唐翔千先生就在上海合资建厂达成协议经过情况的请示汇报》（1980年9月9日），上海市档案馆档案，档案号：A33/7/283，第3页。
③ 《上海市纺织工业局关于与香港唐翔千先生就在上海合资建厂达成协议经过情况的请示汇报》（1980年9月9日），上海市档案馆档案，档案号：A33/7/283，第2页。
④ 《上海市纺织工业局关于与港商唐翔千先生合资经营粗纺毛纺厂方案中有关羊绒衫产品问题的意见》（1980年1月7日），上海市档案馆档案，档案号：B134/3/1976，第1页。

实经过是这样的：“当深圳乡刚开放的时候，当时深圳还不是县，而是乡。华润公司要我去深圳投资开厂。针织品要翻花式，所以都用手摇织机——现在日本还用手摇机。当时我运到深圳的手摇式织机都是新的，并没有以老充新。”“新疆毛纺织厂派到香港培训的工人在香港吃不饱饭，一般人每餐吃一二盒炒米，培训的工人一个人吃了五六盒，怎么会没有吃饱？不会不让他们吃饱的。”上海市委统战部很快派人了解到真实情况，并给予澄清，以老充新卖给深圳机器的问题并不存在，而新疆赴港工人吃不饱饭的问题，则是“工人不好意思提出不够吃”。①

此外，正如唐翔千与内地合作之初即向港商同仁做出的告诫一样，唐对当年改革开放之初的内地甚至是上海的办事效率，也还是有批评的。其中让他很不满意的一件事是，1980年8月28日唐抵达上海机场后，就提出关于其助手顾子美办理签证去香港的问题。唐翔千早有想法雇请顾子美去香港，以便今后来往香港和内地，帮助他料理在新疆和将来在上海投资合作中所需要的联络事宜。2月顾曾向徐汇区公安局提出申请，3月回复可以考虑，不料7月徐汇区公安局将申请退回，并告知在半年以后再办理申请手续。“唐、顾二人，均为此事，忧心忡忡。”②因此，唐翔千批评上海缺少香港那种竞争的气氛，“有些人不求有功，但求无过。开起会来没完没了，办起事来拖拖拉拉。这种光说不干的作风要改，不改会使人失望。”但是，他又对上海的未来抱有极大期待，他认为，“上海投资环境好，人才多，教育水平高，很多人都想来上海投资。如能在两年当中把新工业区和外贸业务活动中心搞起来，港口及各项公共设施也都能及时跟上去，上海通向国际大都市的道路就打通了”③。值得一提的是，顾子

---

① 《中共上海市委统一战线工作部关于唐翔千谈与上海市纺织工业局合办毛纺厂情况等的反映》（1980年11月14日），上海市档案馆档案，档案号：A33/7/291，第1—8页。
② 《上海市纺织工业局关于唐翔千先生来沪情况的报告》（1980年8月），上海市档案馆档案，档案号：C48/3/86，第1—2页。
③ 《香港工业总会主席唐翔千谈内地办厂上海潜力很大，应充分利用有利条件，在发展合资企业方面起较大作用》，《大公报》（香港）1981年8月17日，第1张第4版。

美赴港的申请，受到上海统战部门的高度重视，在汪道涵、张承宗等领导人的协助下，很快得以解决。[1]

总之，"第一个吃螃蟹"的人，第一个进入原有体制内部寻求机遇的企业家，注定是不会一帆风顺的。但历史证明，唐翔千这一选择，无疑是正确的，因为这是顺应历史潮流的，也是符合民族发展要求的。唐翔千所面临的困难，是几十年计划经济体制带来的，是制度和人的观念的双重阻碍，因此是常人难以想象的。企业家精神、爱国爱港情怀以及内地政府的鼎力支持，最终使其渡过难关，闯出了一片新天地。

四、柳暗花明：沪、新毛纺业的兴旺与良性产业链的形成

在中国改革开放、体制变革的最初岁月里，唐翔千将其在香港办理羊绒针织厂的成功经验移植到祖国内地，推动了新疆和上海的生产革新与体制松绑。新疆天山纺织厂建立以前，曾经"一片荒芜，道路不通，根本谈不上供水供电"，但是，"土地、劳动力都不缺，经过几年努力就建设起来了"。据统计，到1982年，新疆天山毛纺织厂已经实现盈利。仅1989年一年，产品销售收入就突破了2亿元人民币，利润总额近5 000万元，荣登中国十大最佳合资企业排行榜的榜首。唐翔千明确表示，"这番业绩，若囿于香港，是不可能实现的。仅天山毛纺织品有限公司和他在上海投资的上海联合毛纺织（集团）有限公司，已共有员工五千多人，而整个香港三百多家毛纺、毛针织厂，总共也才五千余名工人"[2]。通过与国际知名品牌合作，天山毛纺依照国际羊毛局标准和各国消费者偏好，制定了不同的生产工艺，使得公司在国际羊绒加工企业中拥有了无可争议的技术和质量优势，产品远销美国、英国、德国、加

---

[1] 《中共上海市委统一战线工作部关于唐翔千谈与上海市纺织工业局合办毛纺厂情况等的反映》（1980年11月14日），上海市档案馆档案，档案号：A33/7/291，第8页。

[2] 《当年五访新疆办首家中外合资企业，唐翔千天山纺织厂去年收入突破两亿，最近续在北京等地洽商新投资》，《华侨日报》1990年5月3日，第10版。

拿大、瑞士、日本和韩国等国家和地区，且被日本、美国、意大利等国认定为免检产品。①

由于唐翔千、公司全体人员的共同努力，且受到国家进一步放宽政策的影响，1983年起，上海联合毛纺织有限公司亦开始盈利，踏上稳步发展的道路。从这一年开始，公司利润逐年以40%的速度递增，创汇逐年以32%的速度上升。②从1981年8月开业到1986年底，上海联合毛纺织有限公司销售金额累计2.4亿元，纯利润达2 900万元，创汇2 000万美元，经营性外汇顺差800万美元。以实得利润计算，"联毛"第一期工程的投资仅用了3年7个月就已全部收回，比原来预计7年的回收期缩短了一半。随着生产经营的不断发展，"联毛"积极扩展横向经济联系。③为了建立长期、稳定、保证质量的原料基地，"联毛"与上海川沙县畜禽公司合资经营了联川兔毛开发公司，与上海市纺织工业局经营公司合资创办了上海百乐毛纺织厂，与江苏如东县合作创办了联东毛纺织厂，等等。特别是与内蒙古东胜纺织公司建立合作关系，取得了羊绒原料来源，从而保证公司开发出丝兔毛混纺特色产品和高比例兔毛产品，远销到欧、美、日市场。④到1990年，"联毛"更发展成为集团性公司"联合实业"，于1992年在上海证交所上市。

此外，唐翔千在新、沪设厂时，便十分注意构建各自的全套产业链，使得内地工厂与香港工厂一样，均具备独立的采购、生产和销售的一条龙流水线。以新疆天山厂为例，天山毛纺慢慢形成了从绵羊、山羊优良品种的研究、养殖到原毛、原绒的初步加工，从染色、纺纱、织衫到品牌销售和产品出口的完整的产业链，一年生产可加工羊绒纱及混纺纱700吨，生产和销售羊绒衫及混纺

---

① 蒋小馨、唐晔：《唐翔千传》，上海人民出版社，2016年，第199页。
② 《总经理唐翔千在沪宣布联合毛纺集团公司将组建成控股企业，唐氏称港商界投资内地促进自身发展》，《大公报》（香港）1989年11月3日，第2版。
③ 学锋：《一支红杏出墙来——上海联合毛纺织有限公司的启示》，《国际展望》1987年第11期。
④ 《香港企业家唐翔千说与上海合作获益上海联合毛纺织公司成就甚大》，《华侨日报》1986年8月5日，第1张第2页。

衫200万件，从而使国内市场占有率达到了6%。^①同时，唐翔千还特别注意港、沪、新三厂的良性互动、相互支持。例如，1980年9月，唐翔千将购存于香港的、原为新疆天山毛纺厂进口的设备，先运到上海安装，优先扶持即将开工的上海厂。又如前文所述，在上海联合毛纺织有限公司建厂伊始，唐翔千便允诺内地政府通过华润公司进入香港，向全世界销售沪厂的产品。再如，1982年7月，以新疆纺织品进出口分公司经理阿哈买提汉率领的贸易考察小组，在日本考察多天后，飞抵香港，受到身为香港工业总会主席唐翔千的宴请。"新疆小组通过此次对本港的考察，将有更多的羊绒衫、羊毛衫、呢绒和长绒棉进入香港市场。"^②上海联合毛纺织有限公司董事会更是做出了果敢的决策：利用公司几年来所得利润，再反投资到香港，与意大利等客商合作筹建了香港百乐染整厂和香港三利毛针织厂，并以它们作为基点，利用香港这个自由港的许多有利条件，扩大"联毛"的出口业务。这是合资企业扩大经营的一个创举，它为合资企业的发展开拓了一条新路子。^③截至1989年底，"联毛"集团公司利用合资企业的外销渠道优势，把产品销往日本、香港等非配额地区，产品外销额已达66%。^④

诚如唐翔千所言："香港与内地的经济是互相依存的，香港工商业者投资内地，也促进了自身的发展。"^⑤香港的唐氏企业特别是半岛针织厂，可以通过低廉价格获得全球最优质的羊绒原料，除节约成本助力其全球竞争外，也促进了业已成熟的半岛针织厂向高精尖方向转型，大幅提升技术水准，这同唐翔千投资内地时的愿景完全吻合。20世纪80年代末，唐翔千设想的毛绒衫业产、供、

---

① 蒋小馨、唐晔著：《唐翔千传》，上海人民出版社，2016年，第199页。
② 《新疆贸易考察小组访日后曾在港参观，受到华润公司热情接待和唐翔千宴请》，《大公报》（香港）1982年7月14日，第2张第5版。
③ 学锋：《一支红杏出墙来——上海联合毛纺织有限公司的启示》，《国际展望》1987年第11期。
④ 《总经理唐翔千在沪宣布联合毛纺集团公司将组建成控股企业，唐氏称港商界投资内地促进自身发展》，《大公报》（香港）1989年11月3日，第2版。
⑤ 《总经理唐翔千在沪宣布联合毛纺集团公司将组建成控股企业，唐氏称港商界投资内地促进自身发展》，《大公报》（香港）1989年11月3日，第2版。

销寰球产业链完全形成，不仅成就了沪、港、新三地的协同发展，且通过沪、新两地的合营企业，带动了祖国沿海与中西部、城市与乡村的产业发展和技术进步。上海联合毛纺织有限公司总经理唐仓千说，截至1986年6月，"上海联合毛纺织公司便已先后接受中国十多个城市的工厂企业来此培训职工，并多次派出技术人员到各地去进行技术培训……"①中国已不可避免地融入世界产销分工的体系中。

结　语

唐翔千开启了改革开放后中国第一波港商投资大潮，对国家、民族和时代而言，这是具有历史性的功绩。翔千与其父君远一样，是中国改革开放事业的见证者、亲历者与弄潮儿。不过，同唐君远相比，唐翔千身上的角色更加多元，他作为香港工业总会主席和香港总商会副主席，肩负着带领香港工商业走出困境、走向辉煌的使命。作为中国人，作为爱国爱乡的实业家，他又有责任来内地推动祖国的开放和家乡的振兴。但是，不论从哪种身份来讲，选择投资内地，都是英明和睿智的，因为这首先符合历史和时代的潮流。

唐翔千在内地招商引资，从经济角度来看，同样是正确的。正如他自己所讲，内地的土地、电力、劳力价格都是香港无法比拟的，原料更是全球首选，这是作为企业家，能够冲破万难去争取成功的关键因素。事实证明，唐翔千在内地办厂是极为成功的，这不仅体现在沪、新诸厂的效益和利润上，也体现在产业链的完整构建上。对内地而言，政府借助同唐翔千的合作，不仅开启了招商引资的大门，而且吸引了无数港澳和海外同胞纷至沓来，这对于祖国的经济建设、体制转型和对外开放都是极为有利的。也正因如此，唐翔千得到了内地政府和百姓的信任和支持，在后续开放改革、内外交流、经济发展、社会稳定

① 《香港企业家唐翔千说与上海合作获益上海联合毛纺织公司成就甚大》，《华侨日报》1986年8月5日，第1张第2页。

的过程中，唐翔千发挥了更加重要的历史作用。

回到企业家本身，我们可以清楚地看到，唐翔千在国门初启伊始，面对数十年大搞计划经济的局面，面对内地民众观念陈旧落伍的现状，毫不畏惧，百折不挠，为着心中的理想绝不妥协。笔者认为，这就是熊彼得所讲的企业家的"创新创业精神"。[①]这种精神，在改革开放的中国，更与民族的发展、体制的转型和人民的幸福有机结合起来，具有了更加崇高的意义。

从唐翔千内地创业的故事中，我们还可以清楚地看到，改革开放年代中央和地方政府为追求国家富强和人民幸福所展现出的蓬勃生机、责任担当与冲天干劲。如果没有当年中央政府的一系列政策支持，没有地方政府的宽容、妥协乃至向中央部委请命与争取，即便再出色的企业家，恐怕也很难靠一己之力冲破体制的藩篱，获得成功。诚如唐翔千所言："'联毛'发展到今天，离不开改革开放的政策，离不开中央对上海的支持。"[②]

Tang Hsiang-chein and Attracting Investment in the Early Stage of Reform and Opening up

Zhao Jin

Abstract: Tang Hsiang-chien is an entrepreneur, an industrial leader in Hong Kong, and a famous patriot. He Played an irreplaceable role in the process of investment attraction and institutional transformation in the early stage of China's reform and opening up. In the face of the shackles of the planned economy system for

---

① 约瑟夫·熊彼得著，何畏、易家详等译：《经济发展理论——对于利润、资本、信贷、利息和经济周期的考察》，商务印书馆，1991年，第65—69页。在此书中，熊彼得提出，企业家才是经济发展与变化的真正推动力。企业家是"创新者"，而不是发明家，他们引导经济进入新的发展模式。企业家是"变革促进者"，推动着通常不情愿变革的社会更有效地利用其资源。

② 《总经理唐翔千在沪宣布联合毛纺集团公司将组建成控股企业，唐氏称港商界投资内地促进自身发展》，《大公报》（香港）1989年11月3日，第2版。

decades, Tang Hsiang-chien bravely broke through the barriers with perseverance. In the process of jointly setting up factories in Xinjiang and Shanghai, he created huge profits, built a benign interactive industrial chain and made remarkable achievements. This is a highly integrated entrepreneurial spirit of entrepreneurs and patriotism, and a perfect combination of economic rationality and sense of responsibility. The fact that Tang Hsiang-chien was able to "stir up thousands of waves with one stone" in the early stage of reform and opening up also reflects the positive initiative and responsibility of the central and local governments in that special era. As "the first person to eat crabs", Tang Hsiang-chien won the sincerely trust of the Mainland and Hong Kong government and people with his words and deeds.

Key words: Tang Hsiang-chien, Reform and opening up, Attract investment, Tianshan Wool Textile Company, Shanghai United Wool Textile Company

唐翔千人才培养理念在君远学院的探索与实践

张秋菊[①]　李可[②]　赵雪娟[③]

摘要：回顾唐翔千先生家族传承、个人经历以及创办君远学院的初衷，从其爱国重教，秉持科技兴国理念，崇尚创新精神，注重知行合一与国际视野，以及强调德能并重等一系列言行，分析了唐翔千人才培养理念的形成与内涵。从君远学院目标定位到建设规划、培养模式与教学体系的改革创新、工程实践与创新能力的强化培养、素质教育模式的创新等方面，总结了唐翔千人才培养理念在君远学院创办与运行过程中的影响与作用。君远学院办学模式特色鲜明，教学改革创新成效显著，获得国家级教学成果一等奖，验证了唐翔千人才培养理念的先进性和创新性。

关键词：唐翔千，君远学院，人才培养理念，工程教育改革

引　言

唐翔千先生是海内外著名的无锡籍香港实业家，一生致力于民族工业的振兴与发展。从收购小布厂到成为纺织巨头，再进军高科技电子行业成立电子王

① 张秋菊，江南大学君远学院教授，博士生导师，君远学院首任院长。
② 李可，江南大学君远学院教授，博士生导师，君远学院现任院长。
③ 赵雪娟，江南大学君远学院办公室主任，助理研究员。

国，唐翔千除了在实业上具有远见卓识和创新精神外，在人才培养上也是高度重视并鼎力支持。30多年来，唐翔千以及他培育的上海唐君远教育基金会以各种方式慷慨资助教育的慈善经费已近4亿元，受益的大中小学校有60余所。2010年起，唐翔千设立专项教育基金，与江南大学和上海大学签订合作办学协议，分别捐资4 000万元创建江南大学君远学院和上海大学翔英学院，以其爱国重教的赤子之心和人才培养理念关爱和指导着学院的建设与发展。本文结合亲身经历和感悟，尝试对唐翔千人才培养理念在君远学院的探索与实践进行总结与提炼，以资借鉴和纪念。

一、唐翔千人才培养理念的形成

唐翔千人才培养理念的形成与家族传承和个人经历密不可分。唐翔千1923年出生在无锡纺织世家，其父亲唐君远（增源）的丽新厂和协新厂在当时几乎垄断了无锡的棉毛纺织工业。唐翔千的家族具有重教和善举的传统，唐氏家族在严家桥的事业成功后，热心于严家桥的公益事业。在贯穿严家桥市镇不到半公里的永兴河上，建有四座桥，其中三座万善桥、梓良桥、永兴桥是唐家参与捐资建造的。唐家曾有一约定，"凡严家桥镇上的公益事业，不论大小，唐姓负担一半"。唐翔千的父亲唐君远面对日商纺织厂对我国民族工业严重威胁时，深感必须振兴中国棉毛纺织业以抗衡之，这是协新毛纺织厂创办的重要动机。1938年，日军进驻丽新和协新，胁迫唐君远与之合作，他保持"宁为玉碎，不为瓦全"的民族气节，拒与日伪合作办厂，被抓起来关进木笼半个月也不屈服。解放战争时期，他和无锡工商界一起向中国人民解放军驻无锡部队献粮10万石，柴草15万担。20世纪50年代初，他积极认购国家公债。抗美援朝期间，他捐献飞机4架，寒衣款400万元。改革开放后，他积极投身国家建设，曾对唐翔千说，"你要带头到内地投资，办点企业，引进先进设备，为家乡做点事情。如果蚀了本，就算对我的孝敬"。当唐翔千在深圳完成经济特区的第一批补偿贸易项目，又鼓励他到新疆建成国内第一家合资经营的新疆天山毛纺织品有限公司和上海第一家沪港合资的上海联合毛纺织有限公司。在唐君远86岁生日上，他建议子女用给他祝寿的1万元钱在大同中学设立奖学金，后又设立奖教金，这就是基金会的开创起点。唐翔千耳濡目染，养成了浓厚的家国意识和公益善举的大爱情怀。

从唐翔千个人的成长经历来看，1945年唐翔千在上海大同大学商学院毕业。1947—1950年，他先后留学英国曼彻斯特大学及在美国伊利诺伊大学攻读研究生，获经济学硕士。回国后，他先在上海银行工作，后被派往香港分行处理外汇事务。1953年进入香港实业界创业，成为香港纺织界领头羊。改革开放后回内地投资，在上海办起第一家沪港合资企业上海联合毛纺织有限公司，成为"沪港合资第一人"。1985年，创建香港美维科技集团有限公司，主营集成电路基板，2007年重组美维控股有限公司并在香港上市。唐翔千曾任香港棉纺业同业公会主席、香港工业总会主席、香港总商会副主席等职，2008年获香港"杰出工业家奖"。作为一名有远见的实业家，在办好企业的同时，唐翔千十分重视人才培养，实业兴国和教育救国的思想根植于心。"投资于企业，投资于人才资源，比投资于股票不知要好上多少倍，不但有助于自己家族，也有助于整个社会。"[①] 1987年，唐翔千遵照父亲的嘱托，创办了基金会，在上海开创了关心教育、培育英才的公益慈善事业。他认为搞好国民教育，是提高全民族素质，推动国家进步，促进国家强盛的根本。"国家要富强，一定要有健全的工业，工业要发展，取决于许多因素和机会的组合，成本效益、品质服务、规模生产、技术进步、设备原料、文明生产、市场需求，等等，都是工业发展的条件和基础。我个人认为将以上种种条件的内涵作为工业教育的内容，渗透到每个从事工业的管理、技术、操作人员中去，再配以完善的法规和有效的行政组织，才能推动国家工业的健康、顺利发展。"[②] 无论是成本效益还是技术管理，

① 唐翔千：《怎样创造财富》，《沪港经济》2000年第10期，第24—25页。
② 唐翔千：《我们为什么会成功》，《沪港经济》1995年第2期，第6—7页。

其实就是人才的问题，市场竞争说到底就是人才之间的竞争，企业中劳动者的文化素养或者说人才规模和素质决定着企业的成败。

基于上述理念，唐翔千在下属企业组建技校，举办各种培训班来提高职工的专业知识和技能。随着创业规模增大和制造业领域科学技术的飞速发展，单纯的企业职业教育已不能满足企业人才需要，唐翔千的人才培养视野也从企业内部拓展到更广阔的空间。多年的创业艰辛及对人才的求贤若渴，使得唐翔千从更深层次思考培养什么人、如何培养人的问题。在基金会创办20周年前夕，唐翔千提出要为家乡做些实事。他认为无锡要发展先进制造产业，亟须素质高、能力强的优秀工程师和生产一线的技术工人，因而萌生了要在家乡办一所大学的想法，希望能够打破传统大学在人才培养上与企业需求脱节的痼疾，培养出工程素质高、动手能力强、扎根企业一线的工程技术人才。唐翔千的人才培养理念也在长期的办学、助学过程中逐渐形成和明晰起来。

二、唐翔千人才培养理念的内涵

长期的企业创建管理经历以及对人才培养的深入思考，使得唐翔千对企业的人才需求和高校毕业生现状有充分的了解，对培养适应国家建设发展和企业需求的新型工程技术人才有自己的思路，形成了其人才培养理念的内涵，可概括为："创新求实，强调知行合一""德能并重，注重家国情怀""交叉复合，开阔思维空间"三个方面。

（一）创新求实，强调知行合一

唐翔千在创办企业过程中，切身体会到企业与国家的发展都必须依靠现代科技人才，特别是有很强创新意识与工程实践能力的人才。他主张一个企业必须有一个好的、协调的合作队伍，集中人才的智慧，培训技术队伍，提高企业人的素质，共同做好市场、原料、前景的评估对策，才能使企业日益发展。而在企业发展中，面对日益激烈的竞争，面临种种新的情况、新的问题，决不能故步自封，必须不断进行新的开拓，不断扩大自己的企业实力，才能立于不败之地。而这一切，离不开高水平的人才队伍。

企业人才队伍的源头在于培养人才的高等院校。在学校的人才培养模式和教学方案中，应该体现创新求实，强调知行合一，真正培养出企业需要的创新意识与工程实践能力强、脚踏实地在企业生产一线发挥才干的工程师。为了强化学生实践能力的培养，唐翔千慷慨捐助了大笔资金用于学校的实践基地建设，为学生提供优越的动手实践条件。

（二）德能并重，注重家国情怀

唐翔千在新疆建设天山毛纺织品有限公司时，不仅教育培养职工的质量意识和提高技术水平，而且重视职工的素质文化教育和培养良好的职业道德。他始终认为优秀的人才仅有知识和能力是不够的，还要有社会责任意识和良好品德，要为国家建设做出贡献。唐翔千一生爱国重教，他积极支持国家的战略方针和经济建设，关注企业的社会贡献，作为基金会会长，长期坚持公益慈善、捐资助学，是国家民政部"中华慈善奖"获得者。他身体力行、言传身教，多次强调培养的学生不仅要能力强，还要有爱国心、高素质，德能并重。

（三）交叉复合，开阔思维空间

唐翔千在曼彻斯特大学学习期间，重视学习专业之外的课程。他提到在学习过程中教室只是课堂的一部分，老师时常把学生带到社会上，启发思维，拓展眼界，使得他在修养、学识和思维方式上都出现了深刻的变化。1950年唐翔千获美国伊利诺伊大学经济学硕士学位，回国后先在银行就职，后在香港创办纺织企业，中国改革开放后，建立第一家纺织合资企业。自身的海外学习经历，使得唐翔千十分重视学科知识的交叉和复合型人才的培养，重视国际化教育对人才思维和视野的拓展。他常常说：我们的基金会要培养三方面的人才——企业家、高级工程师和研究开发人才，这恰恰是社会最需要却又是最紧缺的实干型、复合型人才。因此，他大力倡导和支持学生的海外交流活动，认为具有交叉复合的知识基础、开阔的视野和国际化交流沟通能力，才能具有国际化竞争能力。

三、唐翔千人才培养理念引领君远学院的创办

2010年6月，唐翔千和江南大学合作创办君远学院进入实质性阶段。经过与江南大学多次沟通商讨，双方初步达成以下共识：一是拟依托江南大学机械工程学院组建君远学院，不用建造新楼宇，可以节省基建成本；二是在机械学院机械工程专业招生8个班中，选择2个班（机械电子工程专业方向）来实施唐翔千的办学理念；三是双方以合作办学模式进行，唐翔千设立"唐翔千专项教育基金"4 000万元，学校以1∶1配套投入，合作共建君远学院，唐翔千的投资主要用于购置供教学研究用的先进设备，也可用于引进高素质的师资。

2010年12月，唐翔千与江南大学签订合作共建协议，启动江南大学君远学院的创建，并通过基金会设立200万元"君远专项奖励基金"用于君远学院人才培养。唐翔千在与江南大学合作办学签约仪式上做了精彩发言，他指出："我们国家坚持走中国特色新型工业化道路，迫切需要培养一大批能够适应和支撑产业发展的工程人才，尤其要在提升学生的工程实践能力、创新能力和国际竞争力上花大力气、下大功夫，真正意义上加快我国向工程教育强国迈进。这是一项全新的事业，需要我们的共同努力和通力合作，预祝双方能获得圆满的成功！"讲话全文仅几百字，但字字珠玑，一方面，彰显了唐翔千爱国重教、情系桑梓的大爱情怀。这种精神被原国务委员刘延东同志所称赞，她两度批示唐翔千"支持国家教育事业诚心可嘉"，"以耄耋之年仍倾心关心祖国教育事业，这种精神值得称道"。另一方面，这也为君远学院人才培养的改革模式定下了基调。君远学院是江南大学首个理事会建制的二级学院，是江南大学创新办学机制和深化教育改革的示范基地，也是唐翔千人才培养理念得以践行并结

出硕果的试验田。

四、唐翔千人才培养理念在君远学院的实践

作为君远学院理事会名誉理事长，唐翔千十分关心君远学院教育改革，他多次和学校、学院领导谈到学院发展以及个人对工程教育的看法。唐翔千"创新求实，强调知行合一""德能并重，注重家国情怀""交叉复合，开阔思维空间"的人才培养理念，在君远学院建设和发展的方方面面得到了贯彻和落实。"知行合一，追求卓越"作为学院院训，集中体现了唐翔千对人才培养的要求和期望，定下了君远学院人才培养的主基调。

（一）学院建设规划与目标定位

唐翔千人才培养理念首先体现在了君远学院的建设规划和目标定位上。

君远学院依托江南大学机械工程学院建设，招生专业为机械工程（机械电子工程方向）。学院办学之初，正值教育部大力推动"卓越工程师教育培养计划"。唐翔千十分赞同教育部的工程教育改革举措，支持学院申报教育部"卓越工程师教育培养计划"试点专业，亲自写信给国务委员刘延东，表达爱国重教、为国家培养优秀工程技术人才的心愿。君远学院于2011年7月获批为教育部"卓越工程师教育培养计划"试点。

在唐翔千和君远学院理事会的指导、支持下，学院确立"以德为先，能力为重，全面发展"的人才培养观念，以学生工程实践能力与创新能力培养为核心，按照卓越工程师培养模式，通过"机＋电＋综合"的课程体系和实践环节，融合相关交叉学科和最新前沿工程技术，大力实施教学改革，提升学生工程实践能力、创新能力和国际竞争力，为国家培养适应经济社会发展需要的高素质、强能力的机械电子卓越工程师。

君远学院的建设目标为"有水平、有特色、有影响的机械电子卓越工程师培养基地"，建设思路遵循四个"强化"：一是通过创新人才培养模式，强化学

生的专业基础、应用能力和综合素质；二是通过与周边地区骨干龙头企业的深度产学研合作，强化学生的职业素养、工程能力和创新意识；三是通过国内外"引进来"和"走出去"，强化高水平师资队伍的建设；四是通过君远工程中心的建设与启用，强化学生工程实践和创新能力的培养，促进学生对交叉学科知识和高新技术的掌握与应用。学院制定了"理清思路、夯实基础"（2010—2012年），"积极改革、全面推进"（2013—2017年），"全面提高、奋力突破"（2018—2022年）的"三步走"战略，加强科学谋划、顶层设计、内涵发展，积极探索专业方向与定位，凝聚各方的智慧和力量，努力建设高水平、国际化机电创新创业人才培养基地。

（二）人才培养模式与课程体系的构建

唐翔千人才培养理念体现在了君远学院人才培养模式的改革上。

君远学院全面实施卓越工程师教育"3+1"培养模式，即3年在校内、1年在企业实习。为此，学院组织教师深入研讨教学计划安排，优化课程体系，并邀请校内外专家对培养方案进行审议论证，广泛听取意见和建议。在通用的卓越工程师"3+1"培养模式下，结合专业认证标准，大胆改革创新，摒弃因人设课、孤立设课的痼疾，重构了课程体系。围绕机电融合卓越创新人才的培养目标，以机电产品创新设计能力培养为核心，梳理出以机电产品设计为主线的知识体系，将其转化为系列核心课程，与基础类、机械类和电子控制类课程有机衔接、交叉融合，辅之以独具特色、循序渐进的机电综合集中实践环节，形成层次清晰、衔接合理的人才培养方案和机电融合的课程体系。

2013年5月，学院召开了"卓越计划"校企合作签约大会，与13家企业签订了人才培养的合作协议，在会后举办了实习企业与实习学生的模拟招聘、双向选择会。截至2018年底，学院已与33家企事业单位建立了相对稳定的校外教学实习基地，为学生深入一线进行认识实习、生产实习、顶岗实习等创造了良好的实践教学环境。在学生实习期间，院长带队走访实习企业听取意见。实习中期要求汇报检查，及时掌握学生在实习企业的学习和工作状态。每年实习

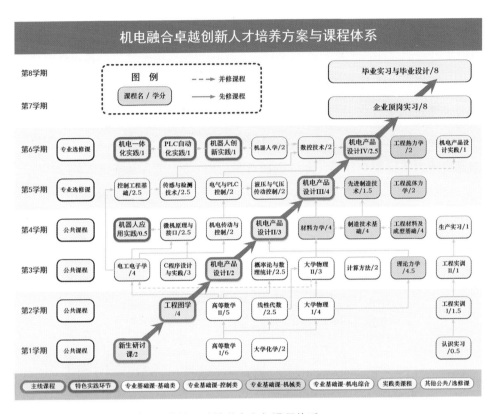

君远学院以机电产品设计为主线的人才培养方案与课程体系

结束后，学院会通过实习单位的实习情况反馈表，了解本次实习实效和改进建议。通过企业实习，学院更加了解企业实际需求和教学改革方向，学生在综合素质和能力上有了明显长进，更明确了自己的定位。

多年来，学院与当地和周边地区高新技术企业保持密切的合作关系，共同担负人才培养的义务与责任。学院聘请了20余位企业导师，指导学生企业实习，并邀请杰出企业家和工程师来校讲课和举办讲座。学院为青年教师开展工程实践活动搭建平台，鼓励教师到企业实践，深入开展产学研活动，强化青年教师的工程实践能力。通过外引、内培，大力建设高水平师资队伍。

（三）课程建设与实践教学的深化改革

唐翔千人才培养理念体现在君远学院的课程建设与实践教学的改革举措上。

在唐翔千专项教育基金的支持下，学院规划和建设了机电融合创新与实践基地——君远工程中心。在此基础上，学院根据机电融合卓越创新人才培养目标，围绕机电产品创新设计能力培养主线，依托机械、控制学科建设和科研优势，通过汇聚校内外多渠道教学资源，构建了"2+3+4+ 多"机电融合实践教学体系，即2个维度、3大平台、4层次能力、多元化实践模块。2个维度是指整合课内实践教学环节、课外创新竞赛活动；3大平台是指集成教学实践中心、科研平台、企业实习基地；4层次能力是指认知能力、应用能力、设计能

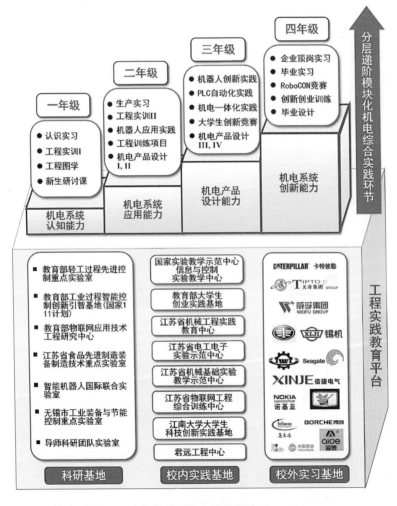

君远学院"2+3+4+ 多"机电融合实践教学体系

力、创新能力；多元化实践模块包括基础模块、应用模块、综合模块、创新模块等。实践教学体系从下至上基于三大平台通过课内课外和四个能力层次的多个模块来达成"厚基础、重实践、强能力"的教学目标，为君远学院培养方案的课程教学、集中实践环节和学生课外创新训练、机器人俱乐部活动等提供了充分保障。

以机器人系列教学实践环节为例，学生从大一的新生研讨课、认识实习开始，到大二的机器人应用实践，大三的机器人创新实践，再到大四的企业工业机器人应用，围绕机器人技术逐步加深和拓宽机电一体化知识，循序渐进培养和提高学生的机电系统认知、应用、设计、创新能力。独具特色的6周三大模块（工业机器人、PLC综合自动化、数控系统）集中强化培训环节，有效夯实了学生应用实践能力，为后续企业实习打下了良好基础。为期一年的企业实习，以及大量来源于企业实际生产课题的毕业设计，显著强化了学生工程实践创新能力。

学院聚焦工程实践创新能力的培养与提升，大力开展教学方法的改革创新，在压缩课时的情况下精选教学内容，结合校级卓越课程的建设，实施项目驱动、机电融合的MPD-CDIO教学模式，以机电产品设计项目任务为主导，学生为主体，组成项目团队，使学生在完成项目的过程中掌握知识、技能和方法，有效提升学生自主学习、应用实践和团队合作能力。同时加大综合性试验与开放性实验的力度，让学生喜欢动手，善于动手，学会小型机电类作品和机器人的设计制作。鼓励学生参加各种学科竞赛和大创项目，把课堂教学、实际工程训练与科研项目和学科竞赛有机结合，"学""做"互动，以赛促学，着力提高学生的工程实践能力和创新意识。

（四）建立"双导双院制"素质教育新模式

唐翔千人才培养理念还体现在君远学院的素质教育模式上。

有家国情怀、有人文素养、有国际化视野是唐翔千先生对人才的期望。素质教育是现代教育理念的核心内容，也是最难实施的内容，缺乏有效、通用的实施方法和途径，为此需要探索符合卓越机电创新人才培养目标的个性化、多样化的素质教育模式。2013年，在唐翔千的倡导支持下，君远学院成立了君远书院，尝试和探索机电卓越创新人才"书院制"综合素质培育的新模式，力求解决综合素质培育与工程师专业教育的协调发展问题。唐翔千长子唐英年亲自参加了君远书院的成立揭牌仪式，并写下了"爱国 求实 创新"作为书院素质教育宗旨。君远书院面向君远学院全体学生，重在彰显以"生"为本，以"德"树人，以"才"育人，以"文"化人的教育理念。

　　"双导双院制"素质教育模式的内涵是：君远学院作为办学主体，负责实施基础理论教育和工程教育，大力推进教学改革；君远书院则负责学生的德育教育、励志教育和多元素质培养。学生在本科前三年阶段，受新生导师和项目

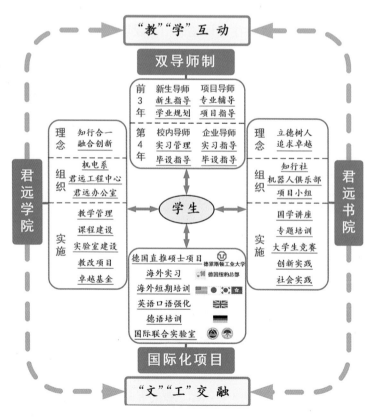

君远学院"双导双院制"素质教育模式

导师的指导，前者负责入学教育与学业规划指导，后者承担专业辅导和科创项目辅导。在大四阶段，学生接受校内导师和企业导师的双重指导，前者着重负责实习安排和管理，以及毕业设计的立题与指导，后者则承担企业实习指导、带班，也参与学院与企业合作项目的指导，乃至毕业设计的辅助性指导。通过"双导双院制"素质教育新模式，实现了素质养成与能力培养的交融渗透。项目制和导师制的施行，有效促进了"教""学"互动、"文""工"交融。

书院邀请企业家、工程师、社会贤达举办系列讲座，培养学生的职业素质，激发引导学生的社会责任感；聘请人文学院教师，讲授法律、文化、历史等课程，宣扬人文理念，提升科学素养，加强学生的人格养成和道德情操培养；开展专题讲座和专题培训，传授创新的理论、技能、方法，启迪学生创新意识，发掘创新潜力，并提高学生自我学习和快速学习的能力。

书院成立至今，已开展各类讲座40余场。其中包括唐英年亲自为学生开设的励志讲座，中国政府"友谊奖"获得者休梅克（Shoemaker）教授主讲"君远讲座"并与学生互动交流，华为技术有限公司、捷普电子（无锡）有限公司等企业以及自主创业校友为学生开讲创新创业讲座，以及丰富多彩的参访、创作活动（如追思唐翔千诗歌创作与朗诵等），极大丰富了学生的思政教育、文化教育与课余实践生活。

学院特别重视培养学生实践能力和提升学生国际竞争力，提出了"让每位学生都有机会参加创新实践项目""让每位学生都有机会参加海外交流"的口号。通过学生知行社、机器人俱乐部和省-校-院级多层次的大学生创新训练项目，以赛促学、项目驱动，提升综合能力；通过国学文化系列讲座和多种社会实践，提升学生内涵素养；通过外语培训（英语和德语培训）、访学（美国田纳西、韩国、日本、中国香港等地知名大学）、德国直升研究生项目（德国德累斯顿工业大学）、海外实习（德国纽豹集团）和国际联合实验室等多种渠道，以及"君远海外交流奖学金"和托福雅思奖励制度，使每一位学生都有机会参与国际化培育活动，有效提升国际化能力。

五、唐翔千人才培养理念的实践成效

在江南大学和基金会的指导与支持下，君远学院秉持唐翔千人才培养理念，着力于学生的知识、能力、素养全面协调发展，系统开展了机电融合卓越创新人才培养的探索与实践，经过多年的建设与发展，君远学院向"有水平、有特色、有影响的机械电子卓越工程师培养基地"的目标扎实迈进，学生的工程实践创新能力和综合素质明显提高，人才培养质量得到用人单位和同行的充分认可，成为江南大学整合社会资源、创新培养模式、实践"卓工计划"、探索交叉学科人才培养的教学改革示范基地，其人才培养模式和教育成果在国内外同类专业中产生较大影响。

唐翔千人才培养理念的实践成效主要体现在：

（一）教改扎实深入，形成系列成果，有力支撑人才培养

围绕机电融合卓越创新人才的培养，项目实施期间，团队在课程、教材、教学研究、专业建设、实践平台等方面形成了一系列研究成果，有力支撑了机电融合卓越创新人才的培养。君远学院的人才培养质量得到社会各界广泛认

君远学院的建设发展历程

可，社会美誉度和影响力日益扩大，已成为江南大学整合社会资源、创新培养模式、实践"卓工计划"、探索交叉学科人才培养的实践示范基地。在君远学院多年教学改革实践基础上形成的"多元协同培养机电融合卓越创新人才"项目成果在2017年获得江苏省教学成果奖特等奖、2018年获得国家级教学成果奖一等奖。

（二）学生主动实践创新意识普遍增强，综合素养和工程实践能力得到显著提升

通过实施机电融合培养方案和分层次、分阶段、模块化实践教学环节，学生的机电产品设计和工程实践能力显著提升，自主探究和主动创新的积极性得以激发，团队合作能力和追求卓越的进取心得到增强，参加大学生创新训练计划、申请专利、发表学术论文的学生数量逐年增加，学生在包括全国"挑战杯"大学生课外科技作品竞赛、中国机器人大赛RoboCup、全国大学生机器人大赛RoboCON、全国大学生机械创新设计大赛等各级各类学科竞赛中屡获佳绩。学生积极参加各级各类创新训练项目，人员占比在90%以上。近年来，君远学院在省级以上竞赛中获奖200多人次，申请发明或实用新型专利近百项，获得省级优秀毕业设计团队2个和优秀本科毕业设计奖8个。

（三）毕业生社会美誉度逐年提升，多元协同的办学机制和办学成效得到了社会的广泛关注和认可

君远学院毕业生升学率远高于学校平均水平（学院2022届毕业生升学率超过75%）。君院学院成立后，毕业生在工程实践能力、创新意识、工作责任心等方面的表现得到社会广泛赞誉，就业竞争力增强，在500强企业中就业人数比例明显增多。此外，君远学院学生企业实习扎实开展，全部实习学生实现带薪实习，受到实习企业欢迎和好评。实习企业中不乏龙头骨干企业和上市公司，相当一部分学生被企业留用成为技术和管理骨干培养对象。每年都有新的企业慕名而来申请成为实习基地。

君远学院人才培养模式与取得的成效得到了社会广泛关注，《光明日报》

《科技日报》等多家报纸和网络媒体进行了正面报道，也得到了唐氏家族和基金会的充分认可。基金会在2011年200万元"君远学院奖学奖教金"基础上，2014年追加400万元"君远卓越基金"用于支持学生的海外交流和创新实践活动，2019年又设立750万元"君远卓越基金（二期）"持续加大支持力度。多元协同的人才培养机制进一步强化，唐翔千人才培养理念得到进一步的深化落实。

（四）推广交流，获得同行关注和专家肯定，产生示范辐射效应

君远学院以人为本、多元协同的人才培养机制和特色鲜明的机电融合课程体系、实践体系、素质教育模式，得到了高校同行的关注。几年来，君远学院接待了来自全国各地110多所高校260多名同行访问交流，主办和参加全国教育教学研讨会20余次，多次就多元协同、机电融合的培养模式做主题报告，引起强烈反响，深受好评。

中科院院士、机械电子工程专家丁汉教授对君远学院机电融合的人才培养方案与教学改革给出了评价："围绕机电产品设计主线优化设置课程体系，双导双院制素质教育和国际化培育体系，体现了君远办学特色，具有很好的创新性。"国际著名机器人专家、香港科技大学李泽湘教授于2015年6月专程来君远学院考察指导，对君远学院的教学改革实践给予认可，认为君远学院的办学模式对整合资源和优化办学条件、更加灵活有效地培养机电融合的卓越创新人才有很好的借鉴意义，值得推广。

结　语

唐翔千立足于高等工程教育现实，借鉴国外先进经验，并结合自己企业用人观念，认为现代工程教育人才应理论素养与实践能力并重，国际视野和良好素质兼备，这形成了他十分朴素却厚重的人才培养理念。

唐翔千人才培养理念不是皇皇巨著，但内涵丰富、独具特色：首先，唐翔

千人才培养理念来源于他求学创业和创新实干的丰富阅历和深刻感悟，植根于中国的工业经济发展；其次，唐翔千在吸收借鉴国外先进经验时，注重结合实际情况，根据高等工程教育发展的具体需要进行创造性改良，因而具有明显的实用性和创新性；再次，唐翔千人才培养理念以工业职业教育实践为来源，又以指导服务高等工程教育实践为依归，对君远学院的建设与发展产生了积极的影响；最后，在君远学院的实践检验并彰显了唐翔千人才培养理念鲜明的实践性和显著的科学性。

君远学院在唐翔千先生的期望与指导下，以特色鲜明的办学模式、改革创新的育人体系建设与丰厚的人才培养成果，尤其是与基金会共同获得的国家级教学成果奖一等奖，向君远学院的创始人、捐助人唐翔千先生交卷、致敬和告慰。君远学院也将不负厚望，持续深入践行唐翔千人才培养理念，向高水平、有特色、国际化的新发展目标不断迈进。

Exploration and Practices of Tang Hsiang-chien's Talent Cultivation Concept in Junyuan College

Zhang Qiuju, Li Ke, Zhao Xuejuan

Abstract: By reviewing of Tang Hsiang-chien's family heritage, personal experience and the original intention of founding Junyuan College, the formation and connotation of Tang Hsiang-chien's talent cultivation concept are analyzed from his series of words and deeds on patriotic and emphasis on education, the concept of science and technology to rejuvenate the country, the spirit of innovation, the integration of knowledge and practice, the international vision, and also the concept of both moral and ability. This paper summarizes the influence and function of Tang Hsiang-chien's talent cultivation concept in the establishment and operation of

Junyuan College from the target orientation of Junyuan College to the construction planning, reform and innovation of training mode and teaching system, strengthening training of engineering practice and innovation ability, innovation of quality-oriented education mode, etc.. With its distinctive school-running mode and remarkable teaching reform and innovation results, Junyuan College has won the first prize of national teaching achievements, which verifies the advanced nature and innovation of Tang Hsiang-chien's talent cultivation concept.

Key words: Tang Hsiang-chien, Junyuan College, Talent cultivation concept, Engineering education reform

重视使用和培养人才是唐翔千
人生成功的法宝

——试论唐翔千全面的人才观和教育理念

金同康① 王家荣② 金秋爽③

摘要：唐翔千作为成功的企业家，运用经济管理思想指导实践，在实践中选拔和培养各类管理、技术人才和一线工人，为企业的发展奠定扎实的基础。同时，他也是一位注重全面人才培养的慈善家，他着眼于为国家和社会培养各类所需人才。他不仅在微观的具体创办企业过程中重视人才挖掘和培养工作，而且在宏观层面上通过创办教育基金会配合国家和社会培养各类人才。并且躬身亲为，教育后代重视人才。他全面的人才观和教育理念值得总结和研究。

关键词：唐翔千，教育基金会，人才培养

人才观是指关于人才现象和问题的基本观念和思想。例如对人才的本质、标准、成长过程和利用使用等方面的基本观点和看法。人才观受一定的政治经济制度、生产力制约，也受意识形态、伦理观念、文化传统和科学技术发展的影响，具有历史性、时代性。在阶级社会中也带有阶级性。它同教育关系密

---

① 金同康，上海唐君远教育基金会执行理事，唐君远文化研究会常务副会长。
② 王家荣，上海唐君远教育基金会办公室原主任。
③ 金秋爽，上海唐君远教育基金会工作人员。

切，与教育目标、制度、内容和方法等都有联系。

"为政之要，惟在得人。"党的十八大以来，以习近平同志为核心的党中央坚持党管人才原则，高度重视人才工作，推进人才发展体制机制改革，大兴识才爱才、敬才、用才之风。党的二十大报告指出："实施科教兴国战略，强化现代化建设人才支撑。"更加突出了教育、科技和人才在社会主义现代化建设中的战略支撑作用，坚持科技是第一生产力，人才是第一资源，创新是第一动力。教育、科技、人才三者协同发力、整体联动，才能全面支撑社会主义现代化建设。①唐翔千的人才观和教育理念与新时代新征程的需求是一脉相承的。

唐翔千是著名的爱国实业家。他爱国爱港，具有强烈的家国情怀。他一生成功创办企业无数，深知人才对企业发展的重要。他热情支持我国的改革开放政策，带头来内地投资，并积极参与全国政协的参政议政活动，为香港的顺利回归祖国贡献了自己的力量。他深知人才对国家经济和社会发展的重要，通过创办教育基金会，支持培养国家所需要的各类人才。他的人才思想和实践充分彰显了一个爱国企业家的视野、胸怀以及独到的见解。有必要对其进行深入的探讨和研究。

一、在长期创办企业、管理企业的过程中，重视人才的使用和培养

唐翔千曾说："我在香港、祖国内地乃在国外搞了一辈子实业，从我的亲身经历和阅历中深刻体会到，一个国家要强盛，一个企业要发展，人才是诸因素中的关键因素。"②

唐翔千出生于纺织世家，从小受到家庭的熏陶，在上海大同大学毕业后，

① 《对话张志勇：深度解读二十大报告中的教育战略》，https://www.163.com/edu/article/HKFB0S8500297VGM.html。
② 上海唐君远教育基金会编：《上海唐君远教育基金会30周年特刊》，内部刊物，2017年10月，第4页。

去英美留学。先是学纺织专业，后又学习经济管理专业，获美国伊利诺伊大学经济学硕士学位。新中国成立后回上海中国实业银行工作，后被派往香港分行从事外汇业务工作。20世纪50年代初，他离开银行界，投身纺织业。企业初创阶段，他虽然具有纺织和管理方面的一般知识，但缺乏实践经验。他就虚心向好朋友、职场精英周文轩和安子介等讨教并取得他们的支持。他先从接收五洲布厂和华侨纱厂开始，利用从上海和内地来的一批管理和技术人才，从事经营和管理，克服各种困难，使创办的企业逐步走上正轨。此后他更是慧眼识英才，招募一批精兵强将筹建中南纱厂，实现南联实业上市，还独资创办半岛针织厂，到非洲毛里求斯和台湾开厂，大获成功，成为香港著名的"纺织大王"，担任香港棉纺业同业工会主席和香港工业总会主席。他在数十年的管理实践中，充分认识到在企业发展的过程中，人才是资金、设备等要素中最为关键的。企业的创办需要人才，企业的生产经营需要人才，企业的发展关键也在人才。除了领航者和决策者需要审时度势、正确决策外，还需要各种人才，包括经营管理人才、核心技术人才，还有一大批素质良好、技能全面的生产工人。

中国改革开放不久，唐翔千先后在深圳特区做成第一批补偿贸易，在广东东莞创建联发毛纺公司并任副董事长、总经理，在新疆建成第一家合资经营的新疆天山毛纺织品有限公司并任总经理，在上海创办第一家沪港合资的上海联合毛纺织有限公司并任副董事长。他慧眼独具，在20世纪80年代中期就涉足电子行业，先后创办广东生益科技股份有限公司、生益电子、上海美维电子有限公司，任总经理、董事长等职。鉴于对当地经济和社会发展的贡献，他被授予上海市、乌鲁木齐市和东莞市荣誉市民的称号。他的成功秘诀是他重视挖掘、使用和培养各类人才。

在创建天山毛纺织品有限公司过程中，唐翔千花费极大精力培养三个层次的企业人才。他说："我与新疆的合作者下了大决心，一个个管理人员、一个个技术人员、一个个工人培训，教育他们懂得效益来自何处，培养他们的质量文化，提高他们技术水平，养成良好的职业道德，等等。今天，我们新疆天山毛纺所生产的产品，已成了世界名牌。"①同样，在改革开放初期，唐翔千敢为人先，在上海创办了第一家沪港合资企业——上海联合毛纺织有限公司。据原联合毛纺织有限公司党委书记、董事、副总经理贾文涛介绍："在市纺织工业局领导支持下，'联毛'成功地抽调了业内的精英，还先后聘用了毕业于南通纺专的新中国第一代高级专家倪云凌先生、汤锡琳先生和端木锡华先生，同时启用了原华东纺织工学院和纺专毕业的工程技术人员，组建了--支经营管理和纺织科技并重的班子，奠定了企业成功发展的基础。依仗高素质的领导班子，企业首先做了大胆创新、改革，大大激发了企业的活力，充分调动了经营责任人以及员工的创造力和生产积极性，为'联毛'的健康发展开了一个好头。"在商海沉浮多年的唐翔千明白，办企业不能只顾眼前的利益，一定要有长远的目标。"联毛"几经曲折，利润由负数变成正数，1983年起，公司的盈利以40%的速度递增。1989年被评为"全国十佳合资企业"，成为沪港合作的一个样板。

从传统的纺织业到新兴的电子业，这是一个跨世纪的飞跃。如果说唐先生开始创办纺织企业时，还有一些家庭传承和书本知识以及人脉关系的因素的话，他创办电子工业则是一个全新的陌生领域。就连当时的国务院总理朱镕基在一次见到唐翔千时也吃惊地询问他："这么大年纪了，还要碰不熟悉的电子业？"其实翔千先生创办电子企业早有远谋，且做足了功课。

20世纪80年代中期，在香港制造业转型和技术升级的过程中，唐翔千审时度势，在新界买下三个电子厂，主要生产印制线路板。在此基础上，成立香港美维科技集团有限公司，开始进军电子业。此后，从成立美加伟华到收购东方线路，从创办生益科技到接手生益电子，他勾勒出电子王国的雏形。1995年以后，唐翔千下大决心，落户上海松江，创立上海美维电子有限公司并获得成功。

唐先生认为：一个企业要做到基业长青，一定要与三个关键方分享公司的

---

① 唐翔千：《我们为什么成功》，《沪港经济》1995年第2期，第6—7页。

经营和发展成果，这三方就是股东（投资方）、社会（企业所在地）、员工。这就是"三共享"原则。

"三共享"的核心是希望员工关心企业、认同企业，并将企业的兴衰与自己的个人命运结合起来，将投资者与员工联合成一个整体，拧成一股绳，达致最大的效益。

上海美维电子有限公司原副总经理徐剑雄先生介绍："唐先生在管理与发展旗下的广东东莞生益电子时，曾于1992年至1994年花重金请香港工业界的品质管理权威罗肇强博士担任生益电子总经理。在生益电子，罗博士不仅建立了一套严谨的品质管理系统，还培养了'品质第一'的品质文化。他每周准备好5小节灌输品质文化的讲义，先由他自己向QCC①骨干宣讲，然后再由各位骨干向各自的下属每天班前宣讲其中1小节。天长日久，水滴石穿，在全公司员工的心中逐渐树立了'品质第一'的观念。上海美维电子成立后，唐先生就要求将生益电子的品质文化借鉴过来。唐先生说：'企业要想牢固树立品质第一的观念，不仅要有一套完备的品质管理系统，更要通过日常的培训与灌输，在全公司建立起深入人心的品质文化，才能成为大家一致的价值观和行动准则。'"

美维凯思尔公司原总经理瞿士杰也介绍说："唐先生当时收购了东莞生益电子的股份，需要找到一些专业人才。应该是1992年的事了，据说唐先生通过相关领导让原机械电子工业部常务副部长、时任中国电子工业总公司总经理的张学东做具体安排。而唐先生也是安排了他在中国区的高级顾问丁兆麟（原机械工业部某司离休司长）来配合这次的人才挑选。因为我们电子工业部的处级干部档案都是在部里，所以部里干部司就根据唐先生的要求在各个部属研究所和部属企业挑选了不同专业的中青年人才让丁兆麟面试，我也是其中被面试并被选中的一个，我们同一批共四个人入选，分别是四个不同的专业。1993年10月（我们被）送往香港培训然后到东莞工作。"

---

① QCC（Quality Control Circle），品质管理圈。

唐先生在他的文章《企业最好的资产是人》中提道："诺贝尔经济学奖得主舒尔茨提出过一个概念，他认为教育也是一种投资，是有回报的。纵观美国、欧洲、日本，以及我国的台湾地区、韩国、新加坡等走在世界前列的国家和地区，教育都是十分发达的。尤其是德国、日本这些从战后废墟上站立起来又步入世界发达国家阵营的国家，在经济最困难的时候，仍对教育紧抓不放。人才培训，初看是一种花钱的行为，其实不然。如果说一个普通工人创造的价值是10，那么一个受训以后的技术人才创造的价值有可能是12，假如他指导属下的50名工人都提高2，那么增加的数字就是100，其收益将远远超过企业当初投入的费用——这还不包括受训人员其他的潜在价值。"[①]

美维电子开张不久，唐先生又走出一步大棋——筹建培训中心。唐先生深知，为把美维电子做强，人才是关键，没有出类拔萃的团队，没有高水平技术人才，要成为世界级公司只能是梦想。1999年，唐先生在上海美维电子一路之隔创办了上海美维科技有限公司，集研发、培训与先进半导体基板生产于一体。成立培训中心，将每年招收进来的大学生按他的理念培养成有个性的企业生产、经营、管理的配套人才。对于新入职的大学毕业生（硕士生、学士生、高职生），针对企业需求与学校毕业生之间存在的差距来确定培训目标，从而帮助他们经过短期有效的培训，较快、较好地认识三个转变（从学校到企业，从行业门外到门内，从学生到工作者）的重要性与必要性，并付诸实践，以便尽快融入产业第一线，成为一名合格的企业工作者，在企业的发展中发挥才能，展现个人价值，成为受企业欢迎的人才。随着集团事业的发展，十多年来培训研究中心为集团属下的各公司培训了近千名大学毕业生，不少成为各公司的骨干。[②]

唐先生多次对当时兼任上海美维科技副总经理的徐剑雄说："人才是研发

① 唐翔千：《企业最好的资产是人》，《沪港经济》1999年第5期，第8—10页。
② 蒋凌械：《三个转变纪实文集序》，载张兆奎、刘红云：《三个转变纪实文集》，华东理工大学出版社，2010年。

的根本。你要花大力气引进与培养PCB[①]的专业人才。只要认定是人才，工资高不是问题，重要的是认同公司的经营理念，使他们与公司共同发展与成长。"在唐先生的引领与支持下，美维科技研发部招聘了一批优秀的博士、硕士，其中有些还具有PCB行业的工程技术经验。不仅有来自国内一流大学，如复旦大学、上海交通大学、上海大学等的毕业生，还有"海归"博士加盟。

美维集团形成了香港、广东、上海三大业务区域，高歌猛进。2007年，在美维集团基础上重组的美维控股有限公司在香港联合交易所上市，标志着唐氏家族的电子王国开创了灿烂的新篇章。

经过培训的工程师在工作了两年之后，有部分陆续跳槽到其他PCB工厂。一段时间以后，在长三角、珠三角的不少PCB工厂中，都能见到从上海美维科技培训中心走出的工程师，以至有人戏称上海美维科技培训中心成了PCB行业的"黄埔军校"。唐先生说："我们每年培训了100—200名青年技术骨干，能长期在集团内部工作的毕竟是少数。离开的这些学员，只要他们去处是中国的PCB工厂或其他企业，就仍然是为国家的实业兴旺贡献力量。"这充分表达出唐先生为国育才的博大胸怀。

从以上实例与论述可以清楚看出，唐翔千在创办和发展企业方面的人才观：重视管理人才、专业人才和技术工人；千方百计挖掘人才；不遗余力培训人才。

根据笔者的观察和有关历史资料的记载，唐翔千的人才观和用人观可以归纳成以下几个方面：

（一）家国情怀、社会责任是唐翔千观察人才的基本出发点

唐翔千不仅自己有强烈的家国情怀和社会责任，而且在观察人、使用人时特别看重这一点。唐先生认为，作为一个企业家和社会组织的负责人，要始终想到国家的利益，想到有利于社会经济的发展，把个人的利益和发展放在国

---

① PCB（Printed Circuit Board），印制电路板。

家和社会利益之下。与他合作共事者和他所招聘使用的关键岗位的人才，都具备了这一特质。安子介、周氏兄弟、刘述峰、陈仁喜等都属于此类人才。实践证明，这类人才有眼光、有担当、能办大事、能出成果。唐先生看不起只顾个人得失，不考虑国家、社会需要的人。尽管有时他们也会办成一些事情，但对国家和社会事业不利，甚至还会损害国家和社会利益。他也很少与这些人打交道，在企业关键岗位上也不会重用这类人。

（二）知行合一、诚信为本是唐翔千用人的主要原则

唐翔千一生遵循知行合一、诚信为本的信条，他也在实际中用这条原则观察人、使用人。他在上海受过高等教育，又到英美留过学，先主修会计学，后又学纺织和经济学，可谓见多识广。他更是个实实在在讲信誉的人。在初办企业时，他也有过被人欺骗愚弄的教训。在以后创办企业的过程中，他更加重视这一信条，把知行合一、诚信为本作为考察人、使用人的首要条件。无论是在香港办企业的过程中，还是来内地合资或独资办企业，无论是在香港担任棉纺业同业工会主席、工业总会主席时，还是创办上海唐君远教育基金会的过程中，他都千方百计寻找或挖掘知行合一、诚信为本的人，担任职业经理人或其他关键岗位。这也是他一生成功的法宝。

（三）勤勉务实、思进图强是唐翔千对人才的基本要求

唐先生一生勤勉务实、思进图强，这也是他用人的基本要求。他用的人既要勤勤恳恳、务实肯干，又要思进图强、守正创新。办实业是一件非常辛苦的事，需要脚踏实地，一步一步地前行。遇到困难、碰到挫折不能退缩，要坚持不懈、攻坚克难。他创办的企业之所以能取得成功，就是依靠这批创业者和管理者的这种苦干实干、百折不挠的顽强精神。创办企业、发展事业，光有实干的精神还不够，还需要与时俱进、发奋图强、守正创新的精神。创新永远是企业和事业发展的不懈动力。唐先生创办或与人合作的企业之所以都能取得成功，就是依靠了这批创业者和管理者，根据企业的发展、市场的变化，不断改变营销策略，进行企业的转型，从而使企业永葆青春，处于不

败之地。

（四）海纳包容、不拘一格用人才是唐翔千人才观的又一显著特点

唐先生在创办和经营企业的过程中，在观察和使用人才方面有他的一套基本看法和原则。但是在特定的时刻和对于特殊的岗位，他能打破常规，不拘一格，使用能人和怪才。我们在采访他的堂弟企业家唐鹤千时，唐鹤千对唐翔千的评价是："他很会用人，尽管此人有不少毛病，他都能容忍，发挥他的长处，在关键岗位施展他的作用。这也是翔千兄企业和事业不断取得成功的重要原因。"

唐翔千的人才观是在长期的学习、生活和创业实践中逐步形成的。他早年受家庭和中国传统人才观的影响，接受过良好的基础教育和高等教育，尤其是接受过会计学、纺织学和经济学多种学科的教育，懂得各种岗位对人才的基本需要。他又在上海、香港及英美等地生活过，接触过各种人才和人员。特别是创业后，他在实践中招聘、接触、使用过各种人才，既有成功的经验，又有过失败的教训，逐步形成和完善自己的人才观。这为他的企业和事业成功打下了扎实的基础。

二、设立奖学金，创办基金会，践行教育理念

唐先生的家族素有重教和善济的传统。他的祖父唐骧廷和父亲唐君远在创办企业的同时，都创办过工人子弟学校，救济贫困家庭子女上学。受家族传统和个人切身体验影响，他对教育和慈善事业极为重视。早在20世纪七八十年代，唐翔千向香港中文大学和新亚书院捐款，成为香港中文大学名誉博士和新亚书院董事会主席。上海唐君远教育基金会的成长和发展，更是他热心教育事业，重视人才培养，无私捐资兴学的生动写照。基金会源于1987年他在母校大同中学设立的奖学奖教金，旨在鼓励教师教书育人，培养优秀学生。后经多次增资以及基金会的良好运作，目前总资产已超过2亿元。至2022年，共奖励师

生8万多人，他和唐家的资助额近4亿元人民币。除上海38所中学和5所大学外，资助范围扩展至他的家乡无锡以及常州、西安、北京等地。奖励的种类有优秀师生君远奖，优秀贫困学生君远奖，在沪就读的新疆、西藏少数民族优秀学生君远奖等。还与著名大学合作办学，培养高层次的创新人才。上海唐君远教育基金会已连续两次被评为5A级社会组织，获得过"上海慈善奖"和先进社会组织、十佳公益组织、品牌社会组织等多项称号。在推动基金会慈善公益事业的发展过程中，唐翔千努力践行其人才思想和教育理念。

（一）重视基础教育和素质培养是唐翔千践行其教育理念的基石

上海大同中学是上海唐君远教育基金会支持教育的起始点。作为大同中学的老校友，唐翔千非常关心母校的发展和师生的培养，多次出资帮助母校开展教育教学活动和奖励优秀师生，设立"优秀教师君远奖"和"优秀中学生君远奖"。

为什么要选择大同中学？选择大同中学就是选择基础教育。提议者首先是他的父亲唐君远。因为这是唐翔千和唐家多个亲属就读的学校。这所学校创办于20世纪20年代初，是由胡敦复等一批爱国知识分子艰难筹款创办的私立学校。新中国成立后，大学部分并入其他学校，中学部分保留至今。大同先后为国家培养出39名院士和其他各类杰出人才。在大同中学设立奖学奖教金，是唐君远和唐翔千重视基础教育的表现。基础教育是人们成长过程中极为关键的教育阶段，这个阶段的基础是否扎实，学习态度和品行养成是否良好，对于一个人成长成才来说至关重要。很多杰出人才、各类大家每每谈起自己的成长过程，都会谈起基础教育学校和老师对他们的深刻影响。从1987年唐翔千在大同中学设立奖学奖教金开始到2022年，基金会已在上海38所中学设立奖学奖教金，获奖和受资助的师生有数万人次，这些奖金鼓舞优秀学生和优秀教师发奋学习、努力工作，成为国家的各类有用之才。

奖优与助困是唐翔千和基金会奖励和资助工作的两个原则。在上海8所中学设立"君远班"，在多所学校设立新疆、西藏等少数民族优秀师生君远奖，就是依据这个原则。"君远班"学生来自贫困家庭和边远贫困地区，家庭经济状况较差，对学生的学习和成长产生有形和无形的压力。对他们经济上的资助，对于他们排除后顾之忧、树立自强自立的信心无疑有着一定促进作用。"君远班"实施以来，收到良好的效果。一些家庭贫困的学生克服了各种困难，考上了心仪的大学，走上了各类工作岗位，为国家的建设和发展贡献了力量。来自边远少数民族地区的学生，学成后大都回到本地区工作，用学到的知识和本领为振兴和发展少数民族地区服务，发挥了很好的作用，也通过学习和工作改变了自己的命运。

（二）支持职业教育是唐翔千践行其教育理念的显著特点

唐翔千在长期创办实业的过程中，深知实业对国家和民生发展的重要。他一生致力于发展实业。他把这一理念很好地运用到基金会的公益项目实践中。唐先生在上海成立教育基金会后，很快想到如何帮助家乡无锡的教育发展。唐先生认为家乡无锡是一个制造业比较发达的城市，需要大批有知识、有技术的能工巧匠，而职业教育正是培养上述有用之才的主要渠道。他把这个想法与基金会和无锡联络处的同仁谈了，大家认为唐先生讲得很有道理，于是改变了原来仿照上海做法的方案，选择无锡机电高等职业技术学校以及职教园区里的6所职业学校作为设立奖学金单位，对这些学校学习努力、家境贫寒的学子进行自进校后到毕业离校几年的连续奖励，对这些学生的成长起到了重要作用。此外，唐先生还要求基金会与无锡市政府合作，联合支持无锡机电高等职业技术学校的全面发展。

自2007年至今，唐翔千先生和基金会已先后投入2 000多万奖励优秀师生，建造科技楼和实训中心，购置先进设备等。

唐先生通过上海唐君远教育基金会在无锡教育资助的项目，提升了无锡机电高职等相关学校的办学水平，有力推动了无锡职业技术教育的发展，为家乡培养了一批又一批面向生产第一线的高素质技能型人才。

著名美国作家海明威谈及写作有一个"冰山理论"，从某个角度来说，物质的捐助仅仅是唐翔千品格这座大山外显的一小部分而已。捐助无锡职业教育期间，唐先生在百忙中曾多次亲临无锡学校，参加颁奖仪式，和师生座谈。耄耋之年的唐先生精神矍铄，态度亲切谦和，语言朴素真挚，使在场师生的心灵倍受震撼。君远科技楼、君远数控实训中心、君远模具楼、君远林、君远大道、君远广场……在无锡机电高职校园中的君远教育教学园区静静地矗立着，仿佛诉说着唐翔千先生实业报国的高尚情怀和重视人才的远见卓识。

（三）与大学合作办学，联合培养卓越工程师等创新人才是唐翔千践行其教育理念的闪光点

唐先生说："能与故乡的大学合作办学，承担一份国家倡导的'教育培养卓越工程师'的社会责任，实为我此生的一大幸事。"①

21世纪初，唐翔千积几十年的实践经验，想办一所类似雷士德工学院②的学校，培养实用型、创新型人才，为国家建设服务。教育界专家建议，与现有的办学质量较高的大学联合办学，能取得起点高、成效快的结果。于是唐翔千推出了与上海大学和江南大学联合办学的方案。

当时恰逢教育部在天津召开"卓越工程师教育培养计划"启动会，唐先生对此产生共鸣，立即行动，与上海大学和江南大学联系，谈妥合作办学的意向。2010年10月和12月，唐翔千分别与上海大学和江南大学签署了创办翔英学院和君远学院的协议书。唐翔千拿出8000万元设立专项教育基金，为这两个学院注入活力。他曾两次写信给时任国务委员的刘延东同志，就有关想法和情况向她报告："国运兴衰，系于教育，教育振兴，全民有责。我虽年事已高，

① 《爱国实业家唐翔千先生捐助无锡教育纪事》，《无锡日报》2011年1月29日。
② 雷士德工学院是20世纪30年代按照英国工程师、地产商亨利·雷士德的遗嘱，用他的遗产创办起来的。雷士德工学院以培养工程技术人员为主要目标，从1934年10月1日建成开学到1945年停办。虽然前后仅10年多一点时间，但是在各方面的努力下，办学非常有特色，设立了建筑、土木工程、机械、电气工程等课程，培养的学生很受社会欢迎，成为当时上海一所很有名气的工学院。它最显著的特点就是强调理论与实践相结合，让学生有更多的机会增强动手能力。唐翔千当时在上海虽然未在这所工学院学习过，但他非常了解和欣赏这所学校，以至于60年后，他也想在故乡上海办一所类似雷士德工学院的学校，为国家培养理论与实践相结合的实用型人才。

但是我对人才培养，特别是工程师的培养仍深有感情。"刘延东同志收到信后即批复给教育部认真研究，称赞"唐先生耄耋之年仍倾情关心祖国教育事业，这种精神值得发扬光大"。

2010年10月，唐翔千与上海大学签订关于合作成立上海大学翔英学院框架协议书，明确规定办学宗旨、特色、规模和专业设置等，其核心内容就是要培养一批基础扎实、实际动手能力强、综合素质高、有创新能力和国际视野的优秀人才，为国家和地方经济建设和社会发展服务。

翔英学院作为上海大学实施工程教育改革和"卓越工程师教育培养计划"的试点基地，培养具备高水平创新创业能力和跨界整合能力，适应经济社会发展需要的高质量工程技术人才，正体现了唐先生实业报国、固本创新、勤奋务实、追求卓越的实干作风与精神。翔英学院在办学中强调四个特色：十分注重学生综合素质的培养；十分注重学校与企业的深度合作；十分注重教师队伍的建设；十分注重国际交流与合作。在唐翔千的亲自关心和推动下，2011年12月翔英书院在上海大学揭牌成立，他亲自题写书院名，并确定"爱国、创新、国际化"的育人宗旨。翔英书院的成立是唐翔千教育理念的一次生动实践，书院也很好地配合学院，实现了专业教育、工程教育与人文教育的深度融合，进一步提升了学生的综合素质。翔英书院以人文教育、创新教育、国际化培养为着力点，培养一批以德为先、能力为重、基础扎实、实际动手能力强，具有国际视野的卓越工程师。

2010年12月，唐翔千与江南大学签订了合作成立江南大学君远学院框架协议书，强调重在培养现代化机械与电子制造业所需的工程应用型人才。在办学特色方面：① 强化学生综合素质和工程能力的培养；② 强化学生对交叉学科知识和高新技术的掌握与应用；③ 强化高水平工程型师资队伍的建设；④ 强化内外互动，推动国际合作。此外，在管理体制上也有创新：作为大学直属二级学院，具有较大的办学自主权，成立学院理事会，建立院务咨询委员会。

君远学院很快就成为教育部"卓越工程师教育培养计划"的人才培养基

地。十多年来，学院以"知行合一，追求卓越"为院训，在办学机制、人才培养体系、教学内容与教学方法、书院制素质教育等方面，系统深入地开展改革探索，取得了显著成效。唐翔千夫妇多次莅临指导，至今君远学院已培养出八届毕业生，这些学生在工程实践能力、创新意识、工作责任心等方面得到用人单位和同行的高度认可。毕业生中五分之一在500强企业就业；2021年考研深造率创新高，达到60%。君远学院已成为江南大学整合优化社会资源、创新办学机制、探索创新人才培养模式、提高人才培养质量的教学改革示范基地，教学改革创新成果先后于2017年获江苏省高等教育教学成果奖特等奖，2018年获国家教学成果奖一等奖，这是唐翔千和君远学院师生共同努力进取的结果。

唐翔千的教育理念在合作办学中进一步显现出其深邃的内涵：培养学生的综合素质，使他们成为有专业知识和动手能力的卓越工程师和拔尖人才。

（四）扩展国际视野，锤炼国际型人才是唐翔千践行其教育理念的又一特点

唐翔千寄希望于年轻一代成为对祖国有用的人才。唐翔千年轻时曾留学欧美，深知出国留学的益处。他曾不止一次地说，年轻人只有去海外走走看看，才会有全球视野。喝点洋墨水确有好处，可以知道世界上有哪些前卫的技术、最新的发明，可以了解别的国家有哪些先进的理念、成功的模式，有需要时可以采取"拿来主义"，为我所用。

唐翔千在有关大学设君远奖学金时，经常强调他培养有国际视野人才的理念，激励学生要志存高远，走向世界，将来回报祖国，造福社会。上海唐君远教育基金会自2011年起捐资设立"复旦大学海外交流学生翔千奖学金"，支持复旦大学优秀学子赴海外交流学习。设奖十多年来，共计奖励168位复旦学子，奖学金达311万多元。"复旦大学海外交流学生翔千奖学金"对于有海外学习交流机会的复旦学子来说，不仅是经济上的支持，更是对学生能力的认可。正是源于上海唐君远教育基金会的鼓励，众多优秀复旦学子得以在大学阶段积极参与海外交流实践，积极参与跨文化学习，拓展眼界的同时，在国际舞台上发出

中国声音。

上海交通大学密西根学院是上海交通大学与美国密西根大学联合办学的试验田，是一所国际化的学院。自2006年成立以来，为国家培养了一批批有用之才。唐翔千、唐英年积极支持基金会为该院设立优秀学生奖学金，并建立奖励基金，支持优秀学子赴美国密西根大学深造。奖金额度较大，每位学生每年奖金12.5万，可连续两年获奖。

截至2022年，交大密西根学院已有14位学生获得唐君远奖学金。这些学生个个出类拔萃，总体直博率超过四成，远高于学校平均水平，其他毕业学生有的在国内创业，有的在跨国公司和国内外著名企业工作，显示出了出众的能力。密西根学院君远奖学金堪称学院同类奖学金中最优质的项目。

基金会还在上海交通大学设立"唐君远讲席教授基金"。关于设立该项基金，当年唐英年回香港与父亲唐翔千商量，觉得硬件固然重要，软件更为重要，优秀学生需要有国际视野的国内外顶尖教授来引导，于是"唐君远讲席教授基金"诞生了。基金总额3 000万人民币，每年用6%的利息加上大学的配套资金，可连续分期引进3名世界顶尖教授来密西根学院和其他学院讲学和科研。这充分展现出唐翔千、唐英年父子的卓识远见和国际视野。

截至目前，上海交通大学已聘请3位"唐君远讲席教授"，每期3年。他们分别是来自美国密西根学院的陈谦斌教授、来自物理与天文学院的Michael J. Ramsey Musolf教授，以及来自电子信息与电气工程学院的邢朝平教授。入职以来，3位教授对其所在院系的学科建设、教学科研、国际化办学等方面发挥了重要的引领作用。事实证明，"唐君远讲席教授"项目对交大高端学术人才的引进起到了重要的助推作用，在交大构建"人才金字塔"的进程中产生了深远的影响。

为激励高中学生和大学生成长、成人、成才，本着"爱国重教，培育英才"的宗旨，在唐翔千终身名誉理事长的倡导下，基金会和香港教育交流中心共同举办了八届"君远深港修学团"活动和五届赴美参与模拟联合国活动。

让学生到深圳、香港考察企业、教育和文化，到美国参加联合国教科文组织和平中心主办的"模拟联合国大会"活动，与不同国家、不同肤色的大学生进行交流，锻炼才能。他们在活动中获得各种好评和荣誉，展示了中国青年学生的风采。

在经济全球化的大潮中，唐翔千立足祖国，放眼全球，与时俱进，不断追赶国际新科技，树立新理念，悉心为国家现代化建设培养国际性、复合型、创新性人才，他的人才观和教育理念与时俱进，不断得到升华。

从素质教育入手，重视职业教育和创新教育，扩展学生的国际视野是唐翔千人才观和教育理念的集中体现，也是上海唐君远教育基金会发展的轨迹。

三、躬身亲为，言传身教，立德树人，代代相传

唐翔千先生在上海唐君远教育基金会成立20周年庆典大会上说："我一生相信实业报国，从棉毛纺织业到电子业，通过自己的奋斗，取得了一些成就；不过对高科技的发展，仍有一段距离，需要我们继续努力，达到自主创新的要求。中华民族国家兴亡、匹夫有责的思想，达则兼济天下的传统，我唐氏家族为继承祖上的家风，支持教育'百年树人'，以办工业的所得造福社会，做一些有益国家、有益社会、功在千秋的事。因此我将继续努力，尽我所能，把基金会办下去，响应国家科教兴国、建设小康社会的号召，在振兴中华民族的道路上尽我的一份心意。"从中可以看出唐翔千一生专注实业，重视教育，为国育才的思想和人才观念由来已久。

翔千先生身体力行，每年都要与基金会人员探讨工作，商量活动内容，了解资助奖励情况，不断丰富奖励项目，努力为国家培养各类英才。

为使基金会永远办下去，翔千先生考虑到自己已年迈，需有人接班。2013年10月，唐先生推荐他的长子唐英年接任上海唐君远教育基金会理事长，让唐家"爱国重教，培育英才"的思想和传统一代代传承下去，推动基金会各项工

作开创新局面，培养和激励更多人才为国家建设贡献力量。

　　唐翔千曾说："我不希望我的后辈是一些只会消耗财富的人。我希望他们在拥有财富的同时，还会创造财富。未来我所留给孩子的不会是花花绿绿的钞票，而是两件宝贝：一样是企业，一样是人才。"①"如果我的孩子希望成为一个企业家，也有这方面的能力，我就传给他一个企业。我留给孩子的企业，苦心孤诣地经营了这么多年，已经把基础打得很扎实了。与此同时，我会交给他一批自己亲手培养出来的人才，一批可以在事业上帮助他的人。我觉得这样做，比留给小辈钱财要好多了。投资于企业，投资于人才资源，比投资于股票不知要好上多少倍。不但有助于自己家族，也有助于整个社会。中国有句古训：修身、齐家、治国、平天下。我所说的便是我的齐家之道。"②

　　唐翔千先生弘扬优良家风，言传身教，他的子女也十分争气，有的成了企业家，有的成了政界翘楚，他的人才资源仍在辅助着唐氏家族，开创社会经济和教育公益事业的新局面。

　　无疑，唐翔千先生用他的一生诠释他的人才观和教育理念，用他的睿智卓识，给后辈留下了传家宝：尊重实业，尊重教育，尊重人才，尊重科技，尊重市场，尊重社会。这六个尊重中，无一不闪烁着唐先生人才观和教育理念的光芒。

　　唐翔千先生是一位品行高尚、具有远见卓识的企业家、慈善家。他在长期的人生经历中形成了自己的人才观和教育理念：尊重人才，爱护人才，挖掘人才，培训人才，培育英才，锤炼人才，为国育才。这是宝贵的精神财富，值得研究和发扬光大。

---

① 唐翔千：《怎样创造财富》，《沪港经济》2000年第5期，第24—25页。
② 唐翔千：《怎样创造财富》，《沪港经济》2000年第5期，第24—25页。

Attaching Importance to the Employment and Cultivation of Talents is the Key to Tang Hsiang-chien's Success

——Research on Tang Hsiang-chien's Comprehensive Views on Talents and Philosophy of Education

Jin Tongkang, Wang Jiarong, Jin Qiushuang

Abstract: As a successful entrepreneur, Tang Hsiang-chien selected and cultivated various managerial, technical and front-line staff, laying a solid foundation for the development of the enterprises. Mr. Tang is also a philanthropist who established an education foundation aiming to cultivate all kinds of talents that serve for the demand of the society. He also educated future generations to value and cultivate talent people as he did. His comprehensive views on talents and philosophy of education is worth summarizing.

Key words: Tang Hsiang-chien, Education Foundation, Talent Cultivation

附 录

唐翔千大事年表

一、成才成家

1923年　生于无锡，其父为唐君远。幼年在无锡读小学、初中。

1937年　日寇侵占无锡后随父母到上海，入上海大同中学就读。

1941—1945年　入大同大学商学院（会计专业）学习。

1945—1947年　入上海中国企业银行实习。

1947—1950年　为英国曼彻斯特大学进修生（修读纺织专业）、美国伊利诺伊大学研
　　　　　　究生（获经济学硕士）。

1950年　回国后，先在上海中国实业银行任职，后被派往香港分行负责外汇业务。

1951年　在香港与唐尤淑圻喜结连理。

1952年　长子唐英年出生。

1952—1963年　育有唐英年、唐圣年、唐英敏（女）、唐庆年四个子女。

二、香港创业

1953—1966年　自1953年开始在香港进入实业界，先后与友人合资创办香港五洲布
　　　　　　厂、香港华侨纱厂、香港华侨纺织品有限公司、香港中南纱厂、香港中南针织有限
　　　　　　公司、香港中南针织厂、香港毛纺厂等企业。逐步成为香港纺织业翘楚。

1963年　牵头创建香港标准与鉴定中心（STC），倡议促成建立香港生产力促进局，为香港质量标准走向国际、扩大香港工业品出口份额起到了重要作用。

1967年，应唐鹤千、唐乘千等四位堂兄弟邀请，在台湾台北市创办协星针织厂。

1968年　与安子介、周文轩、周忠继等人组建香港最大的棉纺织企业集团香港南联实业有限公司，任副董事长。

1969年　独资创办香港半岛针织有限公司，任董事长。

1973年　任香港棉纺业同业公会主席。

1974年　赴安徽芜湖采购棉花，为首位使用内地棉花的港商。

1974年　为突破西方对香港纺织品配额限制，与陆增镛、陆增祺兄弟合作，成立亚非纺织集团，在毛里求斯开办亚非纺织有限公司及针织厂。

三、投资内地及服务社会

1973年　以香港棉纺业同业公会主席的名义组团访问内地，这是"文化大革命"以来香港工商界访问内地的第一个代表团。

1979年　3月唐翔千在香港接待以时任上海市委统战部部长张承宗为团长的上海工商界经济代表团，10月唐翔千率香港工商界代表团回访上海，开启沪港合作新纪元。

1979—1981年　改革开放后，在深圳做成特区第一批补偿贸易；在新疆创办第一个中外合资企业新疆天山毛纺织品有限公司；在上海创办第一个沪港合资上海联合毛纺织有限公司，持有国家工商局颁发的"沪字第00001号"营业执照。这三个"第一"在促进内地改革开放中产生重大影响，引领港资和外资投入内地经济建设，推动了内地经济结构转型和体制变革。

1980年　任香港工业总会主席和香港纺织同业公会名誉主席。

1982年　被港英政府授予香港太平绅士。

1983年　获英女王所颁OBE勋衔（英国官佐勋章）。

1984年　6月22日邓小平在北京接见以唐翔千为团长的香港工商界代表团，再次强调"一国两制"50年不变。

1984年　全国政协主席邓颖超在国庆招待会上与唐翔千交谈。

1985年　任香港基本法咨询委员会委员。

1985年　创建香港美维科技集团有限公司，开始转向电子业。

1985年　在东莞合资组建广东生益科技股份有限公司，该公司1998年在上海证交所上市。

1985年　倡议并牵头组建香港沪港经济发展协会，建立沟通沪港两地企业家、政府官员、社会人士交流合作的平台。

1986年　任香港标准及鉴定中心荣誉主席。

1986年　任全国工商业联合会执行理事。

1986—1988年　任第六届全国政协委员。

1988—2003年　任第七届、八届、九届全国政协常委。

1987年　设立上海"唐君远奖学金"；1992年发展为上海唐氏教育基金会；1999年正式登记注册上海唐氏教育基金会；2005年定名为上海唐君远教育基金会。自基金会建立以来，唐翔千及唐氏宗亲为基金会捐赠巨资，共捐出善款达4亿人民币，捐助项目140余项，获得奖励和资助者达85 000余人次。基金会有力促进了教育事业发展。

1991—1998年　任香港中文大学校董。

1992—1997年　任国务院港澳办公室和新华社香港分社香港事务顾问。

1996年　任香港特别行政区筹备委员会委员。

1996年　任香港特别行政区第一届政府推选委员会委员。

1996年　获香港中文大学荣誉博士。

1997年　在深圳创办清溢光电有限公司，2019年清溢光电在上交所科创版上市。

1997年　独资创办上海美维电子有限公司。

1997年　被香港特别行政区政府授予香港太平绅士。

1998年　在全国两会期间，与时任国家主席江泽民和国务院总理朱镕基亲切交谈。

1999年　被香港特别行政区授予金紫荆星章。

1999年　独立创办上海美维科技有限公司。

1999年　获上海市荣誉市民称号。

2003年　唐翔千及夫人参加香港知名人士访京团一行，在人民大会堂受到胡锦涛等中央领导接见，唐翔千发言。

2007年　重组美维控股有限公司，在香港联交所上市。

2008年　获"香港杰出工业家"称号。

2009年　与夫人唐尤淑圻同获首届"上海慈善奖"。

2010年　与上海大学联合组建上海大学翔英学院；与江南大学联合组建江南大学君远学院，支持国家"卓越工程师教育培养计划"。

2012年　获国家民政部"中华慈善奖"。

2013年　获上海大学名誉博士。

2013年　卸任上海唐君远教育基金会理事长，被推举为基金会终身名誉理事长。

2018年　在香港仙逝。

唐翔千社会兼职与荣誉称号目录

一、主要社会兼职

1963年　香港标准与鉴定中心（STC）董事

1969年　香港友好协进会副主席

1973年　香港棉纺业同业公会主席

1973年　香港中文大学新亚书院董事会董事

1978—1979年　香港中文大学校董及新亚书院董事会副主席

1978年　暨南大学校董（第一届至第六届）、第七届名誉校董

1980年　香港工业总会主席

1980年　香港总商会副主席

1980年　香港贸发局理事

1980年　香港纺织业发展委员会委员

1980年　香港工业发展委员会委员

1980年　香港工总贸易发展委员会委员

1980年　香港棉纺业同业公会名誉主席

1980年　上海市工商联顾问

1985年　香港沪港经济发展协会首任会长

1985年　香港特区基本法咨询委员会委员

1985年　香港工业总会名誉主席

1985年　香港玩具总会永远名誉会长

1985年　雷士德工学院名誉顾问

1986年　香港标准及鉴定中心（STC）荣誉主席

1986—1987年　第六届全国政协委员

1988年　中华全国工商业联合会执委、常委

1988—1993年　第七届全国政协常委

1991年　上海海外联谊会名誉顾问

1991—1992年　香港中文大学新亚书院董事会主席

1991—1998年　香港中文大学校董

1992—1997年　国家港澳办和新华社香港分社香港事务顾问

1993—1998年　第八届全国政协常委

1993 上海沪港经济发展协会:名誉会长

1993年　上海市纺织工业局名誉顾问

1996年　香港特别行政区筹备委员会委员

1996年　香港特别行政区第一届政府推选委员会委员

1996年　江苏旅港同乡会联合会名誉会长

1998—2003年　第九届全国政协常委

1999年　香港沪港经济发展协会创会会长

2003年　江苏省海外联谊会名誉顾问

2005—2013年　上海唐君远教育基金会首任理事长

2007年　香港无锡商会荣誉会长

2013—2018年　上海唐君远教育基金会终身名誉理事长

二、 主要社会荣誉

1982年　香港太平绅士

1983年　OBE 勋衔（英国官佐勋章）

1996年　香港中文大学荣誉博士

1997年　香港特别行政区政府授予"香港太平绅士"

1999年　香港特别行政区授予金紫荆星章

1992年　乌鲁木齐市荣誉市民

1996年　东莞市荣誉市民

1999年　上海市荣誉市民

2008年　香港工业总会授予"香港杰出工业家奖"

2009年　与夫人唐尤淑圻同获首届"上海慈善奖"

2011年　获2010年无锡教育年度奖

2011年　获无锡海外联谊会"心系故乡奖"

2012年　获第二届"上海慈善奖"

2012年　获国家民政部"中华慈善奖"

2013年　上海大学名誉博士

唐翔千创办企业目录

一、 创办纺织成衣企业

1953年　香港五洲布厂

1955年　香港华侨布厂

1957年　香港华侨纺织有限公司

1959年　香港中南纱厂

1964年　香港中南针织厂

1964年　香港毛纺厂

1967年　台湾协星针织厂

1968年　香港南联实业有限公司

1969年　香港半岛针织有限公司

1974年　成立亚非纺织集团，在毛里求斯创办亚洲毛纺织有限公司

1980年　新疆天山毛纺织品有限公司

1981年　上海联合毛纺织有限公司

1985年　上海百乐毛纺织有限公司

1985年　广东联发毛纺织有限公司

1989年　新疆塔城精纺厂

1989年　在美国创立 TSE 品牌

二、 创办电子科技企业

1985年　美国伟华（远东）实业有限公司

1986年　东方线路有限公司（收购）

1986年　香港多层线路板有限公司（收购）

1987年　东莞生益覆铜板有限公司

1991年　东莞生益电子有限公司

1997年　上海美维电子有限公司

1997年　美维国际贸易（上海）有限公司

1997年　清溢精密光电（深圳）有限公司

1999年　美龙翔微电子科技（深圳）有限公司

1999年　上海美维科技集团有限公司

2001年　美维创新技术（上海）有限公司

2002年　苏州生益科技有限公司

2004年　东莞美维电路有限公司

2005年　上海凯思尔电子有限公司

2006年　广州美加伟华电子材料有限公司

2006年　广州美维电子有限公司

2007年　苏州美维爱科电子有限公司

后　记

　　时光荏苒，在漫长的世纪岁月里，走过了一位深受人们敬重的耄寿长者——唐翔千。今年正值他百年诞辰，基金会理事会决定为他出一本纪念文集，通过向他的家人、同仁、交好，以及受助单位的领导采访、约稿，从而探知并挖掘出这位经纬天下的老者更多、更深层次的人生过往，并就其人生轨迹的思想基础和业绩价值，进行一系列的考证与归纳，以不同的视角展示他的格高品贵的特殊风范，从而孕育出《世纪风范》这本纪念文集。

　　这是一位爱国爱港、守正创新、善济利他的世纪老人，他的一生都心牵祖国发展的宏伟蓝图，一生都在践行实业报国的理想，然而他却很少向人提起自己的事迹，他的谦逊也使得我们对他缺乏深入的了解。2021年初，唐君远文化研究会正式成立了，在上海唐君远教育基金会的领导下，成立伊始就着手开展唐君远和唐翔千研究。2021年11月，在新冠疫情的干扰下，基金会联手无锡市委统战部，在无锡丽新厂原址成功地举办了纪念唐君远创业百年暨诞生120周年研讨会，并汇编了一套三册的资料，充实了唐君远研究的成果。在此基础上，我们有信心开展唐翔千纪念文集《世纪风范》的汇编。

　　本书分为三个板块：第一篇访谈摘要，这是最具特色的篇章部分。多年来我们对翔千先生在香港的艰苦创业，率领同仁推动香港工业发展，为香港社会进步，以及参与香港回归筹备工作的贡献，了解得不多。为弥补这一缺憾，开展唐氏宗亲和香港知名人士的访谈尤为重要，2022年夏末时节，新冠病毒依然猖獗，但阻挡不了访谈计划的落实。在香港江苏社团总会总干事赵静及其助手何丹、张婷婷的精心安排下，在上海交通大学香港校友会的大力协助下，基金会顺利完成了香港的采访任务。回沪后整理出的访谈摘录，可算是本书最有亮点的板块。借此，诚挚感谢上述访谈者在百忙之中拨冗畅谈，他们热情且坦诚的追忆为本书增添了不可多得的光彩。特别感谢赵静、何丹、张婷婷、邢磊、叶剑语、裴佩的全力配合。第二篇纪念文稿和第三篇思想采风顺利征稿，皆得益于专家教授和故交好友的大力支持。全书字里行间表达出对翔千老人的深切的怀念和敬意，体现出对他的思想境界和崇高精神新的领悟。

衷心感谢唐英年先生及其家人对本书编撰过程的大力支持和指导，衷心感谢基金会顾问、本书主编王生洪教授的全程参与和细心指导。这里还要特别感谢基金会理事、唐君远文化研究会学术主任王武教授在本书策划、撰文、审核、编辑等全过程中发挥了专业性的特出贡献。也要特别感谢编委金同康、责任编辑蒋小馨、金秋爽等人辛劳的付出。感谢所有参与本书供稿、审核、汇编的编委和热心的朋友，感谢上海交通大学出版社崔霞主任和马丽娟编辑等人的精心编排。本书得以付梓，作为上海唐君远教育基金会秘书长，也是本书组织工作的责任人，终于如释重负。一本弘扬爱国主义精神，彰显人生风范价值的好书面世，我们期待着更多的人能够从这本书中汲取到鲜活的精神力量，特别期盼年轻的一代人中将来也能涌现一批大儒大德的贤者、一批经纬天下的栋梁。

上海唐君远教育基金会秘书长　张伟

2023年7月